应用型高等教育“十二五”经管类规划教材

国际金融

——理论·实务·案例·实训

李　贺　冯晓玲　赵　昂　编著

International Financial

- 项目导向
- 任务驱动
- 理念新颖
- 贴近实际
- 同步案例
- 实训演练
- 强调应用
- 应知应会

上海财经大学出版社

图书在版编目(CIP)数据

国际金融:理论·实务·案例·实训/李贺,冯晓玲,赵昂编著.
—上海:上海财经大学出版社,2015.3
(应用型高等教育"十二五"经管类规划教材)
ISBN 978-7-5642-2105-8/F·2105

Ⅰ.①国… Ⅱ.①李… ②冯… ③赵… Ⅲ.①国际金融-高等学校-教材 Ⅳ.①F831

中国版本图书馆CIP数据核字(2015)第019101号

□ 策　　划　台啸天
□ 责任编辑　台啸天
□ 书籍设计　张克瑶
□ 责任校对　胡　芸　林佳依

GUOJI JINRONG
国际金融
——理论·实务·案例·实训
李　贺　冯晓玲　赵　昂　编著

上海财经大学出版社出版发行
(上海市武东路321号乙　邮编 200434)
网　　址:http://www.sufep.com
电子邮箱:webmaster @ sufep.com
全国新华书店经销
上海华教印务有限公司印刷装订
2015年3月第1版　2015年3月第1次印刷

787mm×1092mm　1/16　17印张　435千字
印数:0 001—5 000　定价:38.00元

前　言

国际金融是商品经济发展到一定阶段的产物。它是国际贸易和国际经济合作发展的直接结果,同时国际金融的发展又极大地促进了国际贸易和国际经济合作的发展。在国际经济金融一体化和全球化发展的今天,国际金融不仅与一国的国际贸易和国际经济合作紧密联系,而且涉及一国宏观经济的平衡和稳定,涉及国际经济金融的协调和合作。因此,国际金融是一门涉及面广、综合性强的学科,它以国际上的货币金融关系为研究对象,既要说明国际范围内金融活动的主要问题,又要阐述国际上货币和资本运动的规律。

我们组织了具有"双师型"资格的教师,依据我国对外经济交易与往来的发展变化对专业人才的需求,适应涉外行业企业和相关部门职业岗位实际工作任务的需要,结合学科知识体系的内在联系性,将国际金融理论基础知识与实务操作在九个项目的内容中展现出来,不但使教学内容具有整体性,而且强调课程内容的应用性,目的是使学生具备学以致用的能力,真正把"学"与"用"结合起来,能够将国际金融基本知识在现实经济的企业、金融、投融资、服务与管理等实际岗位工作中直接运用。

本教材共分九个项目,包括国际收支、外汇与汇率、外汇市场与外汇交易、外汇风险及其管理、汇率制度与外汇管制、国际储备、国际资本流动、国际货币体系、国际金融市场。每个项目内容包括:内容提要,学习目标(含知识目标、技能目标、情意目标),教学目标,项目引例,知识支撑,同步案例,项目训练(含应知考核、应会考核)。

本教材的编写具有以下特点:

(1)学科知识全面系统,内容资料充实新颖。教材内容包括了国际金融理论基础知识,如国际收支与国际收支平衡表、外汇与汇率、国际金融市场等;国际金融制度演变与管理机制,如汇率制度、国际货币制度、外汇管理、国际储备管理、国际金融机构等;国际金融实务,如外汇交易业务、外汇风险防范等,可以使读者对国际金融有一个完整而系统的认识。

(2)突出实用性和可操作性,注重实务。教材在对国际金融基本概念和基本原理介绍的基础上,强调国际金融交易和业务在对外贸易和其他对外经济活动中的作用,注重管理手段和操作方法的运用,并通过同步案例、实例等各种方式体现出来,增强学科知识的趣味性和针对性,课后配有相应的技能案例和实践训练。

(3)结构设计合理并有所创新。教材将传统体系结构进行了合理的整合,采用现代教学模式"项目引领、任务驱动"的模式,在设计与内容安排上更富于科学性且便于组织教学。在基本概念和方法介绍的同时,为了更加细致地说明其中原理,还穿插了一些重要的国际金融理论,如远期汇率理论、国际收支理论等，力图做到深入浅出、通俗易懂地将基础知识融入教材中，使相关知识的衔接更加紧密。

(4)教辅资料完备。本书各项目首先指明本项目的内容提要、知识目标、技能目标、情意目标、教学目标，并配有项目引例，帮助读者和授课教师理解本项目所要阐述的背景、核心内容以及要达到的基本要求，通过项目案例启发导引任务。任务内容中配有同步案例、实例，帮助读者更深入地理解和掌握重点内容。各项目的最后配有应知考核和应会考核，帮助读者回顾所学的知识。此外，本书配有免费的电子教学课件、习题参考答案和模拟试卷，力图为读者提供细致周到的教学资源增值服务，使教材的选用更具有便利性。

本书由李贺、冯晓玲、赵昂编著。其中李贺撰写项目一、项目二、项目三、项目五；冯晓玲撰写项目六、项目七、项目八、项目九；赵昂撰写项目四。本书得到了天风期货有限公司赵昂的大力支持，最后由李贺总撰大纲和定稿。本书适用于高职高专及应用型本科院校的金融学、国际经济与贸易、工商管理、财政学、市场营销、会计、保险学、经济学、法律、电子商务、商务英语、商务日语等专业的学生使用。

本书在编写过程中参考了许多同类教材、论著和论文，特此向这些作者表示由衷的感谢，同时，本书的编写得到了上海财经大学出版社的大力支持和帮助，在此一并表示真诚的谢意。由于编写水平有限，疏漏或不当之处在所难免，敬请广大读者批评指正。

编者

2014 年 10 月于大连

教学建议

教学内容	学习目标与教学建议	课时安排		
		金融学类专业	非金融学财经类	非财经类专业选修
项目一 国际收支	■ 知识目标: 理解:国际收支、国际收支平衡表、国际收支不平衡等相关概念。 熟知:国际收支平衡表的主要内容和原则,国际收支不平衡的原因及对经济的影响。 掌握:对国际收支平衡表的分析、国际收支不平衡的调节方法、国际收支理论。 ■ 技能目标: 学生能够运用国际收支不平衡调节手段对一国的国际收支状况进行调节,并对该国所采取的政策予以评价和预测。 ■ 情意目标: 学生能够按照国际收支平衡表的基本方法对一国的国际收支平衡表进行简单分析。 ■ 教学目标: 教师要培养学生认知国际收支平衡表,具有读懂并分析国际收支平衡表、解读一国调节国际收支的各项政策及效果的能力。	6	4	4
项目二 外汇与汇率	■ 知识目标: 理解:狭义外汇的概念和特征、汇率的概念。 熟知:外汇和汇率的种类、汇率的标价方法、汇率决定理论。 掌握:影响汇率变动的因素、汇率变动对经济的影响。 ■ 技能目标: 学生能够运用所学的知识能按照不同的汇率标价方法对外汇汇率进行换算。 ■ 情意目标: 学生能够按照所学的基本理论来分析一国汇率变动的主要影响因素,汇率变动对经济的影响。 ■ 教学目标: 教师要培养学生认知当前国际金融行情,分析研究当前人民币的走势,预测人民币的可自由兑换情况。	8 (含实验2学时)	8 (含实验2学时)	6
项目三 外汇市场与外汇交易	■ 知识目标: 理解:外汇市场的概念与特征、种类、外汇市场的结构。 熟知:即期外汇、远期外汇、套汇、套利、择期、掉期、外汇期货、外汇期权的基本原理。 掌握:即期、远期、掉期、择期、套利、套汇外汇期货、外汇期权交易的相关业务计算。 ■ 技能目标: 学生具有熟悉外汇交易中的惯例和规则、初步认识外汇交易中的技巧和战略的能力,能够进行外汇交易的报价和计算,并能进行实际交易的操作。 ■ 情意目标: 学生能够按照不同的交易种类和交易程序进行简单的外汇交易,能够运用不同地区汇率的差异进行套算。 ■ 教学目标: 教师要培养学生熟悉外汇交易的程序,具有进行基本的外汇交易的能力,以及分析外汇交易盈亏状况的能力。	8 (含实验2学时)	8 (含实验2学时)	6

续表

教学内容	学习目标与教学建议	课时安排		
		金融学类专业	非金融学财经类	非财经类专业选修
项目四 外汇风险 及其管理	■ 知识目标: 理解:外汇风险的概念、类型及构成;外汇风险产生的原因。 熟知:外汇风险的识别、外汇风险的测度。 掌握:外汇风险管理的战略、企业外汇风险管理方法、外汇风险的经济影响。 ■ 技能目标: 学生能够掌握主要外汇风险管理的方法以及外汇风险的管理理论和管理方法,能够运用所学方法对较简单的实务案例进行分析。 ■ 情意目标: 学生具有对外汇风险进行有效的风险防范的思想意识。 ■ 教学目标: 教师要培养学生在掌握外汇风险管理方法的基础上,能针对企业的具体情况识别外汇风险,设计出集中规避方式。	6	5	4
项目五 汇率制度与 外汇管制	■ 知识目标: 理解:汇率制度的概念;外汇管制的概念。 熟知:外汇管制的目的、机构及对象;我国的外汇管理体制、人民币汇率制度。 掌握:汇率制度的分类与选择;外汇管制的办法与措施;外汇管制的经济分析。 ■ 技能目标: 学生能够掌握汇率制度的主要分类和选择以及外汇管制的方法,能够对金融市场中的外汇交易进行合理的货币选择。 ■ 情意目标: 学生能够在金融市场上如何运用汇率制度和外汇管制制度指导金融实践。 ■ 教学目标: 教师要培养学生具有分析研究当前人民币的走势和预测人民币的可自由兑换情况。	6	5	4
项目六 国际储备	■ 知识目标: 理解:国际储备的概念、特点及构成。 熟知:国际储备的来源和作用;国际储备管理概念和原则。 掌握:国际储备的需求和适度规模、总量管理和结构管理。 ■ 技能目标: 学生能够掌握国际储备的基础知识,具有对中国的国际储备进行分析和管理的能力。 ■ 情意目标: 学生能够掌握国际储备总量管理和结构管理,并用其分析中国国际储备的政策。 ■ 教学目标: 教师要培养学生正确理解国际储备,结合中国目前的国际储备状况,分析中国外汇储备水平及构成的合理性。	6	4	4
项目七 国际资本流动	■ 知识目标: 理解:国际资本流动的概念;国际资本流动的分类。 熟知:国际资本流动的原因与影响因素。 掌握:国际债务的衡量指标;国际债务危机的成因;国际债务危机的解决办法;国际资本流动理论。 ■ 技能目标: 学生能够掌握国际债务危机的成因,并针对其成因通过国际债务的衡量指标,作出解决国际债务危机的办法。 ■ 情意目标: 学生具有领会国际资本流动与国际债务危机关系的能力。 ■ 教学目标: 教师要培养学生在掌握国际资本流动的有关理论后能够解决我国利用外资与外债方面的基本问题。	6	4	4

续表

教学内容	学习目标与教学建议	课时安排		
		金融学类专业	非金融学财经类	非财经类专业选修
项目八 国际货币体系	■ 知识目标： 理解：国际货币体系的概念、内容、类型。 熟知：国际货币制度的演变；国际货币体系的作用；国际货币体系改革及展望； 掌握：布雷顿森林体系、牙买加货币体系、区域性货币体系、欧洲货币体系；国际金融机构。 ■ 技能目标： 学生能够具有对金融危机与当前国际货币体系改革的相关关系进行分析的能力。 ■ 情意目标： 学生能够具有对欧洲货币同盟对世界经济的影响作出分析的能力。 ■ 教学目标： 教师要培养学生能够运用国际货币体系的理论知识，对当前国际货币体系变革和人民币国际化进行分析并提出自己的见解。	6	4	—
项目九 国际金融市场	■ 知识目标： 理解：国际金融市场的概念、国际金融市场的划分、国际金融市场的作用。 熟知：欧洲货币市场的概念、欧洲货币市场的产生和发展、欧洲货币市场的类型。 掌握：国际金融市场的构成体系、欧洲货币市场的作用和影响、国际金融创新与衍生金融工具。 ■ 技能目标： 学生能够合理地运用国际金融创新和衍生金融工具分析在国际金融市场上获得收益，并加强风险防范。 ■ 情意目标： 学生能够运用国际金融市场的理论分析国际金融市场的运行状况。 ■ 教学目标： 教师要培养学生在掌握国际金融市场理论的基础上，结合我国的实际对我国离岸金融市场的发展提出建议。	6 （含实验 2 学时）	4	4
教学方法	1. 使用多媒体教学，图文并茂，声形并兼，提高教学效果。 2. 对实务性强的内容，采用案例教学，在涉及金融实务部分的讲解中引用案例，可以提高学生的感性认识，加深学生的理解和记忆。 3. 运用启发式教学，引导和调动学生的积极性，让学生学会发现问题、思考问题和解决问题。采用课堂讨论，生动活泼，充分调动学生的学习积极性。 4. 开展研究性教学。向学生提供大量的优秀金融网址，使学生在课余时间能通过互联网及时了解国内外的金融理论的发展动态以及国际金融的最新消息。 5. 以就业为导向，以培养高技能人才为目标。在教材内容取舍和讲述方式上注重培养学生的实践能力，帮助学生更好地理解国际金融基础知识、掌握国际金融基本实务技能为宗旨。			
课程学习	《国际金融》的先行课程主要有：《金融学基础》《宏观经济学》《财政学》和《国际贸易》等；后续课程主要有：《国际投资》《国际经济合作》《金融工程学》等。			
学分	金融学类专业 4 学分（58 学时）、非金融学财经类专业 3 学分（54 学时）、非财经类专业选修 2.5 学分（36 学时）			
课时总计		58	46	36

目 录

前言 …… 1

教学建议 …… 1

项目一 国际收支 …… 1
任务一 国际收支概述 …… 2
任务二 国际收支平衡表 …… 4
任务三 国际收支不平衡调节 …… 14
任务四 国际收支理论 …… 24
应知考核 …… 28
应会考核 …… 29

项目二 外汇与汇率 …… 32
任务一 外汇 …… 33
任务二 汇率 …… 37
任务三 影响汇率变动的因素 …… 43
任务四 汇率变动对经济的主要影响 …… 49
任务五 汇率决定理论 …… 51
应知考核 …… 58
应会考核 …… 60

项目三 外汇市场与外汇交易 …… 61
任务一 外汇市场 …… 62
任务二 外汇交易 …… 69
任务三 择期交易与掉期交易 …… 78
任务四 套汇交易 …… 81
任务五 套利交易 …… 83
任务六 外汇期货交易 …… 84
任务七 外汇期权交易 …… 90
应知考核 …… 95
应会考核 …… 97

项目四 外汇风险及其管理 …… 98
任务一 外汇风险概述 …… 99
任务二 外汇风险的识别与测度 …… 104
任务三 外汇风险管理 …… 108
应知考核 …… 120
应会考核 …… 122

项目五 汇率制度与外汇管制 …… 123
任务一 汇率制度 …… 124
任务二 外汇管制 …… 135
任务三 人民币汇率制度及外汇管理制度 …… 142
应知考核 …… 145
应会考核 …… 147

项目六 国际储备 …… 149
任务一 国际储备概述 …… 150
任务二 国际储备管理 …… 155
任务三 中国的国际储备管理 …… 164
应知考核 …… 171
应会考核 …… 172

项目七 国际资本流动 …… 174
任务一 国际资本流动概述 …… 175
任务二 国际资本流动的经济影响 …… 179
任务三 当前国际资本流动的特点与原因 …… 184
任务四 国际资本流动与国际债务危机 …… 186
任务五 国际资本流动理论 …… 189
应知考核 …… 196
应会考核 …… 197

项目八 国际货币体系 …… 199
任务一 国际货币体系概述 …… 200
任务二 国际货币体系的演变 …… 203
任务三 区域性货币体系 …… 212
任务四 国际金融机构 …… 215
应知考核 …… 221
应会考核 …… 222

项目九 国际金融市场 …… 225
任务一 国际金融市场概述 …… 227

任务二　国际金融市场的构成体系…………………………………………………… 231
任务三　欧洲货币市场………………………………………………………………… 234
任务四　国际金融创新与衍生金融工具……………………………………………… 239
应知考核…………………………………………………………………………… 256
应会考核…………………………………………………………………………… 257

参考文献…………………………………………………………………………… 259

|项目一|

国际收支

【内容提要】

随着全球经济一体化的发展,世界各国之间的经济往来日益密切,形式更加多样化,从而产生国际债权债务关系,这种关系必须在一定时期进行清算与结算,便产生了国际货币收支。国际货币收支及其他以货币记录的经济交易共同构成了国际收支的主要内容。一国的国际收支平衡是其宏观经济目标之一,国际收支是否平衡,不仅影响一国的对外贸易与金融关系,影响其货币汇率的稳定及政府的对外经济政策,而且对其国内经济的稳健运行与发展也产生重要的影响。因此,本项目重点讲述国际收支问题。

【学习目标】

■ 知识目标

理解:国际收支、国际收支平衡表、国际收支不平衡等相关概念。

熟知:国际收支平衡表的主要内容和原则,国际收支不平衡的原因及对经济的影响。

掌握:对国际收支平衡表的分析、国际收支不平衡的调节方法、国际收支理论。

■ 技能目标

学生能够运用国际收支不平衡调节手段对一国的国际收支状况进行调节,并对该国所采取的政策予以评价和预测。

■ 情意目标

学生能够按照国际收支平衡表的基本方法对一国的国际收支平衡表进行简单分析。

【教学目标】

教师要培养学生认知国际收支平衡表,具有读懂并分析国际收支平衡表、解读一国调节国际收支的各项政策及效果的能力。

【项目引例】

国际收支顺差的分析

国家外贸管理局 2013 年 7 月 31 日发布的 2013 年第二季度我国国际收支平衡表初步数据显示,我国国际收支经常项目呈现顺差 482 亿美元,而资本与金融项目则呈现逆差(含错误与遗漏,下同)。这是继 2012 年第二季度和第三季度之后,国际收支资本与金融项目再现逆差。

国家行政学院咨询部研究员陈炳才表示，上半年的资本项目逆差主要发生在5月和6月，而这种变化的产生受政策影响巨大。国家外汇管理局5月初步发布《关于加强外汇资金流入管理有关问题的通知》，从加强银行结售汇综合头寸管理、严查虚假贸易、加大外汇管理核查检查力度等多方面严控外汇资金流入。“监管当局严查虚假贸易，大大限制了流入境内的套利资金。由于套利资金以开贸易信用证的境外融资方式进入境内，因此这类资金的减少，体现了资本项目下流入资金的减少。”陈炳才说。

国家外汇管理局指出，1～4月份，受全球流动性充裕、我国经济基本面保持稳定、人民币汇率升值预期增强等因素的影响，跨境资金延续了2012年10月下旬以来外汇流入较多的格局，银行结售汇月均顺差约321亿美元。5月份以来，受国外经济环境变化和国内相关政策调整等多种因素影响，我国外汇净流入明显放缓。其中，5月份银行结售汇顺差104亿美元，6月份银行结售汇小幅逆差4亿美元。

业内人士认为，这种国际收支的格局在未来可能将是常态。若回顾去年的国际收支情况，就已初步形成“经常项目顺差、资本和金融项目逆差”的国际收支平衡新格局，其中，资本与金融项目在第一季度呈现顺差，第二、三季度转为逆差，第四季度又重现顺差。

陈炳才指出，在2013年下半年，资本项目有可能还会出现逆差，但不必过于担心，“资本项目逆差体现了正常的资金的流入和流出，目前并不存在资金外逃的压力”。

资料来源：http://www.chinairn.com/news/20130801/135917520.html。

［**思考**］ 什么是国际收支？国际收支平衡表的内容有哪些？影响国际收支的因素有哪些？国际收支不平衡对经济的影响有哪些？

【知识支撑】

任务一　国际收支概述

一、国际收支的起源与发展

商品经济的发展带动各国经济往来，国际收支的概念随之出现。这一概念最早出现在17世纪初期，为促进资本主义原始积累，在重商主义的影响下，各国十分重视对外贸易。很长一段时间里，国际收支被简单地解释为一个国家的对外贸易收支。

随着国际经济交往的内容、范围不断扩展，特别是第一次世界大战后，国际金本位制度崩溃，原先的概念已经不适用，人们开始把国与国之间的债权债务关系，以及由于债权债务的清偿而产生的外汇收支作为国际收支的全部内容。这一转变将国际收支的统计范围建立在现金基础上，后定义为狭义的国际收支的概念，即一国在一定时期内，由于政治、经济、文化等国际经济活动而产生的、必须立即结清的外汇收支。

第二次世界大战后，国际上的经济联系日益加强。政府无偿捐助，私人捐赠，企业之间的易货贸易、补偿贸易、记账贸易等新型国际经济交往方式层出不穷，建立在外汇收支基础上的狭义国际收支概念已经不能适应国际经济发展的形势。为了了解一国对外经济交往的全貌，有必要对国际收支有新的认识，因为国际收支的概念有了新的改变，概念的重心转移，形成了当今各国普遍采用的广义的国际收支的概念。它不仅包括涉及外汇收支的各种国际经济交易，还包括不涉及外汇收支的各种国际经济交易，如无偿援助、侨民汇款、捐赠、赔款等。建立在全部国际经济交易基础上的国际收支概念完整地反映了一国对外经济状况。

二、国际收支的概念

国际货币基金组织(International Monetary Fund,IMF)出版的《国际收支手册》①(第五版)中规定:国际收支(Balance of Payments,BOP)是指一国在一定时期内(通常为1年)全部对外经济往来的系统的货币记录。它包括:①一个经济体与世界其他经济体之间商品、劳务和收益交易;②一个经济体的货币黄金、特别提款权的所有权变动与其他变动,以及这个经济体对世界上其他经济体的债权、债务的变化;③无法转移以及在会计上需要对上述不能相互抵消的交易和变化加以平衡的对应记录。要正确把握这一概念的内涵,可以从以下几个方面进行理解。

1. 国际收支记录的是一国居民与非居民之间的经济交易

居民是一个经济概念,划分居民与非居民的主要依据是居住地和居住时间。区分居住地,并不以国籍或者法律规定为标准,而是以交易者的经济利益中心(Center of Economic Interest)所在地,即从事生产、消费等经济活动和交易的所在地作为划分标准,并且从事相关活动的期限需在1年以上。按照该原则,IMF作了如下规定:

(1)企业、非营利机构和政府等法人,属所在国居民。例如,美国通用汽车公司在巴西的子公司就属于巴西的居民而非美国的居民。

(2)自然人,无论其国籍如何,只要在所在国从事1年以上的经济活动与交易,即为所在国的居民。例如,逗留期在1年以上的留学生和旅游者属所在国居民。同理,移民属于工作所在国的居民。

(3)外交人员、驻外军事人员永远都是所在国的非居民,而是派出国的居民。

(4)国际机构,例如,联合国、IMF、世界贸易组织、世界银行等是所有国家的非居民。

2. 国际收支记录的是全部的经济交易

国际收支不是以外汇收支为基础,而是以经济交易为基础,有些交易可能不涉及货币支付,但也要折成货币进行记录。所以国际收支概念中的经济交易,指的是经济价值从一个经济实体向另一个经济实体的转移。根据转移的内容和方向,经济交易可以分成以下四类:

(1)交换。交换是一个交易者向另一个交易者提供了具有一定经济价值的实际资源,并从对方那里得到价值相等的回报。包括:①商品、服务与商品、服务之间的交换,如易货贸易、补偿贸易等;②金融资产与商品、服务的交换,如进出口贸易等;③金融资产与金融资产的交换,如货币资本借贷、货币或商品的直接投资、有价证券投资及无形资产(如专利权、版权)的转让买卖等。

(2)转移。转移是一个交易者向另一个交易者提供了具有一定经济价值的实际资源、资产,但是没有任何补偿。包括:①商品、服务由一方向另一方无偿转移,如无偿的物资捐赠、技术援助等;②金融资产由一方向另一方无偿转移,如债权国对债务国给予债务注销。

(3)移居。移居是指一个人把住所从一个经济体搬迁到另一个经济体的行为。移居后,其原有的资产负债关系随之转移,从而使得两个经济体的对外资产、负债关系均发生变化。

---

① 1948年、1950年、1961年、1977年、1995年和2008年,随着国际交易方式的变化,国际货币基金组织分别编撰了六版《国际收支手册》。该手册是国际收支统计概念框架的国际标准,帮助各国在世界范围内系统地收集、组织国际收支的统计数据,提高数据的可比性。

(4)根据推论存在的交易。有些居民与非居民之间的交易并没有发生实际资源的流动,但是可以根据推论确定交易的存在,这也需要在国际收支中予以记录。

3. 国际收支是一个流量指标

国际收支概念中的"一定时期"的界定说明国际收支是一个流量指标。流量指标是时期指标,与存量指标不同,存量指标是时点指标。在提及国际收支时要指明属于哪一阶段,记录的是在这一阶段内一国的对外经济交易活动情况。

三、国际借贷的概念

国际借贷(International Indebtedness)是指一个国家在一定日期对外资产或对外负债的汇总记录,反映的是一国或地区对外债权债务的综合状况。国际收支与国际借贷既有联系又有区别。二者的联系是,在非现金结算条件下,国家之间的经济交往总是先形成债权债务关系,如商品、劳务和资本的输出输入等,两国在未进行结算前,输出国形成对外债权,输入国形成对外债务,这种关系就是国际借贷关系。国际借贷关系一经结算即告消失,但在结算过程中却引起国际收支的发生,债权国会得到外汇收入,债务国会支出外汇,这就分别形成了两个国家的国际收支。由此可见,国际借贷是产生国际收支的直接原因。但有时,国际收支又反作用于国际借贷,因为国际收支的某些变化会引起国际借贷活动的展开。

国际收支与国际借贷的区别表现在以下方面。

(1)国际借贷表示一个国家在一定日期对外债权债务的综合情况;而国际收支则表示一个国家在一定时期对外全部经济交易的综合情况。

(2)国际借贷是一个静态的概念,表示的是一种存量(余额);而国际收支是一个动态的概念,表示的是一种流量(发生额)。

(3)国际借贷只包括形成债权债务关系的经济交易,范围小;国际收支则包括一切对外发生的经济交易,范围大(如对外捐赠属国际收支范畴,但并未体现国际借贷关系)。

任务二　国际收支平衡表

一、国际收支平衡表的概念

国际收支平衡表(Balance of Payment Statement)又称国际收支差额表,是指按照一定的编制原则和格式,对一个国家在一定时期内的国际经济交易进行分类、汇总,反映和说明该国国际收支状况的统计报表。各国编制国际收支平衡表的目的是为了有利于全面了解本国的涉外经济关系,并以此进行经济分析,制定合理的对外经济政策。

二、国际收支平衡表的标准构成

国际货币基金组织的《国际收支手册》中提供了一套有关国际收支平衡表的项目分类建议称为标准组成部分,供各国参考。在实务中,一些国家目前仍沿用《国际收支手册》第四版的规定,一些理论研究也经常采用第四版的规定,所以在介绍国际收支平衡表的标准构成时将《国际收支手册》第五版与第四版的编制规定进行比较(见表1—1),以便更好地理解国际收支平衡表。

表 1—1 **IMF 国际收支平衡表的标准构成比较**

《国际收支手册》第五版中的规定	《国际收支手册》第四版中的规定
一、经常账户 1. 货物 2. 服务 3. 收入 4. 经常转移 二、资本与金融账户 1. 资本账户 资本转移,非生产、非金融资产的收购与出售 2. 金融账户 直接投资 证券投资 其他投资 官方储备 三、错误与遗漏账户	一、经常账户 1. 货物 2. 无形贸易(含服务、收入) 3. 单方面转移(含经常转移与资本转移) 二、资本账户 1. 长期资本流动(含直接投资、证券投资及其他投资中偿还期限在 1 年以上的部分) 2. 短期资本流动(含证券投资、其他投资中偿还期限在 1 年以下的部分) 三、储备账户(即官方储备) 四、错误与遗漏账户

通过表 1—1 可以看出,《国际收支手册》第五版将第四版中经常账户的无形贸易账户拆分成服务与收入两个账户;第五版首次将经常转移与资本转移区别开来,这一变化导致对原来国际收支平衡表中的资本账户的重新定义,改称为资本与金融账户;第五版经常账户中的经常转移是第四版单方面转移账户的一部分,而第四版单方面转移账户下的资本转移部分调整到了资本与金融账户的资本账户中。资本账户在第五版和第四版中的含义是不同的,第五版中资本账户包含的内容更广,按照投资标的划分得更详细、更科学,便于实务中应用。第四版中长期资本流动相当于第五版金融账户下的直接投资、证券投资,第四版中短期资本流动相当于第五版金融账户下的其他投资。而且,第五版将第四版的储备账户调整到金融账户下。

三、国际收支平衡表的主要内容

国际收支平衡表所包括的内容十分广泛,由于世界各国的编制要求不同,往往都根据其不同的需要和具体情况来自行编制,因此,各国国际收支平衡表的内容有很大差异,详简不一,但其主要结构还是基本一致的,国际货币基金组织编制的国际收支平衡表通常分为经常项目、资本和金融项目、错误与遗漏三大类。

(一)经常项目(Current Account)

经常项目是本国与外国交往中经常发生的国际收支项目,它反映了一国与他国之间真实资源的转移状况,在整个国际收支中占有主要地位,往往会影响和制约国际收支的其他项目。它包括货物项目、服务项目、收入项目和经常性转移项目四个子项目。

1. 货物项目

货物又称商品贸易或有形贸易,一般包括以下几项内容:①一般商品。指居民项非居民出口或从非居民处进口的大多数可移动货物,除个别情况外,可移动货物的所有权发生了变更。②用于加工的货物。包括跨越边境运到国外加工的货物的出口以及随后的再进口。③货物修理。包括向非居民提供的或从非居民那里得到的船舶和飞机等运输工具上的货物修理活动。④非货币黄金。非货币黄金包括不作为货币当局储备资产(货币黄金)的所有黄金的进口与出口,非货币黄金等同于其他商品。

国际货币基金组织建议,所有货物的进出口一律按离岸价格(Free On Board,FOB)计算。在实际中,很多国家为了统计方便,对出口商品按离岸价格计算,对进口商品按到岸价格(Cost Insurance And Freight,CIF)计算,这样会影响国际收支平衡表的精确性,甚至还会引起国家之间的贸易争端。这两种不同的价格条件,在计算进出口总值时,会产生一定的差额。例如,进口商品以 CIF 计价,其中运费和保险费属于劳务方面的支出,这样就会产生重复入账的项目,结果影响了国际收支平衡表的精确性。

2. 服务项目

服务又称作劳务贸易或无形贸易,主要包括以下内容:①运输。包括一国或地区的居民向另一国或地区的居民所提供的涉及客运、货运、备有机组人员的运输工具的租金和其他辅助性服务。②旅游。旅游不仅是一项具体的服务,而是旅游者消费的一整套服务。包括非居民旅游或因公、因私在另一国或地区停留不足一年的时间里从该国或地区所获得的货物和服务。学生和求医人员不论在外多长时间都被视为旅游者。③其他各类服务。包括运输和旅游项下没有包括的国际服务交易,如通信服务、保险服务、金融服务、专利使用费和特许经营权使用费等。

国际服务的生产和贸易不同于货物的生产和贸易。一经济体生产的货物运输到另一经济体的居民那里,其居民有可能并不知道货物的具体生产时间。而服务的生产在生产发生之前就同某一经济体的生产者与另一经济体的消费者或一组消费者事先做出的一项安排联系在一起,其生产过程中就涉及了居民与非居民双方。当然,在现今经济高速发展与融合的前提下,货物和服务的界限已变得相当模糊,货物项目中可能包含有服务的成分,而服务的项目下也有出现货物的可能。

目前,劳务收支的重要性日趋突出,不少国家的劳务收支在该国的国际收支中占有举足轻重的地位,有的甚至超出了有形贸易收支。

3. 收入项目

收入又称"收益",反映生产要素流动引起的生产要素报酬的收支。国际上流动的生产要素有劳动与资本两项,因此,收入下设"职工报酬"与"投资收入"两项内容。

(1)职工报酬。职工报酬指以现金或实物形式支付给非居民工人(季节工人、边境工人、短期工作工人,使馆工作的当地工作人员)的工资、薪金和其他福利。

(2)投资收入。投资收入包括居民因拥有国外金融资产而得到的收入、包括直接投资收入、间接投资收入和其他投资收入三部分。投资收入强调报酬的收支,因而有其特殊性,例如,在一笔债务还本付息时,本金的流动记入金融账户,而利息记入经常账户的投资收入。

4. 经常转移项目

经常转移又称"无偿转移"或"单方面转移",主要包括所有非资本转移的转移项目,即排除以下三项所有权转移的所有转移项目:①固定资产所有权的转移;②同固定资产的收买或放弃相联系的或以其为条件的资金转移;③债权人不索取任何回报而取消的债务。

以上三项转移均属于资本转移。在国际货币基金组织出版的《国际收支手册》第五版中,将转移划分为经常转移与资本转移,这种划分与国民账户体系中的处理方式和其他统计方式一致。

根据实施转移的主体不同,经常转移可分为政府转移(如无偿援助、战争赔款、政府向国际组织定期缴纳的费用等)与私人转移(如侨汇、捐赠、继承、赡养费、资助性汇款、退休金等)。

(二)资本和金融项目(Capital and Financial Account)

资本和金融项目由资本项目与金融项目两部分构成。

1. 资本项目

资本项目反映了资产在居民与非居民之间的转移。其作为《国际收支手册》第五版新列示的内容,与原来第四版中的资本项目的概念是完全不同的。主要包括以下两个方面内容:

①资本转移。资本转移包括三项所有权转移:固定资产所有权的资产转移;同固定资产收买/放弃相联系的或以其为条件的资产转移;债权人不索取回报而取消的债权。

②非生产、非金融资产的收买或放弃。主要包括不是由生产创造出来的有形资产(如土地和地下资产)与无形资产(专利、版权、商标、经销权等)的收买或放弃。对于无形资产,所涵盖交易其实也涉及了经常项目与资本项目两项。经常项目的服务项下记录的是无形资产的运用所引起的收支,资本账户的资本转移项下记录的则是无形资产所有权的买卖所引起的收支。

2. 金融项目

金融项目反映的是居民与非居民之间投资与借贷的增减变化。第五版《国际收支手册》中的金融项目相当于以前第四版手册中的资本项目,以前的分类方式是分成长期资本与短期资本,由于金融创新的不断涌现和资本流动的迅猛发展,长期资本与短期资本的区分越来越困难,因此,目前金融项目的划分主要分为直接投资、证券投资、其他投资、储备资产四种。

(1)直接投资。直接投资反映某一经济体的居民单位(直接投资者)对与另一经济体的居民单位(直接投资企业)的永久性权益,它包括直接投资者和直接投资企业之间的所有交易。直接投资项下包括股本资本、用于再投资的收益和其他资本。

(2)证券投资。证券投资包括股本证券和债务证券的交易。股本证券交易包括股票、参股或其他类似文件。债务证券包括长期债券、物抵押品的公司债券、中期债券等;还包括可转让的货币市场的债务工具,如短期国库券、商业票据、银行承兑汇票、可转让的大额存单等;另外,衍生金融工具也包括在内。

(3)其他投资。其他投资是指所有直接投资和证券投资未包括的金融交易,包括贸易信贷、贷款、预付款、金融租赁项下的货物、货币和存款等。

(4)储备资产。储备资产包括某一经济体的货币当局认为可以用来满足国际收支和在某些情况下满足其他目的的各类资产的交易。涉及的项目包括货币化黄金、在国际货币基金组织的储备头寸、特别提款权、外汇资产以及其他债权。值得注意的是,在第五版《国际收支手册》中,同交易无关的储备资产变化不包括在国际收支平衡表中,例如储备资产的计价变化、特别提款权的分配与撤销、黄金的货币化或者非货币化及抵消上述变化的对应项目。

(三)错误与遗漏项目(Errors and Omissions Account)

国际收支平衡表由于其编制原则采用复式记账法,其借方总额与贷方总额相抵之后的总净值应该为零。但实际上,一国国际收支平衡表会不可避免地出现数字金额借贷方不平衡的现象,一般认为这种金额差异是由于统计资料有误差遗漏而形成的。出现错误与遗漏的原因主要有三个方面:

(1)编制国际收支平衡表的原始统计资料来自各个方面,在原始资料的形成过程中,不可避免地会出现某些当事人故意改变、伪造某些项目数字的做法,造成了原始资料的失实或不完全,如走私、资本外逃等。

(2)统计数字的重复计算和漏算,原始统计资料来自于四面八方,有的来自海关统计,有的来自银行报表,还有的来自官方主管机构的统计报表,这就难免发生统计口径不一致而造成重复计算与漏算。例如,一个美国人从墨西哥以现金购买了价值1万美元的大麻(在途中却未能通过海关官员的检查),结果这1万美元落到了墨西哥的银行系统中,并按惯例计入储备变动项目,但是这笔交易的另外一面却中断了。政府当局怀疑这些货是大麻,但在没有可靠的证据情况下,它不能记录下这笔交易。

(3)有的统计数字本身就是估算的。有关单位提供的统计数字也不是百分之百准确无误的,有的仅仅是估算数字。

因此,为了使国际收支平衡表的借贷双方实现平衡,便人为地设立了"错误与遗漏"项目。

四、国际收支平衡表的编制原则

(一)编制原理

国际收支平衡表是按照国际会计的通行准则——复式簿记原理来系统地记录每笔国际经济交易,以"有借必有贷,借贷必相等"的原则在两个或两个以上相互联系的账户中作登记。这样,每一笔国际经济交易都会产生对相关金额的一项借方记录和一项贷方记录,而且从理论上讲,国际收支平衡表的借方总额和贷方总额是相等的,净差额为零。

(二)记账法则

在国际收支平衡表中,不论是实际资产还是金融资产,贷方记录用正号"+"表示,借方记录用负号"—"表示。对于资产,贷记(+)代表资产持有量的减少,借记(—)则代表资产持有量的增加;相反,对于负债,贷记(+)代表增加,借记(—)代表减少。当转移为之平衡的账户是借方时,根据复式簿记的原理,转移记为贷方;当转移为之平衡的账户是贷方时,转移记为借方。

根据复式记账法的常规,制表经济体记入贷方的账户是:①表明出口的实际资源;②反映一经济体的对外资产减少或一经济体的对外负债增加的金融账户。相反,制表的经济体记入借方的账户是:①反映进口的实际资源;②反映一经济体的对外资产增加或一经济体的对外负债减少的金融账户。更具体地说:①进口商品属于借方项目,出口商品属于贷方项目;②非居民为本国居民提供服务或从本国取得收入属于借方项目,本国居民为非居民提供服务或从外国取得收入属于贷方项目;③本国居民对非居民的单方面转移属于借方项目,本国居民收到国外的单方面转移属于贷方项目;④本国居民获得外国资产或对外国投资属于借方项目,外国居民获得本国资产或对本国投资属于贷方项目;⑤本国居民偿还非居民债务属于借方项目,非居民偿还本国居民债务属于贷方项目;⑥官方储备增加属于借方项目,官方储备减少属于贷方项目。

(三)计价原则

国际收支平衡表采用统一计价的原则。对各类国际收支平衡表账户实行统一计价是保持连贯性地编制汇总各项交易的前提。在记录每笔交易时,使用成交的实际市场价格作为交易计价的基础。市场价格的定义为:在自愿基础上买方从卖方手中获取某件物品而支付的货币金额。但是,在易货贸易、税收支付、企业的分支机构与母公司的交易、附属企业的交易、转移等交易中,市场价格可能不存在。在这种情况下,习惯的做法是利用同等条件下形成的已知市场价格来推算。经常转移和优惠的政府贷款等非商业性交易的计价,也要假定这类资源是以市场价格卖出的,以市场价格来计价。在市场价格不存在的情况下,应按其生产要素所决定的成本计算或按照销售资源可能得到的款项来计算。对于不在市场上交易的金融项目(主要是不同形式的贷款),则以它的面值作为市场价格来计算。

另外,在国际贸易中,由于交易方式多种多样,交易价格千差万别,为统一口径,减少重复计算，IMF 规定国际收支中的进出口一律采用离岸价格(Free on Board, FOB)来计算。因此，如果实际交易是以到岸价格(Cost, Insurance and Freight, CIF)成交的，则要将其调整为离岸价格，其中所包含的保险费和运输费列入经常账户中的服务账户。

(四)记载时间原则

在进行国际经济交易过程中，与之有关的时间概念很多，如商务谈判、签订合同、发货、结算等。为了使各国所编制的国际收支平衡表具有可比性，IMF 规定按照权责发生制的原则指导交易的记载时间。所以，一旦经济价值产生、改变、变换、转移和消失，即按照所有权变更的时间作为交易的记录时间。根据这一原则，国际收支平衡表中记录的各种经济交易包括：(1)是在编制报表时期内全部结清的经济交易。(2)是已经到期必须结清的经济交易。无论该交易是否已经结清，比如到期应支付的利息，不论实际是否已经支付，都要记录。(3)是已经发生，但需跨年度结清的经济交易，比如采用预付款或延期付款方式结算的贸易。对于跨越两个编表时期才结清的交易项目，因为所有权已经发生转移，所以应根据实际发生时间进行记录。

(五)国际收支平衡表记账实例

以 A 国为例，列举六笔交易来说明国际收支平衡表账户的记账方法。

(1)A 国一企业出口价值 100 万美元的设备，将出口款项存入该企业在海外银行的存款账户。

解析：对于出口行为来说，意味着本国拥有的资源减少，应记入贷方；出口伴随着资本流出所形成的海外资产增加——该企业在海外银行的存款增加，这属于金融账户中的其他投资账户，应记入借方。这笔交易应记录如下：

借：资本与金融账户——金融账户——其他投资　　100 万美元
　　贷：经常账户——货物——出口　　100 万美元

(2)A 国居民到外国旅游花费了 30 万美元，这笔费用从该居民的海外存款账户中扣除。

解析：一国居民到国外旅游属于服务的进口，意味着本国拥有的资源增加，应记入借方；进口伴随着资本流入所形成的海外资产减少——该居民在海外银行的存款相应减少，这属于金融账户中的其他投资账户，应记入贷方。这笔交易可记录如下：

借：经常账户——服务——进口　　30 万美元
　　贷：资本与金融账户——金融账户——其他投资　　30 万美元

(3)外商以价值 1 000 万美元的设备投入 A 国，兴办合资企业。

解析：该外商的投资行为属于直接投资，外国居民对本国投资应记入贷方；由于投入的是设备，应视为商品的进口，意味着本国拥有的资源增加，应记入借方。这笔交易可记录如下：

借：经常账户——货物——进口　　1 000 万美元
　　贷：资本与金融账户——金融账户——直接投资　　1 000 万美元

(4)A 国政府动用外汇储备 40 万美元向外国提供无偿援助，另提供相当于 60 万美元的粮食、药品援助。

解析：A 国政府向外国提供无偿援助属于单方面转移性质，本国居民对非居民的单方面转移应记入借方。甲国的无偿援助分为两部分：一部分是以外汇储备提供的资金援助，官方储备减少应记入贷方；另一部分是以粮食、药品等提供的物资援助，可视为商品出口，应记入贷方。这笔交易可记录如下：

借：经常账户——经常转移　　100 万美元
　　贷：资本与金融账户——金融账户——官方储备　　40 万美元
　　　　经常账户——货物——出口　　60 万美元

(5)A国某企业在海外投资所得利润150万美元，其中75万美元用于当地的再投资，50万美元购买当地商品运回国内，25万美元汇回国内结汇。

解析：投资收入是引起外汇收入的经济交易，属于经常账户的收入账户，本国居民从外国取得的收入应记入贷方。该企业将投资收入的一部分在当地进行再投资，属于直接投资，本国居民对外国投资应记入借方；企业购买当地商品属于商品进口，应记入借方：企业将剩余资金汇回国内结汇，就是把外汇卖给政府，会导致本国的官方储备增加，官方储备增加应记入借方。这笔交易可记录如下：

借：资本与金融账户——金融账户——直接投资　　75万美元
　　经常账户——货物——进口　　50万美元
　　资本与金融账户——金融账户——官方储备　　25万美元
　贷：经常账户——收入　　150万美元

(6)甲国居民动用其在海外存款40万美元，用于购买外国某公司的股票。

解析：购买外国公司的股票属于证券投资行为，本国居民通过证券投资获得外国资产应记入借方；由于投资动用了海外存款，造成对外资产的减少，这属于金融账户中的其他投资账户，应记入贷方。这笔交易应记录如下。

借：资本与金融账户——金融账户——证券投资　　40万美元
　贷：资本与金融账户——金融账户——其他投资　　40万美元

将上述各笔交易记入A国国际收支平衡表中(见表1—2)。

表1—2　A国由六笔交易构成的国际收支平衡表　　单位：万美元

项　目	借方(一)	贷方(+)	差　额
一、经常账户	1 180	310	−870
1. 货物	$1\ 000_3+50_5$	100_1+60_4	−890
2. 服务	30_2		−30
3. 收入		150_5	+150
4. 经常转移	100_4		−100
二、资本与金融账户	240	1 110	+870
1. 资本账户			
2. 金融账户	240	1 110	+870
直接投资	75_5	$1\ 000_3$	+925
证券投资	40_6		−40
其他投资	100_1	30_2+40_6	−30
官方储备	25_5	40_4	+15
三、错误与遗漏账户			
合　计	1 420	1 420	0

注：表中各数字的下标表示该数字来自于第几笔交易。

五、国际收支平衡表的分析

(一)国际收支平衡表是重要的经济分析工具

国际收支平衡表不仅综合记载了一国在一定时期内与世界各国的经济往来情况和在世界

经济中的地位及其消长对比情况，而且还集中反映了该国的经济类型和经济结构，因此，国际收支平衡表是经济分析的重要工具。通过对国际收支平衡表的分析，对编表国家或非编表国家都具有重要的意义。

对于编表国家来说，通过对国际收支平衡表的分析，能够全面、全时掌握本国对外经济交易的综合情况，找出造成国际收支顺、逆差的原因，以便于采取正确的调节措施。其次，它能使本国政府充分掌握其外汇资金来源和运用方面的资料，特别是官方的储备变动情况，以便于编制切实可行的外汇预算计划。最后，它能使一国全面地了解本国的国际经济地位，制定与本国国力相适应的贸易、投资、经济援助、借贷等方面的对外经济政策。

对于非编表国家来说，它同样具有重要的意义和作用。这是因为：随着世界经济一体化的不断发展，各国在经济、政治等各方面的联系日益密切，一个国家不仅要了解自己，而且要了解外国的政治经济实力与对外经济政策的动向，以及世界经济发展的趋势。而通过对别国国际收支平衡表的分析，有助于预测编表国家的国际收支、货币汇率及其对外经济政策动向，也有助于了解各国的经济实力和预测世界经济与世界贸易的发展趋势。

（二）国际收支平衡表的几个差额

分析国际收支平衡表必须首先了解国际收支平衡表的结构，即弄清国际收支平衡表的项目构成及其相互关系。国际收支平衡表是由经常项目、资本与金融项目和错误与遗漏项目所构成，每一项目下又分为若干小项目。国际收支平衡表的每个项目都有借方、贷方和差额三栏数字，分别反映一定时期内务项对外经济活动的发生额。由于国际收支平衡表是采用复式簿记法入账，因此，借贷双方总额总是相等的，但其中的某些项目或账户可能出现盈余或赤字，需由其他项目或账户的赤字或盈余来抵消，这就形成了不同的项目差额。按照人们的传统习惯和国际货币基金组织的做法，项目差额主要有以下四种：

1. 贸易收支差额

贸易收支差额是指一国进出口收支差额。尽管贸易项目仅仅是国际收支的一个组成部分，不能代表国际收支的整体，但是，对于某些国家来说，贸易收支在全部国际收支中所占比重相当大，因而经常性地把贸易收支作为国际收支的近似代表。此外，贸易收支在国际收支中还有它的特殊重要性。商品的进出口情况综合反映了一国的产业结构、产品质量和劳动生产率状况，反映了该国产业在国际竞争中的能力。因此，即使对于发达国家这样资本项目比重相当大的国家，仍然非常重视贸易收支的差额。

2. 经常项目差额

经常项目包括贸易收支、服务收支、收入和经常性转移收支，前两项构成经常项目收支的主体。虽然经常项目的收支也不能代表全部国际收支，但它综合反映了一个国家的进出口状况（包括服务贸易），因而被各国广泛使用，并被当作是制定国际收支政策和产业政策的重要依据。同时，国际经济协调组织也经常采用这一指标对成员国经济进行衡量，例如国际货币基金组织就特别重视各国经常项目的收支状况。

3. 资本和金融项目差额

资本和金融项目差额反映该项目下直接投资、证券投资和其他投资交易（包括贸易信贷、贷款和存款）及储备资产交易的差额（假设资本转移净额为零），它记录了世界其他国家对本国的投资净额或贷款/借款净额。

资本和金融项目具有两个方面的分析作用：首先，通过资本和金融项目规模可以看出一个国家资本市场的开放程度和金融市场的发达程度，一般而言，资本市场越开放，金融市场越发达，资本与金融项目的流量总额就越大。其次，资本与金融项目和经常项目之间具有融资关系，所以资本与金融项目的余额可以折射出一国经常项目的状况。根据复式簿记法原则，在国际收支中一笔贸易流量通常对应一笔金融流量，可以说，经常项目中实际资源的流动与资本和金融项目中资产所有权的流动是一个活动的两个方面。因此，如果不考虑错误与遗漏，经常项目的余额与资本和金融项目的余额必然数量相等、符号相反。也就是说，经常项目的余额与资本和金融项目的余额之和等于零。

4. 综合项目差额或总差额

综合项目差额是指经常项目加上资本和金融项目中的资本转移、直接投资、证券投资、其他投资后的余额，也就是将国际收支项目中官方储备剔除后的余额。由于综合项目差额必然会导致官方储备的反方向变动，所以，可用它来衡量国际收支对一国储备带来的压力。

当一国实行固定汇率制时，综合项目差额的分析意义更为重要。因为，国际收支的各种行为将导致外国货币与本国货币在外汇市场上的供求变动，影响两个币种比价的稳定性。为了保持外汇市场汇率的稳定，政府必须利用官方储备介入市场以实现供求平衡。所以，综合项目差额在政府有义务维护固定汇率制时是极其重要的。而在浮动汇率制度下，政府原则上可以不动用官方储备而听任汇率变动，或是动用官方储备调节市场的任务，相应的，这一差额的分析意义略有弱化。

（三）国际收支平衡表的分析方法

在对一国国际收支进行分析时，一定要把这三种分析方法结合起来一起分析，才能对一国经济进行全面、正确深入地分析。国际收支平衡表的分析方法主要有以下几种：

1. 静态分析法

静态分析法是指对某国在某一时期（一年、一季或一个月）的国际收支平衡表进行分析的方法。具体来讲就是计算和分析国际收支平衡表中的各个项目及其差额，分析各个差额形成的原因及其对国际收支总差额的影响，从而找出总差额形成的原因。当然，由于各个项目差额的产生原因是多方面的，在分析其差额的形成原因时，只利用单一资料不能全面地掌握和认识实际情况，还应该结合其他有关资料，进行综合分析。静态分析方法应注意的问题有：

（1）贸易收支。一国贸易收支出现顺差或逆差，主要受多个方面的因素影响，它包括经济周期的更替、财政与货币政策变化所决定的总供给与总需求的对比关系；气候与自然条件的变化；国际市场的供求关系；本国产品的国际竞争力；本国货币的汇率水平等。结合这些方面的资料进行分析，有助于找出编表国家贸易收支差额形成的原因。

（2）服务收支。服务收支反映着编表国家有关行业的发达程度与消长状况。如运费收支的状况直接反映了一国运输能力的强弱，一般发展中国家总是支出的，而一些经济发达的国家由于拥有强大的商船队而收入颇丰；还有银行和保险业务收支状况反映了一个国家金融机构完善状况。分析这些状况之后，对其本国来说可以为寻找改进对策提供依据；对别国来说，为选择由哪个国家提供相关业务的服务提供依据。

（3）单方面转移收入中，重点研究官方转移收入。第二次世界大战后，国际援助相对来说在不断增加，这种援助包括军事援助和经济援助两种，其中又分为低息贷款和无偿援助两部分。在分析这个项目时除考虑其数额大小外，还要分析这种援助的背景、影响及其后果，并对趋势做一分析。

（4）资本与金融项目中涉及许多子项目，比如直接投资、间接投资、国际借贷和延期付款信用等，一般来说，前三项处于主要地位。直接投资状况反映一国资本国际竞争能力的高低（对发达国家而言)或一国投资利润前景的好坏(对发展中国家而言)。国际借款状况反映了一国借用国际市场资本条件的优劣,从而反映了该国的国际信誉高低。第二次世界大战后,短期资本在国际上移动的规模与频繁程度都是空前的,它对有关国家的国际收支与货币汇率的变化都有主要影响。因而研究、分析短期资本在国际上移动的流量、方向与方式,对研究国际金融动态和发展趋势具有重要意义。

(5)分析官方储备项目,重点分析国际储备资产变动的方向,因为这些反映了一国对付各种意外冲击能力的变化。错误与遗漏项目,主要分析其数额大小的变化。因为错误与遗漏的规模一方面反映了一国国际收支平衡表虚假性的大小,规模越大,国际收支平衡表对该国国际经济活动的反映就越不准确;另一方面在某种程度上也反映了一国经济开放的程度,一般来说经济越开放,错误与遗漏的规模就越大。

2. 动态分析法

动态分析是指分析某国若干连续时期的国际收支平衡表。一国一定时期的国际收支状况,是过去一定时期该国经济结构状态、经济发展进程及经济政策导向的综合结果。而经济结构、经济发展以及经济政策并不是一成不变的,它随着时间的变化、环境的变化而不断变化。因此,一国的国际收支也处于一个连续不断地运动过程之中。无论对顺差还是逆差,都不能仅仅从静止的角度来考察,还必须考察其发展变化的情况。

3. 比较分析法

比较分析中的纵向比较是指对一国若干连续时期的国际收支平衡表进行比较分析。这一点可以结合前面所说的动态分析考虑。比较分析中的横向比较是指对不同国家在相同时期的国际收支平衡表进行比较分析。随着国际上政治、经济和军事关系的变化,一国与其他有关国家的国际收支会相应发生变化。因此,必须对相关国家的国际收支平衡表进行横向的比较分析。当然,由于每个国家的国际收支平衡表的项目设置与编制方法都不尽相同,在统计口径上横向比较可能会出现偏差,对于这一问题,可以利用国际货币基金组织公布的有关国际收支统计资料。由于国际货币基金组织公布的有关资料均是经过重新整理后编制的,在统计口径上达到一致,因此国与国之间的数据具有可比性。

【实例案例 1—1】

某年巴西国际收支平衡表有如下数据(单位:亿美元)

商品输出 FOB	60.93
商品输入 FOB	−61.54
劳务收入	9.44
劳务支出	−30.69
私人单方面转移	0.11
政府单方面转移	0.17
直接投资	13.41
证券投资	—
其他长期投资净额	27.56
其他短期投资净额	0.03
误差和遗漏	—
特别提款权的价值变动	−0.67
对外官方债务	—

外汇储备变化　　　　　　—22.30

请分析：

1. 错误与遗漏项目的数额是多少？
2. 该国的国际收支是顺差还是逆差？金额是多少？
3. 表中是通过哪些措施进行平衡的？
4. 外汇储备变化数为—22.30亿美元，是指外汇储备增加了还是减少了？

分析提示：

1. 错误与遗漏项目的数额是3.55亿美元。
2. 泰国该年的国际收支是顺差，金额是18.75亿元。
3. 表中是通过动用外汇储备弥补逆差取得平衡的。
4. 外汇储备的变化数为—22.30亿美元，是指外汇储备增加了。

任务三　国际收支不平衡调节

一、国际收支不平衡的概念

在国际收支平衡表中，经常项目与资本项目及平衡项目的借贷双方在账面上总是平衡的，这种平衡是会计意义上的概念。但是，本项目所讲的“平衡”与“不平衡”并非会计意义上的，而是指实际经济意义上的。国际经济交易反映到国际收支平衡表上有若干项目，各个项目都有各自的特点，按其交易的性质可分为自主性交易（Autonomous Transactions）和补偿性交易（Compensatory Transactions）。自主性交易是指个人或企业为某种自主性目的（如追逐利润、追求市场、旅游、汇款赡养亲友等）而进行的交易，由于其自主性质，必然经常地出现差额；补偿性交易是指为了弥补自主性交易差额或缺口而进行的各种交易活动，如分期付款、商业信用、动用官方储备等。有了这样的区别后，我们就能较准确地判断国际收支是平衡还是不平衡。如果基于自主性交易就能维持的平衡，则该国的国际收支是平衡的，如果自主性交易收支不能相抵，必须用补偿性交易来轧平，这样达到的平衡是形式上的平衡，即被动的平衡，其实质就是国际收支的不平衡。

这种识别国际收支不平衡的方法，从理论上看是很有道理的，但在概念上很难准确区别自主性交易与补偿性交易，在统计上也很难加以区别。因为一笔交易从不同的角度看可以是不同的归类。例如，一国货币当局以提高利率来吸引外资，就投资者而言属自主性交易，就货币当局而言则属调节性交易，若投资者是该国居民，则同一笔交易既可归入自主性项目，也可列入调节性项目。因此，按交易动机识别国际收支的平衡与不平衡仅仅提供了一种思维方式，迄今为止，还无法将这一思维付诸实践。

按照人们的传统习惯和国际货币基金组织的做法，国际收支平衡是指国际收支平衡表中横线以上项目的平衡，即综合项目的平衡。横线以下的项目即平衡项目是弥补国际收支赤字或反映国际收支盈余的项目，也就是官方储备项目。国际收支的逆差表现为国际储备的减少，国际收支的顺差表现为国际储备的增加，一般来说，国际收支平衡表中横线以上项目会出现差额或缺口，这时就出现了国际收支的不平衡。

二、国际收支不平衡的原因

国际收支不平衡的现象是经常的、绝对的，而平衡却是偶然的、相对的，因此，国际收支的调节无时不在进行着。为了顺利而有效地调节国际收支，首先必须研究国际收支不平衡的原因，然后才能采取与之相适应的措施来进行调节。各国发生国际收支不平衡的原因繁多而复杂，这些原因中既有一般的原因，又有特殊的原因。

（一）一般原因

西方经济学家按发生国际收支不平衡一般原因的不同，将国际收支不平衡分为以下五种类型：

1. 周期性不平衡

周期性不平衡（Cyclical Disequilibrium）是指一国经济周期波动引起该国国民收入、价格水平、生产和就业发生变化而导致的国际收支不平衡。周期性不平衡是世界各国国际收支不平衡常见的原因。因为在经济发展过程中，各国经济不同程度地处于周期波动之中，周而复始地出现繁荣、衰退、萧条、复苏，而经济周期的不同阶段对国际收支会产生不同的影响。在经济衰退阶段，国民收入减少，总需求下降，物价下跌，会促使出口增长，进口减少，从而出现顺差；而在经济繁荣阶段，国民收入增加，总需求上升，物价上涨，则使进口增加，出口减少，从而出现逆差。

2. 货币性不平衡

货币性不平衡（Monetary Disequilibrium）是指一国货币增长速度、商品成本和物价水平与其他国家相比，如发生较大变化而引起的国际收支不平衡。这种不平衡主要是由于国内通货膨胀或通货紧缩引起的，一般直观地表现为价格水平的不一致，故又称价格性的不平衡（Price Disequilibrium）。例如，一国发生通货膨胀，其出口商品成本必然上升，使用外国货币计价的本国出口商品的价格就会上涨，就会削弱本国商品在国际市场上的竞争能力，客观上起着抑制出口的作用。相反，由于国内商品物价普遍上升，相比较而言，进口商品就显得便宜，鼓励了外国商品的进口，从而出现贸易收支的逆差。不过在这里还得注意的是，通货膨胀还会引起该国货币汇率一定程度的贬值，但一般来说此时汇率贬值的幅度要比物价上涨的幅度小得多，因而其影响也小得多。它只能缓和但不会改变通货膨胀对国际收支的影响。货币性不平衡可以是短期的，也可以是中期的或长期的。

3. 结构性不平衡

结构性不平衡（Structural Disequilibrium）是指当国际分工的结构（或世界市场）发生变化时，一国经济结构的变动不能适应这种变化而产生的国际收支不平衡。

世界各国由于地理环境、资源分布、技术水平、劳动生产率差异等经济条件和历史条件不同，形成了各自的经济布局和产业结构，从而形成了各自的进出口商品和地区结构，各国的产业、外贸结构综合成国际分工结构。若在原有的国际分工结构下，一国的进出口尚能平衡，但在某一时期，若世界市场对该国的出口需求或对该国进口的供给发生变化，则该国势必要改变其经济结构以适应这种国际变化，即原有的相对平衡和经济秩序受到了冲击。若该国经济结构不能灵活调整以适应国际分工结构的变化，则会产生国际收支的结构性不平衡。

改变结构性不平衡需要重新组织生产，并对生产要素的使用进行重新组合，以适应需求和供给的新结构，否则这种不平衡现象将难以克服，而生产的重新组合阻力较大，进展缓慢，因此结构性不平衡具有长期性，扭转起来相当困难。结构性不平衡在发展中国家尤其普遍，因为发展中国家进出口商品具有以下两个特点：其一，产品出口需求的收入弹性低，而产品进口需求的收入弹性高，所以出口难以大幅度增加，而进口则能大幅度增加；其二，产品出口需求的价格弹性大，而产品进口需求的价格弹性小，于是进口价格上涨快于出口价格上涨，贸易条件恶化。

4. 收入性不平衡

收入性不平衡(Income Disequilibrium)是指由于各种经济条件的恶化引起国民收入的较大变动而引起的国际收支不平衡。国民收入变动的原因很多，一种是经济周期波动所致，这属于周期性不平衡，另外一种是因经济增长率的变化而产生的，在这里是指这种不平衡，它具有长期性。一般来说，国民收入的大幅度增加，全社会消费水平就会提高，社会总需求也会扩大，在开放型经济下，社会总需求的扩大，通常不一定会表现为价格上涨，而表现为增加进口、减少出口，从而导致国际收支出现逆差；反之，当经济增长率较低时，国民收入减少时，国际收支出现顺差。

5. 临时性不平衡

临时性不平衡(Temporary Disequilibrium)是指短期的由非确定或偶然因素引起的国际收支不平衡。例如，伊拉克入侵科威特，国际社会对伊拉克实行全面经济制裁，世界各国一度曾中止与伊拉克的一切经济往来，伊拉克的石油不能输出，引起出口收入锐减，贸易收入恶化；相反，由于国际市场石油短缺，石油输出国扩大了石油输出，这些国家的国际收支从而得到了改善。这种性质的国际不平衡，程度一般较轻，持续时间也不长，带有可逆性，可以认为是一种正常现象。

(二)特殊原因

西方经济学家把引起国际收支不平衡的原因分为五种类型，但这些原因并不都适合所有国家。实际上，不同类型的国家如发达国家、发展中国家和计划经济国家的国际收支不平衡的原因是各有差异的。

发达国家国际收支不平衡的原因和特点表现为：第一，商品、劳务、资本输入过多或不足的直接原因主要是国际竞争力、利润率和未经抵补的利息率的变化。第二，资本项目在国际收支中的地位日趋重要，资本输出、输入频繁且不稳定。第三，由于高度一体化的全球国际金融市场上资金对有资信的国家来说是充裕的，因而较易发生的是国际储备过多(而不是不足)的情形。

发展中国家国际收支不平衡的原因和特点是：第一，一些商品劳务输入不足与另一些输入过多并存；商品、劳务的输出时而不足、时而过多，尤其是世界经济结构全面而深刻的变化，使他们面临出口构成严重不合理。第二，资本净输入过多与不足相交替，但国际储备的水平经常处于适度水平线以下。第三，国际收支不平衡常常表现为过度逆差。

社会主义计划经济国家国际收支不平衡的原因和特点是：第一，出口构成不合理，而且大部分出口因缺乏国际竞争力而常常输出不足，小部分出口因支付逆差所需而常常输出过多。第二，处于对外开放过程中的国家国际收支不平衡往往表现为：先是经常项目过度逆差、外资输入过多，然后是外汇储备不足、进口不足、外资输入不足。第三，由于货币不可自由兑换，因而能否通过进口来平衡货币供应和货币需求、总供给和总需求，以抑制或消除通货膨胀，必定受制于本国的外汇储备水平或对外借贷能力。

三、国际收支不平衡对经济的影响

国际收支是一国对外经济关系的综合反映，随着各国经济日趋国际化，对外经济与对内经济关系日益密切,相应的,国际收支不平衡对一国经济的影响范围越来越广,程度也越来越深。持续的、大规模的国际收支逆差对一国经济的影响表现为以下几个方面。

(1)持续性顺差会使一国所持有的外国货币资金增加,或者在国际金融市场上发生抢购本国货币的情况,这就必然产生对本国货币需求量的增加,由于市场法则的作用,本国货币对外国货币的汇价就会上涨,不利于本国商品的出口,对本国经济的增长产生不良影响。

(2)持续性顺差会导致一国通货膨胀压力加大。因为如果国际贸易出现顺差,那么就意味着国内大量商品被用于出口,可能导致国内市场商品供应短缺,带来通货膨胀的压力。另外,出口公司将会出售大量外汇兑换本币收购出口产品从而增加了国内市场货币投放量,带来通货膨胀压力。如果资本项目出现顺差,大量的资本流入,该国政府就必须投放本国货币来购买这些外汇,从而也会增加该国的货币流通量,带来通货膨胀压力。

(3)一国国际收支持续顺差容易引起国际摩擦,而不利于国际经济关系的发展,因为一国国际收支出现顺差也就意味着其他一些国家因其顺差而国际收支出现逆差,从而影响这些国家的经济发展,他们要求顺差国调整国内政策,以调节过大的顺差,这就必然导致国际摩擦,例如,20 世纪 80 年代以来愈演愈烈的欧、美、日贸易摩擦就是因为欧共体国家、美国、日本之间国际收支状况不对称的缘故。

可见,一国国际收支持续不平衡时,无论是顺差还是逆差,都会给该国经济带来危害,政府必须采取适当的调节,以使该国的国内经济和国际经济得到健康的发展。

四、国际收支不平衡的评价

评价一个国家的国际收支不平衡必须采取客观的、辩证的态度,具体要注意以下几点:

(1)国际收支平衡是各国追求的目标,不平衡从理论上讲对一国经济是不利的,但国际收支平衡是相对的,不平衡才是绝对的。换言之,各国出现国际收支不平衡是一种正常现象,长期处于平衡状态是不可能的。

(2)相比较而言,在各国政策制定者的心目中,出现顺差要比出现逆差来得好,以至于有些人认为逆差才算是国际收支不平衡,顺差不算是不平衡,这是因为顺差不会对国内经济立即产生或带来不良影响,顺差的调节要比逆差的调节容易得多,而且在目前的国际金融环境下始终存在着国际收支调节的不对称,即国际组织(如国际货币基金组织)一直把国际不平衡的主要责任推到逆差国,因此为调节各国的国际收支,国际组织常常要求逆差国采取各种各样的紧缩性经济政策,即便牺牲该逆差国经济增长也在所不惜。但是,正如前面所分析的,一国如果长期保持巨额的国际收支顺差对本国经济发展也是不利的。另外,世界各国都是顺差是不可能的,总有一部分国家出现顺差,另一部分国家出现逆差,也就是说某些国家出现逆差是不可避免的。

(3)相比较追求国际收支量上的平衡而言,各国政府更重视追求国际收支结构上的平衡。换言之,国际收支结构的好坏对一国经济的影响要比国际收支量上是否平衡的影响更大。这里的国际收支结构是指国际收支各项目差额的结构,最主要的又是经常项目差额与资本与金融项目差额(不包括官方储备)的结构。一般有四种情况:①经常项目和资本与金融项目都出现顺差,这时不仅国际收支量上出现顺差,而且结构也较好,因此一般认为是最好的一种情况。②经常项目与资本与金融项目都出现逆差,这是最坏的一种情况。③经常项目出现顺差,资本与金融项目出现逆差,此时不管最后国际收支是顺差还是逆差,都不失为一种好的国际收支状况,因为它结构较好:经常项目出现顺差表明该国商品、劳务的国际竞争能力很强,出口多于进口,国家外汇储备增加;资本项目出现逆差,反映一国资本的国际竞争力能力很强,对外投资大于资本流入。④经常项目出现逆差,资本与金融项目出现顺差,此时即使最后国际收支能够达到平衡或顺差,都不是一种好的状态,因为这种国际收支结构不好。

(4)对于某些国家来说,在特殊时期,上述第四种情况的国际收支状况可能是一种政策性的选择,即为了达到一定的政策目标,政府采取的一种策略。比如发展中国家在经济起飞时期,由于经济基础较薄弱,商品、劳务的国际竞争力较差,经常项目出现赤字,但该国政府为了能在较短的时期里改变这种状况,采取各种优惠政策吸引外资,从而出现了经常项目逆差,资本与金融项目顺差的状况,其目的是为了在较短的时期里达到经常项目顺差、资本与金融项目逆差的国际收支结构。

综上所述,对一国国际收支的不平衡必须采取具体的、全面的、辩证的分析方法,同时我们也可明确各国采取各种措施来调节国际收支不平衡,其目标是要改变一国过长时间、过大规模的逆差或顺差状况,而不是彻底消除不平衡,因为这是不现实的。

五、国际收支不平衡的调节

(一)国际金本位制下的自动调节机制

在国际上普遍实行金本位制的条件下,一个国家的国际收支可通过物价的涨落和黄金的输出输入自动恢复平衡。这一自动调节规律称为"物价—现金流动机制"(Price Specie-Flow Mechanism)。它是在 1752 年由英国经济学家大卫·休谟(Hume David)提出的,所以又称"休谟机制"。

物价—现金流动机制自动调节国际收支的具体过程如下:一国的国际收支如果出现逆差,则外汇供不应求,外汇汇率上升,若外汇汇率上升超过了黄金输送点,则本国商人不再用本币购买外汇付给商人,而是直接用黄金支付给外国出口商,这样黄金就大量流出。黄金外流导致本国银行准备金降低,从而使流通中货币量减少,物价下跌,而物价下跌使得出口成本降低,本国商品的出口竞争力增强,出口增加,进口减少,直至国际收支改善。这样,国际收支的不平衡完全能够自发调节,用不着任何人为的干预。如果一国国际收支出现顺差,其自动调节过程完全一样,只是各经济变量的变动方向相反而已。物价—现金流动机制对国际收支的自动调节过程如图 1—1 所示。

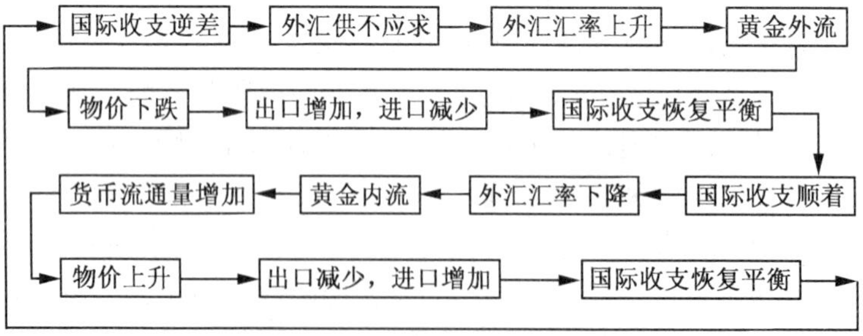

图 1—1 物价—现金流动机制

休谟的物价—现金流动机制在理论分析上存在着一系列缺陷:第一,他是以货币数量论为依据的,因而得出物价仅因货币数量变化而变化;第二,在金币流通的情形下,黄金流动不一定会引起物价变动,因为金属货币可以自发调节到必要的数量;第三,他强调相对价格的变动,而忽视了产量和就业的变动;第四,黄金流动同恢复国际收支平衡自动联系起来,金融当局没有进行干预的余地。正是因为休谟忽略了上述四方面的情况因而过高估计了物价—现金流动机制对国际收支不平衡的调节作用。

(二)纸币流通条件下的国际收支自动调节机制

在信用货币流通的制度下,纸币流通使国际上货币流动失去直接清偿性,国际上的货币交换必须通过汇率来实现,因此,物价—金币流动机制已不复存在。虽然如此,在出现国际收支失衡时,仍然会存在某些调节机制,具有使国际收支自动恢复均衡的作用。根据起作用的变量不同,可将自动调节机制分为四类:利率的自动调节机制、价格的自动调节机制、收入的自动调节机制和汇率的自动调节机制。

1. 利率的自动调节机制

利率的自动调节机制是指一国国际收支不平衡会影响利率的水平,而利率水平的变动反过来又会对国际收支不平衡起到一定的调节作用,主要从经常账户和资本账户两个方面进行调节。

一国国际收支出现逆差,即表明该国银行所持有的外国货币存款或其他外国资产减少,负债增加,因此产生了银行信用紧缩,使国内金融市场的银根趋于紧张,利率水平逐渐上升。而利率的上升表明本国金融资产的收益率上升,从而对本国金融资产的需求相对上升,对外国金融资产的需求相对降低,资本内流增加、外流减少,资本项目逆差逐渐减少,甚至出现顺差。另一方面,利率上升使国内投资成本上升,消费机会成本上升,因而国内总需求下降,对国外商品的进口需求也随之减少,出口增加,这样,贸易逆差也会减少,整个国际收支趋于平衡。反之,国际收支盈余会通过货币供应量的上升和利率水平的下降,导致本国资本外流增加,外国资本流入减少,国内总需求上升,使其国际收支盈余减少甚至消除。利率机制对国际收支的自动调节过程如图 1—2 所示。

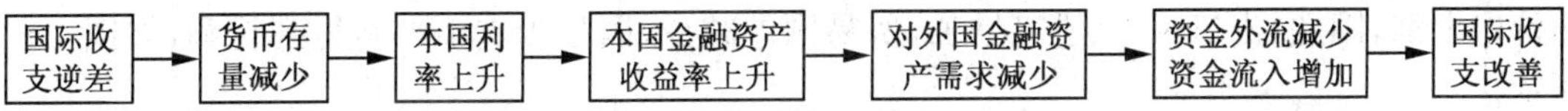

图 1—2　利率机制的自动调节过程

2. 价格的自动调节机制

价格的变动在国际收支自动调节机制中也发挥着重要的作用。当一国的国际收支出现逆差时,由于外汇支付手段的减少,容易导致国内信用紧缩,货币供应量的下降会使公众所持有的现金余额低于其意愿水平,该国居民就会缩减对商品和劳务的开支,从而引起价格水平的下降。本国商品相对价格的下降,会提高本国商品的国际竞争力,从而使本国的出口增加,进口减少,该国国际收支状况得以改善。反之,当一国的国际收支出现顺差时,由于外汇支付手段的增多,容易导致国内信用膨胀、利率下降、投资与消费相应上升、国内需求量扩大,从而对货币形成一种膨胀性压力,使国内物价与出口商品价格随之上升,从而削弱出口商品的国际竞争能力,导致出口减少而进口增加,使原来的国际收支顺差逐渐消除。价格机制对国际收支的自动调节过程如图 1—3 所示。

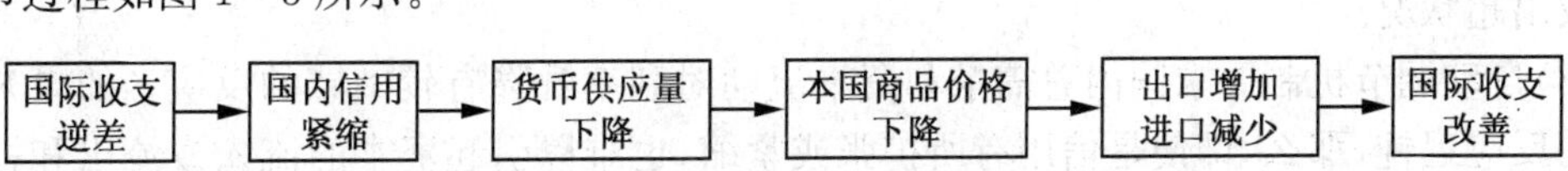

图 1—3　价格机制的自动调节过程

3. 收入的自动调节机制

收入的自动调节机制是指在一国国际收支不平衡时，该国的国民收入、社会总需求会发生变动，而这些变动反过来又会减弱国际收支的不平衡。当一国国际收支出现逆差时，会使其外汇支出增加，引起国内信用紧缩、利率上升、总需求下降，国民收入也随之减少，国民收入的减少必然使进口需求下降，贸易逆差逐渐缩小，国际收支不平衡也会得到缓和。反之，当一国国际收支出现顺差时，会使其外汇收入增加，从而产生信用膨胀、利率下降，总需求上升，国民收入也随之增加，因而促使进口需求上升，贸易顺差减少，国际收支恢复平衡。收入机制对国际收支的自动调节过程如图 1—4 所示。

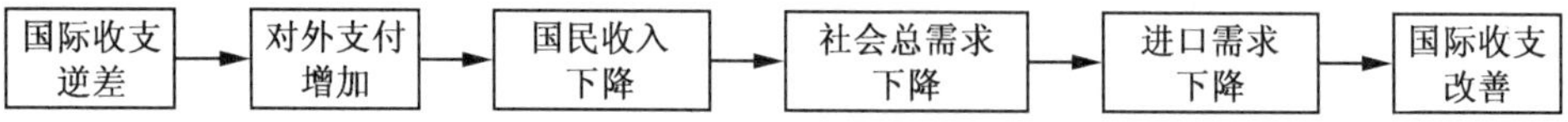

图 1—4　收入机制的自动调节过程

4. 汇率的自动调节机制

汇率的自动调节机制是指在浮动汇率制度下，汇率的自发变动在很大程度上具有自动调节国际收支的功能。当一国出现国际收支失衡时，必然会对外汇市场产生压力，促使外汇汇率变动。如果该国政府允许汇率自发变动，而不进行干预，则国际收支的失衡就有可能会被外汇汇率的变动所消除，从而使该国国际收支自动恢复均衡。当一国国际收支出现逆差时，外汇市场上本外币供求关系发生变化，外汇需求大于外汇供给，导致外汇汇率上升，本币汇率下降，出口商品以外币计算的价格下跌，而进口商品以本币计算的价格上升，于是刺激了出口，抑制了进口，贸易收支逆差逐渐减少，国际收支不平衡得到缓和。反之，当一国国际收支顺差时，外汇供给大于外汇需求，本币汇率上升，进口商品以本币计算的价格下跌，而出口商品以外币计算的价格上涨，因此，出口减少、进口增加，贸易顺差减少，国际收支不平衡得到缓和，如图 1—5 所示。

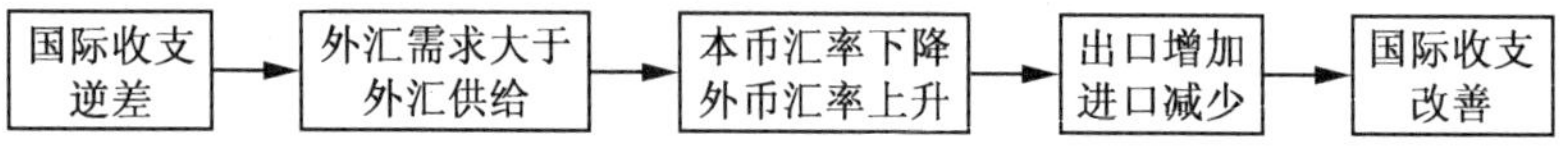

图 1—5　汇率机制的自动调节过程

在纸币流通条件下，国际收支自动调节机制的正常运行具有很大的局限性，往往难以有效地发挥作用，因为它要受到各方面因素的影响和制约。

(1)国际收支的自动调节只有在纯粹的自由经济中才能产生作用。政府的某些宏观经济政策会干扰自动调节过程，使其作用下降、扭曲或根本不起作用。自西方国家盛行凯恩斯主义以来，大多数国家不同程度地加强了对经济的干预。

(2)自动调节机制只有在进出口商品的供给和需求弹性较大时，才能发挥其调节的功能。如果进出口商品供给、需求弹性较小，就无法减少进口、扩大出口，或扩大进口、减少出口，改变入超或出超状况。

(3)自动调节机制要求国内总需求和资本流动对利率升降有较敏感的反应。如果对利率变动的反应迟钝，那么，即使是信用有所扩张或紧缩，也难以引起资本的流入或流出和社会总需求的变化。对利率反应的灵敏程度与利率结构相关联，也与一国金融市场业务的发展情况息息相关。

由于自动调节机制充分发挥作用要满足上述三个条件，而在当前经济条件下，这些条件不可能完全存在，导致国际收支自动调节机制往往不能有效地发挥作用。因此，当国际收支不平衡时，各国政府往往根据各自的利益采取不同的经济政策，使国际收支恢复平衡。

（三）国际收支的政策调节

国际收支的政策调节是指国际收支不平衡的国家通过改变其宏观经济政策和加强国际上的经济合作，主动地对本国的国际收支进行调节，以使其恢复平衡。人为的政策调节相对来说比较有力，但也容易产生副作用（如考虑了外部平衡而忽视了内部平衡），有时还会因时滞效应达不到预期的目的。

1. 外汇缓冲政策

外汇缓冲政策是指一国运用所持有的一定数量的国际储备，主要是黄金和外汇，作为外汇稳定或平准基金（Exchange Stabilization Fund），来抵消市场超额外汇供给或需求，从而改善其国际收支状况。它是解决一次性或季节性、临时性国际收支不平衡简便而有利的政策措施。

一国国际收支不平衡往往会导致该国国际储备的增减，进而影响国内经济和金融。因此，当一国国际收支发生逆差或顺差时，中央银行可利用外汇平准基金，在外汇市场上买卖外汇，调节外汇供求，使国际收支不平衡产生的消极影响止于国际储备，避免汇率上下剧烈动荡，而保持国内经济和金融的稳定。但是动用国际储备、实施外汇缓冲政策不能用于解决持续性的长期国际收支逆差，因为一国储备毕竟有限，长期性逆差势必会耗竭一国所拥有的国际储备而难以达到缓冲的最终政策，特别是当一国货币币值不稳定，使人们对该国货币的信心动摇，进而引起大规模资金外逃时，外汇缓冲政策更难达到预期效果。

2. 财政政策

财政政策主要是采取缩减或扩大财政开支和调整税率的方式，以调节国际收支的顺差或逆差。

如果国际收支发生逆差，第一，可削减政府财政预算、压缩财政支出，由于支出乘数的作用，国民收入减少，国内社会总需求下降，物价下跌，增强出口商品的国际竞争力，进口需求减少，从而改善国际收支逆差；第二，提高税率，国内投资利润下降，个人可支配收入减少，导致国内投资和消费需求降低，在税赋乘数作用下，国民收入倍减，迫使国内物价下降，扩大商品出口，减少进口，从而缩小逆差。

由此可见，通过财政政策来调节国际收支不平衡主要是通过调节社会总需求、国民收入的水平来起作用的，这一过程的最中心环节是社会企业和个人的“需求伸缩”，它在不同的体制背景下作用的机制和反应的快捷程度是不一致的，这取决于其产权制约关系的状况。

3. 货币政策

货币政策主要是通过调整利率来达到政策实施目标的。调整利率是指调整中央银行贴现率，进而影响市场利率，以抑制或刺激需求，影响本国的商品进出口，达到国际收支平衡的目的。当国际收支产生逆差时，政府可实行紧缩的货币政策，即提高中央银行贴现率，使市场利率上升，以抑制社会总需求，迫使物价下跌，出口增加，进口减少，资本也大量流入本国，从而逆差逐渐消除，国际收支恢复平衡。相反，国际收支产生顺差，则可实行扩张的货币政策，即通过降低中央银行贴现率来刺激社会总需求，迫使物价上升，出口减少，进口增加，资本外流，从而顺差逐渐减少，国际收支恢复平衡。

但是，利率政策对国际收支不平衡的调节存在着一些局限性：第一，利率的高低只是影响国际资本流向的因素之一，国际资本流向很大程度上还要受国际投资环境政治因素的影响，如一国政治经济局势较为稳定，地理位置受国际政治动荡事件的影响小，则在这里投资较安全，可能成为国际游资的避难所。此外，国际资本流向还与外汇市场动向有关，汇率市场、游资金融转向投机目的以获取更高利润，因此一国金融市场动荡，即使利率较高也难以吸引资本流入。第二，国内投资、消费要对利率升降有敏感反应，而且对进口商品的需求弹性、国外供给弹性要有足够大，利率的调整才能起到调节国际收支不平衡的效果。反之，若国内投资、消费对利率反应迟钝，利率提高时，国内投资、消费不能因此减少，则进口需求也不会减少，出口也难以提高。国际收支逆差也难以改善。第三，提高利率短期内有可能吸引资本流入本国，起到暂时改善国际收支的作用，但从国内经济角度看，由于利率上升，经济紧缩，势必削弱本国的出口竞争力，从而不利于从根本上改善国际收支。相反，为了促进出口而活跃经济必须降低利率，这又会导致资本外流，势必加剧国际收支不平衡，因此利率政策调节国际收支不平衡容易产生内外均衡的矛盾。

4. 汇率政策

汇率政策是指通过调整汇率来调节国际收支的不平衡。这里所谓的“调整汇率”，是指一国货币金融当局公开宣布的货币法定升值与法定贬值，而不包括金融市场上一般性的汇率变动。

汇率调整政策是通过改变外汇的供需关系，并经由进出口商品的价格变化，资本融进融出的实际收益(或成本)的变化等渠道来实现对国际收支不平衡的调节。当国际收支出现逆差时实行货币贬值，当国际收支出现顺差时实行货币升值。

汇率调整政策同上述财政政策、货币政策相比较而言，对国际收支的调节无论表现在经常项目、资本项目上，还是表现在储备项目上都更为直接、更为迅速。因为汇率是各国间货币交换和经济贸易的尺度，与国际收支的贸易往来、资本往来的“敏感系数”较大;同时，汇率调整对一国经济发展也会带来多方面的副作用。比如，贬值容易给一国带来通货膨胀压力，从而陷入“贬值→通货膨胀→贬值”的恶性循环。它还可能导致其他国家采取报复性措施，从而不利于国际关系的发展，等等。

因此，一般只有当财政、货币政策不能调节国际收支不平衡时，才使用汇率手段。同时，汇率调整政策有时对国际收支不平衡的调节不一定能起到立竿见影的效果，因为其调节效果还取决于现实的经济和非经济因素:第一，汇率变动对贸易收支的调节受进出口商品价格弹性和时间滞后的影响，这在前面已经分析过，这里不再重复。第二，汇率变动对资本收支的影响不一定有效，其影响要看外汇市场情况而定。如果一国汇率下跌引起一般人预测汇率还会继续下跌，则国内资金将会外逃，资本收支将会恶化，并且资本输出入主要还是要看一国的利率政策、融资环境等，这些都无法随汇率的变化而变化。第三，汇率变动对国际收支的调节还受制于各国对国际经济的管制和干预程度。这些管制和干预包括贸易壁垒的设置、外汇管制政策的松严等。

【同步案例1—1】

日元贬值带来的影响

2013年以来，日元兑美元汇率明显转弱，在日本政府和央行的联合干预下，日元贬值之势不停歇。美元对日元已攻破92整数关口。欧元对日元也触及三年来的高位。日本央行行长人选已接近确定，在新行长上任后，日本央行推动货币宽松的力度势必还会进一步加大。分析人士指出，以目前市场环境来看，日元继续贬值的可能性很大，日元的走低将进一步有利于日本的出口，并带动日股走强。一些东亚和东南亚国家均感到日元贬值带来的压力。纷纷表示必要时本币将追随日元贬值。日元贬值为何给其他亚洲国家带来压力？

多年来，东亚和东南亚各国形成了与日本大致相同的产业结构和进出口结构，在电子产品、汽车、钢铁等产品的出口领域与日本竞争激烈。日元贬值后，以外币（如美元）表示的日本商品价格便会大幅下降，提升了日本产品在国际市场上的竞争力，极力地促进了日本产品对欧美等国家的出口，夺取了韩国等东南亚国家的海外市场，据韩国的有关部门统计，以往日元每贬值10%，韩国将减少出口27亿美元，占全年出口总额的9%，进口也将减少8亿美元，同理，亚洲其他国家的进出口贸易都将受到影响。

资料来源：http://sh.gtja.com/sh/cms_gjcj/cms_11809252.html，有删减。

5. 直接管制政策

财政、货币和汇率政策的实施有两个特点：一是这些政策发生的效应要通过市场机制才能实现；二是这些政策的实施不能立即收到效果，其发挥效应的过程较长。因此，在某种情况下，各国还需要采取直接的管制政策来干预国际收支。

直接管制政策包括外汇管制和贸易管制两个方面：

外汇管制主要是通过对外汇的买卖直接加以管制来控制外汇市场的供求，维持本国货币对外汇率的稳定。如对外汇实行统购统销，保证外汇统一使用和管理，从而影响本国商品及劳务的进出口和资本流动，调节国际收支不平衡。

贸易管制主要是奖出限入。在奖出方面常见的措施有：①出口信贷；②出口信贷国家担保制；③出口补贴。而在限入方面，主要是实行提高关税、进口配额制和进口许可证制，此外，还有许多非关税壁垒等限制措施。

实施直接管制措施调节国际收支不平衡见效快，同时选择性强，对局部性的国际收支不平衡可以采取有针对性的措施直接加以调节，不必涉及整体经济。例如，国际收支不平衡是由于出口减少造成的，就可直接施以鼓励出口的各种措施加以调节。但直接管制会导致一系列行政弊端，如行政费用过大，官僚、贿赂之风盛行等，同时它往往会激起相应国家的报复，以致使其效果大大减弱，甚至起反作用，所以，在实施直接管制以调节国际收支不平衡时，各国一般都比较谨慎。

6. 国际借贷

国际借贷就是通过国际金融市场、国际金融机构和政府间贷款的方式，弥补国际收支不平衡。国际收支逆差严重而又发生支付危机的国家，常常采取国际借贷的方式暂缓国际收支危机。但在这种情况下的借贷条件一般比较苛刻，这又势必增加将来还本付息的负担，使国际收支状况恶化，因此运用国际借贷方法调节国际收支不平衡仅仅是一种权宜之计。

7. 国际经济、金融合作

当国际收支不平衡时，各国根据本国的利益采取调节政策和管制政策措施，有可能引起国家之间的利益冲突和矛盾。因此，除了实施上述调节措施以外，有关国家还试图通过加强国际经济、金融合作的方式，从根本上解决国际收支不平衡的问题。其主要形式有：

（1）国际上债务清算自由化。第二次世界大战后成立的国际货币基金组织（IMF）和欧洲支付同盟（European Payment Union，EPU）的主要任务是促使各国放松外汇管制，使国际上的债权债务关系在这些组织内顺利得到清算，从而达到国际收支平衡。

（2）国际贸易自由化。为了调节国际收支，必须使商品在国际上自由流动，排除任何人为的阻碍，使国际贸易得以顺利进行，为此或订立国际上的一些协定，或推行经济一体化，如欧洲共同市场(European Common Market)、拉丁美洲自由贸易区(Latin American Free Trade Association)、石油输出国组织(Organization of Petroleum Exporting Countries,OPEC)等。

(3)协调经济关系。随着20世纪80年代全球性国际收支不平衡的加剧,西方主要工业国日益感到开展国际磋商对话、协调彼此经济政策以减少摩擦,共同调节国际收支不平衡的必要性和重要性。例如,2013年9月,中阿签署两国政府《关于建立中阿经济合作与协调战略对话机制的谅解备忘录》。该对话机制由中国国家发改委和阿根廷外交部、经济部共同主办,双方有关部门、金融机构和企业参与,旨在统筹规划和推动双边经济与投资合作。

(四)选择国际收支调节方式的一般原则

国际收支不平衡的调节方式很多,但是每一种调节方式都有自己的特点,对国际收支不平衡调节的侧重点也不同,因此在具体调节一国国际收支不平衡时选择适当调节措施是非常重要的,一般来说应遵循三个原则:

1. 按照国际收支不平衡产生的原因来选择调节方式

国际收支不平衡产生的原因是多方面的,根据其产生原因的不同选择适当的调节方式可以有的放矢、事半功倍。例如,一国国际收支不平衡是经济周期波动所致,说明这种不平衡是短期的,因而可以用本国的国际储备或通过从国外获得短期贷款来弥补,达到平衡的目的,但这种方式用于持续性巨额逆差的调整不能收到预期效果。如果国际收支不平衡是由于货币性因素引起的,则可以采取汇率调整方法。如果国际收支不平衡是因为总需求大于总供给而出现的收入性不平衡时,则可以实行调节国内支出的措施,如实行财政金融的紧缩性政策。如果发生结构性的不平衡,则可以采取直接管制和经济结构调整方式来调节。

2. 选择国际收支调节方式应尽量不与国内经济发生冲突

国际收支是一国宏观经济的有机组成部分,调整国际收支势必对国内经济产生直接影响。一般来说,要达到内外均衡是很困难的,往往调节国际收支的措施对国内经济会产生不利影响,而谋求国内均衡的政策又会导致国际收支不平衡。因此,必须按其轻重缓急,在不同的时期和经济发展的不同阶段分别作出抉择。当然,最一般的原则是尽量采用国内平衡与国际收支平衡相配合的政策。

3. 选择调节国际收支的方式应尽可能减少来自他国的阻力

在选择调节国际收支的方式时,各国都以自身的利益为出发点,各国利益的不同必然使调节国际收支的对策对不同国家产生不同的影响,有利于一国的调节国际收支的措施往往有害于其他国家,从而导致这些国家采取一些报复措施,其后果不仅影响了国际收支调节的效果,而且不利于国际经济关系的发展,因此,在选择调节国际收支的方式时,应尽量避免损人过甚的措施,最大限度地降低来自他国的阻力。

任务四 国际收支理论

一、重商主义(学派)的理论

重商主义是在西方封建社会的晚期和资本主义的初期,为了适应资本原始积累的需要而产生的一种代表商业资产阶级利益的经济学说。

重商主义认为金银或货币是财富的唯一形态,一切经济活动的目的就是获得金银。在他们看来,除了开采金银矿藏之外,只有对外贸易才是货币财富的真正源泉。因为国内商业虽然有益处,只不过是使一部分人获利而另一部分人亏损,并不能增加国内的货币量。而只有对外贸易才能使一国的金银增多,国家才能富裕。重商主义由此得出结论:国家为了致富,必须发展对外贸易,而在对外贸易中,又必须遵守多卖少买、多收入少支出的原则,以求得对外贸易的顺差。"贸易顺差"这个名词是重商主义提出来的。为了达到这个目的,国家必须积极干预经济生活。在如何保持贸易顺差、增加货币的问题上,重商主义的观点是不同的。因此就有早期重商主义和晚期重商主义之分。

早期重商主义为扩大货币存量,将多卖少买这一公式绝对化,尤其强调少买或不买。他们认为,一切购买都会使货币减少,一切销售都会使货币增加,尽量少买或不买,就可以少花钱而将货币积累起来,使国家致富。反之,货币就会离手,财富就会流出,国家趋于贫困。因此,他们主张采取行政手段,吸收和保存国内的金银,同时禁止货币输出。当时许多国家,如英国、西班牙和葡萄牙等,就根据早期重商主义学派的主张,颁布了各种法令,甚至规定严厉的刑法,禁止货币输出国外。同时规定,外国商人必须将出售所得货币,全部用于购买当地商品。早期重商主义的学说被称为货币差额论。

如果说早期重商主义是以守财奴的眼光看待货币,晚期重商主义则是用资本家的眼光来看货币。他们懂得货币搁置不用是不会产生货币的,必须使货币运动,将货币投入流通,才能取得更多的货币。因此,他们主张国家不应禁止货币输出,而应允许将货币输出国外以便扩大对国外商品的购买。但他们要求在对外贸易中,必须保持贸易顺差的原则,其目的是最终使更多的货币流向本国。重商学派的代表人物托马斯·孟曾用播种来比喻货币增值,他说,农夫在播种的时候,把许多好谷粒抛在地上,假如只以此时的农夫行为来判断,我们会说他是一个疯子。但到了秋天,我们会看到他所得到的报酬是很丰富的。因此,晚期重商主义学说也被称为贸易差额论。为鼓励输出,实现出超,晚期重商主义者主张国家必须实行保护关税的政策。例如输出商品时,国家全部或部分退还资本家原先缴纳的税款,当进口商品经过本国加工后重新输出时,国家则退还这些商品在输入时所缴纳的关税。另外,重商主义主张发展制造业,因为工业品的出口价格远远大于原料。

二、休谟的国际收支调节理论

大卫·休谟是英国哲学家、历史学家和经济学家也是英国古典经济学的主要代表人物之一。他把货币数量学说应用到国际收支的分析,提出了著名的"价格—现金流动机制"。他认为,只要世界各国相互保持贸易关系,则一国对外贸易差额将自动调节。它以英国为例来说明这种国际价格机制的自动调节作用。假设英国的货币一夜之间消失了五分之四,那么一切商品的价格将会相应下降。在这样的价格条件下,还有哪个国家能在国际市场上与英国竞争,或以与英国同样的价格从事海运和出售工业品呢?于是用不了多长时间,英国就会弥补其所损失的货币量并赶上邻国的水平。一旦达到这个目的,英国就会立即丧失其廉价商品和廉价劳动的有利条件,外国货币也就不再流入英国。相反,如果英国的货币在一夜之间增加一倍,则劳动和商品的价格将相应提高,这样哪个国家能买得起英国货物呢?英国无法阻止外国商品进口,无法限制本国货币外流,直到英国的货币量下降到与邻国相等为止。

在休谟时代,国际收支顺差和黄金流入引起货币供应量增加是不成问题的。因为在那个时代,货币、黄金和储备基本上是同一回事,也就是说,国际收支直接表现为货币储备量的变动。至于休谟关于货币供应量增大,最终会使物价上升的论点是以货币数量说为基础的。但休谟的这种从货币量变动到国内物价变动再到贸易差额变动的推理,需要有一个基本的既定条件，这就是进出口弹性条件。休谟没有就此进行深入的分析，这个问题留待后来的马歇尔、勒纳及罗宾逊夫人来解决。

三、弹性分析法

弹性论是运用新古典学派的创始人——马歇尔的弹性理论，分析汇率变动在国际收支中的调节作用。该理论的前提条件是：其他一切条件不变（收入不变、偏好不变、其他商品价格不变），只考虑汇率变化对进出口商品的影响；贸易商品的供给弹性无限大；没有资本移动，国际收支等于贸易收支；贬值前贸易收支处于平衡状态。

在这些假设条件下，弹性论认为，汇率变动引起进出口商品价格的变动，价格的变动引起进出口数量的变动，从而导致国际收支的变化。如一国国际收支出现逆差，该国可采取货币贬值的办法扩大出口额、减少进口额，但贬值的效果取决于一国进出口商品的需求弹性。

所谓需求弹性，是指需求量对价格的反应程度。各种商品在商品价格变动后，需求量的变化是不一样的。需求量的变动幅度小于价格的变动幅度，称为需求弹性小于1；反之，称为需求弹性大于1；需求量的变动幅度如等于价格变动的幅度，则为需求弹性等于1。在汇率发生变动后，如进出口商品的需求弹性不同，对贸易收支的影响也不同。

假设以 Dx 代表出口商品的需求弹件，Dm 代表进口商品的需求弹性，货币贬值后可能出现三种情况：

（1）$|Dx+Dm|>1$，即出口商品的需求弹性和进口商品的需求弹性之和大于1，在这种情况下，外汇收入的增加量与外汇支出的减少量之和大于由于出口价格下跌而减少的外汇收入量和由于进口价格上涨而增加的外汇支出量之和，贬值可以改善贸易收支。

（2）$|Dx+Dm|<1$，即出口商品的需求弹性和进口商品的需求弹性之和小于1，在这种情况下，外汇收入的增加量和外汇支出的减少量之和小于由于出口价格下跌而减少的外汇收入量和由于进口价格上涨而增加的外汇支出量之和，贬值反而恶化贸易收支。

（3）$|Dx+Dm|=1$，即出口商品的需求弹性和进口商品的需求弹性之和等于1，在这种情况下，外汇收入的增加量和外汇支出的减少量之和等于由于出口价格下跌而减少的外汇收入量与由于进口价格上涨而增加的外汇支出量之和，贬值对贸易收支没有影响。

由此可见，汇率调整改善贸易收支是有条件的，是受进出口商品需求弹性的制约。只有当 $|Dx+Dm|>1$ 时，国际收支失衡现象才会在汇率调整后得到纠正，因此该条件被称为外汇市场稳定条件，也称马歇尔—勒纳条件。

弹性论在国际收支理论中具有一定的实际意义和参考价值。但该理论是一种局部均衡，它以一切条件不变为前提，只考虑汇率变动对进出口贸易的影响，忽略了其他因素，故有一定的局限性。

四、吸收论

吸收论是米德和亚历山大提出来的。它是以凯恩斯宏观经济理论为基础，分析开放经济条件下，国民收入各变量和总量对国际收支的影响。该理论认为，由于国内商品和劳务的消费大于生产，因此必须输入国外的商品和劳务加以弥补，故出现国际收支逆差。

凯恩斯的国民收入均衡公式为：

$$国民收入=消费+投资$$

$$总收入=总支出$$

但凯恩斯是以封闭经济作为考察对象，如果把对外贸易包括在内，则国民收入的均衡公式为：

$$Y=C+I+G+(X-M)$$

其中，C 为消费，I 为投资，G 为政府购买，X 为出口，M 为进口。

移项：

$$X-M=Y-(C+I+G)$$

亚历山大将 $X-M$ 用 B 表示，$C+I+G$ 用 A 表示，则：

$$B=Y-A$$

其中，B 为国际收支差额，Y 为国民收入，A 为总支出或总吸收。

该公式表明国民收入减去国内总支出等于国际收支差额。国际收支顺差意味着总收入大于总吸收，逆差意味着总收入小于总支出。所以一国国际收支最终是要通过改变收入或吸收来调节，或增加收入或减少支出。因此，吸收论的政策主张是：增加产量 Y 或减少支出 A。约翰逊分别称之为支出转向政策和支出减少政策。

支出转向（转换）政策具体分两种：一是货币贬值，二是贸易控制（包括关税、补贴和数量限制等）。贬值的目的是通过相对价格的变动把国内支出转向国内产品，贸易控制一般针对进口，目的是把国内支出从进口转向国内产品。有时也用于刺激出口，目的是把外国支出转向本国产品。

而支出减少政策是通常采用货币限制、预算限制甚至直接控制等方式，这些政策往往减少收入和就业。如果一国不仅有国际收支逆差，而且还有通货膨胀的压力，那么这些政策就有额外的吸引力。但是一国如果处于通货膨胀状态，那么这一政策就有相应的缺点。

吸纳论把国际收支的调节与国内经济联系起来，说明通过国内经济的调整，可以起到调节国际收支的作用。但是，该理论仅把进出口贸易作为研究对象，在国际资本流动因素日趋重要的今天，这种理论在国际收支分析中就显得有一定的局限性。

五、货币论

弹性论和吸收论都强调商品市场流量均衡在国际收支调整中的作用，而货币论则强调货币市场存量均衡的作用。货币论的历史渊源是大卫·休谟的价格现金流动机制。该机制揭示金本位制下国际收支通过货币供求的存量失衡，引起货币量和物价水平的调整而自动均衡的机制。20 世纪 60 年代后期，蒙代尔、约翰逊和弗兰克尔等人将封闭条件下的货币主义原理引申到开放经济中来，从而发展了国际收支货币论。

货币论认为，国际储备的变动是货币市场均衡的结果。货币需求是收入和利率的函数。

$$M_d=f(Y,\ r)$$

一国货币的供给分成两部分：(1)国内创造部分(D)，这是通过银行体系所创造的信用。(2)国外部分(R)，这是经国际收支所获得的盈余，即国际储备。

$$M_s=D+R$$

假定在长期中，货币需求等于货币供给，即

$$M_d=M_s$$

由此可以导出最基本的方程式：

$$R=M_d-D$$

该式表明，国际收支差额，无论是顺差还是逆差，不过是货币需求与国内货币供应量之间的差额。如果 $M_d>D$，即货币需求大于国内的货币供给，则 $R>0$，国际收支出现顺差。这是因为，在 $M_d>D$ 的条件下，货币需求在国内得不到满足的部分会通过对外借款或增加出口、减少进口等渠道得到调整。如果 $M_d<D$，则 $R<0$，国际收支出现逆差。因为此时国内多余的货币会通过对外投资或增加进口、减少出口加以调整。如果 $M_d=D$，则 $R=0$，国际收支平衡。

该理论的政策主张是：(1)所有国际收支不平衡都可以由国内货币政策来解决，而不需要改变汇率。(2)一国国际收支赤字的根源在于国内信贷扩张过大，因此应实行紧缩货币政策，使货币增长与经济增长保持一致的速度。(3)在货币供给不变的情况下，收入增长和价格上升通过提高货币需求，将会带来国际收支盈余，而利率上升则将通过降低货币需求，导致国际收支逆差。

货币论的独创之处是它将国际收支失衡与货币余额的增减联系起来，并强调货币政策的重要性。但货币论把货币因素列为国际收支的唯一决定性因素，而忽略了其他实物性因素对国际收支的影响，显然是不全面的。

应知考核

◇ 主要概念

国际收支　国际借贷　国际收支平衡表　经常项目　经常项目差额　贸易收支差额　资本和金融项目差额　国际收支不平衡　周期性不平衡　货币性不平衡　结构性不平衡　收入性不平衡　临时性不平衡　马歇尔—勒纳条件　外汇缓冲政策　自主性交易　补偿性交易

◇ 基础训练

一、单项选择题

1. 国际收支平衡表按照(　　)原理进行统计记录。

A. 单式记账　B. 复式记账　C. 增减记账　D. 收付记账

2. 国际收支平衡表中的金融账户包括一国的(　　)。

A. 投资捐赠　B. 专利买卖　C. 对外借贷的收支　D. 对外投资的收支

3. 下列选项中，(　　)不属于经常项目。

A. 旅游收支　B. 侨民汇款　C. 通信运输　D. 直接投资

4. 一国国际收支失衡是指(　　)收支失衡。

A. 自主性交易　B. 补偿性交易　C. 事前交易　D. 事后交易

5. 一国国际收支失衡调节的利率机制是通过影响(　　)来发挥其作用的。

A. 货币供应量　B. 国民收入　C. 利率　D. 相对价格水平

6. 价格—现金流动机制是(　　)货币制度下的国际收支的自动调节理论。

A. 金币本位制　B. 金汇兑本位制　C. 金块本位制　D. 纸币本位制

7. 一国货币升值对其进出口产生的影响是(　　)。

A. 出口增加，进口减少　B. 出口减少，进口增加

C. 出口增加，进口增加　D. 出口减少，进口减少

8. 一国货币贬值对其进出口产生的影响是(　　)。

A. 出口增加，进口减少　B. 出口减少，进口增加

C. 出口增加，进口增加　D. 出口减少，进口减少

9. 马歇尔—勒纳的条件是指(　　)。

A. 一国进出口需求弹性的绝对值之和大于 1

B. 一国进出口需求弹性的绝对值之和等于 1

C. 一国进出口需求弹性的绝对值之和小于 1

D. 一国进出口供求弹性的绝对值之和大于 1

10. 下列选项中,(   )交易应记入本国国际收支平衡表。

A. 本国某企业到国外设立分公司

B. 本国某银行购买外国国库券后因货币贬值而发生损失

C. 某外国居民来本国长期工作获得的工资收入

D. 本国在外国投资建厂,该厂产品在当地市场的销售收入

二、多项选择题

1. 国际收支统计所指的"居民"是指在一国经济领土上具有经济利益,且居住期限在一年以上的法人和自然人,它包括(   )。

A. 该国政府及其职能部门 B. 外国设在该国的企业

C. 外国政府驻该国大使馆 D. 外国到该国留学人员

2. 国际收支记录的经济交易包括(   )。

A. 海外投资利润转移 B. 政府间军事援助

C. 商品贸易收支 D. 他国爱心捐赠

3. 国际收支经常项目包含的经济交易有(   )。

A. 商品贸易 B. 证券投资

C. 投资收益收支 D. 政府单方面转移收支

4. 国际收支金融账户包含的经济交易有(   )。

A. 海外直接投资 B. 国际证券投资

C. 资本转移 D. 非生产非金融资产购买与放弃

5. 根据国际收入平衡表的记账原则,属于贷方项目的是(   )。

A. 进口货物 B. 居民向非居民提供服务

C. 非居民从本国取得收入 D. 非居民偿还居民债务

三、简答题

1. 什么叫国际收支?如何理解国际收支的特征?

2. 简述国际收支平衡表的主要内容。

3. 简述国际收支平衡表的分析方法。

4. 简述国际收支不平衡对经济的影响。

5. 国际收支不平衡的原因有哪些?如何对国际收支不平衡进行调节?

应会考核

■ 技能案例

【案例背景】

2014 年第一季度,我国经常项目顺差 442 亿元人民币,其中,按照国际收支统计口径计算(下同),货物贸易顺差 2 471 亿元人民币,服务贸易逆差 2 009 亿元人民币,收益顺差 211 亿元人民币,经常转移逆差 232 亿元人民币。资本和金融项目(含净误差与遗漏,下同)顺差 7 235 亿元人民币,其中,直接投资净流入 3 130 亿元人民币。国际储备资产增加 7 677 亿元人民币,其中,外汇储备资产(不含汇率、价格等非交易价值变动影响,下同)增加 7 698 亿元人民币,特别提款权及在基金组织的储备头寸减少 21 亿元人民币。

按美元计价,2014 年第一季度,我国经常项目顺差 72 亿美元,其中,货物贸易顺差 404 亿美元,服务贸易逆差 328 亿美元,收益顺差 35 亿美元,经常转移逆差 38 亿美元。资本和金融项目顺差 1 183 亿美元,其中,直

接投资净流入 512 亿美元。国际储备资产增加 1 255 亿美元，其中，外汇储备资产增加 1 258 亿美元，特别提款权及在基金组织的储备头寸减少 3 亿美元。

资料来源：http://www.jjckb.cn/2014-04/25/content_502135.htm。

【技能思考】

1. 顺差是否属于国际收支失衡？

2. 顺差越多越有利于一国国内经济的稳定与发展，这种说法对吗？为什么？

■ 实践训练

【实训项目】

编制国际收支平衡表

【实训情境设计】

某国 2014 年对外经济活动的资料如下：

1. A 国从该国进口 180 万美元的纺织品。该国将此笔货款存入美联储银行；
2. 该国从 B 国购入价值 3 600 万美元的机器设备，由该国驻 B 国的银行机构以美元支票付款；
3. 该国向 C 国提供 8 万美元的工业品援助；
4. 该国动用外汇储备 60 万美元，分别从 A 国和 D 国进口小麦；
5. E 国保险公司承保(2)、(4)项商品，该国支付保险费 2.5 万美元；
6. 该国租用 F 国的船只运送(2)、(4)两项商品，运费 12 万美元，付款方式同(2)；
7. 外国游客在该国旅游，收入为 15 万美元；
8. 该国在海外的侨胞汇回本国 25 万美元；
9. 该国对外承包建筑工程 30 万美元，分别存入所在国银行；
10. 外国在该国直接投资 1 500 万美元；
11. 该国向 G 国出口 25 万美元商品，以清偿对 G 国银行的贷款；
12. 该国在国外发行价值 100 万美元的 10 年期债券，该笔款项存入国外银行；
13. 该国向国际货币基金组织借入短期资金 30 万美元，以增加外汇储备；
14. 据年底核查，该国外汇储备实际增加了 75 万美元。

【实训任务】

针对上述几笔国际经济交易，做出会计分录，编制国际收支平衡表，并分析平衡关系，解释该年的国际收支状况。通过实训使学生能够运用所学知识和理论，结合我国的实际情况对国际收支的状况进行分析。

(一)编制草表

国际收支平衡表(草表)

单位：万美元

借　方		贷　方	
贸易进口		贸易出口	
非贸易输入		非贸易输出	
无偿转移支出		无偿转移收入	
资本项目		资本项目	

续表

借方		贷方	
金融项目		金融项目	
储备资产的增加		储备资产的减少	
误差与遗漏		误差与遗漏	
合计		合计	

（二）编制国际收支平衡表

	借方	贷方	差额
一、经常项目收支合计			
(1)贸易收支			
(2)非贸易收支			
(3)无偿转移收支			
二、资本与金融项目合计			
(1)资本项目			
(2)金融项目			
三、误差与遗漏			
四、储备资产的增加			

项目二
外汇与汇率

【内容提要】

世界上大多数国家都有自己的货币，这些货币在本国可以自由流通，但是一旦跨越国界，它们便失去了这种特性。由于各国所用货币不同，国际上又没有统一的世界货币，从事国际经济交往以及其他业务都要涉及本国货币与外国货币之间的兑换，汇率由此产生。伴随着国际经济交往的进一步扩大，汇率已经成为经济运行中的核心变量，现实生活中的宏观变量和微观因素都会通过各种途径使其发生变动，而它的变动也会反过来影响一国经济运行中的多个方面。外汇与汇率是整个国际金融研究的核心问题之一，掌握有关外汇和汇率的基本知识和基本理论是研究整个国际金融问题的基础。

【学习目标】

■ **知识目标**

理解：狭义外汇的概念和特征、汇率的概念。

熟知：外汇和汇率的种类、汇率的标价方法、汇率决定理论。

掌握：影响汇率变动的因素、汇率变动对经济的影响。

■ **技能目标**

学生能够运用所学的知识能按照不同的汇率标价方法对外汇汇率进行换算。

■ **情意目标**

学生能够按照所学的基本理论来分析一国汇率变动的主要影响因素，汇率变动对经济的影响。

【教学目标】

教师要培养学生认知当前国际金融行情，分析研究当前人民币的走势，预测人民币的可自由兑换情况。

【项目引例】

人民币即期汇率强劲反弹

2014 年 5 月在周二、周三（5 月 27、28 日）连续两个交易日显著走贬之后，周四（5 月 29 日）人民币兑美元（6.254 5，0.000 0，0.00%）即期汇价在中间价再创阶段新低的背景下，一举扭转跌势，出现单日 157 个基点的强劲反弹。

中国外汇交易中心公布，2014 年 5 月 29 日银行间外汇市场上人民币兑美元汇率中间价报 6.170 5，较 28 日小跌 11 个基点，再创 2013 年 9 月 9 日以来的逾 8 个月新低。

而当日即期市场上，人民币兑美元即期汇价低开高走，一举扭转了前两个交易日的急速下跌势头。人民币即期汇价早盘曾低开 48 个基点于 6.260 4，但随即在美元的逐波卖压下大幅反弹，尾盘收于 6.239 9，全天下跌 157 个基点或 0.25%。

分析人士表示，近期美元指数(80.330 0，−0.010 0，−0.01%)阶段性反弹，叠加年中企业分红购汇冲击，使得人民币汇率一度走软，但考虑到宏观基本面等人民币汇率主要影响因素并未发生显著变化，后市人民币汇率有望重新回到区间震荡的运行格局。

资料来源：http://finance.china.com.cn/money/forex/whzx/20140530/2437057.shtml。

[思考]　什么是外汇？如何进行报价？汇率变动受哪些因素的影响？汇率变动对经济的影响有哪些？

【知识支撑】

任务一　外　汇

一、外汇的概念

(一)动态的外汇

在国际金融领域，“外汇”是一个最基本的概念，它已成为各国从事国际经济活动不可缺少的媒介。“外汇”是“国际汇兑”(Foreign Exchange)的简称，“汇”是指资金转移，“兑”是指货币兑换。国际经济交易和国际支付，必然会产生国际债权债务关系，由于各国货币制度的不同，所以国际债权债务的清偿需要用本国货币与外国货币兑换。这种兑换由银行来办理，往往不必用现金支付，而是由银行之间通过不同国家货币的买卖来进行结算，银行的这种国际清偿业务就叫国际汇兑。很显然，这是一个动态的概念，是指一种汇兑行为，就是把一个国家的货币兑换成另一个国家的货币，然后以汇付或托收方式，借助于各种信用流通工具对国际上债权债务关系进行非现金结算的专门性经营活动。比如我国某进出口公司从美国进口一批机器设备，双方约定用美元支付，而我方公司只有人民币存款，为了解决支付问题，该公司用人民币向中国银行购买相应金额的美元汇票，寄给美国出口商，美国出口商收到汇票后，即可向当地银行兑取美元。这样一个过程就是国际汇兑，也就是外汇最原始的概念。

(二)静态的外汇

随着世界经济的发展，国际经济活动日益活跃，国际汇兑业务也越来越广泛，“国际汇兑”由一个过程的概念演变为国际汇兑过程中国际支付手段这样一个静态概念，从而形成了目前外汇的一般静态定义：外币或用外币表示的用于国际结算的支付凭证。在这个一般定义的基础上，各国政府、各个国际组织由于具体情况的差异，出自不同使用者不同的需要，对外汇的概括又略有不同。静态的外汇概念有广义和狭义之分。

广义的外汇是指国际货币基金组织和各国外汇管理法令中的外汇。国际货币基金组织(International Monetary Fund，IMF)对外汇的解释是：“外汇是货币行政当局(中央银行、货币机构、外汇平准基金及财政部)以银行存款、财政部库券、长短期政府债券等形式所持有的在国际收支逆差时可使用的债权。”从这个解释中，可看出国际货币基金组织特别强调外汇应具备平衡国际收支逆差的能力及中央政府持有性。我国政府根据我国国情，对外汇也有特殊的规定，2008 年 8 月 1 日实施的新修订的《中华人民共和国外汇管理条例》第三条中明确规定，我国的外汇是指下列以外币表示的可以用作国际清偿的支付手段和资产：①外国货币，包括纸币、铸币；②外币支付凭证，包括票据、银行存款凭证、邮政储蓄凭证等；③外币有价证券，包括政府债券、公司债券、股票等；④特别提款权、欧洲货币单位（即欧元）；⑤其他外币资产，其中“其他外汇资金”主要是指各种外币投资收益，如股息、利息、债息、红利等。

狭义的外汇是我们通常所说的外汇，它是指以外币表示的用于国际结算的支付手段，狭义的外汇一般应具备三个基本特征：

(1)以外币表示的国外资产。

用本国货币表示的信用工具和有价证券不能视为外汇。美元为国际支付中常用的货币，但对美国人来说，凡是用美元对外进行的收付都不算是动用了外汇。而只有对美国以外的人来说，美元才算是外汇。

(2)可以兑换成其他支付手段的外币资产。

外国货币不一定是外汇。因为外汇必须具备可兑换性，一般来说，只有能自由兑换成其他国家的货币，同时能不受限制地存入该国商业银行的普通账户才算作外汇。例如，美元可以自由兑换成日元、英镑、欧元等其他货币，因而美元对其他国家的人来说是一种外汇；而我国 2013 年人民币首次超过瑞典克朗、港元，进入全球十大交易最频繁货币榜单，成为世界第九大交易货币，日均交易额占全球交易总量的 2.2%，我国的人民币国际化还停留在经常项目下的自由兑换，并没有实现资本项目下的自由兑换。人民币无法自由兑换，将会使中国贸易伙伴持有人民币的成本增加，他们无法通过在资本市场上交易人民币来获得利率收益，假如人民币贬值，也无法及时抛出。这就减少了人民币吸引国外投资和境外资本回流的能力，使人民币还不能成为真正意义上的国际货币，所以我国人民币尽管对其他国家人来说也是一种外币，却不能称作是外汇。

(3)在国际上能得到偿还的货币债权。

空头支票、拒付的汇票等均不能视为外汇。因为如果是这样，国际汇兑的过程也就无法进行，同时在多边结算制度下，在国际上得不到偿还的债权显然不能用作本国对第三国债务的清偿。

二、外汇的种类

(一)按是否可自由兑换划分

1. 自由外汇

自由外汇是指无须货币发行国批准，可以随时动用、自由兑换为其他货币或可以向第三国办理支付的外汇。发达国家的货币一般都是自由外汇。可自由兑换的货币有美元、英镑、欧元、日元、瑞士法郎、加拿大元等。可自由兑换的货币有两个条件：一是该货币被广泛用于对国际交易进行支付；二是在主要外汇市场上普遍进行交易。

2. 有限自由兑换外汇

有限自由兑换外汇是指未经货币发行国批准，不能自由兑换成其他货币或对第三国进行支付的外汇。国际货币基金组织规定，凡对国际性经常往来的付款和资金转移有一定限制的货币均属于有限自由兑换货币。目前，我国人民币在经常项目下已经可以自由兑换，但在资本项目下还不能自由兑换。

3. 记账外汇

记账外汇又称协定外汇或清算外汇，是指未经货币发行国批准，不能自由兑换成其他货币或对第三国进行支付的外汇。它是经两国政府协商在双方银行各自开立专门账户记载使用的外汇，记账外汇只能用于贸易协定国双方之间的贸易收付结算，不能转给第三者使用。

（二）按外汇的来源或用途划分

1. 贸易外汇

贸易外汇是指通过出口商品而取得的外汇和用于进口商品的外汇。与进出口商品相关的保险费、运费、装卸费、储藏费等作为贸易从属外汇。

2. 非贸易外汇

非贸易外汇是指一切非来源于出口贸易和非用于进口商品的外汇，包括旅游外汇、劳务外汇、侨汇、资本流动性质的外汇。

（三）按外汇买卖交割期限划分

1. 即期外汇

即期外汇又称现汇，是指外汇买卖成交后，在当日或在两个营业日内办理交割的外汇。所谓交割，是指本币的所有者与外币所有者互相交换其本币的所有权和外币的所有权的行为，即外汇买卖中的实际支付。即期外汇是外汇市场上最常见、最普遍的一种形式。

2. 远期外汇

远期外汇又称期汇，是指买卖双方不需即时交割，而仅仅签订一纸买卖合同，预定将来在某一时间（在两个营业日以后）进行交割的外汇。远期外汇通常是由国际贸易结算中的远期付款条件引起的；买卖远期外汇的目的，主要是为了避免或减少由于汇率变动所造成的风险损失。远期外汇的交割期限从 1 个月到 1 年不等，通常是 3～6 个月。

三、外汇的作用

外汇是国际经济交往的必然产物，同时又在国际贸易中起着媒介作用，推动国际经贸关系的进一步发展，而且外汇在国际政治往来、科学文化交流等领域中也起着非常重要的纽带作用。

（一）外汇作为国际结算的计价手段和支付工具，转移国际上的购买力，使国与国之间的货币流通成为可能，方便了国际结算

国际上各种形式的经济交往形成了国际上的债权债务关系，国际上债权债务的清算需要一定的支付手段。以贵金属货币充当国际支付手段时，国际上经济交往要靠相互运送大量贵金属来进行，这给国际经济交往带来了许多麻烦和不便，妨碍了国际经济交往的扩大和发展。以外汇作为国际支付手段和支付工具进行国际清偿，不仅节省了运送贵金属的费用，而且缩短了支付时间，大大方便了国际支付。

（二）外汇的出现促进了国际贸易的发展

以外汇清算国际上的债权、债务关系，不仅大大节约了输送现金的费用，可以避免风险，重要的是通过各种信用工具的运送，使国际贸易中进出口商之间的信用授受成为可能，因而促进了国际上商品交换的发展，具有安全、便利、节省费用和节省时间的特点，因此加速了国际贸易的发展进程，扩大了国际贸易范围。

（三）外汇能调节资金在国际上的流动，调节国际上资金供求的不平衡，加速世界经济一体化的进程

各种外汇票据在国际贸易中的运用，使国际上的资金融通范围扩大，同时随着各国开放度

不断加强,剩余资本借助外汇实现了全球范围的流动,因此外汇加快了资本流动的速度,扩大了资本流动的规模,促进了世界经济一体化进程的加快。同时,世界各国经济发展的不平衡,导致了资金余缺状况不同,存在着调节资金余缺的客观需要。一般而言,发达国家存在着资金过剩,而发展中国家则资金短缺,外汇可以加速资金在国际上流动,有助于国际投资和资本转移,使国际资本供求关系得到调节。

(四)外汇可以充当国际储备手段

一国需要一定的国际储备,以应付各种国际支付的需要。在黄金充当国际支付手段时期,各国的国际储备主要是黄金。随着黄金的非货币化,外汇作为国际支付手段,在国际结算中被广泛采用,因此外汇成为各国一项十分重要的储备资产。若一国存在国际收支逆差,就可以动用外汇储备来弥补;若一国的外汇储备多,则代表该国国际清偿能力强。外汇在国际支付中的重要作用,决定着它是重要的国际储备手段;外汇在充当国际储备手段时,不像黄金那样必须存放在金库中,成为一种不能带来收益的暂时闲置资产。它广泛地以银行存款和以安全性好、流动性强的有价证券为存在形式,给持有国带来收益。

四、国际标准化货币符号

为了能够准确而简易地表示各国货币的名称,便于开展国际贸易、金融业务和计算机数据通信,国际标准化组织规定了货币的标准代码。该标准代码为三字符货币代码,前两个字符代表该种货币所属的国家或地区,第三个字符代表货币单位。表2—1是常用国家和地区的货币名称符号代码表,为了便于识别和记忆,我们将代码表进行了简化。

表2—1　　常用国家和地区的货币名称符号代码

国家或地区	货币名称	国际标准三字符货币代码	惯用缩写
China(中国)	Renminbi Yuan(人民币)	CNY	RMB¥
Hong Kong(中国香港)	Hong Kong Dollar(港元)	HKD	HK$
Japan(日本)	Yen(日元)	JPY	JP¥
Korea(韩国)	Won(韩元)	KRW	W
Singapore(新加坡)	Singapore Dollar(新加坡元)	SGD	S$
Viet Nam(越南)	Dong(盾)	VND	D
Thailand(泰国)	Baht(泰铢)	THB	B
Malaysia(马来西亚)	Malaysia Ringgit(林吉特)	MYR	Mal$
European Union(欧盟)	Euro(欧元)	EUR	€
United Kingdom(英国)	Pound Sterling(英镑)	GBP	£
Switzerland(瑞士)	Swiss Franc(瑞士法郎)	CHF	SF
United States(美国)	US Dollar(美元)	USD	US$
Canada(加拿大)	Canadian Dollar(加拿大元)	CAD	Can$
Mexico(墨西哥)	Mexican Peso(墨西哥比索)	MXN	MEX
Australia(澳大利亚)	Australian Dollar(澳大利亚元)	AUD	A$
New Zealand(新西兰)	New Zealand Dollar(新西兰元)	NZD	NZ$

任务二 汇 率

一、汇率的概念

汇率(Exchange Rate)是指一个国家的货币用另一个国家的货币所表示的价格,也就是用一个国家的货币兑换成另一个国家的货币时买进、卖出的价格。换言之,汇率就是两种不同货币之间的交换比率或比价,故又称为"汇价"、"兑换率"。

外汇作为一种特殊的商品,可以在外汇市场上买卖,这就是外汇交易。进行交易的外汇必须有价格,因此汇率又被称为"汇价"。由于外汇市场上的供求经常变化,汇率也经常发生波动,因此,汇率又被称为"外汇行市"。在一些国家,本币兑换外币的汇率通常在银行挂牌对外公布,这时,汇率又被称为"外汇牌价"。

从汇率的定义可以看出,汇率是一个"价格"的概念,它与一般商品的价格有许多类似之处,不过它是各国特殊商品——货币的价格,因而这种"价格"也具有一些特殊之处。

首先,汇率作为两国货币之间的交换比例,客观上使一国货币等于若干量的其他国家货币,从而使一国货币的价值(或所代表的价值)通过另一国货币表现出来。而在一国范围内,货币是没有价格的,因为价格无非是价值的货币表现,货币不能通过自身来表现自己的价值。

其次,汇率作为一种特殊价格指标,通过对其他价格变量的作用而对一国经济社会具有特殊的影响力。作为货币的特殊价格,作为本国货币与外国货币之间价值联系的桥梁,汇率在本国物价和外国物价之间起着一种纽带作用,它会对国际贸易产生重要影响,同时也对本国的生产结构产生影响,因为汇率的高低会影响资源在出口部门和其他部门之间的分配。除此之外,汇率也会在货币领域引起反应。汇率这种既能影响经济社会的实体部门,又能影响货币部门的特殊影响力,是其他各种价格指标所不具备的。

二、汇率的标价方法

确定两种货币之间的比价,首先应确定用哪个国家的货币作为标准。由于确定的标准不同,产生了不同的标价方法。无论哪种标价方法,我们把数量固定不变的货币称为标准货币或基准货币,数量不断改变的货币称为报价货币或从价货币。

1. 直接标价法

直接标价法(Direct Quotation)又称应付标价法(Giving Quotation),是以一定单位(1个,100个或10 000个外币单位)的外国货币为标准,折算成若干单位的本国货币来表示,即以本国货币表示外国货币的价格。当今世界上,绝大多数国家使用直接标价法。

在直接标价法下,汇率具有以下两大特征:第一,标准货币是外币,报价货币是本币;第二,外汇汇率的升(贬)值与报价货币数额的多少呈同方向变化。外国货币的数额保持固定不变,本国货币的数额随着外国货币或本国货币币值的变化以及外币供求条件的变化而变动。如果一定单位的外国货币升值或本国货币贬值,则报价货币的数额增加;反之,如果一定单位的外国货币贬值或本国货币升值,则报价货币的数额减少。

2. 间接标价法

间接标价法(Indirect Quotation)又称应收标价法(Receiving Quotation),是以一定单位的本国货币为标准,折算成若干单位的外国货币来表示,即以外国货币表示本国货币的价格。

当今世界上，实行间接标价法的国家和地区较少，主要是英国、美国、欧元区、新西兰、加拿大、澳大利亚等少数国家和地区。

在间接标价法下，汇率具有以下两大特征：第一，标准货币是本币，报价货币是外币；第二，外汇汇率的升(贬)值与报价货币数额的多少呈反方向变化。本国货币的数额保持固定不变，外国货币的数额随着本国货币或外国货币币值的变化以及外汇供求条件的变化而变动。如果外国货币升值或本国货币贬值，则报价货币的数额减少；反之，如果外国货币贬值或本国货币升值，则报价货币的数额增加。

这里有两点需要注意：第一，我们在判断直接标价法和间接标价法时，一定要明确来源于哪一个外汇市场。例如，某日在纽约市场，1 美元＝1.654 5 瑞士法郎为间接标价法，对于同样的汇价，若在苏黎世市场则变为直接标价法，若在香港市场，则既不是直接标价法，也不是间接标价法。第二，对于同一外汇市场，直接标价法和间接标价法互为倒数。例如，某日在纽约市场，1 美元＝1.654 5 瑞士法郎为间接标价法，而 1 瑞士法郎＝1/1.654 5 美元则为直接标价法。

3. 美元标价法和非美元标价法

美元标价法(US Dollar Quotation)是以一定单位的美元为标准，折算成若干单位的其他货币来表示。非美元标价法是以非美元货币为标准，折算成若干单位的美元来表示。在国际外汇市场上，除英镑、澳大利亚元、新西兰元、欧元、南非兰特等几种货币采用非美元标价法以外，其余大多数货币均采用美元标价法。这一惯例已被全世界的市场参与者所接受。

直接标价法和间接标价法都是针对本国货币和外国货币之间的关系而言的。相对于某个国家或某个外汇市场而言，本币以外其他各种货币之间的比价则无法用直接或间接标价法来表示。事实上，第二次世界大战以后，特别是欧洲货币市场兴起以来，国际金融市场之间外汇交易量迅速增长，为便于在国际上进行外汇业务交易，银行间的报价一般以美元为标准来表示各国货币的价格，至今已成习惯。世界各金融中心的国际银行所公布的外汇牌价，一般是美元对其他主要货币的汇率。非美元货币之间的汇率则将各自对美元的汇率作为基础，进行套算。

【同步案例 2－1】

2013 年 6 月 6 日，我国 A 公司按当时汇率 USD1＝EUR0.795 3 向德国 B 商人报出销售花生的美元价和欧元价任其选择，B 商人决定按美元计价成交并与 A 公司签订了数量为1 000 吨、合同价值为 750 万美元货物。但到了同年 9 月 6 日，美元与欧元汇率却变为 USD1＝EUR0.801 2，于是 B 商人提出改按 6 月 6 日所报欧元价计算并以增加 0.5%的货价作为交换条件。你认为我国 A 公司会同意 B 商人的要求吗？为什么？

分析提示：我国 A 公司不会同意。因为如果按照 2013 年 6 月 6 日的汇率 USD1＝EUR0.0.795 3，则 750 万美元的货款等于 596.52 万欧元，增加 0.5%的货价后等于 599.50 万欧元，而如果按照 9 月 6 日的 USD1＝EUR0.801 2，750 万美元等于 600.90 万欧元，所以，仍然按照原合同号规定的支付方法对 A 公司比较有利。

(四)双向标价法

外汇市场上的报价一般为双向报价，即由报价方同时报出自己的买入价和卖出价，由客户自行决定买卖方向。买入价和卖出价的价差越小，对于投资者来说意味着成本越小。银行间交易的报价点差正常为 2～3 点，银行(或交易商)向客户的报价点差依各家情况差别较大，目前国外保证金交易的报价点差基本在 3～5 点，中国香港在 6～8 点，国内银行实盘交易在10～50 点不等。

三、汇率的种类

外汇汇率的种类很多，有各种不同的划分方法，特别是在实际业务中，分类更加复杂，主要有以下几种分类：

（一）从汇率制定的角度，分为基本汇率和套算汇率

(1)基本汇率(Basic Rate)或基准汇率，是指一国货币对关键货币的比率。所谓关键货币(Key Money)，是指在国际交往中使用最多、在外汇储备中所占比重最大，在国际上普遍接受的可自由兑换的货币。美元作为国际上主要的结算货币和储备货币，成为外汇市场的关键货币。因而，大多数国家都把本国货币与美元的汇率作为基本汇率。基本汇率是确定一国货币与其他国家货币汇率的基础。

(2)套算汇率(Cross Rate)又称交叉汇率，是通过两种不同货币与关键货币的汇率间接地计算出两种不同货币之间的汇率。套算汇率的计算方法有两种，即“同项相乘法”和“交叉相除法”。“同项相乘法”适用于关键货币不同的套算汇率的计算，“交叉相除法”适用于关键货币相同的套算汇率的计算。

套算汇率的具体套算方法可分为三种情况，简述如下：

1. 两种汇率的中心货币相同时，采用交叉相除法

【实例 2—1】 已知外汇市场的即期汇率为 GBP1＝USD1.505 0/60，AUD1＝USD1.381 0/20，试求英镑兑澳元的套算汇率。

解：把汇率改成如下形式：GBP/USD ＝1.505 0/60

AUD/USD＝1.381 0/20

进行运算，得到 $$\text{GBP/AUD}=\frac{\text{GBP}}{\text{USD}}\div\frac{\text{AUD}}{\text{USD}}$$

根据“交叉相除法”的原则进行计算，即小÷大＝小，大÷小＝大，得到

英镑的买入价为：1.505 0÷1.382 0＝1.089 0

英镑的卖出价为：1.506 0÷1.381 0＝1.090 5

即 GBP1＝AUD1.089 0/905

2. 两种汇率的中心货币不同时，采用同边相乘法

【实例 2—2】 已知外汇市场的即期汇率为 GBP1＝USD1.433 3/38，USD1＝HKD7.753 2/40，试求英镑兑港元的套算汇率。

解：把汇率改成如下形式：GBP/USD ＝1.433 3/38

USD/HKD＝7.753 2/40

进行运算，得到 $$\text{GBP/HKD}=\frac{\text{GBP}}{\text{USD}}\times\frac{\text{USD}}{\text{HKD}}$$

根据“同项相乘法”的原则进行计算，即小×小＝小，大×大＝大，得到

英镑的买入价为：1.433 3×7.753 2＝11.112 7

英镑的卖出价为：1.433 8×7.754 0＝11.117 7

即 GBP1＝HKD11.112 7/77

3. 按中间汇率求套算汇率

【实例 2—3】 某日电讯行市：1GBP＝1.770 1USD，1USD＝109.71JPY

则英镑对日元的套算汇率为：1GBP＝1.770 1×109.71JPY＝194.197 6JPY

（二）从银行买卖外汇的角度，分为买入汇率、卖出汇率、中间汇率、现钞汇率

(1)买入汇率(Buying Rate)又称买入汇价或买价，是银行从同业或客户买入外汇时所使用的汇率。

(2)卖出汇率(Selling Rate)又称卖出价或卖价，是银行向同业或客户卖出外汇时所使用的汇率。

买入汇率和卖出汇率都是从银行(报价银行)的角度出发的，外汇银行买卖外汇的目的是为了追求利润，因而，他们总是以低价买入某种货币，然后高价卖出，即外汇银行在经营外汇的过程中始终遵循贱买贵卖原则。买入汇率和卖出汇率二者之间的差额就是银行买卖外汇的收益。在直接标价法时，外币折合本币数额较少的那个汇率是买入汇率，外币折合本币数额较多的那个汇率是卖出汇率；在间接标价法时，本币折合外币数额较多的那个汇率是买入汇率，本币折合外币数额较少的那个汇率是卖出汇率；在既不是直接标价法也不是间接标价法时，标准货币折合报价货币数额较少的那个汇率是标准货币买入汇率(报价货币卖出汇率)，标准货币折合报价货币数额较多的那个汇率是标准货币卖出汇率(报价货币买入汇率)。

我们举例对此加以说明。在香港外汇市场上，某银行给出的美元对港元的即期汇率为USD1＝HKD7.752 0/32，是直接标价法，则美元作为外汇，美元买入价为7.752 0，美元卖出价为7.753 2，每买卖1美元银行可获得0.001 2港元的收益；若在纽约外汇市场上某银行给出的美元对港元的即期汇率仍为USD1＝HKD7.752 0/32，则是间接标价法，港元作为外汇，港元买入价为7.753 2，港元卖出价为7.752 0，每买卖价值1美元的港元，银行可获得0.001 2港元的收益；若在伦敦外汇市场上某银行给出的美元对港元的即期汇率仍为USD1＝HKD7.752 0/32，则既不是直接标价法也不是间接标价法，美元和港元均为外汇，外汇银行根据贱买贵卖原则买卖外汇，银行若买入1美元，支付给客户7.752 0港元，银行若卖出1美元，收入7.753 2港元，因此，美元的买入价为7.752 0，美元的卖出价为7.753 2。由于银行买入美元而支付港元，也可以看作是银行卖出港元而买入美元，因此，在这里，美元的买入价，就是港元的卖出价。同样道理，美元的卖出价，就是港元的买入价。

按照汇率标价惯例，无论何种汇率的标价方法，总是数字较小的在前面，数字较大的在后面，为了方便记忆，我们总结出买入汇率和卖出汇率的判断方法为：直接标价法，“前买后卖”(即买入价在前，卖出价在后)；间接标价法，“前卖后买”(即卖出价在前，买入价在后)；标准货币，“前买后卖”(即标准货币的买入价在前，卖出价在后)；报价货币，“前卖后买”(即报价货币的卖出价在前，买入价在后)。

(3)中间汇率(Middle Rate)又称中间价，是银行外汇的买入汇率与卖出汇率的平均数，即买入汇率加卖出汇率之和除以2。中间汇率不是外汇买卖的执行价格，常用于对汇率的分析。报刊、电视报道汇率时也常用中间汇率。

(4)现钞汇率(Bank Notes Rate)又称现钞买入价，是指银行从客户那里购买外币现钞时所使用的汇率。现钞买入价一般低于现汇买入价，而现钞卖出价与现汇卖出价相同。前述的买入汇率、卖出汇率是指银行购买或出卖外币支付凭证的价格。银行在买入外币支付凭证后，通过划账，资金很快就存入外国银行，开始生息或可调拨使用。一般国家都规定，不允许外国货币在本国流通。银行收兑进来的外国现钞，除少量部分用来满足外国人回国或本国人出国的兑换需要外，余下部分积累到一定的数量后，必须运送到各外币现钞发行国去或存入其发行国银行及有关外国银行才能使用或获取利息，这样就产生了外币现钞的保管、运送、保险等费用及利息损失，银行要将这些费用及利息损失转嫁给出卖外币现钞的顾客，所以银行买入外币

现钞的汇率要低于现汇买入汇率。如表 2—2 所示。

表 2—2 **中国银行人民币外汇牌价**

交易单位：人民币/100 外币 2014 年 6 月 9 日

货币名称	现汇买入价	现钞买入价	现汇卖出价	现钞卖出价	中行折算价	发布日期	发布时间
澳大利亚元	581.32	563.38	585.4	585.4	577.1	2014—06—09	12:01:30
巴西里亚尔		266.64		291.64	277.5	2014—06—09	12:01:30
加拿大元	568.32	550.77	572.88	572.88	562.15	2014—06—09	12:01:30
瑞士法郎	695.26	673.79	700.84	700.84	697.64	2014—06—09	12:01:30
丹麦克朗	113.61	110.11	114.53	114.53	113.97	2014—06—09	12:01:30
欧元	847.81	821.63	854.61	854.61	838.99	2014—06—09	12:01:30
英镑	1 044.32	1 012.07	1 052.7	1 052.7	1 033.38	2014—06—09	12:01:30
港元	80.3	79.66	80.6	80.6	79.31	2014—06—09	12:01:30
印尼卢比		0.051 2		0.054 8	0.052 9	2014—06—09	12:01:30
日元	6.062	5.874 9	6.104 6	6.104 6	6.027 6	2014—06—09	12:01:30
韩国元		0.591 6		0.641 6	0.612 7	2014—06—09	12:01:30
澳门元	78.06	75.43	78.35	80.87	78.08	2014—06—09	12:01:30
马来西亚林吉特	194.4		195.76		194.04	2014—06—09	12:01:30
挪威克朗	104.47	101.25	105.31	105.31	104.77	2014—06—09	12:01:30
新西兰元	529.16	512.83	532.88	536.06	525.81	2014—06—09	12:01:30
菲律宾比索	14.25	13.81	14.37	14.81	14.32	2014—06—09	12:01:30
卢布	18.02	17.51	18.16	18.76	18.09	2014—06—09	12:01:30
瑞典克朗	93.73	90.84	94.49	94.49	93.99	2014—06—09	12:01:30
新加坡元	496.67	481.33	500.65	500.65	498.68	2014—06—09	12:01:30
泰国铢	19.18	18.59	19.34	19.93	19.24	2014—06—09	12:01:30
新台币		20.09		21.53	20.79	2014—06—09	12:01:30
美元	622.53	617.54	625.03	625.03	614.85	2014—06—09	12:01:30

(三)按国际货币制度的演变，分为固定汇率和浮动汇率

固定汇率(Fixed Rate)是指一国货币同另一国货币的汇率保持基本固定，汇率的波动限制在一定幅度以内。固定汇率是在金本位制和布雷顿森林货币制度下各国货币汇率安排的主要形式。在金本位制下，货币的含金量是决定汇率的基础，黄金输送点是汇率波动的界限，在这种制度下，各国货币的汇率变动幅度很小，基本上是固定的，故称为固定汇率；第二次世界大战后到 20 世纪 70 年代初，在布雷顿森林货币制度下，因国际货币基金组织的成员国货币与美元挂钩，规定它的平价，外汇汇率的波动幅度也规定在一定的界限以内(上下 1%)，因而也是一种固定汇率。

浮动汇率(Floating Rate)是指一个国家不规定本国货币的固定比价，也没有任何汇率波

动幅度的上下限，而是听任汇率随外汇市场的供求关系自由波动，浮动汇率是自 20 世纪 70 年代初布雷顿森林货币制度崩溃以来各国汇率安排的主要形式，但是各国所实行的浮动汇率在具体内容上还是有区别的。

（四）按一国政府是否对外汇市场进行干预，分为管理浮动和自由浮动两种

管理浮动（Managed Floating）是一国在实行浮动汇率的前提下，出于一定经济目的，或明或暗地干预甚至操纵外汇市场汇率变动的汇率安排方式，这种受干预的浮动汇率又称为“肮脏浮动”（Dirty Floating）；自由浮动（Free Floating）是一国政府对外汇市场不进行任何干预，完全由外汇市场的供求关系决定汇率变动的汇率安排方式，又称为“清洁浮动”（Clean Floating）。管理浮动汇率是目前浮动汇率的主要形式，几乎没有一个国家能真正实行自由浮动，即便是美国、日本、德国也不时地对外汇市场进行干预。

（五）按一国货币价值是否与其他国家保持某种特殊联系，分为单独浮动、联合浮动和钉住浮动三种

单独浮动（Independent Float）即本国货币价值不与他国货币发生固定联系，其汇率根据外汇市场的供求变化单独浮动，如美元、日元、瑞士法郎、加拿大元等均采用单独浮动。

联合浮动（Joint Float）又称蛇形浮动（The Snake System），是指某些国家出于保护和发展本国经济的需要，组成某种形式的经济联合体，在联合体内各成员国之间订出固定汇率，规定上下波动界限，而对成员国以外其他国家的货币汇率则采取共同浮动的办法。1999 年 1 月欧元启动前，欧洲经济共同体成员国的货币一直实行联合浮动。

钉住浮动（Pegged Float）是指一国货币与另一国货币挂钩或与另几国货币所组成的“篮子货币”挂钩（即定出它们之间的固定汇率），然后随所挂钩的货币汇率的波动而波动。钉住浮动是在当前国际外汇市场动荡不定的情况下，发展中国家汇率安排的主要方式。

（六）按汇率是否适用于不同的来源与用途，分为单一汇率和多种汇率或复汇率

单一汇率（Single Rate）是指一国货币对某种货币仅有一种汇率，各种收支都按这种汇率结算。

多种汇率（Multiple Rate）是指一国货币对某一外国货币的比价因用途及交易种类的不同而规定有两种或两种以上的汇率，也称复汇率。

一国实行多种汇率的主要目的是为了某些特殊的经济利益，比如鼓励出口、限制资本流入等。这种汇率安排方式在发展中国家，尤其是在较落后的发展中国家还具有一定的普遍性，不过由于各国具体情况不同，采用的复汇率在性质上也有所差异。

（七）按外汇资金用途和性质，分为贸易汇率和金融汇率并存的复汇率

贸易汇率（Commercial Rate）是指用于进出口贸易及其从属费用方面支付结算的汇率。金融汇率（Financial Rate）是指用于资本移动、旅游和其他非贸易收支方面支付结算的汇率。一般来说，一国在实行这种复汇率时，金融外汇汇率要比贸易外汇汇率高一些，这样，一方面可以达到鼓励出口、改善贸易收支的目的，另一方面可以控制国际资本流动对本国国际收支和经济发展所带来的冲击。

（八）按各种汇率决定的不同方式实行官方汇率和市场汇率并存的复汇率

官方汇率（Official Rate）是指由国家机构（财政部、中央银行或外汇管理机构）规定的汇率。

市场汇率（Market Rate）是指在外汇自由市场上自发形成的汇率。实行官方汇率与市场汇率并存的国家主要是一些外汇管制相对较松，外汇市场又不是特别完善的国家。这些国家

规定官方汇率或者只起中心汇率的作用,或者用于特定项目的支付结算,或者只是有行无市,同时也允许外汇自由买卖,因而存在着外汇买卖自由市场,这个市场决定了该国的另一个汇率,即市场汇率。市场汇率往往是该国货币的实际汇率。

(九)按外汇交易支付工具和付款时间,分为电汇汇率、信汇汇率和票汇汇率

电汇汇率(T/T Rate)是指银行以电讯方式买卖外汇时所采用的汇率。由于电汇具有收付迅速安全、交易费用相对较高的特点,一方面,电汇汇率要比信汇汇率、票汇汇率高;另一方面,在当前信息社会,在国际业务中基本上以电汇业务支付结算,因而电汇汇率是基础汇率,其他汇率都是以电汇汇率为基础来计算,西方外汇市场上所显示的汇率多为银行的电汇汇率。

信汇汇率(M/T Rate)是指以信函方式通知收付款时采用的汇率。信汇业务具有收付时间慢、安全性低、交易费用低的特点,因此,一般来说,信汇汇率相对于电汇汇率要低一些。

票汇汇率(D/D Rate)是指兑换各种外汇汇票、支票和其他各种票据时所采用的汇率。票汇汇率根据票汇支付期限的不同,又可分为即期票汇汇率和远期票汇汇率。即期票汇汇率(O/D Rate)是银行买卖即期外汇的汇率,较电汇汇率低,大致同信汇汇率相当;远期票汇汇率(On Forward Rate)是银行买卖远期票汇的汇率。由于远期票汇交付时间比较长,所以其汇率比即期票汇汇率要低。

(十)按外汇交割期限不同,分为即期汇率和远期汇率

即期汇率(Spot Rate)是指买卖双方成交后,于当时或两个工作日之内进行外汇交割时所采用的汇率;而远期汇率(Forward Rate)是指买卖双方成交后,在约定的日期办理交割时采用的汇率。

(十一)按银行营业时间划分,分为开盘汇率和收盘汇率

开盘汇率(Opening Rate)又称开盘价,是外汇银行在一个营业日开始进行外汇买卖时使用的汇率。

收盘汇率(Closing Rate)又称收盘价,是外汇银行在一个营业日外汇交易终了时使用的汇率。

(十二)按银行外汇业务往来的对象,划分为同业汇率和商人汇率

同业汇率(Inter-bank Rate)是外汇银行与外汇银行同业之间买卖外汇的汇率。同业汇率的形成与变化由外汇市场供求关系决定,因此同业汇率就是外汇市场汇率。同业汇率以市场的银行电汇汇率为基础,买卖之间的差价很小。

商人汇率(Merchant Rate)是银行与商人即客户之间买卖外汇的汇率。商人汇率是根据同业汇率适当增大一些差价决定的,一般要高于银行同业汇率,因为银行要赚取一定的外汇买卖收益作为银行的经营收入。

任务三　影响汇率变动的因素

汇率是一个国家特殊商品——货币的价格,其变动的基本特点与一般商品的价格变动一样,以两国货币之间的价值比率为基础,随着供求波动而相应升降,因此,认识汇率变动原因关键在于把握影响供求关系背后的因素,这些因素通过影响外汇市场的供求关系来影响一国的货币汇率。

一、外汇市场供求关系决定汇价的过程

外汇市场决定汇率的过程是这样的:市场汇率是外汇需求等于供给时的均衡水平,当外汇

的需求增加而供给不变时,外汇汇率上升;当外汇需求不变而供给增加时,外汇汇率下跌。

现在假定外汇市场上只有一种外币美元。外汇的需求主要取决于进口商品和对外投资者对美元的需求。外汇的供给则取决于出口商和在本国投资的外国人对美元的供应。这种供求关系对汇率的影响过程可由图 2—1 来表示。

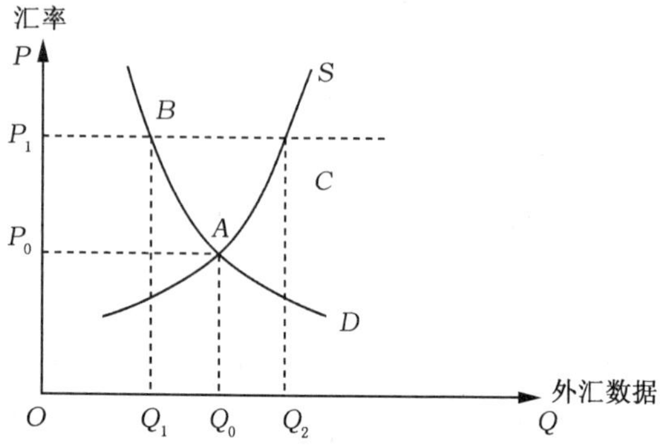

图 2—1 供求关系对汇率的影响

图中纵轴 P 表示在直接标价法下外汇(美元)的汇率,横轴 Q 表示一国所有国际经济交易的外汇收入总额和外汇支出总额,即外币美元的数量。曲线 S 是外汇美元的供给曲线,表示在外汇市场上,每一时期外汇持有人在各种可能的汇价上要用外汇购买本币的数量。外汇供给曲线斜率为正,反映了外汇汇率越高,本国商品的国际竞争力越强,外国资本在本国的竞争力也越强,从而在外汇市场上的外汇供应就越多;曲线 D 是外汇美元的需求曲线,表示在外汇市场上,每一时期本币持有人在各种可能的汇价上要用本币购买外币的数量,外汇需求曲线斜率为负,反映了外汇汇率越高,外汇需求就越少。

现设均衡汇率为 P_0,均衡数量为 Q_0,均衡点为 A 点。若现在汇价偏离 P_0,而在 P_1 点,超过 P_0,于是外汇市场外汇需求量就下降为 Q_1,外汇供给量将增加到 Q_2,这样就形成外汇供过于求,于是就出现数量为(Q_2-Q_1)的顺差,但这只是暂时的现象,需求少,供给多,必然导致汇率下降,一直降到均衡点 A,汇价为 P_0 时,供给量和需求量相等,从而达到了市场均衡,同样当汇价偏离 P_0 而较低时,也会因市场的作用回到均衡水平。

假设在某个时期某个因素发生变化使得外汇供给曲线和外汇需求曲线发生了偏移,如图 2—2 所示。

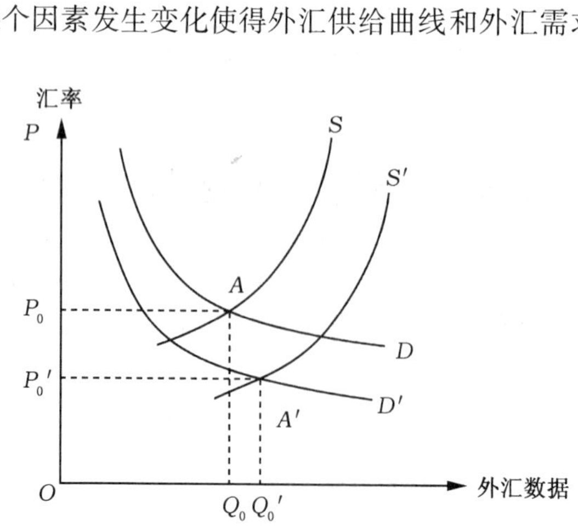

图 2—2 外汇供给曲线偏移示意

供给曲线往右下方移动,需求曲线往左下方移动,这样原来均衡的汇率水平在新的外汇供求关系中已不适用,于是均衡汇率也会重新产生,如图 2—2 中 P'_0。可见,在图中影响汇率变动的因素就是通过移动外汇供给曲线和外汇需求曲线来体现的。

二、汇率决定的各种理论

汇率决定理论是汇率理论的重要组成部分。汇率决定理论流派纷呈,日益复杂,现选择主要理论进行简介。

(一)国际借贷说

在第一次世界大战前的金本位制度盛行时期,国际借贷说是阐述汇率变动原因的主要理论。国际借贷理论认为国际上的商品劳务进出口、资本输出输入以及其他形式的国际收支活动会引起国际借贷的发生,国际借贷又引起外汇供求的变动,进而引起外汇汇率的变动,因而国际借贷关系是决定汇率变动的主要因素。国际借贷理论进而认为,国际借贷按流动性强弱可分为固定借贷与流动借贷,前者是尚未进入实际支付阶段的借贷,后者是已经进入支付阶段的借贷。只有流动借贷才对外汇供求进而对汇率产生影响。当流动债权(外汇应收)大于流动债务(外汇应付)时,外汇供大于求,外汇汇率下跌;当流动债权小于流动债务时,外汇供小于求,外汇汇率上升;只有当流动债权等于流动债务时,外汇供求也相等,外汇汇率保持稳定。这一理论中的国际借贷关系实际是指国际收支,因此国际借贷说又称国际收支说。

(二)购买力平价理论

购买力平价理论是第一次世界大战之后最有影响力的汇率决定理论之一。该理论的基本思想是:人们之所以需要其他国家的货币,是因为这些货币在其发行国具有购买商品和服务的能力,因此,两国货币的兑换比率主要应该由两国货币的购买力之比决定。

购买力平价理论有绝对购买力平价和相对购买力平价两种形式。

绝对购买力平价理论以开放经济条件下的"一价定律"为基础。所谓"一价定律",是指在不考虑交易成本的条件下,以同一货币衡量的不同国家的某种可贸易商品的价格应该是相同的。例如,一件衬衫在中国卖 140 元人民币,在美国卖 15 美元,如果当时人民币与美元的兑换比率是 1 美元=7 元人民币,则该商品在中国的价格高于在美国的价格,价格差的存在提供了套利的可能性,即贸易商可以在美国以 15 美元的价格买入衬衫,将之运到中国,以 140 元人民币的价格卖出,如果不考虑运费等交易成本,则其一件衬衫将赚 5 美元的差价。但这种持续的套利行为将产生对美元需求的增加,美元升值,人民币贬值,直至一价定律成立。将开放经济条件下的一价定律用公式表示如下:

$$R_a=\frac{P_a}{P_b}$$

其中,R_a 代表本国货币兑换外国货币的汇率,P_a 代表本国物价指数,P_b 代表外国物价指数。这便是绝对购买力平价理论,它表明当所有商品都满足一价定律,且在两国物价指数的编制中各种可贸易商品所占比重相等的情况下,两国货币在某一时点上的汇率水平取决于两国物价指数(即货币购买力,因为物价指数的倒数就是货币购买力)之比。

相对购买力平价理论则认为,交易成本的存在使一价定律并不能完全存在,同时在各国物价指数的编制中,不同国家所选取的样本商品及其所占的权重也不相同。在此情况下,该理论提出,一定时期两国汇率水平的变动是两国之间相对通货膨胀率决定的,通货膨胀率较高的国家货币应该贬值,反之则应该升值。

购买力平价理论提出后影响很大，也受到了很高的评价。应该说，该理论从货币的基本功能——充当交易媒介（对商品和劳务的购买力）——角度出发研究汇率的决定问题，抓住了汇率决定的主要方面，为纸币制度下的汇率决定提供了理论依据，为两国间长期均衡汇率的发展趋势提供了分析思路。

购买力平价理论也存在局限性。首先，该理论将物价水平视为决定汇率的唯一重要因素，而在现实中，决定汇率的因素既多又复杂。其次，在不同国家，因生产效率、收入水平和消费偏好的差异而存在的不可贸易品的价格差异，不可能通过套利行为促使价格趋同，因而总会存在汇率与购买力平价的背离。即使是可贸易品交易，由于消费者偏好的存在及变动，当这些产品在不同国家生产时，并不总是可以完全相互替代，也不一定存在套利的机会。最后，由于各国之间存在诸多差异，难以在技术层面实现统计和计算口径的一致，购买力平价的精确计算较为困难，故影响了其可操作性。

（三）汇兑心理说

汇兑心理说强调人们的心理因素对汇率决定的影响，其理论基础是边际效用价值论。该理论的核心观点是：人们之所以需要外国货币，除了需要用外国货币购买商品外，还有满足债务支付、进行投资或投机、资本逃避等需求，正是这种需求使外国货币具有了价值。因此，外国货币的价值取决于人们对外国货币所作出的主观评价，而这种主观评价的高低又依托于使用外国货币的边际效用。由于每个经济主体使用外国货币会有不同的边际效应，他们对外币的主观评价也就不同，而不同的主观评价产生了外汇的供给与需求，供求双方通过市场达到均衡，均衡点就是外汇汇率。

（四）利率平价理论

利率平价理论侧重于分析利率与汇率的关系。该理论关注了金融市场参与者出于避险或盈利目的而进行的套利交易活动。所谓套利交易，是指套利者利用两国货币市场的利率差异，通过外汇买卖将资金从低利率国家转移投放至高利率国家，以赚取利差收益的交易行为。套利行为产生于市场的非均衡，但随着套利交易的持续进行以及市场供求机制的作用，汇率与利率的均衡关系或者说利率平价关系会得以重新恢复。该理论提出，套利性的短期资本流动会驱使高利率国家的货币在远期外汇市场上贴水，而低利率国家货币将在远期外汇市场上升水，并且升贴水率等于两国间的利率差。

利率平价理论是对汇率决定理论的重大发展，该理论对于分析远期汇率的决定以及即期汇率与远期汇率之间的关系具有重要价值，在当今金融全球化的背景下具有较强的适用性。但由于该理论成立的重要前提是资本自由流动，且不考虑交易成本，但这种状态在现实中并不完全存在，因此，其结果并不完全应验。而且，该理论片面强调利差对汇率的决定作用，而忽视了汇率是对经济基本面因素的综合反映和预期。

（五）货币分析说

货币分析说是从货币数量的角度阐释汇率决定问题的。该理论假定国内外资产之间具有完全的可替代性，认为本国与外国之间实际国民收入水平、利率水平以及货币供给水平通过对各自物价水平的影响而决定了两国间的汇率水平。该理论提出，当本国货币供给相对于国外货币供给增长更多时，将导致本国价格水平等比例上升，进而在购买力平价机制的作用下，本国货币汇率将等比例下跌；当本国实际国民收入相对于国外实际国民收入增长更多时，将导致本国货币需求增加，在货币供给不变的情况下，国内价格水平下降，在购买力平价机制的作用下，本国货币汇率相应上升；当本国利率水平相对于国外利率水平提高更多时，会导致国内货币需求下降，价格上升，在购买力平价机制的作用下，本国货币汇率将下跌。

（六）资产组合平衡理论

较之其他汇率决定理论，资产组合平衡理论偏重于短期汇率决定的分析。该理论的核心思想是，一国的资产总量分布于本国货币、国内债券和国外债券之上，投资者会根据不同资产的收益率、风险及自身的风险偏好确定其最优的资产组合。在资产总量一定的情况下，均衡汇率就是投资者作出资产组合最佳选择时的汇率。一国货币供给量的变化、财政赤字增减导致国债发行规模的变化等因素都会导致原有的资产市场失衡，进而引起投资者调整其持有的国内外资产组合，引起资金在各国间的流动，影响外汇供求，汇率发生相应变动。汇率的变动又将使投资者重新评价并调整其所持资产，直至资产市场重新恢复均衡，此时的汇率即为新的均衡汇率。

资产组合平衡理论的贡献在于运用一般均衡分析综合考虑多种变量、多个市场影响汇率变化的因素，纠正了本国资产与外国资产完全可替代的理论假设，使理论更加贴近实际。

三、影响汇率变动的因素

由于影响汇率变动的因素是多方面的，各种因素相互联系、相互制约，甚至相互抵消，同一因素在不同时期、不同国家可能会起到不同的作用，因此汇率变动是一个极为错综复杂的问题。总体上说，一国的宏观经济状况和经济实力是决定该国货币汇率变动的基本因素。

（一）影响汇率变动的长期因素

1. 国际收支状况

国际收支状况是一国对外经济活动的综合反映，是影响汇率变动的直接因素，起主导作用。一国国际收支通过直接决定外汇的供求状况而影响着本国货币的汇率。一国国际收支顺差，意味着外汇的供给增加，则外汇汇率下跌，本币对外升值；反之，一国国际收支逆差，说明该国的外汇收入小于外汇支出，对外汇的需求大于外汇的供给，外汇汇率上涨，本币对外贬值。

在国际上资本流动的规模不大时，国际收支的经常账户差额，尤其是贸易收支差额是影响汇率变动的最重要因素。然而，随着国际上资本流动的加速发展，国际收支的资本与金融账户对汇率的影响已经越来越重要，仅仅是贸易额的变动已不能决定汇率变动的基本走势。

2. 通货膨胀率的差异或相对通货膨胀率

一国出现通货膨胀是因为该国发行的货币超过了经济发展所需要的实际货币量，从而造成物价上涨，货币所代表的商品价值量减少。在纸币流通制度下，货币之间的折算基础是各自内含的价值量，这就意味着汇率实质上就是两国货币所代表的价值量之比。如果一国发生通货膨胀，则其货币的对内价值量降低，货币购买力降低，其对外价值即汇率则必然也随之下降。因为汇率涉及两种货币的价值比较，所以必须考察两国的通货膨胀相对比率。一般来说，相对通货膨胀率高的国家货币汇率会下跌，通货膨胀率低的国家货币则升值。如果两国发生了等幅的通货膨胀，两者则会相互抵消，两国货币的名义汇率可以不受影响。

通货膨胀对汇率的影响不是直接、明显地表现出来的，一般要经过一段时间才能显现出来，通常通过两个渠道：一是通过影响进出口贸易。当一国出现通货膨胀时，该国国内物价水平普遍上升。如果汇率不变，则出口商品价格上升，国际竞争力下降，该国的出口受到抑制。同时，由于外国商品价格显得相对便宜而使该国进口增加，因此该国的经常账户易出现逆差，从而导致本币汇率下跌。二是通过影响实际利率。一国发生通货膨胀，必然使该国实际利率（名义利率减去通货膨胀率）降低，用该国货币所表示的各种金融资产的实际收益下降，导致资本外流，资本和金融账户出现逆差，从而引起本币贬值。

3. 经济增长率差异

一国经济状况的好坏是影响汇率变动的根本原因。国内外经济增长率差异可以通过多个方面作用于汇率。就国际收支经常项目而言，一方面，一国经济增长率较高，意味着该国的收入相对增加，从而进口需求增加；另一方面，高的经济增长意味着劳动生产率的提高，本国产品的竞争能力增强，有利于出口。两方面的净影响要看这两方面作用的力量对比。就资本和金融项目而言，一国经济增长率高，国内对资本的需求就比较大，国外投资者也愿意将资本投入到高速增长、前景看好的经济中去，于是资本流入，本币有升值趋势。总体来说，高的经济增长率会对本国币值起支持作用，而且这种影响持续时间较长。

这里提到的经济增长率是相对经济增长率，只有当一国的经济增长率快于别国时，才可能出现该国汇率升值；相反，当该国增长率慢于其他国家经济增长率时，该国货币有可能贬值。

（二）影响汇率变动的短期因素

1. 利率差异

利率作为金融资产的价格，它不仅反映一国经济金融状况的基本指标，而且能体现一国筹资成本和投资利润，是影响一国汇率变动的重要因素。各国利率的相对差异会引起资金的流动，进而通过影响一国的资本和金融账户来影响汇率。而利率的升降也会带来国内经济的紧缩和扩张，同样可以影响国际收支。

一般来说，一国利率水平提高，会引起资本流入该国以获取高利，流入的外资必须兑换成本币，从而造成在外汇市场上对该国货币需求上升，该国货币的汇率就会上浮，同时利率水平的提高会使该国国内储蓄增加，消费减少，使该国物价水平有所下降，从而使出口增加、进口减少，有利于国际收支逆差的减少。这样，利率水平的上升还可以通过国际收支出现顺差使汇率上浮。

作为常用的货币政策工具之一，利率常被货币当局用来影响汇率。这里需要强调的是，利率因素对汇率的影响是短期的。一国仅靠高利率来维持汇率坚挺，其效果有限。因为这很容易引起本币的高估，而这种高估一旦被投机者所认识，就可能引发更严重的本币贬值风潮。另外，在汇率波动幅度很大的时候，尤其是金融危机期间，仅凭利率工具是无法力挽狂澜的。

2. 各国汇率政策和对市场的干预

为了维持汇率的稳定，或使汇率变动服务于经济政策目的，政府常会对外汇市场进行干预。我们将政府对外汇市场的干预归为短期因素，因为，政府干预外汇是出于某种目的或经济发展战略需求。通常，一国政府或货币当局干预外汇市场的措施有四种：一是直接在外汇市场上买卖外汇，这种方式对汇率的影响最明显；二是调整国内财政和货币等政策；三是在国际范围内公开发表具有导向性的言论以影响市场心理；四是与国际金融组织和有关国家配合进行直接和间接干预。这些措施虽然无法从根本上改变汇率的长期走势，但对汇率的短期走势将产生一定的影响。

3. 投机活动与市场心理预期

自 1973 年实行浮动汇率制以来，外汇市场的投机活动愈演愈烈，投机者以投机基金、跨国公司为主，他们往往拥有雄厚的实力，可以在外汇市场上推波助澜，使汇率的变动远远偏离其均衡水平。投机活动对汇率变化的影响是双向的。一方面，投机风潮会使外汇汇率跌宕起伏，加剧了市场的不稳定；另一方面，当外汇市场汇率高涨或暴跌时，投机性套利活动会起到平抑行市的稳定作用。

市场心理预期是影响汇率变动的一个重要因素。在国际金融市场上,有大量的短期性资金,这些资金对世界各国的政治、经济、军事等因素都具有高度的敏感性,在预期因素的支配下,转瞬间就会发生大规模的转移。当人们预期某种货币将贬值,市场上马上就会出现抛售这种货币的行为,使这种货币立即贬值。

心理预期是影响汇率变动的一个很复杂的因素,具有很大的脆弱性和易变性,让人很难把握。

影响一国汇率变动的因素很多,除了上述几种因素之外,还有国际性经济、政治或军事突发事件等。在不同时期,各种因素对汇率变动的影响有轻重缓急之分,它们的影响有时相互抵消,有时相互促进。只有将各项因素进行综合、全面的考察,才能得出比较正确的判断。

任务四 汇率变动对经济的主要影响

受经济政策等多种因素影响的汇率,其变动及其作用从来就不是被动的,它反过来会对一国的经济、政策甚至整个世界经济产生重大影响。掌握汇率变动对经济的影响与掌握影响汇率变动的原因同样重要。掌握这两种影响并采取相应对策,对保持一国汇率与经济的稳定是相当重要的。

一、汇率变动对一国国内经济的影响

汇率变动对一国国内经济有重要影响。汇率变动首先会在短期内引起进出口商品的国内价格发生变化,继而波及整个国内物价发生变化,从而影响整个经济结构发生变化,导致汇率变动对经济发生长期影响。

(一)汇率变动会对进口商品的国内价格产生影响

本国货币汇率上升,会使进口商品的国内价格降低,本国进口的消费资料和原材料的国内价格就随之降低。本国货币汇率下降,会使进口商品的国内价格提高,本国进口的消费品和原材料因本币汇率下跌而不得不提高售价以减少亏损。

(二)汇率变动会对出口商品的国内价格发生影响

外国货币汇率上升,会使出口商品的国内价格提高。因为以本币所表示的外汇汇率上涨,即外币购买力提高。外国进口商会增加对本国出口商品的需求,若出口商品的供应数量不能相应增长,则出口商品的国内价格必然会有较大幅度的增长。外国货币汇率下降,会使出口商品的国内价格下降。因为外汇购买力下降,会引起对本国出口商品需求的减少,从而引起出口商品价格的下降。

(三)汇率变动会对国内其他商品的价格发生影响

汇率变动不仅影响着进出口商品的国内价格,也影响着国内其他商品的价格。外币汇率的上升即本币汇率下降,导致进口商品和出口商品在国内的售价提高,进而导致国内其他商品价格的提高,从而会推动整个物价的上涨。外币汇率下降或本币汇率上升,导致进口商品和出口商品在国内的价格降低,进而促使国内整个物价水平下降,如本币汇率上升;进口商品国内价格降低,以进口原料生产的本国商品价格由于生产成本的降低而下降。

当然,由于经济运行的复杂性、汇率变动对国内物价的影响及程度有时不是那么直接和明显,还要视商品的生产等许多条件而定,但是,无论如何,汇率的变动总会引起国内物价的变动,而一国国内物价发生变化必然会程度不同地对国民经济各部门产生影响,发生作用。

二、汇率变动对一国对外经济的影响

汇率变动对一国的对外经济影响很大，集中表现在以下方面：

(一)汇率变动影响一国的对外贸易

汇率稳定有利于进出口贸易的成本及利润的计算，有利于进出口贸易的安排，汇率变动频繁，会增加对外贸易的风险，影响对外贸易的正常进行。如果本币贬值，外汇汇率上升，而国内物价尚未变动或变动不大，则外币对本国商品、劳务的购买力增强，一般会增加对本国商品的需求，从而可以扩大本国商品的出口规模。在这种情况下，本国出口商收入的外币折合成本币的数额会增加，出口商有可能降低价格出售，以加强竞争，扩大销路。所以，一般来说，本币对外贬值具有扩大本国商品出口的作用，同时，本币汇率下降，以本币表示的进口商品的价格将会提高，就会影响进口商品在本国的销售，从而起到抑制进口的作用。相反，本币汇率上涨，会起到抑制出口，刺激进口的作用。

(二)汇率变动影响一国的资本流动

当以本币表示的外币汇率上涨时，则意味着本币价值或本币汇率的下跌，本国资本为防止货币贬值的损失，常常调往国外，同时汇率下跌有利于吸引外国资本流入。相反，如果以本币表示的外币汇率下降，本币币值上升，则会对资本流动产生与上述情况不同的影响，即会引起在国外的本国资本回流和不利于外国资本流入。

(三)汇率变动影响一国的国际收支

国际收支状况是影响汇率变动的重要因素。反过来，汇率变动对国际收支也有重要影响。如上所述，本币汇率下跌，有利于增加出口、吸引外国资本流入，可以抑制进口和外国资本流出，从而有利于国际收支逆差的缩小；本币汇率上涨，有利于刺激进口和外国资本流出，不利于出口和外国资本流入，从而有助于国际收支顺差的减少。不仅如此，汇率变动会引起物价变动，物价变动会影响整个国内经济发生变化及贸易项目的外汇收支，从而影响整个国际收支。

(四)汇率变动影响一国的通货膨胀程度

正如通货膨胀是影响汇率变动的因素一样，汇率变动反过来也要影响通货膨胀。一国货币汇率变动，总是要间接影响到一国货币的对内价值，影响到一国的通货膨胀程度。一国货币汇率下跌会使出口商品增加和进口商品减少，从而使国内市场的商品供应相对减少；一国汇率下跌会使资本流入增加，从而使本币供应相应增加，这两种情况都会导致国内通货膨胀随压力加大。相反，一国货币汇率上涨，则有利于减轻该国通货膨胀的压力。

三、汇率变动对外汇储备的影响

外汇储备是一国国际储备的重要组成部分，它对平衡一国国际收支、稳定汇率有重要的作用。汇率变动，不论是储备货币本身价值的变化，还是本国货币汇率的变化，都会对一国的外汇储备产生影响。增加或减少外汇储备所代表的实际价值，增强或削弱外汇储备的作用。

(一)储备货币的汇率变动影响一国外汇储备的实际价值

储备货币汇率上升，会使该种储备货币的实际价值增加，储备货币汇率下降，会使该种货币的实际价值减少。外汇储备实际上是一种国际购买力的储备。因为目前任何国际储备货币，无论是美元还是英镑，都不能与黄金兑换，只能与其他外汇兑换来实现自己的国际购买力。储备货币实际上仍是一种价值符号，它的实际价值只能由它在国际市场上的实际购买力来决定。如果外汇储备代表的实际价值随货币汇率的下跌而日益减少，就会使得有该种储备货币的国家遭受损失，而储备货币发行国因该货币的贬值而减少了债务负担，从中获得巨大利益。

当然，储备货币汇率下跌同样会危及发达国家，使发达国家的外汇储备也遭受损失，但是与不发达国家相比，发达国家遭受的损失相对要小一些，因为在各国的国际储备中，发达国家的黄金储备占比重要比发展中国家所占的比重大，即发展中国家外汇储备所占比重比发达国家占的比重大。

(二)本币汇率变动会直接影响本国外汇储备数额的增减

一般来讲，一国货币汇率稳定，外国投资者能够稳定地获得利息和红利收入，有利于国际资本的投入，从而有利于促进该国外汇储备的增长；反之，本币汇率不稳，则会引起资本外流，使该国外汇储备减少，同时，当一国由于本币汇率贬值使其出口额增加并大于进口额时，则该国外汇收入增加，外汇储备相对增加；反之，则情况相反。

(三)汇率变动影响某些国际储备货币的地位与作用

一国选择储备货币总是要以储备货币汇率长期较为稳定为前提。如果某种储备货币其发行国国际收支长期恶化，货币不断贬值，汇率不断下跌，该储备货币的地位和作用就会不断削弱，甚至会失去其储备货币的地位。例如，第二次世界大战以后，英国的经济与金融由于受到战争的影响而衰落，英镑不断贬值，汇率下跌，在国际支付中的使用量急剧缩减，英镑的国际储备货币的地位也因此大大削弱。

四、汇率变动对经济影响的制约条件

汇率变动会对一国的对外及国内经济产生重要的作用。但汇率变动对一国经济产生的影响程度和范围要受到该国政治、经济等条件的制约。这些条件主要表现在以下几方面：

(一)一国的对外开放程度

凡对外开放程度较高，本国经济发展对外依赖性较大，与国际金融市场联系密切，进出口贸易占国民生产总值比重较大的国家，汇率变动对其经济的影响就较大；反之，则较小。

(二)一国的出口商品结构

汇率变动对出口商品结构单一的国家的经济影响较大，对出口商品结构多样化的国家的经济影响较小。

(三)一国的货币可兑换性

如果一国的货币可自由兑换，在国际支付中使用较多，经常与其他货币发生兑换关系，汇率变动对其经济的影响就较大，否则影响就较小。

此外，由于各国对经济的干预手段和外汇管制等情况不同，汇率变动对各国经济产生的影响也不同。分析汇率变动对一国经济的影响应当注意分析一国的具体经济条件。

任务五 汇率决定理论

汇率理论主要研究汇率的决定以及汇率制度的选择。汇率问题是国际金融的核心问题，汇率理论也是国际金融理论的重要组成部分。

一、汇率决定理论

(一)购买力平价理论

购买力平价理论是一个古老的也是最基础的汇率决定理论，是由瑞典经济学家卡塞尔在

20世纪初提出的。第二次世界大战后，该理论又有了新发展。

1. 卡塞尔的购买力平价理论

(1)绝对购买力平价理论。这种理论认为，两种货币的内在购买力之比决定两国货币的汇率。即：

$$e=P/P^*$$

其中，e 为汇率，P 和 P^* 分别为国内物价水平和国外物价水平。

卡塞尔关于购买力平价的思路是这样的：首先，他考虑一国为什么需要外国货币。他认为这是因为需要外币在外国市场购买外国人生产的商品与劳务。对货币的需要既然与购买商品相联系，所以货币的价格取决于它对商品的购买力，因此，两国货币的兑换比率由两国货币各自具有的购买力的比率来决定。购买力比率就是购买力平价。一国汇率变动的原因在于购买力的变动，而购买力变动的原因在于物价变动，这样汇率的变动归根到底是由两国物价水平的比率的变动所决定。

那么，用来定义绝对购买力平价的价格水平究竟是指什么价格水平？卡塞尔指出，只有一个国家在市场上出售的全部商品的总价格水平，才能代表购买的商品与劳务的价格水平。而哪一种价格水平最能符合计算绝对购买力平价的需要呢？最符合逻辑的应是国内生产总值的价格水平，即GDP。但在卡塞尔时代，国民经济核算中还没有出现GDP这一概念。所以卡塞尔的表述是：在总价格水平的计算中，应排除进口品，但应包括出口品，即本国生产的商品和劳务。他的想法已接近GDP的概念。

(2)相对购买力平价理论。卡塞尔除了提出绝对购买力平价理论以外，还提出了相对购买力平价理论。即：

$$\Delta e=\Delta P-\Delta P^*$$

即汇率的变动等与两国物价水平变动率之差，与绝对购买力平价相比，相对购买力平价更具有应用价值。

2. 购买力平价理论的新发展：成本平价

第二次世界大战后，购买力平价理论的发展主要在成本平价方面。前面讨论的购买力平价，不管是绝对平价还是相对平价，都是一种价格平价，而在价格平价中，一方面价格会影响汇率，另一方面也应看到汇率会影响国内物价。所以只从价格讨论汇率的决定是不够准确的。相比之下，成本受汇率变动的影响要小得多，以成本平价来讨论汇率决定，是比较适宜的。

此外，价格平价中包含了利润，而利润是一个易变的因素，因而价格本身也是易变的。如果以成本平价来估算汇率，则可以排除利润这个易变因素，更好地体现长期的价格趋势，反映长期的价格变动，而不是短期的价格变动。

(二)利率平价理论

利率平价理论是由英国经济学家凯恩斯于1923年在其《货币改革论》一书中首先提出，后经一些西方经济学家发展而成。该学说主要研究国际货币市场上利差与即期汇率和远期汇率的关系。

1. 利率平价理论的主要观点

由于各国间存在利率差异，投资者为获得较高收益，就将其资金从利率低的国家转移到利率高的国家。如甲国的利率水平高于乙国，投资者就会把资金从乙国调到甲国。为避免汇率风险，投资者一般按远期汇率把在甲国的投资收益变为乙国货币，并将此收益与在乙国投资所得收益进行比较，从而确定投资者的投资方向。两国投资收益存在的差异导致了资本在国际上的移动，直到通过汇率的调整，两国的投资收益相等时，国际上的资本移动才会停止。

2. 利率平价理论的基本表达式

现假定，本国投资者在国内用一单位本币投资可获得本利和 $1+i_d$，若换成外币在国外投资可获得本利和 $(1+i_f)/E$，为避免外汇风险，该投资者可利用远期外汇市场进行套期保值，将在国外投资的本利和换成本币：

$$(1+i_f)F/E$$

套利活动将使国内投资和国外投资的本利和趋于一致，即：

$$1+i_d=(1+i_f)F/E \tag{2-1}$$

整理得：

$$1+i_d/1+i_f=F/E \tag{2-2}$$

等式两边同减 1，则：

$$i_d-i_f/1+i_f=(F-E)/E \tag{2-3}$$

$(F-E)/E$ 即为远期外汇的升贴水率 P，则(2—3)式变为

$$P=i_d-i_f/1+i_f \tag{2-4}$$

将(2—4)式变形，得：

$$P+Pi_f=i_d-i_f \tag{2-5}$$

因两个较小的分数相乘其积更小，故 P 和 i_f 可忽略不计，则(2—5)式可变为：

$$P=i_d-i_f \tag{2-6}$$

(2—2)式和(2—6)式称为利率平价。其概念是：汇率的远期升贴水率等于两国货币的利率之差。如果本国利率高于外国利率，则本币在远期将贴水，如果本国利率低于外国利率，则本币将在远期升水。

3. 当代利率平价理论的发展

现代理论评价在理论上可以成立，但从实践的角度看，有以下缺陷：

第一，利率平价理论存在的前提条件是资金完全套利，而且资本完全自由流动。

第二，套利本身受机会成本和外汇风险成本的影响，所以套利资金的供给弹性并非无限大。

第三，利率平价理论忽视了市场投机这一重要因素。市场可能受到投机者行为的影响，一直与实际汇率与均衡的利率平价出现偏差。

针对这些缺陷，现代利率平价理论的研究者提出了两点修正：

(1)资金有限供给下的利率平价。

$$P=i(1+1/E_s)-i^*$$

如果套利资金的供给弹性无穷大，则 $P=i-i^*$。原利率平价公式成立。而现实中供给弹性不会无穷大，而且供给弹性的正负取决利率的高低，从而引起资金从本国流向外国或相反，因此套利资金的供给弹性将直接影响实际汇率偏离利率平价的程度。

(2)投机与套利的市场均衡。

传统的利率平价理论忽略了投机者行为对远期汇率和利率平价的影响，实际上外汇市场的交易者包括投机者和商品交易者(后者的行为与套利者相似)。因此，发展的利率平价理论把投机者的行为同套利者的行为结合，认为均衡的远期汇率是由投机者与套利者行为共同决定的。

投机者与套利者的行为不同。投机者只有从预期的变化中能够得到足够补偿风险的利润

时，他们才进行投机，通常是非抵补行为。而套利者在各国之间转移资金，是为了获得利差，是一种抵补套利。交易者一般是指进出口商，在即期和远期市场上交易，力求避免风险，实际上是套期保值者，行为与套利者相似，而与投机者不同。

4. 对利率平价理论的评价

利率平价理论的主要贡献在于：它从理论上说明了远期汇率取决于两国货币的相对收益，即以利差作为汇率变动的主要原因。对于实际操纵外汇市场、预测远期汇率趋势、制定和调整汇率政策等都有着重要的意义。

利率平价说在理论上可以成立，但从实践的角度看有以下两个缺陷：(1)利率平价理论是以国际上资本流动不受任何限制为前提的，即要求存在一个一体化的货币市场。这一条件过于严格，无疑会影响其理论和模型的应用性。(2)该学说的另一个前提是各国间的资产是可以完全替代。实际上，以各国货币标价的资产的风险程度是不同的，预期收益率也不同。因此不同资产之间不能完全替代。这就使得利率平价难以成立。

(三)国际收支说

国际收支说的学术渊源是国际借贷说。国际借贷说是英国的戈逊于 1861 年提出，在第一次世界大战前颇为流行。他认为，汇率决定于外汇的供给与需求，当外汇的供给大于需求时，外汇汇率下降，当需求大于供给时，外汇汇率上升。外汇的供求是由国际借贷引起的，而国际借贷的产生源于一国的外汇收入和支付，所以戈逊的学说也被称为国际收支说。现代国际收支学说是由美国学者阿尔盖在 1981 年提出，该理论的特点是把国际收支的均衡条件应用于外汇供求流量分析。

国际收支的均衡条件是经常项目差额等于资本流入额。如果用 CA 表示经常项目差额，KA 表示资本项目差额，这一均衡条件为：

$$CA+KA=0$$

经常项目收支为商品和劳务的进出口额，其中出口(X)是外国国民收入(Y_f)、相对价格 P_d/eP_f 决定的，其中 P_d 为国内价格水平，P_f 为国外价格水平，e 为现汇汇率。用公式表示如下：

$$X=f(Y_f,P_d,P_f,e)$$

而进口(M)是由本国国民收入(Y)和相对价格(P_d/eP)决定的，即：

$$M=f(Y,P_d,P_f,e)$$

一国资本项目收支，则主要取决于本国利率(i_d)与外国利率(i_f)差额，即人们对未来现汇汇率变化的预期，用公式表示如下：

$$KA=KA(i_d,i_f,e_e-e/e)$$

其中 e_e 为未来现汇汇率的预期值。

当 $CA(Y,Y_f,P_d,P_f,e)=-KA(i_d,i_f,e_e-e/e)$ 时，一国国际收支处于均衡状态，由此所决定的汇率水平就是均衡汇率。由此，均衡汇率可表示如下：

$$e=h(Y,Y_f,P_d,P_f,i_d,i_f,e_e)$$

该式表明，影响均衡汇率变动的因素有国内外的国民收入、国内外价格水平、国内外利息率以及人们对未来汇率的预期。

当本国国民收入增加时，进口会随之增加，国际收支会出现赤字，从而导致外汇市场外汇需求大于供给，本币贬值。当外国国民收入增加时，本国出口增加，国际收支会出现盈余，外汇市场上的外汇供给大于需求，外币贬值。当本国物价上升或外国物价下降时，本国出口减少、进口增加，国际收支出现赤字，外汇的需求大于供给，本币贬值，反之亦然。当本国利率上升或外国利率下降时，国外资本流入增加，从而导致外汇的供给大于需求，或本币的需求大于供给，本币升值，反之亦然。如果对未来外汇汇率看涨，人们就会大量买进外汇，外汇就要升值。

国际收支说在运用供求分析的基础上，将影响国际收支的各种因素纳入汇率的均衡分析，至今这一理论仍为人们广泛运用。

(四)资产市场说

资产市场说是20世纪70年代中期以后发展起来的一种重要的汇率决定理论。该理论是在国际资本流动获得高度发展的背景下产生的，因此特别重视金融资产市场均衡对汇率变动的影响。资产市场说的一个重要分析方法是一般均衡分析，它较之传统理论的最大突破在于它将商品市场、货币市场和证券市场结合起来进行汇率决定的分析。在这些市场中，国内外市场有一个替代程度的问题，而在一国的三种市场之间，则有一个受到冲击后进行均衡调整的速度问题，由此引出了各种资产市场说的模型(见图2—3)。

资产市场说
- 货币论：国内外资产具有完全的替代性
  - 国际货币主义模型：弹性价格
  - 汇率超调模型：黏性价格
- 资产组合平衡论：国内外资产不具备完全的替代性

图2—3　资产市场说的模型

1. 货币论

这一理论强调货币市场对汇率变动的要求。一国货币市场失衡后，国内商品市场和证券市场受到冲击。在国内外市场紧密联系的情况下，国际商品套购机制和套利机制就会发生作用。在商品套购和套利过程中，汇率就会发生变化，以符合货币市场恢复均衡的要求。

(1)国际货币主义汇率模型(弹性价格模型)。这一模型实际上是国际收支货币论在浮动汇率制下的变体，代表人物是弗兰克尔。

(2)超调模型(黏性价格模型)。汇率超调模型是多恩布什于1976年提出。这一模型认为，商品市场和货币市场的调整速度是不同的，商品市场的调整速度相对资产市场要缓慢得多。当货币市场失衡后，由于商品市场反应迟缓，资产市场的迅速调整使汇率作出超调反应，而偏离长期均衡值，这是短期汇率容易波动的原因。

货币市场失衡(货币供应量增加)后，由于短期内价格具有黏性，实际货币供应量就会增加，这势必造成利率下降。利率的下降会引起资金外流，本币汇率下降。但随着利率的下降，会刺激需求，同时本币贬值会促进出口，从而带动总需求的上升。总需求的上升最终将带来价格的上升。在价格上升的过程中，实际货币供应量相应地逐渐下降，带来利息率的回升，结果资本内流、本币升值。

2. 资产组合平衡论

前面介绍的两个模型假定国内外资产具有完全替代性。但在现实中，却存在种种导致国内外资产不完全替代的因素。基于这一认识，在资产组合论的基础上，产生了资产组合平衡模型。它是由布朗逊于1975年提出。该理论认为国内外货币资产之间是不可替代的。投资者根据对收益率和风险性的考察，将财富分配于各种可供选择的资产，确定自己的资产组合。一旦资产组合达到稳定状态，汇率也就相应被决定。

资产组合平衡模型将本国居民持有的财富(W)划分为三种形式：本国货币(M)、本国债券(B)和外币资产(F)。

$$W=M+B+F$$

对于财富总额，私人部门是如何在本国货币、本国债券与国外资产之间进行分配的呢？这显然取决于各类资产的预期收益率的高低。私人部门资产组合中各种资产的比例分配将随国内外各种资产的预期收益率的变动而发生调整。在进行国内外资产之间的调整过程中，本国资产和外国资产之间的替换会引起外汇供求流量的变化，从而带来外汇汇率的变化。

(1)货币供应量增加。随着货币供应量的增加，投资者将会拿出新增的一部分货币来购买本币资产和外币资产，以便重新平衡他们的资产组合，这将导致外汇汇率上升和国内利率的下降。

(2)本币资产供应量增加。政府增发债券后，对汇率的影响有两重性：一方面，本币资产的增加，提高了财富总额，由此使得对外币资产的需求量增加，这将促使外汇汇率上升；另一方面，由于债券供给增加，导致债券价格下降，利率上升，这又会诱使外币资产需求相对削弱，从而使外币汇率下跌。所以该影响是不确定的。

(3)外币资产供应增加。当一国经常项目出现盈余后，私人部门持有的国外净资产就会增加，这就使外国资产在财富中的比例过大。在重新平衡其资产组合时，人们就会用超额的外国资产来换本国货币和债券，结果导致外汇汇率下降。

从上面介绍的几种汇率决定理论可以看出，各种理论的侧重点不同。购买力平价理论是从开放经济下，各国商品市场存在联系的角度对汇率决定进行研究，认为汇率是由货币的购买力对比决定的。利率平价是从开放经济下各国金融市场之间存在联系的角度对汇率决定问题进行研究，认为汇率的变动是由利率差异决定的。国际收支说是由国际借贷说发展而来，它是从外汇市场的供给与需求流量的变动角度认识汇率的决定问题，认为汇率是由国际收支状况决定的。它是凯恩斯主义的国际收支理论在浮动汇率制下的变形。资产市场说把商品市场、货币市场和证券市场及结合起来进行汇率决定分析。20世纪70年代以来，资产市场说取代了汇率的国际收支流量分析，成为汇率的主流。

二、汇率制度选择理论

从汇率制度上看，西方汇率理论基本上可以分为三个类别：固定汇率理论、浮动汇率理论和两极汇率理论。

(一)固定汇率理论

固定汇率理论的代表人物是蒙代尔、特里芬、金德伯格、拉弗等。

1. 固定汇率使各国经济趋于协调

蒙代尔认为，在浮动汇率制下，大多数国家的货币由于币值经常变动而影响了它们在世界范围内执行支付功能，因而当某国遇到经济困难时，它不能以向外国发行货币的方式，吸引外国资本和吸收商品劳务资源来调节本国经济。但如果在固定汇率下，上述问题就可以解决。这是因为在固定汇率下，该国可以利用储备来购买价格相对便宜的外国产品，来弥补本国由于产出下降而产生的超额需求，从而可以抑制国内物价的上涨。相反，当一国实际产出增加，供过于求导致物价下跌时，可以通过增加出口来缓和。因此固定汇率能够保证损失由各国共同承担，而额外利益则由各国共同分摊。

2. 固定汇率保持经济的均衡状态

拉弗认为，在浮动汇率制下，私人部门不能改变名义货币存量，而在固定汇率制下，本国货币价格是不变的，名义货币存量将随国际收支的变化而变化。由于这个区别，国内货币存量的变化，在浮动汇率下会引起经济衰退和失业的增加，而在固定汇率制下则保持经济的均衡状态。

具体的传导过程是，如果政府在经济处于均衡状态下减少名义货币存量，利率会上升、投资下降，进而引起产量和就业的减少，对进口需求的减少。如果一国实行的是浮动汇率制，进口减少会导致本币升值，而本币升值又会使出口减少，产量和就业会进一步下降。如果一国实行固定汇率制，货币存量的减少会导致利率上升和物价下降，由于汇率固定，本国物价下降会导致出口商品价格下降，出口数量增加，从而外汇收入增加，于是中央银行会把外汇转变为本国货币，引起国内名义货币量的增加。因此，在固定汇率制下，名义货币存量的减少可以通过国际收支效应得到补偿，经济重新恢复到均衡状态。

(二)浮动汇率理论

浮动汇率理论的代表人物是弗里德曼和米德。

1. 浮动汇率制有利于国际收支的调整

弗里德曼指出，用汇率浮动调整国际收支有以下优点：

(1)浮动汇率能持续地对任何时候出现的国际收支变动进行及时的调整，不会产生国际收支累积性困难。

(2)浮动汇率制下，可以通过改变货币的相对价格，对国际收支进行长期的结构调整。

(3)汇率的频繁变动会吸引私人投资者对国际收支逆差的国家给予短期的资助。

(4)浮动汇率只涉及货币价格的变动，因而简单易行。

2. 防止通货膨胀的国际传递

根据货币主义理论，在浮动汇率条件下，一国货币量增加后，该国国内市场的均衡以及该国内部经济与外部经济的均衡可以通过汇率的自由变动进行调整。但在固定汇率条件下，情况则不同，通货膨胀可以通过价格调整和国际收支差额效应，从一国“传递”到另一国。

3. 浮动汇率有利于经济的稳定

这是因为浮动汇率可使国际收支始终处于均衡状态，因而政府可以把宏观经济政策的调整直接放在使国内经济稳定的目标上。此外，浮动汇率可以使本国经济免受外国经济扩张和收缩的影响。当外国经济扩张或收缩时，本国的物价水平会随之上升或下降，从而使本国贸易项目出现逆差或顺差。在这种情况下，本国货币也会随之贬值或升值，以此补偿由外国经济扩张或收缩对相对价格水平的影响，恢复贸易项目的平衡。结果，外国经济的扩张和收缩对本国经济不产生任何影响。

(三)两极汇率理论

近年来关于汇率制度选择的争论异常激烈，争论的焦点是原有的钉住汇率制是否应该放弃。20 世纪 90 年代以后出现的两极汇率理论就是在这场争论中出现的一种新的理论。

1. 两极汇率制度的概念

两极汇率制度(bipolar regime)的两极是指：一极是使用另一国货币作为法币，或采用货币联盟、货币局；另一极是完全的独立浮动。在这两极之间被称为中间的汇率制度，包括传统的固定钉住制、钉住平行汇率带、爬行钉住等，又称软钉住(soft peg)。两极汇率制度最初由 Eichengreen (1994)、Obstfeld 和 Roff (1995)提出。该观点也被称为中间汇率制度消失假说

(The Hypothesis of Vanishing Intermediate Regime)以及两角解式(Corner Solution)。该假说最初讨论的是欧洲汇率机制。在1992～1993年的欧洲汇率危机中,意大利和英国被迫把其货币贬值并最终退出汇率机制,而后来欧盟又把汇率的浮动范围大幅度地扩大。这场危机显示以前设计的方案——渐进的欧洲货币经济和货币联盟——不是最佳方式。Obstfeld和Rogoff(1995)总结道,在浮动汇率和采用单一货币之间没有什么舒服的中间地带。1997年亚洲金融危机后,消失的中间汇率制度假说开始用于新兴市场。

2. 采用两极汇率制度的原因

(1)中间汇率制易于导致货币冲击和货币危机的发生。在自由浮动汇率制度下,政府不存在维护汇率稳定的义务。因此,这一汇率制度安排不会发生货币危机。就固定汇率制而言,由于美元化制度与货币联盟不存在本国法定货币,所以在这两种货币制度安排下,同样不存在发生货币危机的可能性。货币局制度尽管拥有本国法定货币,但法律赋予了政府维持汇率稳定的义务,因此这一制度具有较高的可信度。

(2)开放经济条件下的三元悖论。三元悖论也被称为不可能三角,即一个经济体在汇率稳定、独立的货币政策和国际资本流动上,最多可以同时实现其中的两个目标(至少要牺牲其中的一个目标)。这一基本经济原理使得每个经济体只能在下列的三种汇率体制中选择一种:第一,浮动汇率制。它允许资本自由流动,并且不要求决策者采取诸如提高利率的措施去捍卫汇率,从而使政府能够运用货币政策去实现经济目标。然而它不可避免地要在币值波动方面付出代价。第二,固定汇率制。它在维持币值稳定和资本自由流动的同时牺牲了货币政策的独立性,因为这种利率必须成为稳定汇率的主要工具。第三,中间汇率制。它相对调和了汇率稳定与货币政策独立性的矛盾,但是却不得不在资本自由流动方面有所放弃,并且承担由此而来的其他一切代价。

(3)中间汇率制度使企业忽视汇率风险的防范。当一国政府建立了某种汇率目标后,国内银行和企业低估了未来该国货币贬值的可能性,债务人认为没有必要使用远期或期货来保值,因而大量引入未保值的外币债务。当货币贬值发生时,国内资本收入不能偿还外债,破产相继发生,这又给经济带来了恶劣影响。

应知考核

◇ 主要概念

自由外汇　贸易外汇　远期外汇　即期外汇　汇率　直接标价法　间接标价法　美元标价法　基本汇率　套算汇率　买入汇率　卖出汇率　中间汇率　固定汇率　浮动汇率　单独浮动　联合浮动　钉住浮动　贸易汇率　金融汇率　复汇率　官方汇率　市场汇率　外汇　即期汇率　远期汇率

◇ 基础训练

一、单项选择题

1. 外汇是指(　　)。

A. 外国货币
B. 可用于结清一国债权债务的外币
C. 外国的钞票
D. 用于国际上债权债务结算的支付手段

2. 以下选项中,(　　)是错误的。

A. 外汇是一种金融资产

B. 外汇必须以外币表示

C. 用作外汇的货币不一定具有充分的可兑性

D. 用作外汇的货币必须具有充分的可兑性

3. 动态外汇是指(　　)。

A. 外汇的产生　　B. 外汇的转移

C. 国际清算活动和行为　　D. 外汇储备

4. 汇率按外汇资金性质和用途,可划分为(　　)。

A. 商业汇率和银行间汇率　　B. 复汇率和单汇率

C. 市场汇率和官定汇率　　D. 金融汇率与贸易汇率

5. 在直接标价法下,等号后的数字越大说明相对于本币而言,外汇比本币(　　)。

A. 越贵　　B. 越贱　　C. 平价　　D. 下降

6. 购买力平价理论表明,决定两国货币汇率的因素是(　　)。

A. 含金量　　B. 价值量　　C. 购买力　　D. 物价水平

7. 新闻报道和经济分析常使用的汇率是(　　)。

A. 买入汇率　　B. 卖出汇率　　C. 中间汇率　　D. 固定汇率

8. 两种货币通过各自对第三国的汇率而算得的汇率称为(　　)。

A. 基本汇率　　B. 单一汇率　　C. 套算汇率　　D. 中间汇率

9. 以下选项中,(　　)属于外汇。

A. 特别提款权　　B. 外国纸币　　C. 英国政府债券　　D. 欧元

10. 外汇成交后,在未来约定的某一天进行交割所采用的汇率是(　　)。

A. 浮动汇率　　B. 远期汇率　　C. 市场汇率　　D. 买入汇率

二、多项选择题

1. 对于大多数基本汇率,美元都是作为基准货币,例外的货币有(　　)。

A. 欧元　　B. 英镑　　C. 日元　　D. 澳元

2. 在下列国家中,汇率表示方法采用间接标价法的有(　　)。

A. 美国　　B. 日本　　C. 英国　　D. 法国

3. 影响汇率变动的因素主要有(　　)。

A. 国际收支　　B. 通货膨胀率差异　　C. 利率差异　　D. 经济增长差异

4. 按外汇交易支付方式和付款时间,汇率可划分为(　　)。

A. 票汇汇率　　B. 套算汇率　　C. 电汇汇率　　D. 信汇汇率

5. 按国际货币制度的演变,汇率可分为(　　)。

A. 浮动汇率　　B. 金融汇率　　C. 收盘汇率　　D. 固定汇率

三、简答题

1. 简述狭义外汇的概念和特征。

2. 简述影响汇率变动的因素。

3. 简述汇率变动对经济的影响。

4. 简述购买力平价理论。

5. 简述利率平价理论。

四、计算题

假定某日下列市场报价为:纽约外汇市场即期汇率为 USD/CHF=1.534 9/89,伦敦外汇市场 GBP/USD=1.634 0/70,苏黎世外汇市场 GBP/CHF=2.502 8/48。如果不考虑其他费用,某瑞士商人以 100 万瑞士法郎进行套利,可以获得多少套汇利润?

应会考核

■ 技能案例

【案例背景】

在隔夜美元指数大涨推动下，2014 年 6 月 3 日国内外汇市场人民币兑美元中间价设于 6.171，较前一交易日下跌 15 个基点，创近 9 个月来新低。市场人士指出，货币政策倾向于定向宽松，加上美元近期显著走强，导致近阶段人民币汇率延续弱势运行。

6 月 1 日国家统计局公布的 5 月中国制造业采购经理指数（PMI）为 50.8%，比上月上升 0.4 个百分点，已连续 3 个月回升，预示我国制造业继续稳中向好，而反映制造业外贸情况的新出口订单指数和进口指数分别为 49.3%和 49%，均位于临界点之下，说明出口型企业仍面临压力。

汇丰中国宏观经济师马晓萍认为，人民币实际有效汇率贬值将有助于我国外贸出口进一步好转，预计今年净出口对 GDP 的增长贡献有望转正。兴业银行首席经济学家鲁政委测算，如果今年我国要达到 7.5%的出口同比增速，那么人民币名义有效汇率应贬值 6.36%。

人民币兑美元贬值，对此前借人民币升值趋势套利的热钱形成了阻力。根据跨境监测数据，5 月流入中国的“热钱”延续了 4 月跌势，且跌幅进一步放大，就印证了这一点。

相比年初市场一致预期人民币年内可能升值“破六”的情况，眼下对于人民币汇率走势不再是一致看涨，澳新银行、瑞银、汇丰都预测，到年底人民币较年初将出现约 1.5%的贬值。值得关注的是，人民币汇率浮动幅度扩大，减少了热钱套利的风险，但也增加了企业进出口利润的不确定性，因此需要外贸企业积极适应，加快培育竞争新优势，扩大进出口贸易人民币使用，也需要金融机构开发更多适合进出口企业需求、定价合理的汇率避险产品，帮助企业提高对汇率风险的承受和规避能力，增强服务实体经济的能力。

资料来源：http://forex.eastmoney.com/news/1129,20140603389496426.html。

【技能思考】

人民币的升值与贬值会给中国企业的出口利润带来什么影响？

■ 实践训练

【实训项目】

汇率的换算

【实训情境设计】

中国银行外汇牌价

日期：2014 年 7 月 27 日　　（人民币元/100 外币）

货币名称	现汇买入价	现钞买入价	现汇卖出价	中行折算价
英镑	939.68	910.67	947.23	949.25
港元	78.87	78.24	79.17	79.56
美元	611.82	606.92	614.28	617.20

【实训任务】

根据该牌价进行交易，请回答下列问题：

(1)一位出国旅游者到中国银行兑换 3 000 港元现钞，需要付出多少人民币现钞？

(2)一位客户欲将 1 000 英镑现钞兑换等值的人民币，该客户能兑换多少人民币？

(3)一家出口企业到中国银行以 10 000 美元即期结汇，可兑换多少等值人民币？

(4)中国银行港元/人民币、美元/人民币买卖差价是多少点？

|项目三|

外汇市场与外汇交易

【内容提要】

外汇交易是伴随着国际贸易的发展而产生的，是国际上结算债权债务关系的工具。与股票、商品期货市场相比，外汇市场历史尚短，但是，近几年来，外汇交易不仅在数量上成倍增长，而且在实质上也发生了重大变化。它不仅是国际贸易的一种工具，而且已经成为国际上最重要的金融商品。本项目重点介绍外汇市场上的各个交易品种的交易方式和盈亏分析。

【学习目标】

■ 知识目标

理解：外汇市场的概念与特征、种类、外汇市场的结构。

熟知：即期外汇、远期外汇、套汇、套利、择期、掉期、外汇期货、外汇期权的基本原理。

掌握：即期、远期、掉期、择期、套利、套汇、外汇期货、外汇期权交易的相关业务计算。

■ 技能目标

学生具有熟悉外汇交易中的惯例和规则、初步认识外汇交易中的技巧和战略的能力，能够进行外汇交易的报价和计算，并能进行实际交易的操作。

■ 情意目标

学生能够按照不同的交易种类和交易程序进行简单的外汇交易，能够运用不同地区汇率的差异进行套算。

【教学目标】

教师要培养学生熟悉外汇交易的程序，具有进行基本的外汇交易的能力及分析外汇交易盈亏状况的能力。

【项目引例】

俄罗斯加速“去美元化”

俄罗斯“去美元化”进程加速，探讨多年的中俄石油人民币结算或在近期有所动作。

当地时间 2014 年 5 月 13 日，俄罗斯国际广播电台“俄罗斯之声”援引俄媒消息源报道，俄财政部准备通过一项计划，拟大力提升本币卢布在俄出口贸易中的影响力，减少以美元为支付货币的交易。

据报道，4 月 25 日，俄罗斯第一副总理 Igor Shuvalov 召开会议，专门探讨减少外贸交易使用美元的比例，进而彻底“去美元”。俄罗斯大型能源公司、金融机构及政府部门参加此次会议，以应对欧美因乌克兰事件对俄罗斯的制裁。事实上，俄罗斯试图“去美元化”已有多年，随着乌克兰局势的不断升级，俄罗斯受到欧美联合对俄采取的一系列制裁，俄罗斯试图挑战美元以及“石油美元”则更显示出其紧迫性。

俄罗斯财政部副部长 Alexey Moiseev 在接受采访时表示，目前正在探讨一种名为“货币置换行政令“的法律机制，强制俄罗斯企业让卢布交易在特定商品交易中达到一定比例。他表示，卢布交易的比例有可能高达 100%。

尽管在上述会议中并未具体提到石油美元，但俄罗斯之声报道称，目前中国和伊朗已经表示支持俄罗斯此轮“去美元化”。

克里米亚事件升级后，中俄之间经贸合作升级明显，“去美元化”成为一个显著的趋势。

4 月中旬，彭博从消息人士处获悉，俄罗斯天然气工业股份有限公司(Gazprom)正在考虑发行人民币债券。美银美林数据显示，自俄罗斯增兵进驻克里米亚以来，Gazprom 旗下融资机构 OAO Gazprombank2017 年到期的 10 亿元人民币债券收益率攀升了 75 个基点。同期点心债的平均收益率下降了 5 个基点。

除人民币债券外，“俄罗斯之声”预计，普京 5 月 20 日将访华，中俄签署以卢布和人民币结算的油气协议也有可能。俄罗斯副总理德沃尔科维奇曾表示，中俄双方签约后，将向中国每年供应 380 亿立方米的天然气。

除中国外，俄罗斯也在试图推动与其他国家石油贸易本币化。俄汽与科威特和埃及就扩大液化天然气供应举行了会谈，与印度的“大单”成交在即，同时还与伊朗达成了石油换商品的协议。

据路透社报道，在上述贸易协议中将不会用美元进行结算。比如，伊朗以最多每日 50 万桶石油换取俄罗斯的设备和商品。如果俄罗斯决定届时支付给伊朗卢布，则将对“石油卢布”起到有力的支持。

2014 年 3 月下旬，普京提出，俄罗斯可以效法中日，建立自己的国家支付结算系统，设法减少对西方的经济依赖。

资料来源：http://finance.stockstar.com/MT2014051500000429.shtml。

[**思考**] 什么是外汇市场？在外汇市场如何进行外汇交易？如何进行盈亏分析？

【知识支撑】

任务一　外汇市场

一、外汇市场的概念与特征

(一)外汇市场的概念

国际上的一切经济往来总是伴随着货币的清偿和支付，为实现国际清偿和货币支付，就需要进行国际上的货币兑换或外汇买卖活动，外汇市场(Foreign Exchange Market)就是适应外汇买卖和票据兑换的需要而产生的。所谓外汇市场，是指进行货币买卖、兑换的市场，是由经营外汇业务的银行、各种金融机构、外汇需求者、外汇供给者、买卖中介机构以及个人进行外汇买卖、调剂外汇供求的交易场所。随着各国经济国际化的发展，各国逐步放松外汇管制，实行开放的外汇政策，使外汇市场也获得了巨大的发展，外汇市场已由伦敦、纽约、苏黎世、巴黎扩展到全世界，外汇交易量不断增长。外汇市场是世界上最大和最具流动性的市场，据国际清算银行统计显示，2010 年外汇交易额飙升至创纪录的水平，尽管外汇市场日益集中在少数银行和交易中心。国际清算银行(BIS)表示，目前的日平均交易额为 4 万亿美元，高于该行 2007 年进行市场调查时的 3.3 万亿美元。

(二)外汇市场的特征

1. 外汇市场全球一体化

首先，外汇市场分布呈全球化格局，以全球最主要的外汇市场为例：美洲有纽约、多伦多；欧洲有伦敦、巴黎、法兰克福、苏黎世、米兰、布鲁塞尔、阿姆斯特丹等外汇市场；亚洲现有东京、香港、新加坡等外汇市场。其次，外汇市场高度一体化，全球市场连成一体，各市场在交易规则、方式上趋同，具有较大的同质性。各市场在交易价格上相互影响，如西欧外汇市场每日的开盘价格都参照香港和新加坡外汇市场的价格来确定，当一个市场发生动荡，往往会影响其他市场，引起连锁反应，市场汇率表现为价格均等化。

2. 外汇市场全天候运行

从全球范围看，外汇市场是一个 24 小时全天候运行的昼夜市场(见图 3－1)。每天的交易，澳洲的惠灵顿、悉尼最先开盘，接着是亚洲的东京、香港、新加坡，然后是欧洲的法兰克福、苏黎世、巴黎和伦敦，到欧洲时间下午 2:00，美洲大陆的纽约开盘，当纽约收市时，惠灵顿又开始了新一天的交易。在欧洲时间的下午，此时伦敦和纽约的两大市场均在营业，是大额交易的最佳时间，大的外汇交易商及各国的中央银行一般都选择这一时段进行交易。

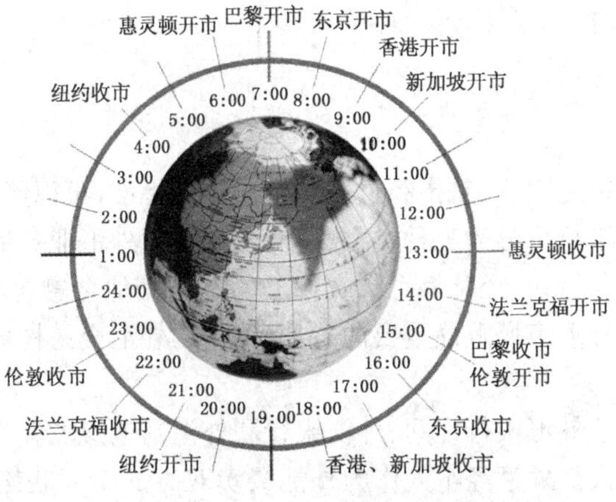

图 3－1 世界主要汇市交易时间

二、外汇市场的种类

(一)根据有无固定场所，分为有形市场与无形市场

1. 有形市场

有形市场(Visible Market)是指有具体交易场所的市场。外汇市场的出现与证券市场相关。外汇市场产生之初，多在证券交易所交易大厅的一角设立外汇交易场所，故称为外汇交易所。外汇买卖各方在每个营业日的约定时间集中在此从事外汇交易。早期的外汇市场以有形市场为主，因该类市场最早出现在欧洲大陆，故又称“大陆式市场”。

2. 无形市场

无形市场(Invisible Market)是指没有固定交易场所,所有外汇买卖均通过联结于市场参与者之间的电话、电传、电报及其他通信工具进行的抽象交易网络。目前,无形市场是外汇市场的主要组织形式,因其最早产生于英国、美国,故又称“英美式市场”。

与有形市场相比,无形市场具有以下优势:(1)市场运作成本低。有形市场的建立与运作,依赖于相应的投入与费用支出,如交易场地的购置费(租金)、设备的购置费、员工的薪金等;无形市场则无需此类投入。(2)市场交易效率高。无形市场中的交易双方不必直接见面,仅凭交易网络便可达成交易,从而使外汇买卖的时效性大大增强。(3)有利于市场一体化。在无形市场,外汇交易不受空间限制,通过网络将各区域的外汇买卖连成一体,有助于市场的统一。

(二)根据外汇交易主体的不同,分为银行间市场和客户市场

1. 银行间市场

银行间市场(Inter-bank Market)又称“同业市场”,是指由外汇银行之间相互买卖外汇而形成的市场。银行间市场是现今外汇市场的主体,其交易量占整个外汇市场交易量的90%以上,又称作“外汇批发市场”。

2. 客户市场

客户市场(Customer Market)是指外汇银行与一般顾客(进出口商、个人等)进行交易的市场。客户市场的交易量占外汇市场交易总量的比重不足10%,又称“外汇零售市场”。

此外,外汇市场有广义与狭义之分。广义外汇市场包括银行间市场与客户市场,狭义外汇市场仅指银行间市场。

三、外汇市场的结构

(一)外汇市场的参与者

1. 外汇银行

外汇银行又称外汇指定银行,是指经过本国中央银行批准,可以经营外汇业务的商业银行或其他金融机构。外汇银行可分为三种类型:①专营或兼营外汇业务的本国商业银行;②在本国经营的外国商业银行分行;③经营外汇买卖业务的本国其他金融机构,如信托投资公司、财务公司等。外汇银行是外汇市场上最重要的参加者,它的外汇交易构成外汇市场的重要部分。

2. 外汇经纪人

外汇经纪人是指介于外汇银行之间、外汇银行和外汇其他参加者之间进行联系、接洽外汇买卖的经纪人公司或个人。外汇经纪人作为外汇买卖双方的中间联络人,本身并不承担外汇盈亏风险,他们熟悉外汇供求情况和市场行情,有现成的外汇业务网络,而且具有丰富的外汇买卖经验,因此,一般客户愿意委托他们代理外汇买卖业务。在西方国家,外汇经纪人一般需经过所在国家中央银行的批准才能取得私营业务的资格;有的国家还规定外汇买卖必须通过经纪人和外汇银行进行。可见,外汇经纪人在外汇交易中的作用是十分重要的。

3. 外汇交易商

外汇交易商是指经营票据买卖业务、买卖外国汇票的公司或个人,多数是信托公司、银行的兼营机构或票据贴现公司。他们利用自己的资金,根据外汇市场上的行市,赚取买卖中的差价。外汇交易商可以自己直接买卖外汇,也可以通过经纪人交易。

4. 进出口商及其外汇供求者

进出口商从事进出口贸易活动,是外汇市场上外汇的主要的和实际的需求者与供给者。

出口商出口商品后需要把收入的外汇卖出，而进口商进口商品则需要买进对外支付的外汇，这些都要通过外汇市场的外汇交易来进行。其他外汇供求者是指运费、旅费、留学费、汇款、外国有价证券买卖、外债本息收付、政府及民间私人借贷以及其他原因引起的外汇供给者和需求者，包括有劳务外汇收入者、有国外投资获得收益者、接受国外援助者、收到侨汇者、接受外国贷款者、对本国进行直接投资的外国企业和在国外发行有价证券者。

5. 外汇投机者

外汇投机者在外汇市场上“兴风作浪”，预测汇价的涨跌，以买空或卖空的形式，根据汇价的变动低买高卖，赚取差价。这些人往往是活跃外汇交易的重要力量，但过度投机常会带来汇价的大起大落。

6. 中央银行

中央银行在外汇市场上一般不进行直接的、经常性的买卖，它们主要通过经纪人和商业银行进行交易，目的是防止国际上对本国货币的过度需求或过度抛售，以维护本国货币的汇价稳定，并执行本国的货币政策。在实际过程中，外汇市场上的投机者经常希望有汇价波动，或者进行投机以造成汇价波动，而中央银行总是希望保持汇价的相对稳定，因此这两股力量在外汇市场上的此消彼长往往是影响汇价的重要因素。

（二）外汇交易的层次

一般来说，外汇交易可以分为三个层次，即外汇银行与顾客之间的交易、外汇银行之间的交易和外汇银行与中央银行之间的交易。

1. 银行与顾客之间的外汇交易

顾客向银行买卖外汇，往往是出于国际结算中收付货款的需要，故主要是本币与外币之间的兑换。在与顾客的外汇交易中，银行一方面从顾客手中买入外汇，另一方面又将外汇卖给顾客，实际上是在外汇的最初供给者与最终需求者之间起中介作用，赚取外汇的买卖差价。

2. 银行间外汇交易

银行在为顾客提供外汇买卖中介服务时，经常出现营业日内外汇买入额与卖出额不平衡的情况。如果某一币种的购入额多于出售额，则银行该币种外汇头寸即出现“多头”(long position)或“超买”(overbought)；如果某一币种购入额低于出售额，则银行该币种外汇头寸即出现“空头”(short position)或“超卖”(oversold)。“多头”和“空头”统称“敞口头寸”(open position)。为了规避汇率变动的风险，银行必须遵循“买卖平衡”的原则，主动参与银行间市场的交易以轧平各币种的头寸，将多头抛出，空头补进。这种头寸抛补业务又称外汇头寸调整交易。银行进行外汇交易，也可出于投机获利的目的。银行同业间交易汇集了外汇市场的供求流量，由此决定着汇率的高低。在外汇市场上，实力雄厚的大银行凭借其先进的电信设备，高素质的外汇交易员及广泛的代理行关系处于“造市者”地位。这些银行对某种货币的买卖报价可以直接影响该种货币的汇率。

3. 外汇银行与中央银行之间的交易

中央银行对外汇市场的干预，是通过与外汇银行之间的交易进行的。当某种外币汇率上涨高于期望值时，中央银行就会向外汇银行出售该种货币，促使汇率下跌；反之，当某种外币汇率下跌低于期望值时，中央银行就会从外汇银行处购入该种外币，促使汇率上升。

四、世界主要外汇市场概况

外汇市场作为国际金融市场的重要组成部分，分布在世界各个国际金融中心。目前，世界上大约有 30 多个国际外汇市场，其中最主要的有伦敦、纽约、东京、欧洲大陆、新加坡、香港等国际外汇市场，它们各具特色，并分别位于不同的国家和地区。下面分别予以介绍。

(一)伦敦外汇市场

伦敦外汇市场是无形外汇市场，完全通过电话电报或网络完成交易，有 300 多家外汇指定银行(包括英国的商人银行、清算银行和外国银行设在伦敦的分行)，90 多家外汇经纪商，其中有些经纪人在香港和新加坡设有分支机构。

19 世纪以来，由于伦敦在国际金融和贸易方面所处的中心地位，英镑作为国际结算中的主要支付货币和伦敦票据兑换业务的发展，促成了伦敦外汇市场的形成，并成为世界最重要的外汇市场。第二次世界大战后，随着英国经济实力的日渐衰落，英镑作为国际支付货币的地位逐渐下降和外汇管制的加强，使伦敦外汇市场的作用受到影响。1951 年 12 月 11 日，英国政府重新开放外汇市场，英格兰银行根据国际货币基金组织的有关规定，将英镑对某些特定外币的汇价订出最高最低价，这些外汇指定银行可随市场供求情况在这一幅度内自由定价成交，并依照外汇管制条例规定，进行远期外汇买卖。英国政府于 1979 年 10 月全部取消外汇管制，这对伦敦金融市场产生了重大影响。

伦敦外汇市场的外汇交易为即期交易和远期交易，对每笔交易金额，并无具体规定和限制，伦敦外汇市场上外币套汇业务十分活跃，自欧洲货币市场发展以来，伦敦外汇市场上的外汇买卖与“欧洲货币”的存放有着密切联系。欧洲投资银行曾积极地在伦敦市场发行大量欧洲德国马克债券，使伦敦外汇市场的国际性更加突出。

尽管英镑作为国际贸易支付手段和国际储备货币的地位已被美元所代替，但由于伦敦外汇市场交易类型齐全，交易结构完备，设有十分现代化的电信网络设备，加上伦敦横跨欧亚美洲三个时区，得天独厚，使伦敦外汇市场的交易规模长期以来居世界各大外汇市场之首。目前伦敦外汇市场已经是全球最大的外汇交易中心，每天的交易量占全球的 1/3。在人民币业务上，伦敦的主要竞争对手是新加坡、东京以及其他几个金融中心。伦敦平均每天的离岸即期人民币交易量为 6.8 亿美元，相比之下，香港每天的即期人民币交易量为 27 亿美元。

(二)纽约外汇市场

第二次世界大战后，随着美国经济实力的增强和对外贸易、资本输出的迅速发展，美元取代英镑成为关键货币，加之美国实行的外汇开放政策，纽约国际金融市场的地位不断提高，交易量占国际外汇交易量的 18%，仅次于伦敦，是世界最重要的外汇市场之一。

纽约外汇市场是最复杂的，同时也是最具特色的外汇市场，具体表现为：

(1)由于美国对经营外汇业务不加限制，政府不专门指定外汇专业银行，因此，几乎所有的美国银行和金融机构都可以经营外汇业务，如商业银行、储蓄银行、投资银行、人寿保险公司和外汇经纪人等，其中又以商业银行为主。目前，纽约外汇市场主要包括 180 多家美国商业银行，200 多家外国银行在纽约的分支机构、代理行以及代表处。

(2)纽约外汇市场交易活跃，但与进出口贸易相关的外汇交易量较小，因为在美国的进出口中大多数以美元计价结算，当美国从国外进口商品、劳务时，支付的是美元，美元和外币的兑换发生在出口国；当美国出口商品和劳务时，收的是美元，美元和外币的兑换由进口商进行，发生在进口国。在纽约外汇市场上，外汇交易的相当部分和金融期货市场密切相关，美国的企业除了因进行金融期货交易而与外汇市场发生关系外，其他外汇业务较少。

(3)纽约是世界美元交易的清算中心。世界各地的美元买卖，包括欧洲货币市场和亚洲美元市场的交易，最终都必须在美国，特别是纽约商业银行的账户上收付、划拨和结算，目前占全球90%以上的美元交易最后通过纽约的银行间清算系统进行结算。纽约外汇市场的大商业银行,通过在海外分支机构极其广泛的国际联系,承担着国际结算和资本流动的主要结算任务。

(三)东京外汇市场

历史上,日本曾是实行外汇严格管制的国家,外汇交易受到多方限制,外汇市场的产生和发展都较其他发达的资本主义国家缓慢。20世纪50年代后,日本逐渐放松了外汇管制,1964年日本加入了国际货币基金组织并成为其"第八条会员国"(Article Ⅷ Member),日元成为可兑换货币,东京外汇市场原则上不再实行外汇管制,外汇交易也逐步实行自由化,推动东京外汇市场业务量的迅速增长。但是,由于历史延续的原因和日本一向以实行保护贸易政策著称,对于外贸一直采取一些限制性条款,使得东京外汇市场与其他国际金融中心的外汇市场相比,交易限制还是比较严格的。

进入20世纪80年代,在国际金融自由化浪潮的冲击下,日本政府采取了一系列金融自由化措施,如1980年修改了第二次世界大战后初期制定的《外贸和外汇管理方法》,修改后的新外汇管理法放宽了银行外汇业务的限制,使所有银行都可以在国内经营一般外汇业务。1985年东京外汇市场更是迎来了交易货币、交易种类多样化的质的飞跃,从此东京外汇市场达到了与纽约外汇市场并列的自由程度,成为国际性的外汇交易市场。

东京外汇市场作为一个新兴的主要国际外汇市场,具有一些有别于其他国际外汇市场的特点:

1. 交易规模不断扩大

1998年东京外汇市场平均每天交易额为1 487亿美元,仅次于伦敦、纽约,居当年世界第三位。不过其规模扩大速度在1992年后已大为减缓,2001年法兰克福外汇交易量超过东京成为世界第三大外汇交易中心。进入20世纪90年代以后,日本国内投资环境恶化,投资者投资时趋于谨慎化,这样就使外汇购买和套期保值的外汇买卖日趋萎缩,导致外汇市场对顾客包括企业法人、进出口商社、人寿财产保险公司、投资信托公司、信托银行等的交易比例下降,由80年代末期的占30%,降至目前的20%左右。

2. 货币选择权交易大幅度增加

东京外汇市场吸取了有关货币选择权交易的诀窍,致力培养人才,其结果使银行间的交易增加。另外,外汇市场的外汇风险套期交易手段从远期预约逐步过渡到选择权上,这样使顾客的交易量增加。

3. 货币选择权市场的特色

①东京外汇交易量的变化。1984年东京市场引进货币选择权交易,特别是1987年左右,介绍了利用货币选择权的复合商品,外汇交易量按最新统计表明:货币选择权交易占通过东京外汇市场经纪人中介交易的10%左右;②交易货币的币种主要是美元和日元,美元和日元的交易接近70%,如果论美元和日元的交易量,东京外汇市场足以凌驾于伦敦、纽约之上;③市场汇率差价交易尤为活跃。银行间的交易一部分主要是市场参加者通过直接交易及经纪人提出货币选择权的价格,以获取货币选择权,所以汇率本身的差价交易就显得极为活跃。

(四)欧洲大陆外汇交易市场

欧洲大陆外汇交易市场由法兰克福市场、苏黎世市场、巴黎市场和一些欧元区成员国的小规模的市场组成。主要是德国的法兰克福市场和苏黎世市场。

法兰克福是德国中央银行——德国联邦银行所在地。由于德国经济实力雄厚,且长期以来实行自由兑换制度，所以法兰克福在欧洲市场上仅次于伦敦。欧元诞生后，作为欧洲银行所在地的法兰克福成为欧元发行和交易的主要场所，2001 年法兰克福取代东京成为世界第三大外汇交易市场。

苏黎世市场是世界著名的国际金融中心，瑞士法郎是世界上最稳定的货币之一。在欧洲支付同盟时期，瑞士法郎是当时唯一可以将货币自由兑换成美元的货币，这就使苏黎世外汇市场在国际外汇交易中一直处于比较重要的地位。苏黎世外汇市场的构成主要有：瑞士银行(Swiss Bank Corporation)、瑞士信贷银行(Credit Swisse)、瑞士联合银行(Union Bank of Switzerland)、经营国际金融业务的银行、外国银行分支机构、国际清算银行(Bank for International Settlement)、瑞士国家银行(Schweizerische National Bank)。

苏黎世外汇市场也是无形市场，而且不通过外汇经纪人或外汇中间商，这与伦敦、纽约外汇市场不同。该外汇市场采用直接标价法标价。美元在苏黎世外汇市场上具有特殊的重要地位，这反映在市场上，外汇买卖的对象不是瑞士法郎而大部分是美元，市场汇率也以美元对瑞士法郎的汇率为主要汇率，其他货币对瑞士法郎的汇率是通过其他外汇市场对美元的汇率套算出来的。

苏黎世外汇市场可以进行现汇交易和期货交易，同时也兼做套汇业务。现汇交易汇率是根据市场当天汇率行情而定，当天业务的开盘价是参照纽约和远东前一天的收盘价，结合银行各种外汇头寸确定的。期货交易的汇率是按远期与即期汇率的差率来表示。

（五）新加坡外汇市场

新加坡外汇市场是 20 世纪 70 年代随着新加坡成为一个新型国际金融市场而发展起来的。新加坡外汇市场地理位置适中，时区差距优越，上午可与香港、东京、悉尼进行交易，下午可与伦敦、苏黎世、法兰克福等欧洲市场进行交易，中午还可同中东的巴林，晚上同纽约进行交易，使其成为亚太地区乃至全球的重要外汇市场。1978 年 6 月，新加坡取消了外汇管制，促进了新加坡外汇市场的进一步发展。

新加坡外汇市场由经营外汇业务的本国银行、经批准可经营外汇业务的外国银行和外汇经纪人组成，其中外资银行的资产、存放款业务和净收益都远远超过本国银行。

新加坡外汇市场是无形市场，外汇经纪人在外汇交易中起着重要作用，大部分交易由他们办理，并通过他们的国际联络网把新加坡和世界各个金融中心联系起来。在市场上交易的币种不受限制，但以美元为主，约占交易额的 85%。大部分交易是即期交易，掉期交易及远期交易合计占交易额的 1/3。汇率均以美元报价，非美元货币间的汇率通过套算求得。1974 年 5 月前即期交易在签约日即进行清算，以后改为依据国际惯例，两日内清算。2014 年 10 月 28 日“银行间”外汇市场开展人民币对新加坡元直接交易。

（六）香港外汇市场

香港外汇市场是 20 世纪 70 年代以后发展起来的亚太地区的重要国际性外汇市场。20 世纪 70 年代以来亚洲美元市场的兴起，使香港金融业务获得了新的发展，1973 年，香港取消了外汇管制，国际资本大量流入，经营外汇业务的金融机构不断增加，外汇市场越来越活跃，2002 年以成交额计是全球第七大外汇市场。

香港外汇市场和伦敦、纽约外汇市场一样是一个无形市场，没有固定的交易场所或正式的组织，是一个由从事外汇交易的银行、其他金融机构以及外汇经纪人组成，电话、电传等通信工具联结起来的网络。20 世纪 70 年代以后，随着该市场的国际化以及港币和英镑脱钩同美元挂钩，美元逐步取代英镑成为市场上交易的主要外币。香港外汇市场上的交易可以划分为两大类：一类是港币和外币的兑换，其中以与美元的兑换为主。因为香港的进出口贸易多以美元计价结算，对美元的供求远远高于其他外币。加之港元它在国际支付中使用不多，即使人们需要其他外币，一般也要先以港元换取美元，再以美元兑换所需外币。另一类是美元兑换其他外币的交易。

五、世界主要外汇交易系统

随着国际金融的一体化，各金融中心的联系越来越紧密，为了满足广大外汇交易者的需要，通信与信息系统越来越灵敏。目前，运用最广泛的有以下三种系统：路透社终端、美联社终端和德励财经终端。这三大系统在服务内容和方式上大同小异，下面仅就路透社终端进行介绍。

路透社终端由英国路透新闻社推出，路透社利用分散于全球各地和金融中心的新闻记者，广泛采集有关政治、经济、金融、贸易等信息，并通过卫星、交易机等先进的通信工具，以最快捷的速度向用户提供服务。

全世界参加路透社交易系统的银行达数千家，每家银行都有一个指定的代号，例如中国银行总行的代号是 BCDD。交易员若要与某家银行进行交易，在键盘上输入对方银行的代号，叫通后即可询价，并可以讨价还价。双方的交易过程全部显示在终端机的荧屏上，交易完毕后即可通过打印机打印出来，作为交易双方的文字记录和交易合同。路透社终端提供的服务主要包括：

1. 即时信息服务

路透社记者将即时的政治、金融、商品等信息汇集到路透社编辑中心，然后再输送到各地的终端。用户只需输入代号，即可在屏幕上阅读信息。

2. 即时汇率行情

路透社终端的即时汇率版面，为交易员显示即时世界各大银行外汇买卖的参考价。

3. 走势分析

路透社系统中，有许多专业的分析家负责每天撰写汇市评论和走势分析，然后输入路透社电脑中心，用户需要时可调出，作为参考。

4. 外汇买卖和技术图表分析

通过路透社交易机，交易员可以与系统内任何一家银行买卖外汇。路透社为用户提供各种货币的技术图表，以帮助用户分析。

任务二 外汇交易

一、外汇交易的概念

外汇交易是指在外汇市场上进行的买卖外汇的活动。外汇交易主要是由于对外贸易和投资需要用不同的货币实行结算和支付而产生的。外汇交易所体现的外币运动，实质上反映了国际上有形贸易、无形贸易和资本投资中的商品运动和资本运动。在各国实行浮动汇率时期，外汇交易还具有满足贸易者和投资者避免汇率波动风险的作用。同时由于对未来的某一时期汇率变动趋势及幅度的预测不同，许多外汇交易又具有投机的性质。

二、外汇交易的程序

（一）询价

询价方首先要自报家门，以便让报价行知道交易对手是谁，并决定其交易对策。询价的内容主要包括交易的币种、交易金额、交割期限等。为节省时间、提高效率，询价方应采用简洁明了的规范化语言进行询价，如：What is your spot USD JPY, pls?

（二）报价

外汇银行的交易员接到询价后，应迅速报出所询问的有关货币的现汇或期汇的买入价和卖出价，如 20/30。迅速报价体现了外汇银行的业务水平及交易效率，也使询价方无暇寻找其他交易对象，增大了成交的可能性。与此同时，外汇银行的交易员还应根据其自身的头寸情况和买卖意图报出一个具有竞争力的价格，现举例予以说明。

【实例 3—1】 假设某外汇银行的英镑处于多头寸状况，假设国际外汇市场上英镑兑美元的报价为：GBP1＝USD1.354 5/65，该外汇银行为了将本行多余的英镑头寸抛出，应如何报价？

解析：该外汇银行为了将本行多余的英镑抛出，应该压低英镑的报价 GBP1＝USD1.353 5/55，这一报价中英镑的买入价、卖出价显然比市场报价低，这样一方面阻止了客户到该银行卖出英镑，另一方面也吸引了客户到该银行购买英镑，进而达到了抛出英镑的目的。当然，报价银行的交易员在报出具有竞争力买卖价格后，还要根据本行外汇头寸的变化情况，灵活而及时地调整报价。

（三）成交

询价者接到报价后，应立即作出反应，或者成交，或者放弃，而不应该与报价方讨价还价。当询价者表示愿意以报出的价格买入或卖出某个期限的一定数额的某种货币，报价银行应对此交易承诺。一旦报价银行的外汇交易员说“成交了”，外汇交易合同即成立，双方都应遵守各自的承诺，不得反悔、更改或取消。

（四）证实

交易得到承诺后，为防止错漏和误解，双方当事人不管多么繁忙都会不厌其烦地将交易的所有细节以书面形式相互确认一遍。

交易结束后，若发现原证实有错误或遗漏，交易员应尽快与交易对手重新证实，其内容必须得到交易双方的同意方可生效。

（五）交割

交割是外汇交易的最后环节，也是最重要的环节。交易双方需按对方的要求将卖出的货币及时准确地汇入对方指定的银行存款账户中，以了结债权债务关系。

三、即期外汇业务

（一）即期外汇业务的概念

即期外汇交易（Spot Exchange Transaction）又称现汇交易，是买卖双方约定于成交后的两个营业日内办理交割的外汇交易方式。在国际外汇市场上，即期外汇交易的交割日定于成交后的两个营业日内，是因为全球外汇市场需要 24 小时才能运行一圈，这样，各市场因时差问题给交割带来的障碍就可得以消除。目前，全球两大电子即时汇率报价系统（路透社、美联社）所报出的汇率都是即期汇率。

即期外汇业务是外汇市场中业务量最大的外汇业务，特别是从1973年各国普遍实行浮动汇率以来，汇率波动极为频繁，进出口商为了加速资金周转和避免汇率波动的风险，经常选择即期外汇业务。经营外汇业务的银行，为了及时平衡外汇头寸，也大量采用即期业务，使即期外汇业务的规模迅速扩大。

(二)即期外汇业务的种类

即期外汇业务可分为电汇、信汇和票汇三种。

1. 电汇

电汇(Telegraphic Transfer，T/T)即汇款人向当地外汇银行交付本国货币，由该银行用电报或电传通知国外分行或代理行立即付出外币。反之，当客户收到国外电汇时，可向付款银行卖出外汇，立即取得本国货币。

在浮动汇率制下，由于汇率不稳，经常大幅度波动，而电汇收付外汇的时间较短，在一定程度上可减少汇率波动的风险，因此，出口商在贸易合同中经常要求进口商以电汇付款。在实践中，出口商经常要求进口商开出带有电报索汇条款的信用证：即开证行允许议付行在议付后，以电报通知开证行，说明各种单证与信用证要求相符；开证行在接到上述电报后有义务立即将货款用电汇发交议付行。由于电报和电传比邮寄快，因此附带电报索汇条款的信用证能使出口商尽快收回货款，加速其资本周转，减少外汇风险，这就是电汇在出口结算中的具体运用。此外，商业银行在平衡外汇买卖、调发外汇时；投机者在进行外汇投机时，也都使用电汇。电汇的凭证就是外汇银行开出的具有密押(Test Key)的电报付款委托书。

用电汇买卖外汇，银行间资金划拨转移速度很快，银行在国内收进本国货币，在国外付出外汇的时间相隔不过一两天。由于银行不能利用顾客的付款，而国际电报费又较贵，所以电汇汇率最高。目前，电汇汇率已成为外汇市场的基本汇率，其他汇率都以电汇汇率作为计算标准。西方外汇市场和报纸公布的汇率大多是银行电汇买卖价。

2. 信汇

信汇(Mail Transfer，M/T)是指汇款人向当地银行交付本国货币，由银行开具付款委托书，用航空邮寄交国外分行或代理行，办理付出外汇业务。采用信汇方式，由于邮程需要的时间比电汇长，银行有机会利用这笔资金，所以信汇汇率低于电汇汇率，其差额相当于邮程利息。

在进出口贸易合同中，如果规定凭商业汇票“见票即付"，则由议付行把商业汇票和各种单据用信函寄往国外收款，进口商银行见汇票后，用信汇(航邮)向议付行拨付外汇，这就是信汇方式在进出口结算中的运用。进口商有时为了推迟支付贷款的时间，常在信用证中加注“单到国内，信汇付款”条款。这不仅可避免本身的资金积压，并可在国内验单后付款，保证进口商品的质量。

信汇凭证是信汇付款委托书，其内容与电报委托书内容相同，只是汇出行在信汇委托书上不加注密押，而以负责人签字代替。

3. 票汇

票汇(Demand Draft，D/D)是指汇出行应汇款人的申请，开立以汇入行为付款人的汇票，列明收款人的姓名、汇款金额等，交由汇款人自行寄送给收款人或亲自携带出国，以凭票取款的一种汇款方式。票汇的凭证即银行汇票。

票汇有两个特点：一是汇入行无须通知收款人取款，而由收款人上门自取；二是收款人通过背书可以转让汇票，因而到银行领取汇款的，有可能并不是汇票上列明的收款人本人，而是其他人。这样票汇牵涉的当事人可能就多于电汇和信汇这两种方式。

在国际贸易实务中，进出口商的佣金、回扣、寄售货款、小型样品与样机、展品出售和索赔等款项的支付，常常采取票汇方式汇付。

即期外汇凭证除付款委托书、银行汇票外，还有商业汇票、支票、旅行支票等。

采用信汇和票汇业务时，银行收到顾客交来的款项以后，经过两国间邮程所需的时间，才在国外付出外汇。在此期间内，银行利用了顾客的汇款，有利息收益。由于银行间竞争的关系，银行为了获得客户，必须把这部分收益转给客户，其结果是信汇和票汇的汇率低于电汇汇率，差额大致相当于邮程期间的利息。如实例 3－2 所示：

【实例 3－2】 在香港市场上，美元对港元的电汇汇率为 1USD＝ 7.790 0－7.794 0 HKD，香港银行拆放利息为 8%(年率)，美国到香港的邮程为 10 天，那么美元对港元的票汇汇率应是多少？

解析：先考虑买入价，当银行买进 1 美元，需付出 7.790 0 港元，10 天后才能记入在美国代理行的美元存款账户，扣除两天电汇交割时间，银行就要把因垫款所损失的 8 天拆息转嫁给信汇或票汇的卖主，所以信汇与票汇的买价为：

$$7.790\,0\times(1-8\%\times8/365)=7.776\,3$$

再考虑卖出价，当银行卖出 1 美元，立即收到 7.794 0 港元，而美国代理行要到 10 天后才能付给买主，扣除 2 天的电汇交割时间，美国代理行利用客户资金得到 8 天的额外利息。为了竞争的需要，银行必须将这笔额外的利息收入转让给(还给)买主，所以银行信汇或票汇的卖价为：

$$7.794\,0\times(1-8\%\times8/365)=7.780\,3$$

所以，香港市场上票汇或信汇的汇率为：

$$1\ \text{USD}=7.776\,3-7.780\,3\ \text{HKD}$$

(三)即期外汇交易的交割日期

交割日又称结算日或起息日，是进行资金交割的日期。即期外汇交易的交割有以下三种类型。

1. 标准交割日

标准交割日又称即期交割，是指在成交后第二个营业日进行交割，国际外汇市场上，除特殊说明，一般采取即期交割已成为惯例。这是因为，国际货币的收付除了要考虑时差因素的影响外，还需要对交易的细节进行逐一核对，并发出转账凭证等。随着现代化通信技术和结算技术的发展，即期交割的时间有缩短的趋势。

2. 次日交割

次日交割又称翌日交割，是指在成交后第一个营业日进行交割。如在香港市场上，港元对日元、新加坡元、马来西亚林吉特都是在次日交割。

3. 当日交割

当日交割是指在买卖成交当日进行交割。例如在香港市场上，港元对美元的即期交易就是在当日交割的。

即期外汇交易交割日确定的原则可以简要概括为："节假日顺延，顺延不跨月。"具体来讲就是，在交割日内如果遇上任何一国(货币发行国)银行节假日，外汇交割时间向后顺延，若顺延跨到下个月，则交割日往前推回到当月最后一个营业日。这里需要注意的是，按照国际惯例，如果某一方节假日是在成交后的第一个营业日，则以报价行的交割日为准。例如，一笔星期一在伦敦市场报价成交的英镑兑美元的即期交易，若星期二是英国节假日，则交割日为星期四，若星期二是美国节假日，则交割日仍为星期三。

（四）即期外汇交易的汇价

即期汇率是外汇市场最基本的汇率，其他交易的汇率都是以即期汇率为基础计算出来的。全球各外汇市场一般采用美元标价法，在路透社、美联社等主要系统报出的即期行情中，除了英镑等少数货币对美元汇率是完整报出基准货币、报价货币名称之外，其他汇率均只报出报价货币名称。

（五）即期汇率的套算

由于国际外汇市场的报价大多采用美元标价法，因此就产生了其他国家货币之间的汇率需要通过美元进行套算的问题。

【实例3—3】 美元为基准货币

例：1 美元＝1.268 0/1.269 0 瑞士法郎

1 美元＝7.792 0/7.794 0 港元

现需要计算瑞士法郎对港币的汇率，计算方法为：

解析：瑞士法郎的买入汇率为：7.792 0/1.269 0＝6.140 3 港元

瑞士法郎的卖出汇率为：7.794 0/1.268 0＝6.146 7 港元

即 1 瑞士法郎＝6.140 3/6.146 7 港元

【实例3—4】 美元为标价货币

例：1 英镑＝1.508 0/1.509 0 美元

1 加元＝0.728 0/0.728 5 美元

现计算英镑对加元的汇率，计算方法为：

解析：英镑的买入汇率为：1.508 0/0.728 5＝2.070 0 加元

英镑的卖出汇率为：1.509 0/0.728 0＝2.072 8 加元

即 1 英镑＝2.070 0/2.072 8 加元

【实例3—5】 美元既为标准货币，也为标价货币

例：1 英镑＝ 1.508 0/1.509 0 美元

1 美元＝1.268 0/1.269 0 瑞士法郎

现计算英镑对瑞士法郎的汇率，计算方法为：

解析：英镑的买入汇率为：1.508 0×1.268 0＝1.912 1 瑞士法郎

英镑的卖出汇率为：1.509 0×1.269 0＝1.914 9 瑞士法郎

即 1 英镑＝1.912 1/1.914 9 瑞士法郎

四、远期外汇业务

（一）远期外汇交易的概念

远期外汇交易(Forward Exchange Transaction)又称期汇业务，是一种买卖外汇双方先签订合同，规定买卖外汇的数量、汇率和将来交割外汇的时间，到了规定的交割日期买卖双方再按合同规定，卖方交付外汇、买方交付本币现款的外汇交易。通过远期外汇交易买卖的外汇称为远期外汇或期汇。远期外汇结算到期日以 1 星期、2 星期、1 月期、2 月期、3 月期、6 个月居多，有的可达 1 年或 1 年以上。

（二）远期外汇交易的交割日

确定远期外汇交易交割日非常重要，因为相隔一天的远期点数可能有很大的差异，短期合

约更是如此。远期外汇交易交割日的确定法则可以概括为“日对日，月对月，节假日顺延，顺延不跨月”。

(1)“日对日”是指远期外汇交易交割日是以即期外汇交易交割日为基准的。例如，即期外汇交易的成交日是 6 月 2 日，即期交割日为 6 月 4 日，则 1 个月远期外汇交易的交割日为 7 月 4 日(若即期交割日为 6 月 3 日，则 1 个月远期外汇交易的交割日为 7 月 3 日)，但 7 月 4 日必须是有效的营业日，是相关币种国家共同的营业日。

(2)“月对月”是指“双底”惯例，即如果即期外汇交易交割日是该月的最后一个营业日，那么远期外汇交易交割日为合约到期月份的最后一个营业日。例如，2012 年 1 月 31 日为即期外汇交易交割日，那么 1 个月远期外汇交易的交割日就是 2012 年 2 月 29 日(2 月份的最后一个共同的营业日)。

(3)“节假日顺延”是指在远期交割日内如果遇上任何一国(货币发行国)银行节假日，外汇交割时间向后顺延。

(4)“顺延不跨月”是指若顺延跨到下个月，则交割日往前推回到当月最后一个营业日。例如，2 个月远期外汇交易的成交日是 5 月 28 日，即期交割日为 5 月 30 日，2 个月远期外汇交易交割日为 7 月 30 日，若 7 月 30 日、7 月 31 日均不是营业日，则交割日不能顺延，否则就跨过 7 月份了。因此，这笔远期外汇交易的交割应为 7 月 29 日，若 7 月 29 日仍为节假日，则退回到7 月28 日，以此类推。

最后需要说明一点，上述四条原则在确定远期外汇交易交割日时一定要兼顾，否则就会出现错误。

(三)远期汇率的报价

1. 完整汇率报价方式

完整汇率报价方式又称为直接报价方式，是直接报出完整的不同期限远期外汇的买入价和卖出价。银行对客户的远期外汇报价通常使用这种方法。例如，某日美元对日元的 1 个月远期汇价为：USD1＝JPY 119.77/83。

2. 汇水报价方式

汇水报价方式只标出远期汇率与即期汇率的差额，不直接标出远期汇率的买入价和卖出价。远期汇率与即期汇率的差额，称为汇水或远期差价(Forward Margin)。远期差价在外汇市场上是以升水(Premium)、贴水(Discount)和平价(Parity)来表示的。升水表示远期外汇比即期外汇贵，贴水表示远期外汇比即期外汇贱，平价表示两者相等。

由于汇率标价方法不同，计算远期汇率的公式也不相同，如下所示。

在直接标价法下：远期汇率＝即期汇率＋升水额

远期汇率＝即期汇率－贴水额

在间接标价法下：远期汇率＝即期汇率－升水额

远期汇率＝即期汇率＋贴水额

【实例 3－6】 某日在纽约外汇市场上，即期汇率为 GBP1＝USD1.557 5/81，若 1 个月远期英镑升水 10/20，则英镑 1 个月远期汇率为多少？

解析：在纽约市场即期汇率 GBP1＝USD1.557 5/81 为直接标价法，1 个月远期英镑升水，所以，远期汇率＝即期汇率＋升水额，即 GBP1＝USD1.557 5＋0.001 0/1.558 1＋0.002 0＝1.558 1/1.560 1。

3.“点数”报价的方式

在实际远期外汇交易中，银行只报出远期汇率升、贴水的点数，而且并不说明是升水还是贴水。我们已经知道，实际的远期汇率可通过即期汇率加上或减去升水、贴水得出，但上面报价中的数字并未标明是升水还是贴水，因此，我们必须首先进行判断，然后才能对升水、贴水进行加减。

在外汇市场上，表示远期汇率点数的有前后两栏数字，分别代表了买价和卖价。判断升水、贴水的方法是：当买价大于卖价时，即为贴水；当卖价大于买价时，即为升水。但是，在不同的标价法下，买价和卖价的位置不同。在直接标价法：前面是买价，后面是卖价；在间接标价法下：前面是卖价，后面是买价。下面我们举例予以说明。

【实例 3－7】 某日在纽约外汇市场上，即期汇率为 USD1＝JPY100.48/58，若 3 个月远期差价为：10/20，则美元 3 个月远期汇率为多少？

解析：首先判断标价方法。在纽约外汇市场上，即期汇率为 USD1＝JPY100.48/58，为间接标价法。然后，判断升水、贴水。间接标价法下，前面的数字是卖价，后面的数字是买价，这里买价大于卖价，所以是贴水。最后，根据公式进行计算。在间接标价法下，远期汇率等于即期汇率加上贴水额，即 USD1＝JPY100.48＋0.001 0/100.58＋0.002 0＝ JPY100.58/78。

最后需要说明一点，实际上无论是哪种标价方法（直接标价法、间接标价法、美元标价法与非美元标价法），只要远期差价点数顺序是前小后大，就用加法；只要远期差价点数的顺序是前大后小，就用减法，即“前小后大往上加，前大后小往下减”。同时，远期差价点数“前小后大”说明标准货币升水，报价货币贴水；远期差价点数“前大后小”说明标准货币贴水，报价货币升水。

（四）远期汇率升水或贴水原因

国际政治经济形势的变化、货币所在国实施的经济政策、中央银行对外汇市场的干预措施以及外汇市场的投机程度等诸多因素，都会不同程度地影响货币的远期汇率。但是，在正常情况下，两国货币短期利率的差异和两国货币远期外汇市场的供求关系是导致远期汇率升水或贴水的主要原因。

1. 两国货币短期利率的差异

两国货币短期利率的差异是两国货币的远期汇率在即期汇率的基础上升水或贴水的基本原因。通常情况下，低利率的货币远期汇率表现为升水，高利率货币表现为贴水。计算升水额或贴水额的近似公式为：

$$\text{标准货币的升(贴)水额}=\text{即期汇价}\times\text{两国年利差}\times\frac{\text{月数}}{12}$$

若求报价货币的升贴水额，需要先进行汇率变形，把报价货币变为标准货币，再代入上述公式进行计算。

【实例 3－8】 伦敦货币市场的年利率为 9.5%，纽约货币市场的年利率为 7%，伦敦外汇市场即期汇率为：GBP1＝USD1.800 0。求 3 个月英镑的远期汇率和 3 个月美元的远期汇率。

解析：3 个月英镑的贴水额＝1.800 0×(9.5%－7%)×3/12＝0.011 3 美元，所以 3 个月英镑的远期汇率＝即期汇率－远期贴水额＝1.800 0－0.011 3＝1.788 7 美元。

3 个月美元的升水额＝$\frac{1}{1.800\ 0}$×(9.5%－7%)×3/12＝0.003 5 英镑，所以 3 个月美元的远期汇率＝即期汇率＋远期升水额＝0.555 6＋0.003 5＝0.559 1 英镑。

本题中，3 个月美元的远期汇率也可以通过直接计算 3 个月英镑的远期汇率倒数获得。

2. 两国货币远期外汇市场的供求关系

以两国货币的短期利率差所决定的远期汇率升贴水额只是剔除供求因素影响的纯理论数值，实际的远期外汇市场的升贴水数还要受到供求关系的影响。从长期和均衡的观点来看，远期外汇市场的远期汇率升贴水额总是围绕着由两国货币短期利差所决定的升贴水额上下波动。在供求均衡的情况下，两者才会一致。外汇市场的供求关系决定的标准货币远期汇水的折年率计算公式为：

$$标准货币升(贴)水额的折年率=\frac{升(贴)水额\times 12}{即期汇价\times 月数}\times 100\%$$

【实例 3－9】 若某日即期外汇市场汇价为：GBP1＝USD2.250 0，3 个月远期汇率为 GBP1＝USD2.275 0，纽约市场年利率为 7%，伦敦市场年利率为 5.5%，问投资者应该在英国投资还是在美国投资？

$$解析：英镑升水折年率=\frac{升水额\times 12}{即期汇价\times 月数}\times 100\%=\frac{0.025\ 0\times 12}{2.250\ 0\times 3}\times 100\%=4.4\%$$

美、英两国的年利差为：7%－5.5%＝1.5%。

投资者应该选择在英国投资，因为在英国投资与在美国投资相比，尽管一年有 1.5%的利息损失，但是英镑(低利率货币)的升水折年率为 4.4%，不仅弥补了所有利息损失，还有剩余。

通过上述例子，我们不难得出结论：若升贴水折年率大于两国年利差，则投资者在低利率货币国投资有利可图。

(五)远期外汇交易的作用

按照人们从事远期外汇交易的不同目的，远期外汇交易的作用可概括为：套期保值和外汇投机。就套期保值而言，我们将一般公司企业和外汇银行区别加以对待，因此，远期外汇交易的作用可概括为如下三个方面：

1. 公司企业利用远期外汇交易进行套期保值

套期保值(Hedging)是指未来有外汇收入或支出的公司企业卖出或买入相等于该笔金额的远期外汇，交割期限与该笔外汇收入或支出的期限一致，使该笔外汇以本币表示的价值免受汇率波动的影响，从而达到保值的目的。

在国际贸易、国际投资等国际经济交易中，由于从合同签订到实际结算之间总存在着一段时间，在这段时间内，汇率有可能向不利方向变化，从而使持有外汇的一方蒙受损失。为了避免这种风险，进出口商等会在签订合同时，就向银行买入或卖出远期外汇，当合同到期时，即按已商定的远期汇率买卖所需外汇。

【实例 3－10】 某美国出口商向英国进口商出售一批汽车，价值 1 000 万英镑，3 个月后收汇。假定外汇市场的行情为：即期汇率 GBP1＝USD1.452 0/30，3 个月远期差价为 30/50，问美国出口商如何利用远期外汇交易进行套期保值？

解析：根据已知条件 3 个月远期汇率为：GBP1＝USD1.455 0/80

美国出口商 3 个月后将有 1 000 万英镑的外汇收入，为防止 3 个月后英镑贬值，美国出口商在签订合同时就应向银行卖出 3 个月期 1 000 万英镑远期外汇予以套期保值，即美国出口商签订合同时就明确知道 3 个月后将收入 1 000×1.455 0＝1 455 万美元。

当然，若 3 个月后英镑升值，由于美国出口商在签订合同时就向银行卖出 3 个月期 1 000 万英镑远期外汇予以套期保值，因而也无法获得汇率有利变动的好处。

【实例 3－11】 某香港公司以 6%的年利率借到了 1 000 万英镑，期限 3 个月。假定外汇市场的行情为：即期汇率 GBP1＝HKD12.562 0/30，3 个月远期差价为 20/50，问该香港公司如何利用远期外汇交易进行套期保值?

解析:根据已知条件3个月远期汇率为:GBP1=HKD12.564 0/80

香港公司3个月后将支付的本利和为:1 000×(1+6%×3/12)=1 015万英镑

香港公司为防止3个月后英镑升值,在签订合同时就向银行买入3个月期1 015万英镑远期外汇予以套期保值,即香港公司在签订合同时就明确知道3个月后将支付1 015×12.568 0=12 756.52万港元。

当然,若3个月后英镑贬值,由于香港公司在签订合同时就向银行买入3个月期1 015万英镑远期外汇予以套期保值,因而也无法获得汇率有利变动的好处。

2. 外汇银行利用远期外汇交易平衡其外汇头寸

当面临汇率风险的客户与外汇银行进行远期外汇交易时,实际是将汇率变动的风险转嫁给了外汇银行。而银行在它所做的同种货币的同种期限的所有远期外汇交易不能买卖相抵时,就产生了外汇净头寸,面临风险损失。为避免这种损失,银行需要将多头抛出、空头补进,轧平各种币种各种期限的头寸。

【实例3-12】 某银行某日开盘时卖给某企业1个月期100万英镑的远期外汇,买进相应的1个月期远期美元。假设开盘时的汇率行情如下:

即期汇率为:GBP1=USD1.452 0,1个月远期汇率为:GBP1=USD1.453 0。

该银行在卖出1个月远期100万英镑后,若认为其英镑远期头寸不足,应该补回100万英镑的远期外汇,以平衡美元头寸。由于外汇市场的行情处于不断变化之中,银行在平衡外汇头寸过程中,有可能要承担汇率变化的风险。假设该银行在当日接近收盘时补进1个月远期100万英镑。假设收盘时的汇率行情如下:

即期汇率为:GBP1=USD1.455 0,1个月远期汇率为:GBP1=USD1.456 0。

这样该银行就要损失(1.456 0-1.453 0)×100=0.3万美元。

因此,在银行实际业务处理过程中,为避免汇率风险,银行在卖出远期外汇同时,往往要买进相同数额、相同币种的即期外汇。在本例中,银行在开盘时卖给某企业1个月期100万英镑的远期外汇的同时,以GBP1=USD1.452 0的即期汇率买进100万即期英镑;到收盘时该银行在补进1个月远期100万英镑的同时,可按GBP1=USD1.455 0的即期汇率卖出100万即期英镑。这样,尽管银行补进卖出的3个月远期英镑要损失0.3万美元,但即期交易中获得0.3万美元的收益可以抵消远期外汇市场上的损失。

综上所述,银行在进行外汇买卖过程中,当某种货币出现空头寸或多头寸时,可以利用即期外汇买卖和远期外汇买卖相配合,来弥补暂时货币头寸余缺。

3. 利用远期外汇交易进行投机

外汇投机(Exchange Speculation)是指外汇市场参与者根据对汇率变动的预测,有意保留(或持有)外汇的空头或多头,希望利用汇率变动牟取利润的行为。外汇市场的投机绝不是完全意义上的贬义词,现代外汇投机是外汇交易的重要组成部分,没有适度的投机也不能使外汇市场日交易量达到1万亿美元以上。从某种意义上说,投机活动在引起国际汇率不稳定的同时,也迫使一些国家健全金融市场机制。有的观点认为,20世纪70年代以来的金融工具创新使投机活动加剧,但1997年亚洲金融危机中,国际投机家们并没有利用复杂的金融工具,而是采用最常规的交易——即期交易。这就说明,任何一项交易业务既可用于实际的需要,也可以用于投机。远期外汇交易也是如此。

当预测某种货币的汇率将上涨时,即在远期市场买进该种货币,等到合约期满再在即期市场卖出该种货币,这种交易行为称之为“买空”。相反,当预测某种货币的汇率将下跌时,即在远期市场卖出该种货币,等到合约期满,再在即期市场买进该种货币,这种交易行为称之为“卖空”。“买空”和“卖空”交易是利用贱买贵卖的原理牟取远期市场与即期市场的汇差。当然,如果预测失误,会给交易者带来损失。

远期外汇投机与即期外汇投机相比,其突出表现为:“以小博大”和“买空卖空”。“以小博大”是指远期外汇投机不涉及现金和外汇的即期支付,仅需少量的保证金,无需付现,一般都是到期轧抵,计算盈亏,支付差额,并且大多数远期外汇投机在到期前就已经平仓了,因而远期外汇投机不必持有巨额资金也可作巨额交易。“买空”或“做多头”是指投机者预测某种货币的汇率会上升,则买入远期的该种货币,此时他并没有立即支付现金,也没有取得相应的外汇,只是订立了一个买卖合约,承担了在未来某一日按一定价格交付某种货币而收取另一种货币的权利和义务。与此相反,“卖空”或“做空头”是指投机者预测某种货币的汇率会下跌,则卖出远期的该种货币。

【实例3—13】 在纽约外汇市场上,英镑兑美元3个月远期汇率为GBP1=USD1.456 0,某美国外汇投机商预测3个月后英镑的即期汇率为GBP1=USD1.466 0,①预测正确,在不考虑其他费用的前提下,该投机商买入3个月远期100万英镑,可获得多少投机利润?②若签完远期合约1个月后,英镑兑美元2个月远期汇率为GBP1=USD1.467 0,该投机商研究认为,英镑汇率继续上涨的可能性不大,该投机商应如何操作?

解析:①该投机商按远期合约买入100万英镑(价格为GBP1=USD1.456 0),然后在即期外汇市场上卖出,可获得投机利润1万美元。

②该投机商可以卖出2个月远期100万英镑,关闭其远期外汇头寸提前锁定其收益,为100万美元,而不管以后市场汇率如何变动。但是,这1.1万美元的投资收益需要等到远期合约到期后,通过交割这两个远期合约来实现。

当然,投机能否成功,取决于对汇率走势的预测是否正确。预测正确,就可以获利;预测错误,就会蒙受损失。

任务三 择期交易与掉期交易

一、择期交易

(一)择期交易的概念和特点

择期交易(Optional Date Forward)是指外汇买卖双方在签订远期合同时,事先确定交易的币种、数量、汇率和期限,但交割可在这一期限内选择进行的一种远期外汇交易方式。交割日的期限范围如果从成交日至到期日的整个期间,就称完全择期交易,如果定于该期间中某两个具体日期之间或具体的月份,就称部分择期交易。择期交易是远期外汇交易方式的一种,而第三节中所介绍的远期外汇交易主要是指固定交割日的远期外汇交易。

在国际贸易中,很多时候较难确定付款或收款的确切日期,进出口商与银行进行一般的远期外汇交易(固定交割日的远期外汇交易)不能适应这种情况的发生。而择期交易具有较大的灵活性,客户可以在规定的交割期限范围内,按预定的汇率和金额自由选择日期进行交割,这就恰恰满足了这种需要。由于银行与客户进行择期交易,并将择期主动权授予客户,银行自身就要承担更多的风险和有关成本,因而银行在确定择期汇率时都是按选择期内对客户最不利的汇率确定的。

(二)择期交易的定价

根据远期汇率等于即期汇率加减升贴水的原则,对客户最不利的汇率就是选择期的第一天或最后一天(这两天都必须是有效营业日)的汇率。择期交易期限越长,买卖差价越大,因而客户应尽可能地缩短择期期限,以降低其交易成本,获得更有利的远期汇率。根据在择期内对客户最不利和对银行最有利的原理,银行交易员归纳出以下原则:

若银行买入标准货币,卖出报价货币,如果标准货币升水,按择期第一天的远期汇率计算,如果标准货币贴水,按择期内最后一天的远期汇率计算;反之,若银行卖出标准货币,买入报价货币时,如果标准货币升水,按择期内最后一天的远期汇率计算,如果标准货币贴水,按择期第一天的远期汇率计算。

【实例3—14】 在纽约外汇市场,某日的即期汇率为GBP1=USD1.453 0/40,1个月的远期差价为15/30,2个月的远期差价为20/50,①若客户向银行购买期限1个月内的远期英镑,银行应采用哪个汇率?②若客户向银行出售期限1个月至2个月的远期英镑,银行应采用哪个汇率?

解析:1个月的远期汇率为:GBP1=USD1.454 5/70,英镑为标准货币,银行卖出标准货币,且标准货币升水,所以采取择期内最后一天的远期汇率对银行最有利,即GBP1=USD1.457 0。

2个月的远期汇率为:GBP1=USD1.455 0/90,英镑为标准货币,银行买入标准货币,且标准货币升水,所以采取择期第一天的远期汇率对银行最有利,即GBP1=USD1.454 5。

(三)掉期成本

掉期交易作为资金调度的工具,或作为套期保值的手段,交易者在交易过程中将承受损益,即掉期成本。在抵补套利的实例中,当远期英镑升水时,套利者买入远期英镑(或卖出远期美元)所支出的美元增加(或所收进的英镑减少)。美元支出额的增加(或英镑收进额的减少)就是套利者保值的成本,也就是掉期成本,站在银行的角度,则是利率差的收益。

为了同利率比较,需要计算掉期成本年率:

$$掉期成本年率=(升贴水数/即期汇率)\times(12/远期月数)\times100\%$$

在套利日,如果掉期成本年率大于或等于两货币市场的利率差,说明抵补套利者的保值成本太高,无利可图;如果掉期成本小于两货币市场之利率差,说明利差没有完全被掉期成本抵消,尚有套利利润。在国际金融市场融资时,常用以上公式判断筹资方式的成本高低。

二、掉期交易

(一)掉期交易的概念

掉期交易(Swap Transaction)又称调期交易或时间套汇,是指在外汇市场上,交易者在买进或卖出一种货币的同时,卖出或买入交割期限不同的等额的同种货币的交易。掉期交易改变的不是交易者手中持有的外汇数额,只是改变交易者的货币期限,这也正是“掉期”的含义所在。掉期交易实际上由两笔外汇交易组成,两笔外汇交易的币种相同、金额相等、买卖方向相反、交割期限不同。

掉期交易最初是在银行同业之间进行外汇交易的过程中发展起来的,目的是为了使某种货币的净头寸在某一特定日期为零,以避免外汇风险,后来逐渐发展成具有独立运用价值的外汇交易活动。

（二）掉期交易的类型

1. 按交易对象划分，可分为纯粹掉期和制造掉期

（1）纯粹掉期是指交易者与同一交易对手同时进行两笔币种相同、数额相等、方向相反、交割期限不同的外汇交易。例如，交易者甲向交易者乙卖出即期 100 万美元，同时又向交易者乙买入 1 个月远期 100 万美元。纯粹掉期是最常见的掉期交易。

（2）制造掉期又称分散掉期，是指交易者分别与不同交易对手，同时进行两笔币种相同、数额相等、方向相反、交割期限不同的外汇交易。例如，交易者甲向交易者乙卖出即期 100 万美元，同时又向交易者丙买入 1 个月远期 100 万美元，则站在交易者甲的立场上看，他做了制造掉期。

2. 按掉期的期限划分，可分为一日掉期、即期对远期掉期和远期对远期掉期

（1）一日掉期（One Day Swap）是指两笔币种相同、数额相等、交割日相差一天、方向相反的外汇掉期。一日掉期主要用于银行同业的隔夜资金拆借，其目的在于避免银行进行短期资金拆借时因外汇多头或空头的存在而遭受汇率变动的风险。一日掉期包括三种情形：①隔夜交易（Over-Night，O/N），即在交易日做一笔当日交割的买入（或卖出）交易，同时做一笔第一个营业日交割的卖出（或买入）的交易；②隔日交易（Tom-Next，T/N），在交易日后的第一个营业日做买入（或卖出）的交割，第二个营业日做相反的交割；③即期对次日（Spot-Next，S/N），即在即期交割日买进（或卖出），至下一个营业日做相反交易。

（2）即期对远期掉期（Spot Forward Swap）是指买进（或卖出）一种货币的现汇的同时，卖出（或买进）数额相等的该种货币的期汇。它是最常见的掉期交易，主要用于套期保值、货币的转换和外汇头寸的调整。例如，花旗银行在 3 个月内需要 100 万英镑，它便与劳合银行签订一份掉期协议，买入即期 100 万英镑同时卖出 3 个月远期 100 万英镑，这样，花旗银行既满足了当前对英镑的需求，又避免了 3 个月后若英镑贬值带来的损失。

（3）远期对远期的掉期交易，是指同时买卖币种相同、金额相等但交割期限不同的远期外汇。例如，一家日本银行 1 个月后将有 1 000 万美元的支出，而 3 个月后又将有 1 000 万美元的收入。为此，该银行做一笔 1 个月对 3 个月的掉期，即买入 1 个月的远期 1 000 万美元，同时卖出 3 个月的远期 1 000 万美元，以达到套期保值的目的。

（三）掉期交易的作用

掉期交易主要是为了调整外汇资金头寸，规避风险，以达到保值的目的，并非纯粹为了盈利。当然，我们也可以利用有利的汇率机会套期图利。下面简要介绍掉期交易的主要作用。

1. 进出口商、国际投资者和借贷者利用掉期交易进行套期保值和套期图利

进出口商经常出现有不同期限的外汇应收款和应付款并存的情况，他们通常利用掉期业务套期保值，并利用有利的汇率机会套期图利。国际投资者和借贷者在对外投资和借贷时，需要购买或出售即期外汇，为了避免在收回投资或偿还借款时外汇汇率波动所带来的风险，他们可以利用掉期交易进行套期保值。

【实例 3—15】 某美国公司 2 个月后将收到 100 万英镑的应收款，同时 4 个月后将向外支付 100 万英镑。假定外汇市场行情为：2 个月期 GBP1＝USD1.450 0/50，4 个月期 GBP1＝USD1.400 0/50，该公司为固定成本，避免外汇风险，应如何进行掉期交易？

解析：该公司应买入 4 个月远期 100 万英镑，按照远期合约应支付 140.5 万美元；同时卖出 2 个月远期 100 万英镑，按照远期合约应收入 145 万美元，盈利 4.5 万美元。通过掉期业务，该公司既盈利 4.5 万元，又避免了外汇风险。

当然，若上例中，4 个月期 GBP1＝USD1.500 0/50，通过上述掉期业务，该公司将付出掉期成本 5.5 万元。此后无论市场行情如何波动，该公司均无汇率风险。

2. 利用掉期交易进行远期外汇合约的展期和提前

【实例 3－16】 美国某公司 3 个月后将有一笔 500 万欧元的货款收入，为避免欧元贬值，该公司卖出 3 个月远期 500 万欧元，但是 3 个月到期时，由于种种原因，该货款没有收到，预计货款将推迟 2 个月收到，为了固定成本和避免风险，并了结远期合约，问该公司应如何进行掉期交易？

解析：该公司买入即期 500 万欧元，了结原 3 个月的远期合约，同时卖出 2 个月远期 500 万欧元。该公司通过掉期交易对原远期合约进行展期，达到了保值目的。若欧元贴水，该公司要付出掉期成本；若欧元升水，该公司在这笔交易中反而有利。

当然，若该公司提前 1 个月收到货款，原签订的远期合约还有 1 个月到期，那么该公司就做一笔掉期交易，把原合约的到期日提前。具体操作为：卖出即期 500 万欧元，同时买入 1 个月远期 500 万欧元，后者用来了结原远期合约。

(四)择期交易的报价原则

在择期交易中，询价方有权选择交割日，由于报价银行必须承担汇率波动风险及资金调度的成本，故报价银行必须报出对自己有利的价格，即报价银行在买入基准货币时，报出较低的汇率；在卖出基准货币时，报出较高的汇率。报价银行对于择期交易的远期汇率报价遵循以下原则：

(1)报价银行买入基准货币，若基准货币升水，按选择期内第一天的汇率报价；若基准货币贴水，则按选择期内最后一天的汇率报价。

(2)报价银行卖出基准货币，若基准货币升水，按选择期内最后一天的汇率报价；若基准货币贴水，则按选择期内第一天的汇率报价。

任务四 套汇交易

一、套汇交易的概念

套汇(Arbitrage)又称地点套汇(Arbitrage in Space)，它是指套汇者利用不同外汇市场之间出现的汇率差异同时或者几乎同时在低价市场买进，在高价市场出售，从中套取差价利润的一种外汇业务。由于空间的分割，不同外汇市场对影响汇率诸因素的反应速度和反应程度不完全一样，因而在不同的外汇市场上，同一种货币的汇率有时可能出现较大差异，这就为异地套汇提供了条件。套汇业务有两种形式，即直接套汇和间接套汇。

二、直接套汇

直接套汇(Direct Arbitrage)又称双边套汇(Bilateral Arbitrage)或两角套汇(Two-Point Arbitrage)，是指利用同一时刻两个外汇市场某种货币的汇率差异，同时在两个外汇市场低价买入、高价卖出该种货币，从中赚取利润的外汇交易方式。这种套汇在国际上极为常见。

如果两个外汇市场采用同一种标价法，则在比较同种货币的两地汇率时要通过折算，将其中一个市场的标价法换算成另一种标价法。如果两个外汇市场一个采用直接标价法，另一个采用间接标价法，则套汇时可从两个市场对某种货币的汇率牌价中直接计算汇率差异。

【实例 3-17】 某日的即期外汇行情：纽约外汇市场报价为 USD1=JPY105.50/60，东京外汇市场报价为 USD1=JPY105.30/40，假设套汇者用 1 000 万美元进行直接套汇，应如何操作？

解析：显然，日元在纽约便宜，在东京贵，根据“贱买贵卖”的原理，套汇者应在纽约外汇市场贱买日元(贵卖美元)，同时在东京外汇市场贵卖日元(贱买美元)。

套汇者在纽约外汇市场卖出 1 000 万美元买入日元，收入 1 000 105.50=105 500 万日元。同时，套汇者在东京外汇市场卖出 105 500 万日元买入美元，收入 105 500÷105.40=1 000.95 万美元，在不考虑交易成本的情况下，套汇收益为：1 000.95-1 000=0.95 万美元。

三、间接套汇

间接套汇(Indirect Arbitrage)又称三角套汇(Three-Point Arbitrage)或多边套汇(Multilateral Arbitrage)，是指利用同一时刻三个或三个以上外汇市场之间出现的汇率差异，同时在这些市场贱买贵卖有关货币，从中赚取利润的外汇交易方式。间接套汇和直接套汇在本质上是一致的，即“贱买贵卖”，区别在于直接套汇利用两个市场完成交易，可以直接看出某种货币在不同市场上到底是贵还是贱；而间接套汇则利用三个或三个以上市场完成交易，并且不能直接看出某种货币在不同市场上到底是贵还是贱。

通过直接套汇的例子，我们不难发现，套汇的实质是从一种货币出发，经过一系列同时进行的交易回到该种货币，而且是增大了的货币。我们可以利用套汇的实质进行间接套汇的计算。

【实例 3-18】 某日的外汇市场的即期外汇行情如下：

纽约外汇市场为 USD1=HKD7.756 0/70；

香港外汇市场为 GBP1=HKD12.956 0/70；

伦敦外汇市场为 GBP1=USD1.662 5/35。

若套汇者拥有 100 万英镑，将如何进行间接套汇，获毛利多少(不考虑换汇成本)？

解析：套汇者拥有 100 万英镑，因而套汇者应从英镑出发，依据套汇的实质从英镑出发可以有两条路径回到英镑，即①GBP→USD→HKD→GBP；②GBP→HKD→USD→GBP。为了简化分析我们假设套汇者有 1 英镑，经过一系列同时进行的交易回到英镑，如果大于 1 英镑，我们就找到了正确的路径。我们首先计算①路径，过程如下。

伦敦外汇市场卖英镑买美元：1×1.662 5=1.662 5 美元；

纽约外汇市场卖美元买港元：1.662 5×7.756 0=12.894 4 港元；

香港外汇市场卖港元买英镑：1.662 5×7.757 0÷12.957 0=0.995 英镑。

说明依据该条路径套汇会出现亏损，则用②路径套汇一般来说就会获利了。其过程如下：

香港外汇市场卖英镑买港元：$\frac{1}{1.663\,5}$港元；

纽约外汇市场卖港元买美元：$\frac{1}{1.663\,5\times 7.757\,0}$美元；

香港外汇市场卖美元买英镑：$\frac{1}{1.663\,5\times 7.757\,0}\times 12.956\,0=1.004$ 英镑。

套汇收益为：100×(1.004-1)=0.4 万英镑。

最后需要说明一点，若要进行套汇交易获利，必须满足以下条件：

(1)套汇者必须是在低价市场买入某种货币,同时又在高价市场卖出该种货币,买卖同时进行。

(2)由于现代通信技术发达,不同外汇市场之间的汇率差异日趋缩小,套汇的机会十分短暂,套汇者必须拥有先进的技术设备和广泛的信息网络及分支代理机构,全面了解世界各地外汇市场的行情,并对行情的变化作出迅速的反应,才能及时把握套汇机会。

(3)套汇者必须进行巨额交易。不同外汇市场某种货币的汇率差额十分小,考虑到交易成本,只有进行大宗买卖才有利可图。

一般来说,只有大商业银行才能满足以上条件。因此,从事套汇交易的大多是资金雄厚的大商业银行。

任务五　套利交易

套利(Interest Arbitrage)又称利息套汇,是指套利者利用金融市场两种货币短期利率的差异与这两种货币远期升(贴)水率之间的不一致进行有利的资金转移,从中套取利率差或汇率差利润的一种外汇买卖。根据是否对外汇风险进行防范,套利交易可分为抵补套利和非抵补套利。

(一)抵补套利

抵补套利又称抛补套利(Covered Interest Arbitrage),是指套利者把资金从低利率货币市场调往高利率货币市场的同时,在外汇市场上卖出高利率远期货币,以避免汇率风险。抛补套利是套利者比较常用的投资方法。抛补套利根据抛补的数额,又具体分为本利全抛和抛本不抛利。本利全抛是指本金和利息都进行相反方向的远期外汇交易,抛本不抛利是指本金进行相反方向的远期外汇交易,利息任由市场汇率的波动。在没有明确说明的情况下,抛补套利是指本利全抛。

【实例3－19】 在纽约外汇市场某日即期汇率为:GBP1＝USD1.730 0/20,一年期远期英镑汇水为20/10,纽约货币市场年利率为11%,伦敦货币市场年利率为13%,①投资者拥有200万美元,进行抛补套利(投资一年),试计算其收益为多少?②投资者拥有200万美元,进行抛本不抛利(投资一年),假设一年后的即期汇率为GBP1＝USD1.726 0/90。试计算其收益为多少?

解析:① 计算远期市场汇价为:GBP1＝USD1.730 0－0.002 0/1.732 0－0.001 0＝USD1.728 0/310。

套利者在即期市场卖出美元买入英镑＝200/1.732 0＝115.473万英镑;

将买入的英镑存入伦敦货币市场本利收入＝115.473×(1＋13%)＝130.485万英镑;

在远期市场卖出一年期的英镑(本利和)买进美元＝130.485×1.728 0＝225.478万美元;

若200万美元存放在纽约货币市场一年期的本利收入＝200(1＋11%)＝222万美元;

抛补套利收益＝225.478－222＝3.478万美元。

② 计算远期市场汇价为:GBP1＝USD1.730 0－0.002 0/1.732 0－0.001 0＝USD1.728 0/310。

套利者在即期市场卖出美元买入英镑＝200/1.732 0＝115.473万英镑;

将买入的英镑存入伦敦货币市场利息收入＝115.473×13%＝15.012万英镑;

在远期市场卖出一年期的英镑(本金)买进美元＝115.473×1.728 0＝199.537万美元;

在一年后即期市场卖出英镑利息收入买进美元＝15.012×1.726 0＝25.910 万美元；

若 200 万美元存放在纽约货币市场一年期的本利收入＝200×(1＋11％)＝222 万美元；

抛本不抛利套利收益＝199.537＋25.910－222＝3.447 万美元。

以上分析可知：通过抛补套利(本利全抛)，投资者一开始就可以明确地知道将来获利多少，而且，这种获利不存在任何汇率风险，而抛本不抛利则仅仅是利息收入承受汇率风险。

最后需要强调一点，由于通常情况下，低利率的货币远期汇率表现为升水，高利率货币表现为贴水。所以，抛补套利交易是否获取收益取决于两国货币的年利差和货币升(贴)水折年率的关系，只有在两国货币的年利差大于货币升(贴)水折年率时，套利才有利可图。

因此，一旦满足这一条件，套利活动就会发生，但是这种套利活动不会无休止地进行下去。在套利过程中，一方面在外汇市场上，套利者总是要买进即期高利率货币，卖出即期低利率货币，同时为了避免汇率变动的风险做掉期交易，卖出远期高利率货币，买进远期低利率货币，这样必然导致高利率货币远期贴水，低利率货币远期升水，并且升贴水额不断增大；另一方面在货币市场上，短期资金不断从利率低的国家流向利率高的国家，也会缩小两国间的利率差异。在这两方面共同的作用下，当升(贴)水折年率增大到等于两地年利差时，套利活动就停止。

(二)非抵补套利

非抵补套利又称非抛补套利(Uncovered Interest Arbitrage)，是指单纯把资金从利率低的货币市场转向利率高的货币市场，但不同时进行相反方向的远期外汇交易，从中谋取利率差额收入。非抛补套利由于未轧平外汇头寸，因而要承担未来汇率波动的风险。

【实例 3－20】 美国货币市场的年利率为 8％，英国货币市场的年利率为 6％，某日即期汇率为：GBP1＝USD1.600 0，英国一位套利者以 1 000 万英镑进行非抛补套利交易(投资 6 个月)，假设 6 个月后的即期汇率分别为如下三种情况：①GBP1＝USD1.600 0；②英镑升值 2.5％；③英镑升值 0.5％。试计算在以上三种情况下，6 个月后的收益分别为多少？

解析：①投资者将资金存入英国货币市场 6 个月后可获本利收入＝1 000×(1＋6％×6/12)＝ 1 030 万英镑；

②在即期市场卖出英镑买入美元＝1 000×1.600 0＝1 600 万美元；

③将美元投资在美国货币市场本利收入＝1 600×(1＋8％×6/12)＝1 664 万美元；

④若 6 个月后汇率没变，则投资者可多获利＝1 664/1.600 0－1 030＝10 万英镑；

⑤若 6 个月后英镑升值 2.5％，则 6 个月后的即期汇率为：GBP1＝USD1.600 0×(1＋2.5％)＝USD1.640 0，则 6 个月后收益＝1 664/1.64－1 030＝－15.36 万英镑；

⑥若 6 个月后英镑升值 0.5％，则 6 个月后的即期汇率为：GBP1＝USD1.600 0 ×(1＋0.5％)＝USD1.608 0，则 6 个月后收益＝1 664/1.608－1 030＝4.83 万英镑。

由以上分析可知，只要英镑升值率小于利差，投资者非抛补套利就有收益，否则就有损失。

这里，为了简化分析，我们假定存、贷款利率相等，因而计算最终收益时，直接扣除低利率货币在本国存款的本利和。

任务六　外汇期货交易

一、外汇期货交易概念

外汇期货交易(Foreign Exchange Futures)也称货币期货交易，是指期货交易双方在期货交易所以公开喊价方式成交后，承诺在未来某一特定日期，以当前所约定的汇率交付某种特定标准数量的外汇。外汇期货交易并不是实际外汇的交易，其买卖的是标准化的外汇期货合约。

外汇期货是产生最早且最重要的一种金融期货。1972 年 5 月，美国芝加哥商品交易所成立“国际货币市场”(International Monetary Market，IMM)，首次开办了外汇期货交易业务，其主要目的是运用商品期货交易技巧，为外汇市场参与者提供一种套期保值或转移风险的工具。自此，世界上许多国际金融中心相继开设了此类交易。1982 年 9 月，英国伦敦国际金融期货交易所(London International Financial Future Exchange，LIFFE)成立并正式营业，至今已开办了英镑、欧元、瑞士法郎、日元等主要国际货币期货。目前，IMM 外汇期货的成交量占全球成交量的 99%以上。绝大多数外汇期货交易的目的不是为了获得货币在未来某日的实际交割，而是为了对汇率变动做类似于远期外汇交易所能提供的套期保值。

二、外汇期货合约的内容

外汇期货合约是标准化合约，以下结合表 3－1 说明合约的主要内容。

表 3－1　　IMM 外币期货标准化合约内容

	英镑	欧元	瑞士法郎	日元	加元	澳元
货币符号	GBP	EUR	CHF	JPY	CAD	AUD
交易单位	62 500	125 000	125 000	12 500 000	100 000	100 000
最小变动点	2 点 0.000 2	1 点 0.000 1	1 点 0.000 1	1 点 0.000 001	1 点 0.000 1	1 点 0.000 1
最小变动值($)	12.50	12.50	12.50	12.50	10.00	10
初始保证金($)	1 620	2 430	1 688	2 835	642	1 317
追加保证金($)	1 200	1 800	1 250	2 100	475	975
交割月份	3,6,9,12 月及“交割月份”					
最后交易日	从交割月份的第三个星期三向回数的第二个营业日					
交割日期	交割月份的第三个星期三					
交割地点	清算所指定的货币发行国银行					

(一)交易货币的种类和交易数量标准化

只有少数发达国家的货币才有期货交易，如芝加哥商品交易所所属的国际货币市场上交易的是美元对加元、日元、英镑、欧元、澳元等货币的期货。每种货币合约的交易数量都是固定的，不同货币的合约金额也不相等。以 IMM 市场为例，英镑 6.25 万、日元 1 250 万、瑞士法郎 12.5 万、加元 10 万等。

(二)统一的价格表示方法

期货价格(Exercise Price)又称履约价格，是期货合约中规定的期货交易的价格，即未来结算所使用的价格。期货到期时，期货交易的双方都有义务按期货价格履行期货合约。为了便于交易，在 IMM 市场上，所有的货币价格均以美元表示，如 1 英镑＝1.234 5 美元，1 瑞士法郎＝0.607 2 美元等。这里需要注意一点，外汇期货价格就像股票、即期汇率一样，随着外汇期货市场供求的变化，每时每刻都在变化。

(三)最小变动价格

最小变动价格是指外汇期货合约在买卖合约时产生的最低升降单位,最小变动价格=最低变动点×一份合约数额,每次报价都以最小价格的倍数变动,并且实行每日限价。例如,在IMM市场,英镑的最小变动点是2个点,最小变动价格=最低变动点×一份合约数额=0.000 2×62 500=12.5美元。

(四)到期月份

对于到期月份(Expiration Months),不同的交易所有不同的规定,如IMM市场的外汇期货到期月份为3、6、9、12月。

(五)交割日、最后交易日

每种货币都要在到期月份的固定日期进行交割,不同的交易所有不同的规定,如芝加哥商品交易所的IMM市场的交割日为到期月份的第三个星期三。最后交易日是外汇期货可以进行交易的最后一天,不同的交易所有不同的规定,如IMM市场的最后交易日为到期月份的第三个星期三之前第二个营业日。

(六)期货的性质,即"买入"期货和"卖出"期货

不同的交易者根据自己对市场汇率走势的预期和购买外汇期货合约的意图,决定买入或卖出外汇期货合约。

三、外汇期货市场的构成

(一)期货交易所

期货交易所是非营利性机构,它为期货交易者提供交易的场地,本身并不参加交易。为了使交易活动能够顺利地进行,期货交易所有着严密的管理方式、健全的组织、完善的设施和高效率的办事速度,交易所还具有监督和管理职能,对交易活动起着重要的约束作用。交易所要向会员收取费用,包括交易所会费、契约交易费等,以弥补交易所的开支。它一般采用会员制,公司在取得交易席位后,就成为交易所会员,有资格进入交易所进行外汇期货交易。

(二)清算所

清算所是期货交易所下设的职能机构,其基本工作是负责交易双方最后的业务清算以及征收并保管外汇期货交易必需的保证金。在期货交易中,交易者买进或卖出期货合约时并不进行现金结算,而且交易者往往可能有多笔交易,最后由清算所办理结算。

(三)佣金商

佣金商是代理金融、商业机构和一般公众进行外汇期货交易并收取佣金的个人或组织。佣金商必须是经注册的期货交易所的会员,他们的主要任务是代表那些没有交易所会员资格的客户下达买卖指令、维护客户的利益、提供市场信息、处理账目和管理资金,以及对客户进行业务培训等。

(四)场内交易员

场内交易员是指在交易所内实际进行交易的人员。他们既为自己、也为那些场外交易者进行买卖。他们接受客户的委托订单,并执行客户发出的指令。

四、外汇期货的交易过程

外汇期货交易都是在专营或兼营外汇期货的交易所进行的,任何企业和个人都可通过外汇期货经纪人或交易商买卖外汇期货。

客户欲进行外汇期货交易，首先，必须选定代理自己交易的佣金商，开设账户存入保证金。然后，客户即可委托佣金商替他办理外汇期货合约的买卖。在每一笔交易之前客户要向佣金商发出委托指令，说明他愿意买入或卖出外汇期货、成交的价格、合约的种类和数量等，指令是以订单的形式发出的。佣金商接到客户订单后，便将此指令用电话或其他通信设备通知交易厅内的经纪人，由他执行订单。成交后，交易厅内交易员一方面把交易结果通知佣金商和客户，另一方面将成交的订单交给清算所，进行记录并最后结算。每个交易日末，清算所计算出每一个清算会员的外汇头寸(买入与卖出的差额)。

外汇期货的交易程序如图 3－2(以芝加哥为例)所示。

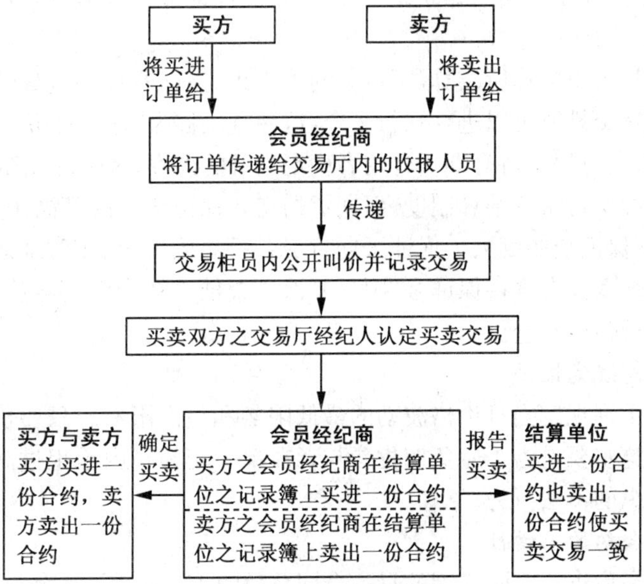

图 3－2 外汇期货交易程序

五、外汇期货交易的特点

(一)外汇期货交易的是标准化的合约

这种合约除价格外，在交易币种、标准化合约额、交易时间、交割日期等方面都有明确、具体的规定。交易数量用合约来表示，买卖的最小单位是一份合约，每份合约的金额交易所都有规定，并且交易的金额是标准化合约额的整数倍。

(二)交易方式采取双向竞价拍卖方式

外汇期货交易在交易所内公开喊价(Out Cry)，竞价成交，同时场上的价格又随时公开报道，进行交易的人可以根据场上价格变化，随时调整他们的要价、出价。

(三)外汇期货市场实行会员制

只有会员单位才可以在交易所内从事期货交易，而非会员只能通过会员单位代理买卖。由于期货交易只限于会员之间，而交易所会员同时又是清算所的成员，都缴纳了一定的保证金，因此交易的风险很小。

(四)期货交易的买方和卖方都以交易所下属的清算所为成交对方

清算所既充当期货合约购买方的卖方，又充当期货合约出售方的买方，因此，买卖双方无须知道对手是谁，也不必考虑对方的资信如何。由于期货合约包括双向买卖，所以，一方的盈利恰好就是另一方的亏损。

（五）期货交易实行保证金制度和每日结算制度

为确保每一份期货合约生效后，当事人双方不至于因为期货价格发生不利变动而违约，期货交易所要求交易双方都要缴纳保证金。保证金的多少因交易货币、市场不同而有所差异，即使同一市场、同一货币也会因市场变化情况不同而有所改变，具体由清算所和交易所共同决定，一般为合约总值的3%～10%。保证金一般要求以现金形式存入清算所账户。保证金一般包括初始保证金和维持保证金。初始保证金是客户在每一笔交易开始时必须交纳的保证金，而维持保证金是指开立合同后如果发生亏损，致使保证金数额减少，直到客户必须补进保证金时的最低保证金限额。

外汇期货交易每天由清算所结算盈亏，获利可以提走，而亏损超过最低保证金时，要立即予以补足，否则，期货交易所可以进行强行平仓，这种方法称为“逐日盯市”，即每个交易日市场收盘以后，清算所将会对每个持有期货合约者确定当日的盈亏，这些盈亏都反映在保证金的账户上。由于期货合约实行每日结算制度，而期货的初始保证金一般都高于期货价格每日涨跌的最大可能值，因而保证金制度大大保证了期货交易所更为安全、正常地运行。当然，若有些国家只有初始保证金而没有维持保证金，则只要保证金低于初始保证金就要进行补足，否则，期货交易所可以进行强行平仓。

（六）价格波动有规定幅度

期货交易的外币都规定当日价格波动的最低限额和最高限额。只要价格达到限额，当天的交易即告终止。这主要是为了避免期货参与者在单一交易日内承担过高的风险，并防止期货市场发生联手操纵的不法行为。

（七）外汇期货合约的流动性

外汇期货合同最后进行实际交割的只占合同总数的1%～3%，其余绝大部分外汇期货合同都通过对冲的方式予以了结。

（八）外汇期货价格和现汇价格具有平行性和收敛性

平行性是指外汇期货价格与现汇价格变动方向相同，变动幅度也大体一致。一般来说，外汇期货价格与现汇价格之间往往不完全相等，其间差额被称为基点差。收敛性是指当外汇期货合同临近到期时，基点差随外汇期货合同所规定交割日的接近而缩小，在交割日到期的外汇期货合同中，外汇期货合同所代表的汇率与现汇市场上的该种汇率重合相等，基点差为零。

六、外汇期货交易的功能

外汇期货交易的功能是由其交易的特点决定的，其主要功能包括如下三个方面。

（一）价格发现

由于外汇期货市场汇集了大量的外汇供求者，并通过公开竞价成交，将众多影响汇率的因素反映在一个统一的交易市场上，这样形成的价格基本上比较真实、全面反映了市场的供求状况，是买卖双方对价格水平比较一致的看法，因此，外汇期货交易起到了汇率“晴雨表”的作用。

（二）投机功能

由于外汇期货交易的保证金制度，使其具有较强的杠杆作用，能够“以小博大”，并且外汇期货合约是标准化的合约，能够随时在交易所进行买卖，具有很高的流动性，因而外汇期货交易具有很强的投机功能。当投机者预测外汇期货价格将会上升时，他们会先买入外汇期货合约,待外汇期货价格上升后再卖出外汇期货合约,从中赚取差价。当投机者预测外汇期货价格将会下降时,他们会先卖出外汇期货合约,待外汇期货价格下降后再买入外汇期货合约,从中赚取差价。如果投机者预测的汇率走势和实际走势相一致,投机者就会获利,否则,就会蒙受损失。

【实例 3-21】 某外汇投机商 3 月 1 日预测瑞士法郎的期货价格将上升,于是他当天购入 10 份 12 月份交割的瑞士法郎合约,成交价为 1 瑞士法郎=0.611 6 美元,到了 4 月 8 日,瑞士法郎的期货价格果然上升,于是他迅速卖出 10 份 12 月份交割的瑞士法郎合约,成交价为 1 瑞士法郎=0.621 6 美元,问该外汇投机商投机获利多少?利润率是多少?(1 份瑞士法郎期货合约的价值为 125 000 瑞士法郎,在 IMM 市场每份瑞士法郎期货合约的初始保证金是 1 688美元)

解析:

盈利:125 000×10×(0.621 6-0.611 6)=12 500 美元;

利润率:$\frac{12\ 500}{16\ 880}\times 100\%=74.05\%$。

(三)套期保值功能

套期保值(Hedge)又称对冲,是指交易者目前或预期未来将有现货头寸,并暴露于汇率变动的风险之中,在期货市场做一笔与现货头寸等量而买卖方向相反的交易,以补偿或对冲因汇率波动可能带来的损失。外汇期货套期保值可分为买入套期保值和卖出套期保值两种类型。

1. 买入套期保值

买入套期保值(Long Hedge)又称多头外汇期货套期保值,是指交易者的某种外汇将来在现货市场处于空头地位,或预测其外汇汇率将上升,于是在外汇期货市场买进,进行套期保值。买入套期保值主要适用于将来有外汇支出者和外汇债务人,防止外币升值加大自己的未来支付成本。

【实例 3-22】 某美国进口商在 3 月 1 日从瑞士进口价值 CHF240 000 的商品,3 个月后,即 6 月 1 日需向瑞士出口商支付 CHF240 000 的货款。假设 3 月 1 日的即期汇率为 USD1=CHF1.651 1,6 月份 SF 期货价格为 CHF1=USD0.605 7,6 月 1 日的即期汇率为 USD1=CHF1.647 1,6 月份 SF 期货价格为 CHF1=USD0.607 1,问美国进口商如何利用期货交易防范汇率风险?(一份瑞士法郎期货合约的标准金额为 CHF125 000)

解析:

现货市场	期货市场
3 月 1 日即期汇率为 USD1=CHF1.651 1,假设买进 CHF240 000,需要支付 240 000/1.651 1=145 357.64 美元	3 月 1 日美国进口商买入 6 月 CHF 期货合约 2 份,支出 2×125 000×0.605 7=151 425 美元
6 月 1 日即期汇率为 USD1=CHF1.647 1,实际买进 CHF240 000,需要支付 240 000/1.647 1=145 710.64 美元	6 月 1 日美国进口商卖出 6 月 CHF 期货合约 2 份,收入 2×125 000×0.607 1=151 715 美元
亏损:145 710.64-145 357.64=353 美元	盈利:151 715-151 425=350 美元

从实例 3-20 中,我们可以清楚地看到买入套期保值的操作方法。下面我们进一步分析,利用外汇期货交易防范汇率风险的基本原理。当经济单位或个人预期将来处于某种外汇空头

状态时，就可以在成交日(如实例 3－20 中 3 月 1 日)先买入外汇期货合约，等到将来交割日(如实例 3－20 中 6 月 1 日)支付外汇时，可在即期市场上买入该笔外汇，同时在外汇期货市场上卖出外汇期货合约，以冲销原来的外汇期货头寸，这样即期市场的亏损或盈利就会被外汇期货市场上的盈利或亏损所抵消，从而实现套期保值的作用。

具体分析如下：如果外汇即期价格降低，则交易者在即期市场处于亏损状态，但由于外汇期货价格和现汇价格的平行性，外汇期货价格也会下跌，则交易者在外汇期货市场就会盈利，盈利与亏损相抵，使交易者达到套期保值的目的；如果外汇即期价格上升，则交易者在即期市场处于盈利状态，但由于外汇期货价格和现汇价格的平行性，外汇期货价格也会上升，则交易者在外汇期货市场就会亏损，盈利与亏损相抵，从而使交易者达到套期保值的目的。同样道理，当经济单位或个人预期将来处于某种外汇多头状态时，交易者就可以在成交日卖出外汇期货合约，交割日买入外汇期货合约，达到套期保值的目的。

这里有两点需要注意：①我们利用外汇期货交易套期保值时，汇率有利变动的额外好处当然也无法获得；②我们利用外汇期货交易套期保值时，一般来说，只能部分保值，而不能完全保值。

2. 卖出套期保值

卖出套期保值(Short Hedge)又称空头外汇期货套期保值，是指交易者的某种外汇将来在现货市场处于多头地位，或预测其外汇汇率将下跌，于是在外汇期货市场卖出，进行套期保值。卖出套期保值主要适用于将来有外汇收入者和外汇债权人，防止外币贬值减少自己的未来收入。

【实例 3－23】 在 3 月 1 日，美国一出口商向加拿大出口一批货物，价值 490 000 加元，以加元结算，3 个月后(即 6 月 1 日)收回货款，美国出口商利用外汇期货交易来防范汇率风险，假设：3 月 1 日的即期汇率为 USD1＝CAD1.177 9，6 月份期货价格为 CAD1＝USD0.849 0；6 月 1 日的即期汇率为 USD1＝CAD1.182 0，6 月份期货价格为 CAD1＝USD0.846 0。问：美国出口商如何利用外汇期货交易防范汇率风险？(一份加元期货合约的标准价值为 CAD100 000)

解析：

现货市场	期货市场
3 月 1 日即期汇率为 USD1＝CAD1.1779，假设收入 CAD490 000 490 000/1.177 9＝415 994.57 美元	3 月 1 日美国该出口商卖出 6 月 CAD 期货 5 份 5×100 000×0.849 0＝424 500 美元
6 月 1 日即期汇率为 $1＝ C $1.182 0，实际收入 CAD 490 000 490 000/1.182 0＝414 551.61 美元	6 月 1 日美国该出口商买入 6 月 CAD 期货 5 份 5×100 000×0.846 0＝423 000 美元
亏损：415 994.57－414 551.61＝1 442.9 美元	盈利：424 500－423 000＝1 500 美元

任务七　外汇期权交易

一、外汇期权概念

期权(Options)是一种以一定的费用(期权费)获得在一定的时刻或时期内拥有买入或卖

出某种货币(或股票)的权利的合约。外汇期权(Foreign Currency Option)又称货币期权,是指期权持有者(即购买者)通过事先付给期权签署者(通常为银行)一定比例的费用(期权费),即可在期权有效期内履行或放弃(按协定汇率和金额)买卖某种货币的一种权利,期权签署者获得期权费后,需承担汇率风险。外汇期权交易以外汇期权合约为交易对象,合约买方拥有权利,可根据汇率变动来决定是否行使权利,而合约卖方仅有义务。

二、外汇期权的种类

(一)按期权所赋予的权权划分,可分为看涨期权、看跌期权和双向期权

(1)看涨期权

看涨期权(Call Option)又称买权,是指期权合约的买方有权在有效期内按约定汇率从期权合约卖方处购进特定数量的货币。这种期权之所以称为看涨期权,一般是进口商或投资者预测某种货币有上涨之趋势,购买期权以避免汇率风险。

(2)看跌期权

看跌期权(Put Option)又称卖权,是指期权买方有权在合约的有效期内按约定汇率卖给期权卖方特定数量的货币。这类期权之所以称为看跌期权,一般是出口商或有外汇收入的投资者,在预测某种货币有下跌趋势时,为避免收入减少,按约定汇率卖出外汇以规避风险。

(3)双向期权

双向期权(Double Option)又称双重期权,是指期权合约的买方有权在有效期内按约定汇率从期权合约卖方处购进或出售特定数量的货币。双向期权实际上是看涨期权和看跌期权的合二为一。当期权合约的买方预测汇率未来将有较大波动,并且波动方向难以确定时,便会购买双向期权,因为不管汇率是大幅上升或下跌,对其均有利。而期权卖方之所以出售双向期权是因为他预测汇率未来波动幅度不会太大,而双向期权的期权费要高于买权或卖权的期权费,故期权卖方愿意承担汇率波动的风险。

(二)按期权的执行时间划分,可分为美式期权和欧式期权

(1)美式期权

美式期权(American-style Option)是指自期权合约成立之日算起,到期日的截止时间之前,买方可以在此期间内任一时点,随时要求卖方依合约的内容行使外汇期权。

(2)欧式期权

欧式期权(European-style Option)是指期权买方于到期日之前,不得要求期权卖方履行合约,仅能于到期日的截止时间,要求期权卖方履行合约。美式期权的买方可于有效期内选择有利的时点履行合约,比欧式期权更具有灵活性,对于卖方而言,所承担的汇率风险更大,所以美式期权的期权费比欧式期权高。

(三)按约定价格与市场价格条件关系划分,可分为溢价期权、平价期权和损价期权

(1)溢价期权

溢价期权(In the Money Option)是指执行期权对期权持有者来说是经济的期权,即看涨期权的执行价格低于即期汇率,或看跌期权的执行价格高于即期汇率。

(2)平价期权

平价期权(At the Money Option)是指执行期权对期权持有者来说是无所谓经济与否的期权,即期权的执行价格与即期汇率相等。

(3)损价期权

损价期权(Out of the Money Option)是指执行期权对期权持有者来说是不经济的期权,即看涨期权的执行价格高于即期汇率,或看跌期权的执行价格低于即期汇率。

(四)按交易地点划分,可分为场内期权和场外期权

(1)场内期权

场内期权(In the Counter Market)是指在外汇交易中心与期货交易所中所进行交易的外汇期权。通常情况下,外汇期权交易是在交易所内进行的,交易的期权都是合约化的。

(2)场外期权

场外期权(Over the Counter Market)是指在外汇交易中心与期货交易所之外所进行交易的外汇期权。场外期权主要是适合个别客户的需要,其合约不像交易所那样标准化,通常通过协商达成,且根据客户的需要可以对期权进行特制,较为灵活。目前场外期权合约也在向标准化发展,其目的是为了提高效率、节约时间。

三、外汇期权合约的内容

外汇场外期权交易与远期外汇交易相似,外汇场内期权交易与外汇期货交易相似。外汇场内期权交易买卖的外汇期权合约是标准化的,除"期权费"之外,其他条件均是标准化的,便于期权买卖双方在交易所内公开竞价,并有助于外汇期权二级市场的活跃。下面我们简述一下场内外汇期权合约的内容。

(一)交易货币的种类和交易数量

只有少数发达国家的货币才有期权交易,以 IMM 市场为例,只有美元对加元、英镑、欧元、澳元等货币的期权。每种货币合约的交易数量都是固定的,其中,不同货币的合同标准金额也是不 致的。

(二)汇率表示方法

为便于期权交易,所有的汇率均以美元表示,即美元标价法。

(三)协议价格及其最小变动值

协议价格(Contract Price)又称履约价格或行使价格,是指在期权合约中规定买卖双方行使期权买卖外汇的交割汇率。日元期权价格以万分之一美元表示,即每日元标价单位为 USD0.000 1;其他外汇期权则以百分之一美元表示,即标价单位为 USD0.01。不同货币期权的协议价格,其变动的最小幅度都是固定的。

(四)到期月份

对于到期月份,不同的交易所有不同的规定。有的交易所只进行少数几种到期月份的期权交易,通常为每年的 3 月、6 月、9 月和 12 月的期权交易,有的交易所进行多种到期月份的期权交易。

(五)到期日

到期日又称期满日或最后交易日,是指期权买方有权执行的最后一天。各交易所对此也有固定的规定,如芝加哥期权交易所的到期日为到期月份第三个星期三之前的星期六。

(六)期权费及其表示方式

期权费(Premium)又称权力金或保险费,它是期权买卖的价格,在订约时由买方支付给卖方,以取得履约选择权。期权费既构成了买方的成本,同时又是卖方承担汇率变动风险所得到的补偿。期权费一旦支付,无论买方是否执行合同,都不能收回,即期权费无追索权。

期权费通常按协议价格的百分比表示或直接报出每单位外汇的美元数。如协议价格为

EUR1＝USD1.020 0 的看涨期权，其期权费可以是 3%或 1 欧元＝0.030 6 美元。

（七）保证金

卖方在买方要求履约时有依据履约价格进行交割的义务，而为了确保契约义务的履行，卖方须在订约时缴纳保证金。卖方缴纳的保证金存于清算所的保证金账户内，一般随市价的涨跌进行必要的追加。

四、外汇期权交易的功能

像其他外汇交易的功能一样，外汇期权交易的功能也有保值和投机两个方面。

（一）外汇期权套期保值

由于外汇市场汇率经常发生剧烈波动，外汇期权交易常被跨国公司和进出口商作为规避汇率风险的套期保值手段。外汇期权对合约买方而言是非常灵活的。如果汇率对其有利，他即可行使期权，按约定汇率买进或卖出外汇；如果汇率对其不利，他则可放弃期权。对于期权合约卖方，只要合约买方需要实现他的权利，合约卖方都必须按合约约定价格和数量出售或购买外汇。因而，外汇期权套期保值比外汇期货交易和远期外汇交易套期保值更为彻底，外汇期货交易、远期外汇交易只能保现在值，不能保未来值，而外汇期权交易既能保现在值又保未来值。也就是说，外汇期权交易既能套期保值，又能获得汇率有利变动的好处。

1. 买入看涨期权

涉外公司未来要向外支付一笔外汇，如果担心外汇汇率上涨，便可以提前买入看涨期权以避免汇率风险。

【实例 3－24】 美国进口商从英国进口一批货物，3 个月后将支付 625 万英镑。当时的有关外汇行情如下：即期汇价为 GBP1＝USD1.400 0，协议价格为 GBP1＝USD1.430 0，期权费为 GBP1＝USD0.022 0，佣金占合同金额 0.5%，采用欧式期权。美国进口商担心英镑升值，利用外汇期权交易套期保值。问：①美国进口商应购买何种外汇期权？②3 个月后假设市场汇价分别为 GBP1＝USD1.450 0 和 GBP1＝USD1.410 0 两种情况，该美国进口商各需多少美元才能支付货款？

解析：①美国进口商 3 个月后将有外汇支付，应购买看涨期权，以实现套期保值。

②当 GBP1＝USD1.450 0 时，英镑市场汇价高于协议价格，应行使期权，支付美元总额为：1.430 0×625＋625×0.022 0＋625×0.5%×1.400 0＝911.86 万美元；当 GBP1＝USD1.410 0 时，英镑市场汇价低于协议价格，应放弃期权，支付美元总额为：1.410 0×625＋625×0.022 0＋625× 0.5%×1.400 0＝899.38 万美元。

这里我们进行简要的分析：当 GBP1＝USD1.450 0 时，此时英镑升值，由于其提前购买了看涨期权，可以按协议价格购买英镑，起到了套期保值的目的，此时保的是现在值，即接近于按成交日即期汇率计算的支付额；当 GBP1＝USD1.410 0 时，此时英镑恰好贬值，美国进口商尽管提前购买了看涨期权，但可以放弃期权，获得汇率有利变动的好处，此时保的是未来值，即接近于按交割日即期汇率计算的支付额。

2. 买入看跌期权

涉外公司未来要收到一笔外汇，如果担心外汇汇率下跌，便可以提前买入看跌期权以避免汇率风险。

【实例 3－25】 美国某外贸公司向英国出口商品，1 月 20 日装船发货，3 个月后将收入 150 万英镑，担心到期结汇时英镑对美元汇价下跌减少美元创汇收入，以外汇期权交易保值。

已知:1 月 20 日即期汇价 GBP1=USD1.486 5,协定价格 GBP1=USD1.495 0,保险费为 GBP1=USD0.021 2,佣金占合同金额的 0.5%,采用欧式期权。

求:①美国进口商应购买何种外汇期权?②3 个月后在英镑对美元汇价分别为 GBP1=USD1.400 0 与 GBP1=USD1.600 0 的两种情况下,该公司各收入多少美元?

解析:①美国出口商 3 个月后将有外汇收入,应购买看跌期权,以实现套期保值。

②在 GBP1=USD1.400 0 的情况下,英镑协议价格高于市场汇价,应行使期权,收入的美元总额为:150×1.495 0−(150×0.021 2+150×0.5%×1.486 5)=220.29 万美元。

在 GBP1=USD1.600 0 的情况下,因市场汇价对该公司有利,该公司可以放弃期权,让其自动过期失效,按市场价格卖出 150 万英镑,买入美元,所得美元总收入为:150×1.600 0−(150×0.021 2+ 50×0.5%×1.486 5)=236.04 万美元。

(二)外汇期权投机

由于外汇期权交易的灵活性,外汇期权投机的策略非常丰富,这里我们只介绍一个简单的例子。

【实例 3−26】 我国某公司根据近期内国际政治经济形势预测 1 个月内美元对日元汇价会有较大波动,但变动方向难以确定,因此决定购买 100 个日元双向期权合同做外汇投机交易。

已知:即期汇价 USD1=JPY110.00,协定价格 JPY1=USD0.008 929,期权费 JPY1=USD0.000 268,佣金占合同金额 0.5%(1 份日元期权合同的标准金额为 1 250 万日元)。

求:在市场汇价分别为 USD1=JPY100.00 和 USD1=JPY125.00 两种情况下,该公司的外汇投机各获利多少?

解析:①在 USD1=JPY100.00 的情况下,该公司可按协定价格行使买入期权,可盈利:

$$125\ 000\times(0.01-0.008\ 929)-125\ 000\times0.000\ 268-\frac{125\ 000\times0.5\%}{110}=137.5\text{ 万美元}-33.5\text{ 万美元}-5.68\text{ 万美元}=98.32\text{ 万美元。}$$

②在 USD1=JPY125.00 的情况下,该公司可按协定价格行使卖出期权,可盈利:

$$125\ 000\times\left(0.008\ 929-\frac{1}{125}\right)-125\ 000\times0.000\ 268-\frac{125\ 000\times0.5\%}{110}=116.13\text{ 万美元}-33.5\text{ 万美元}-5.68\text{ 万美元}=76.95\text{ 万美元。}$$

这里我们进行简要的分析:投机者预测 1 个月内美元对日元汇价会有较大波动,但变动方向难以确定,因此决定购买日元双向期权合同做外汇投机交易。这样,只要日元汇率大幅波动,投机者就可以利用其中一种期权获取利润。当日元汇率大幅上升时,投机者可以从买权交易中获得利润,并放弃行使卖权;当日元汇率大幅下降时,投机者可以从卖权交易中获得利润,并放弃行使买权。

五、影响外汇期权价格变动的因素

期权合约买卖双方的权利与义务是不对等的。正是这种不对等使得期权合约卖方在卖出期权合约时要向期权合约买方收取取得选择权的代价,即期权费。期权费在期权交易中扮演着重要角色,期权费一般由以下因素决定。

(一)期权的协议价格

买权的协议价格越低,对买方越有利,卖方蒙受损失的可能性越大,要求较高的期权费作为补偿;反之,买权的协议价格越高,买方获利的机会越小,所愿意支出的期权费越小。因而,买权的期权费与协议价格呈反向变动。卖权约定价格越高,买方获利越大,卖方所要求的期权费也越高;反之,卖权的协议价格越低,买方获利的机会越小,所愿意支出的期权费越小。因而,卖权的期权费与期权协议价格是同向变动的。

(二)合约的有效期

合约的有效期越长,期权费越高。因为期权合约的有效期越长,期权买方从汇率变动中牟取利益的机会越多,而期权卖方承担的汇率风险越大,需要收取较高的期权费作为补偿。

(三)预期汇率的波动幅度

如果在有效期内作为标的物的货币价格越不稳定,期权卖方承担的风险越大。预期波动幅度较大时,期权费越高;当汇率相对稳定时,期权费较低。

(四)期权供求状况

一般而言,外汇期权市场上的供求关系对期权费也有直接影响。期权买方多卖方少,期权费自然收得高些;期权卖方多买方少,期权费就会便宜一些。

(五)利率差别

由于较高利率货币有贬值趋势,所以,当本国利率相对于外国利率上升时,外汇汇率会趋于升值,人们会增加对外汇买权的需求,外汇买权的价格就会上升,而外汇卖权的价格则会下降;反之,则恰好相反。

(六)远期汇率

通常远期汇率较高,交易者对未来汇率行情越趋于看好,会买入外汇买权,以便日后外汇汇率确实上升时,获得收益。这样,通过期权市场供求力量的相互作用,外汇看涨期权的价格,会随着远期汇率的升高而上涨,而外汇看跌期权的价格则会下降。

应知考核

◇ 主要概念

外汇市场　外汇经纪人　外汇交易商　外汇投机者　即期外汇业务　交割日　远期外汇业务　套期保值　外汇投机　套汇　套利　择期外汇交易　掉期交易

◇ 基础训练

一、单项选择题

1. 在其他条件不变的情况下,远期汇率与即期汇率的差异决定于两种货币的(　　)。

A. 利率差异　　B. 绝对购买力差异

C. 含金量差异　　D. 相对购买力平价差异

2. 原则上,即期外汇交易的交割期限为(　　)。

A. 一个营业日　　B. 两个营业日　　C. 三个营业日　　D. 一周的工作日

3. 在直接标价法下,升水时的远期汇率等于(　　)。

A. 即期汇率+升水　　B. 即期汇率－升水　　C. 中间汇率+升水　　D. 中间汇率－升水

4. 当一国利率水平低于其他国家时,外汇市场上本、外币资金供求的变化会导致本国货币的汇率(　　)。

A. 上升　　B. 下降　　C. 不升不降　　D. 升降无常

5. 有远期外汇收入的出口商与银行订立远期外汇合同,是为了(　　)。

A. 防止因外汇汇率上涨而造成的损失　　B. 获得因外汇汇率上涨而带来的收益
C. 防止因外汇汇率下跌而造成的损失　　D. 获得因外汇汇率下跌而带来的收益
6. 远期外汇业务的期限通常为(　　)。
A. 1年　　B. 6个月　　C. 3个月　　D. 1个月
7. 当远期外汇比即期外汇便宜时,则两者之间的差额称为(　　)。
A. 升水　　B. 贴水　　C. 平价　　D. 中间价
8. 通常情况下,远期汇率与即期汇率的差价表现为贴水的是(　　)。
A. 低利率国家的货币　　B. 高利率国家的货币
C. 实行浮动汇率制国家的货币　　D. 实行钉住汇率制国家的货币
9. 套汇交易赚取利润所依据的是不同市场的(　　)。
A. 汇率差异　　B. 利率差异　　C. 汇率及利率差异　　D. 通货膨胀率差异
10. 组成掉期交易的两笔外汇业务的(　　)。
A. 交割日期相同　　B. 金额相同　　C. 交割汇率相同　　D. 买卖方向相同

二、多项选择题

1. 远期对远期的掉期交易所涉及的两笔外汇业务的(　　)。
A. 金额相同　　B. 汇率相同　　C. 汇率不同　　D. 交割期不同
2. 在外汇市场上,远期外汇的卖出者主要有(　　)。
A. 进口商　　B. 持有外币债权的债权人
C. 负有外币债务的债务人　　D. 对远期汇率看跌的投机商
3. 在外汇市场上,远期外汇的购买者主要有(　　)。
A. 进口商　　B. 出口商
C. 负有外币债务的债务人　　D. 对远期汇率看涨的投机商
4. 在外汇市场上,远期汇率的标价方法主要有(　　)。
A. 直接标出远期外汇的实际汇率　　B. 标出远期汇率与即期汇率的中间汇率
C. 标出远期汇率与即期汇率的差额　　D. 标出即期汇率与远期汇率的差额
5. 远期外汇交易的特点是(　　)。
A. 买卖双方有直接合同责任关系　　B. 不收手续费
C. 实行双向报价　　D. 最后要进行交割

三、简答题

1. 举例说明进出口商如何运用远期外汇交易进行套期保值。
2. 简述远期汇率、即期汇率与利息率三者之间的关系。
3. 简述外汇市场的结构。
4. 简述远期外汇业务的作用。
5. 简述择期交易的报价原则。

四、计算题

1. 某日伦敦外汇市场上即期汇率为1英镑等于1.695 5/1.696 5美元,3个月远期贴水50/60点,求3个月远期汇率。

2. 假定某日下列市场报价为:纽约外汇市场即期汇率为USD/CHF=1.534 9/89,伦敦外汇市场GBP/USD=1.634 0/70,苏黎世外汇市场GBP/CHF=2.502 8/48。如果不考虑其他费用,某瑞士商人以100万瑞士法郎进行套利,可以获得多少套汇利润?

3. 某日纽约外汇市场汇价如下:

	即期汇率	远期汇率
美元/瑞士法郎	1.603 0—40	贴水 135—140

我国某公司向美国出口机床，如即期付款每台报价 2 000 美元，现美国进口商要求某公司以瑞士法郎报价，并于货物发运后 3 个月付款，问：某公司应报多少瑞士法郎？

4. 我国出口公司某商品原报价为每吨 1 150 英镑。该笔业务从成交到收汇需 6 个月。某日，该公司应客户要求，改报丹麦克朗。假设当日伦敦市场的汇价为：

	即期汇率	6 个月远期	年率%
丹麦	9.454 5—75	贴水 14.12—15.86	3.17

问：该公司应报多少丹麦克朗？

5. 假定某日下列市场报价为：纽约外汇市场即期汇率为 USD/CHF=1.534 9/89，伦敦外汇市场 GBP/USD=1.634 0/70，苏黎世外汇市场 GBP/CHF=2.502 8/48。如果不考虑其他费用，某瑞士商人以 100 万瑞士法郎进行套利，可以获得多少套汇利润？

应会考核

■ 技能案例

【案例背景】

东京外汇市场 6 个月的美元期汇汇价为：1 美元=132 日元，某交易者预测 6 个月后美元汇率会上涨，于是按此汇率买进 500 万美元，到交割日即期市场美元汇率果真上涨到 1 美元=142 日元，则此客户支付66 000 万日元，收进 500 万美元，按现汇价卖出 500 万美元，收进 71 000 万日元，赚取利润 5 000 万日元。如果到交割日，美元不仅没有上涨，反而下跌至 1 美元=122 日元，则投机者损失 5 000 万日元。

【技能思考】

请用项目远期外汇交易以及投机的相关内容对本案例分析如何进行预测避免损失的发生。

■ 实践训练

【实训项目】

外汇交易

【实训情境设计】

各银行的报价

银　行	EUR/USD	USD/JPY
A	1.456 0/70	125.50/80
B	1.456 3/73	125.50/75
C	1.455 8/70	125.45/65
D	1.456 5/75	125.55/90
E	1.456 1/75	125.60/90

【实训任务】

根据上述几家银行报出的 EUR/USD 和 USD/JPYDE 的汇率，请回答下列问题：

1. 你向哪家银行卖出欧元，买进美元？
2. 你向哪家银行卖出美元，买进日元？
3. 假如你想卖出欧元，买进日元，用对你最有利的汇率计算 EUR/JPY 的交叉汇率是多少？

|项目四|

外汇风险及其管理

【内容提要】

针对当前我国人民币汇率的频繁波动,影响着我国外贸企业的出口利润。外汇风险带来的损失迫使人们进行各种金融创新,为外汇交易者防范外汇风险提供了强有力的工具,越来越多的外贸出口商希望市场能够早日推出外汇期货、期权等透明度较高的衍生产品,让企业可以通过公开、公平的市场规避外汇汇率波动的风险。本项目重点阐述外汇风险的识别、管理及防范。

【学习目标】

■ **知识目标**

理解:外汇风险的概念、类型及构成、外汇风险产生的原因;

熟知:外汇风险的识别、外汇风险的测度;

掌握:外汇风险管理的战略、企业外汇风险管理方法、外汇风险的经济影响。

■ **技能目标**

学生能够掌握主要外汇风险管理的方法以及外汇风险的管理理论和管理方法,能够运用所学方法对较简单的实务案例进行分析。

■ **情意目标**

学生具有对外汇风险进行有效的风险防范的思想意识。

【教学目标】

教师要培养学生在掌握外汇风险管理方法的基础上,能针对企业的具体情况识别外汇风险,设计出集中规避方式。

【项目引例】

专家谈互联网金融:分类监管,加强风险管控

2013年被公认为中国互联网金融元年。2013年一年内,互联网金融发展惊人,已开始在相当程度上影响传统金融行业。在进行中的第三届中国(北京)国际服务贸易交易会上,多位政府官员及专家聚焦互联网金融这一新兴行业,探讨风险控制与监管趋势两大核心问题。

中国国务院发展研究中心金融所所长张承惠提出,互联网金融的快速发展在很大程度上解决了中小微企业融资难的问题,但其风险也日益凸显:

第一,互联网金融在完全不受约束的状况下,短时间内出现爆发式增长,其规模扩张到一定程度，将挤压传统金融行业，甚至影响整个社会的资金流。

第二，现有互联网金融企业经营时间短，在风险控制方面的能力还很薄弱，相当一部分企业由此导致经营不善。还有一些做传销或非法集资的不法分子借着发展大潮也进入这个领域，会对消费者造成非常大的利益侵害。

第三，目前互联网金融中，大多数的经营活动、模式、数据、资金流向都是不透明的，无法对其进行有效监督。

张承惠说，对于互联网金融监管，世界各国政府都还处在探索阶段，目前尚未出现可供借鉴的成功模式。她建议，政府可针对互联网金融不同模式的特点、风控特征出台分类监管政策；互联网金融与传统金融行业在技术基础、经营模式、经营理念上都有很大不同，对其监管应结合自律和他律；加快传统金融领域的改革，放开不必要的行政管制，让金融机构在自由市场中竞争。

中国工信部信息化推进司副司长董宝青提出，由于互联网金融和传统金融业二者的技术处理方法不一致，对其监管政策也应针对不同的技术特点。在互联网金融的风险管控方面，最重要的是通过信息化来对其监管。利用信息互联消除其非对称性，实现风险可控，甚至在很多业务创新方面实现零风险。

互联网金融企业推出的产品为什么受到民众欢迎？北京市金融工作局副局长栗志纲认为，其根本原因在于，目前国内的现代金融体系没能充分满足百姓和实体经济的现实需求，其覆盖率和覆盖面还非常低，而互联网金融发现了巨大的潜在客户群体，在一定程度上弥补了传统金融领域的不足，也使得传统金融机构了解自己不再"一家独大"。

中国小额信贷联盟秘书长白澄宇表示，互联网金融可被看成一个生态系统，其中有出资方和贷款方，为双方提供中介信息服务的平台，也有提供担保服务的担保机构和保险服务。相关部门可在细分互联网金融这一生态系统里的各种机构后，针对不同角色存在的风险做适当的规范定位，为监管提供更好的框架。

当日，"中关村互联网金融研究院"在会上揭牌，由该研究院发起设立的"中国互联网金融三十人论坛"同日成立。该论坛由来自传统金融及互联网金融领域的官、产、学等多方代表人物组成，旨在推动互联网金融行业发展，完善互联网金融监管体系，加强创新理论研究和经验交流，用互联网思维助推中国金融改革进程。

中共十八届三中全会提出"发展普惠金融，鼓励金融创新，丰富金融市场层次和产品"。2014 年中国政府工作报告提出要促进互联网金融健康发展，完善金融监管协调机制。这是互联网金融首次被写入政府工作报告。

资料来源：http://www.chinairn.com/news/20131231/120642562.html。

[**思考**] 什么是外汇风险？企业应如何防范外汇风险？

【知识支撑】

任务一 外汇风险概述

一、外汇风险的概念

外汇风险（Foreign Exchange Risk）又称汇率风险（Exchange Rate Risk）或汇兑风险（Exchange Risk)，是指经济实体以外币定值或衡量的资产与负债、收入与支出，以及未来的经营活动可望产生现金流量(Cash Flow)的本币价值因货币汇率的变动而产生损失的可能性。之所以称其为风险，是由于这种损失只是一种可能性，并非必然。

汇率变动所产生的直接影响因人因时而异，不能一概而论。换言之，它有可能产生外汇收益，也可能形成外汇损失，其最终结果要视有关当事人的净外汇头寸及汇率变动的方向而定。如果持有的是多头，则外汇汇率上升对其有利，下跌则不利；反之，如果持有的是缺空头，那么外汇汇率上升对其不利，下跌则有利；如果外汇净头寸为零，即头寸轧平，此时汇率无论怎样变动都不会产生外汇损益。汇率变动对外汇损益的影响如表4—1所示。

表4—1　　汇率变动对外汇损益的影响

汇率变动方向　最初外币头寸状况	外汇汇率上升　本币汇率下跌	外汇汇率下跌　本币汇率上升
预期的外币收入大于外币支出或外币资产大于外币负债	有外汇收益	有外汇损失
预期的外币收入小于外币支出或外币资产小于外币负债	有外汇损失	有外汇收益
预期的外币收入等于外币支出或外币资产等于外币负债	既无外汇收益　也无外汇损失	既无外汇收益　也无外汇损失

【同步案例4—1】

某外贸公司代理国内某客户从美国进口设备1台，计价货币为美元。在合同执行过程中，对方提出延期交货，我方用户表示默认，但未作书面合同修改文件。后因美元升值，我国进出口公司不得不比订约时多支出了310万元人民币。实际上，跨国公司、有涉外业务企业的国际经营活动，如进出口贸易、直接投资、母公司与海外子公司之间的资金往来、融资及证券投资等，无不涉及货币兑换问题。一旦出现汇率波动，企业的外汇风险将对经营业绩带来不利影响，因此，外汇风险的管理在涉外企业、跨国公司的经营管理中占据着越来越重要的地位。

二、外汇风险的类型

(一)交易风险

交易风险(Transaction Risk)是指在以外币计价的交易中，由于外币和本币之间汇率的波动使交易者蒙受损失的可能性。交易风险又可分为外汇买卖风险和交易结算风险。

1. 外汇买卖风险

外汇买卖风险又称金融性风险，产生于本币和外币之间的反复兑换。这种风险产生的前提条件是交易者一度买进或卖出外汇，后来又反过来卖出或买进外汇。外汇银行所承担的外汇风险主要就是这种外汇买卖风险；工商企业所承担的外汇买卖风险主要存在于以外币进行借贷或伴随外币借贷而进行的外贸交易的情况之中。

【实例4—1】 中国银行在某一时间买进了100万港元，同时又卖出了80万港元，出现了20万港元的多头。当中国银行日后卖出这20万港元时，如果港元贬值，中国银行就会出现亏损，这种亏损的可能性就是外汇买卖风险。同理，当中国银行在外汇交易中出现卖出的港元多，买进的港元少，而在日后补进港元时，如果港元升值，中国银行同样也会面临由于外汇买卖风险而造成的损失。

2. 交易结算风险

交易结算风险又称商业性风险，当进出口商以外币计价进行贸易或非贸易的进出口业务时，即面临交易结算风险。

进出口商从签订进出口合同到债权债务的最终清偿，通常要经历一段时间，而这段时间内汇率可能会发生变化，于是，以外币表示的未结算的金额就成为承担风险的受险部分。因此，交易结算风险是由进出口商承担的，基于进出口合同而在未来通过外汇交易将本币与外币或外币与本币进行兑换，由于未来进行外汇交易时汇率的不确定性所带来的风险。

【实例4—2】 中国某公司签订了价值10万美元的出口合同，3个月后交货、收汇。假设该公司的出口成本及相关费用为75万元人民币，目标利润为8万元人民币，则3个月后当该公司收到10万美元的货款时，由于美元对人民币的汇率不确定，该公司将面临交易结算风险。3个月后若美元与人民币的汇率高于8.3，则该公司不仅可收回成本，获得8万元人民币的利润，还可获得超额利润；若汇率等于8.3，则该公司收回成本后，刚好获得8万元人民币的利润；若汇率高于7.5、低于8.3，则该公司收回成本后所得的利润少于8万元人民币；若汇率等于7.5，则该公司刚好能收回成本，没有任何利润；若汇率低于7.5，则该公司不仅没有获得利润，而且还会亏本。

同样，进口商从签订合同到结清货款之间也有一段时间，也要承担交易结算风险，原理与出口商相同，只是汇率变动的方向与出口商刚好相反。

(二)折算风险

折算风险(Translation Risk)又称会计风险(Accounting Risk)，是指企业在会计处理和外币债权、债务决算时，将必须转换成本币的各种外币计价项目加以折算时所产生的风险。也就是将外币债权、债务折算成本币时，由于使用的汇率与当初入账时的汇率不同而产生的账面上损益方面的差异。

【实例4—3】 中国某公司持有银行往来账户余额100万美元，汇率为＄1＝CNY￥8.7，折成人民币为870万元。如未来美元贬值，人民币升值，汇率变为＄1＝CNY￥8.3，该公司100万美元的银行往来账户余额折成人民币后就只有830万元了。在两个折算日期之间，该公司这100万美元的价值，按人民币折算减少了40万元。

同一般的企业相比，跨国公司的海外分公司或子公司所面临的折算风险更为复杂。一方面，当这些海外分支机构以东道国的货币入账和编制会计报表时，需要将所使用的外币转换成东道国的货币，这当然面临折算风险；另一方面，当它们向总公司或母公司上报会计报表时，又要将东道国的货币折算成总公司或母公司所在国的货币，这同样也面临折算风险。

折算风险来源于会计制度的规定。由于会计报表中不同项目的性质各异，且人们对不同项目是否都面临折算风险的看法也不一致，于是，历史上各国的会计制度也就规定了不同的折算方法。

1. 流动/非流动折算法

该方法将跨国公司的海外分支机构的资产负债，划分为流动资产、流动负债和非流动资产、非流动负债。流动资产是指可以迅速变现的资产，包括银行存款、库存现金、应收账款、有价证券持有额和存货等；流动负债是指短期负债，主要包括银行短期贷款、应付账款、应付税金、应付利息和短期票据等；非流动资产是指不能迅速变现，持有期为一年以上的资产，如土地、房屋、设备和长期证券投资等；非流动负债是指不要求在一年内偿还的长期负债，如长期票据、长期债券和抵押负债等。根据该方法，在编制资产负债表时，流动资产和流动负债按编表时的现行汇率折算，非流动资产和非流动负债则按资产负债发生时的原始汇率折算，故流动资产;流动负债面临折算风险,而非流动资产、非流动负债则没有折算风险。

2. 货币/非货币折算法

该方法将跨国公司的海外分支机构的资产负债,划分为货币性资产负债和非货币性资产负债。货币性资产负债是指金融资产和一切负债;非货币性资产负债则只包括真实资产。根据该方法,在编制资产负债表时,货币性资产负债按现行汇率折算,非货币性资产负债则按原始汇率折算,故货币性资产负债面临折算风险,而非货币性资产负债则没有折算风险。

3. 时态法

该方法是货币/非货币法的变形,只是对真实资产做了更细致的处理:如果真实资产以现行市场价格表示,则按现行汇率折算,面临折算风险;如果真实资产按原始成本表示,则按原始汇率折算,没有折算风险。当全部真实资产均按原始成本表示时,时态法与货币/非货币法就完全一致。

4. 现行汇率法

该方法将跨国公司的海外分支机构的全部资产和全部负债,均按现行汇率来折算,这样一来,海外分支机构的所有资产负债项目,都将面临折算风险。目前,该方法已成为美国公认的做法,并逐渐为西方其他国家所采纳。

(三)经济风险

经营风险(Operation Risk)又称经济风险(Economic Risk),是指由于意料之外的汇率变动,使企业在将来特定时期的收益发生变化的可能性。经济风险是由于汇率的变动产生的,而汇率的变动又通过影响企业的生产成本、销售价格,进而引起产销数量的变化,并由此最终带来获利状况的变化。例如,当本币贬值时,某企业一方面由于出口货物的外币价格下降,有可能刺激出口额增加;另一方面,因该企业在生产中所使用的主要是进口原材料,本市贬值后又会提高以本币所表示的进口原材料的价格,出口货物的生产成本因此增加,结果该企业将来的纯收入可能增加,也可能减少,这就是经济风险。

值得注意的是,经济风险中所说的汇率变动,仅指意料之外的汇率变动,不包括意料之中的汇率变动。因为企业在预测未来的获利状况而进行经营决策时,已经将意料到的汇率变动对未来产品成本和获利状况的影响考虑进去了,因而排除在风险之外。对于企业来说,经济风险的影响比交易风险和折算风险更大,因为折算风险和交易风险的影响是一次性的,而经济风险的影响则是长期的,它不仅影响企业在国内的经济行为和效益,而且还直接影响企业在海外的经营效果和投资收益。

三、外汇风险的构成

企业在国际经济活动中,一方面经常要使用外币来进行收付,因而会发生外币与本币(或A外币与B外币)之间的实际兑换,由于从交易的达成到账款的实际收付,以及借贷本息的最后偿付均有一段期限,兑换时如果汇率在这一期限内发生不利于企业的变化,则企业将单位外币兑换本币(或单位A外币兑换B外币)的收入就会减少,或以本币兑换单位外币(或B外币兑换单位A外币)的成本就会增加,于是就产生了交易风险和经济风险;另一方面,由于本币是衡量企业经济效益的共同指标,因此即使企业的外币收付不与本币或另一外币发生实际兑换,也需要在账面上将外币折算成本币,以考核企业的经营成果,而随着时间的推移,汇率发生波动,单位外币折算成本币的账面余额也会发生变化,于是就产生了折算风险。

由此可知,外汇风险的构成包括两个要素:外币和时间。只要企业在经营活动中以外币计价结算，且存在时间间隔，就会产生外汇风险。一般来说，未清偿的外币债权债务金额越大，间隔的时间越长，外汇风险也就越大。在浮动汇率制度下，由于汇率的波动更频繁、更剧烈，又没有波动幅度的限制，因此企业所面临的外汇风险比在固定汇率制度下更经常、更明显、更难以预料。由于外汇风险由外币和时间两个要素构成，且缺一不可，因此防范外汇风险的基本思路有二：一是防范由外币因素所引起的风险。其方法或不以外币计价结算，彻底消除外汇风险，或使同一种外币所表示的流向相反的资金数额相等，或通过选择计价结算的外币种类，以消除或减少外汇风险。二是防范由时间因素所引起的外汇风险，其方法或把将来外币与另一货币之间的兑换提前到现在进行，彻底消除外汇风险，或根据对汇率走势的预测，适当调整将来外币收付的时间，以减少外汇风险。

四、外汇风险的经济影响

（一）对国际贸易的影响

一国的货币汇率下浮（本币贬值），有利于出口，不利于进口，这是因为其他条件不变时，等值本币的出口商品在国际市场上会折合比贬值前更少的外币，使国外销售价格下降，竞争力增强，出口扩大；若出口商品在国际市场上的外币价格保持不变，则本币贬值会使等值的外币兑换成比贬值前更多的本币，国内出口商品的出口利润增加，从而促使国内出口商积极性提高，出口数量增加。而以外币计价的进口商品在国内销售时折合的本币价格比贬值前提高，进口商成本增加，利润减少，进口数量相应减少；如果维持原有的国内销售价，则需要压低进口品的外币价格，这又会招致外国商人的反对，因此，本币贬值会自动地抑制外国商品的进口。与上述情况相反，一国的货币汇率上浮（本币升值）不利于出口，但可以增加进口。

（二）对非贸易收支的影响

一般来说，一国货币汇率下浮，会增加该国的非贸易收入；汇率上浮，会减少非贸易收入。在其他条件不变的情况下，一国货币汇率下浮，以本币所表现的外币价格上涨，而国内物价水平不变，外国货币购买力相对增强，贬值国的商品、劳务、交通、导游和住宿等费用就变得相对便宜，这对外国游客便增加了吸引力，促进本国旅游和其他非贸易收入的增加。相反，本币贬值后，国外的旅游和其他劳务开支对本国居民来说相对提高，进而抑制了本国的对外劳务支出。当一国货币汇率上浮，以本币表现的外币价格下降，而国内物价水平不变，外国货币购买力减弱，从而减少本国旅游等其他非贸易项目的收入。相反，本币升值后，国外的旅游和其他劳务开支对本国居民来说相对减少，从而促进了本国的对外劳务支出。

（三）对国际资本流动的影响

外汇市场汇率变动对国际资本游动特别是短期资本流动有很大的影响。当国内货币汇率下降时，国内资金持有者为了规避因汇率变动而蒙受损失，就要把本国货币在外汇市场上兑换成汇率较高的货币进行资本逃避，导致资本外流；同时，将使外国在本国的投资者调走在该国的资金，这不仅使该国国内投资规模缩减，影响其国民经济的发展，而且由于对外支出增加，将恶化本国的国际收支。反之，若本国货币汇率上升，则对资本流动的影响，与上述情况相反。

（四）对国内物价的影响

汇率变动对国内经济的直接影响，集中表现在对物价的影响上。如果一国货币汇率下跌，一方面会引起进口商品以本币表示的价格上涨，其中进口消费品的价格上升会直接引起国内消费品价格某种程度的上升，进口原材料、中间品和机器设备等的价格上升还会造成国内生产使用这些进口投入品的非贸易品生产成本上升，也推动了非贸易品的价格上升；另一方面，汇率下跌会引起出口扩大，进口缩减，加剧国内供需矛盾，使国内整个物价水平提高，加剧通货膨胀，导致经济恶化。相反，如果一国货币汇率上升，则会降低国内物价水平，减缓本国的通货膨胀。

（五）对涉外企业的影响

涉外经济部门及涉外企业由于在日常经营活动中涉及两种或两种以上的货币，因此不可避免地处于各种外汇风险之中。这里我们仅讨论外汇风险对涉外企业经济活动的影响。

1. 对涉外企业经营效益的影响

在汇率频繁波动的今天，企业预期的本币现金流量和以外币计价的各种资产、负债的价值常因汇率变动而发生变化，可能使企业遭受损失，也可能给企业带来收益。事实上，收益与损失是并存的一对互为消长的矛盾，避免了损失便意味着收益，放弃或丧失了可能获取的收益，便是一种损失。涉外企业只有了解和预测外汇风险，提高对外汇风险的管理水平，才有可能承受巨大的外汇风险所带来的收益损失。

2. 对涉外企业长远经营战略的影响

企业经营战略是指企业人力、物力和财力的合理配置及产供销活动的总体安排。如果汇率变动有利于涉外企业的资金营运，企业就会采取大胆的、开拓性的、冒险的经营战略，如扩张海外投资、扩大生产规模，开辟新产品、新市场。相反，如果汇率变动不利于涉外企业的资金营运，企业就会采取保守的、稳妥的、谨慎的经营策略，尽量避免使用多种外汇，把海外市场、海外融资缩小一定范围。因此，这一影响在某种程度上关系到企业的兴衰成败。

3. 对涉外企业税收的影响

一般来说，对涉外企业已经实现的外汇报失可享受所得税减免，已经实现的外汇盈利才能构成应纳税收入。因交易风险造成的外汇亏损，往往会降低当年的应纳税收入；因经济风险造成的外汇亏损，往往会降低将来几年的应纳税收入；会计风险由于不是实现的亏损，因此是不能减免税收的。涉外企业应设法将外汇风险所造成的税后结果降到最低，使税后收益达到最大。由于税收政策是由企业所在国决定的，作为一个跨国经营企业，应从全局着眼制定其外汇风险管理战略。

任务二　外汇风险的识别与测度

一、外汇风险产生的原因

外汇风险产生的原因很多，从宏观上看主要取决于汇率制度、财政货币政策、会计制度、国际收支和国家政治局势等。

（一）汇率制度

不同的汇率制度产生不同的汇率变动规律，金本位制和固定汇率制下，汇率波动较小，外汇风险不大，常被人们忽略；浮动汇率制下，各国不再规定法定货币含金量和汇率波动的上下限，汇率上下波动成为正常现象，各种经济、政治因素常常使外汇汇率在短期内大起大落；加大了国际金融领域的动荡和国际贸易、国际借贷及其他涉外经济活动中的外汇风险。另外，浮动汇率制赋予各国自主决定汇率的权利，使各国中央银行为将汇率控制在一个合理的水平上，以达到有利于本国经济发展的目标，从而频繁干预外汇市场，尤其是主要货币国加强货币合作，共同干预外汇市场，对汇率波动起着不容忽视的作用。

（二）财政货币政策

一国的财政货币政策对汇率波动起着决定性作用。根据购买力平价和利率平价理论，在一定条件下，汇率由两国的通货膨胀率和利率决定，如果一国实行紧缩银根的货币政策，提高利率，降低通货膨胀率，在对应国家货币价值不变的情况下，将导致本币升值，外汇汇率下跌。相反，如果一国实行放松银根的膨胀性货币政策，则利率下跌，通胀率上升，最终将引起外汇汇率的上浮，进而产生各种外汇风险。财政政策可以通过税收和财政支出两大政策手段调整整个社会的货币需求。如果财政赤字扩大，货币需求增加，在货币供应不变时，将提高利率，从而引起汇率的改变。

（三）会计制度

不同国家的会计制度往往在会计科目的划分、会计方法的选择、会计核算的标准上存在差异。会计制度不同，会计折算风险的损益大相径庭。在涉外企业编制财务报表、将外币折算为本币的问题上，有流动/非流动法、货币/非货币法、时间度量法、现行汇率法等多种方法，分别规定了使用现行汇率和历史汇率的科目、范围，同一个企业如按不同的方法折算将得到不同的损益结果，尤其是在汇率波动剧烈的情况下，这种汇率风险更加突出。究竟采用哪一种折算方法更能准确地反映企业的实际经营状况和外汇风险程度，一直是专家们探讨的问题。随着跨国家公司在全球的发展，统一会计制度成为一个迫切的问题。

（四）国际收支

国际收支是对外汇汇率起直接作用的因素。因为国际收支状况决定外汇的供给和需求。如果一国国际收支出现顺差，外币收入增加，本币相对外币升值，外币贬值，外汇行市随之下跌；相反，如果一国国际收支出现逆差，外币收入减少；外汇需求必然大于供给，外汇行市随即上涨。可见，国际收支状况直接引起外汇供求关系的变化，进而对汇率发生直接影响。

（五）国家政治局势

一国政治局势也是造成外汇风险的直接原因之一。如果一国战乱不断，民族矛盾十分尖锐，政局动荡，使经济发展缓慢，经济政策剧变，必然会引起本币贬值，各种外汇风险增加。

以上我们从五个方面对外汇风险的宏观形成因素进行了分析，但外汇风险的大小在一定程度上也取决于微观经济中涉外企业的经营管理活动，如果企业能对汇率的未来趋势进行正确的预测，并采取一系列避免外汇风险的措施，企业就可以免遭或减小外汇风险。

二、外汇风险的识别

外汇风险的识别是衡量和防范汇率风险的前提，对于某一主体来说，在明确自己所面临的外汇风险的性质与类型的基础上，需要进一步识别该风险的受险部分，为制定相应的防范对策提供依据。

（一）汇率交易风险的识别

1. 外汇买卖

外汇买卖风险的受险部分是存在于一定时间内的、一定币别的“多头”或“空头”的外汇头寸。外汇买卖风险主要产生于外汇银行买卖外汇，而外汇银行买卖外汇又可分为中介性买卖、自营性买卖和平衡性买卖三种情形。

首先，从平衡性买卖来看，这种外汇买卖恰恰是防范外汇风险的手段，它所导致的多头或空头，正是为了平衡中介性买卖，因此无需看作受险部分加以掌握。其次，从自营性买卖来看，这种外汇买卖旨在利用汇率变动赚取汇差收益，外汇银行是积极自动地去承担外汇风险。因此，从防范外汇风险而掌握受险部分的意义上说，由自营性外汇买卖导致的多头或空头虽然实际上面临外汇风险，但并不作为受险部分掌握。最后，从中介性买卖来看，这是外汇银行的主要业务，由这种外汇买卖所导致的多头或空头才应当作为受险部分掌握。因此，确切地说，外汇买卖风险的受险部分应当界定为存在于一定时间内的、一定币种的、由中介性买卖所导致的多头或空头的外汇头寸。外汇银行经常掌握空头或多头的外汇头寸，并通过在外汇市场上的资金买卖，尽可能避免外汇风险。为此，它们经常制作"外汇持有额表"，包含现汇和期汇交易，并综合二者计算出综合持有额(综合头寸)。

在外汇买卖风险中，多头或空头的外币，即为受险货币；多头或空头的余额，即为受险金额；多头或空头的滞留期，即为受险时间。

2. 交易结算

交易结算风险主要是指以外币计价进行贸易及非贸易业务的企业所承担的外汇风险。在蒙受交易结算风险中，贸易与非贸易业务的情形与原理是一致的，因此，我们仅以进出口贸易来阐明如何识别交易结算风险的受险部分。确定交易结算风险的受险部分，需要以进出口合同为依据。在进出口合同中，有关条款载明了计价结算的外币；货款金额和支付时间。据此，我们可以把握有何种外币、多少外币、将在多长时间内承受外汇风险。下面分别以出口和进口两种情况加以说明。

在出口的情况下，从签订合同到装船，提供信用到最终结算为止的过程中，未结算的余额，其出口货款的本币金额是未确定的，这就成为受险部分。这样，承担受险部分的出口商在本币汇率疲软时，获得汇差收益；本币汇率坚挺时，蒙受汇差损失。当出口采取分期付款的支付方式时，每经过一次结算，就有一部分出口货款从受险部分中消失，一旦到最后一次结算结清了余额，受险部分便随之全部消失。

在进口的情况下，从签订合同开始到结算时为止，也要承担风险，结算的合同余额，其进口贷款的本币金额是未确定的，这就成为受险部分。结算时间越长，则受险部分持续的时间越长，这样，承担受险部分的进口商在本币汇率疲软时，蒙受汇率损失；本币汇率坚挺时，获得汇差收益。如果商品进口采取分期付款的支付方式，则经过每次结算，已经支付的进口货款便逐期从受险部分中消失，受险部分外币金额逐期递减，至最后一次结算付清余额时，受险部分即全部消失。

综上所述，在从事以外币计价的贸易及非贸易业务的场合，从签订外币交易合同开始，到收进或支付本币为止，要承担外汇风险。其时间间隔即为受险时间；计价结算的外币即为受险货币；结算金额即为受险金额。

在现行的浮动汇率制度下，由于汇率波动频繁，即使相差一天，各自适用的汇率也会有很大差异。因此，在每天都有很多收汇和付汇时，可以只注意收付相抵后的受险部分。但对于外币交易金额很小、到期日又很分散的企业，受险部分综合不起来，就有必要进行个别考虑。

3. 国际资本借贷

在借贷资本的输出输入中，确定其受险部分，要以外币存款凭证、外币商业票据及外币债券等金融工具和外币借贷合同为依据，以便把握有何种外币、多少外币及将在多长时期内承受汇率风险。下面分别说明在借贷资本输出入的情况下，如何识别受险部分。

在借贷资本输出的情况下，如美国居民将美元兑换成英镑，作为 1 年期的定期存款，在这 1 年中，由于美元对英镑的汇率要发生变化，因此，该美国居民 1 年后收回的英镑本金就成为不确定因素，从而未清偿的借贷本金金额甚至包括利息就成为承担外汇风险的受险部分。

如果债权人以对外提供长期外币贷款的方式进行资本输出，则确定受险部分要复杂一些。长期贷款多采用分期偿还的方式，即债务人按合约规定每隔一定时期偿还一部分贷款，待贷款期满时，再将为偿还的贷款余额一次还清。因此，对提供长期外币贷款的债权人来说，在长期贷款的有效期内，每收回一次本金，就有相应的受险部分消失，至长期贷款期满收回本金金额时，受险部分就全部消失。

在借贷资本输出的情况下，如我国某化工企业借入一笔为期 2 年的美元贷款，在 2 年期限内，美元对人民币的汇率将会变化到什么水平，从而借款期满使该企业究竟要付出多少人民币才能偿还美元本金，就是一个不确定的问题。因此，未清偿的借款本金余额甚至包括利息就成为承担外汇风险的受险部分。

当债务人通过国际金融机构、外国政府或商业银行等渠道借入长期外币贷款时，同上述债权人提供长期外币贷款的情况相类似，在分期偿还的条件下，确定受险部分要视每次偿还后的借款余额。具体而言，在未偿还借款之前，全部借款都属于受险部分，而伴随每次还款，受险部分就相应递减，直至期满还清借款本金余额，受险部分才最终全部消失。

综上所述，在国际借贷资本风险中，作为借贷对象的外币，即为受险货币；借贷金额，即为受险金额；借贷期限，即为受险时间。如果一个主体享有的外币债权与负有的外币债务在币种、金额和起讫日上均完全相同，则其外币债权和外币债务相互抵消，从而既无净损失也无净收益。显然，这种巧合是罕见的。一般来说，输出或输入借贷资本的所有主体，经常要面临外汇风险。

（二）会计风险的识别

在会计处理中，将外币折算成本币有不同的方法，一般企业只采用其中一种方法。由于所使用的折算汇率不同，会出现不同的计算结果。这时，我们将以决算日当天的汇率（即现行汇率）换算、评价的以外币计价的项目金额称为会计风险的受险部分。

跨国公司在认识和掌握会计风险的受险部分时存在两种观点：一种是“本国一元化论”，即认为总公司为总体法人，海外分公司的一切经济交易均视同总公司直接进行的外币交易，必须以总公司所在国的货币确定海外分公司的经营成果和损益；另一种是“海外机构为主论”，即认为海外分公司几乎在东道国永久性地进行营业，一般不会将其资产调回本国，只要在东道国进行的经济交易不牵涉总公司所在国货币（我们称为本币），就不存在东道国的货币或第三国货币同本币的兑换问题，因而也就不会承担相应的折算风险。具体来说，对于不转换成本币就可以进行的每笔经济交易，是不存在与本币的兑换风险的；只有海外机构将其综合经营成果调回总公司的部分，才需要换算成本币，因而才会存在会计风险问题。

（三）经济风险的识别

对企业面临的经济风险进行识别是非常困难的。我们知道，经济风险是汇率变动对企业未来收益和成本的影响，存在于整个经济过程中，受环境变化的影响很大，因而是不可能准确识别的。由于经济风险具有长期性和连续性的特点，在识别经济风险时，我们不仅要考虑眼前的风险，更重要的是从长远的角度来考虑企业的经济风险。企业的经营环境、原料来源以及汇率的波动等是识别企业经济风险的主要因素。

一般来说，在国内生产供应国外市场比在国外生产供应当地市场面临的外汇风险要大。原因是国内工厂所用的劳动力和原料是用本币支付的，而产品是用外币销售的，企业在国内投资建厂准备供应外国市场时就开始面临着外汇风险。这一点看起来很简单，但企业在分析一个投资项目时常常忽视了这一影响。企业对汇率变化作出反应的产品定价策略取决于需求的价格弹性，而需求的价格弹性又取决于竞争对手和竞争程度。企业产品的差异越大，所面临的竞争就越少，在国内外维持以其本币衡量的价格的能力就越强，遭受外汇风险损失的可能性就越小。相反，企业产品的差异越小，产品需求的价格弹性就越大，定价的灵活性就越小，因此，这些企业面临的外汇风险就越大。

三、外汇风险的测度

前面我们从质的方面对汇率风险的受险部分进行了分析，目的是把握不同质的汇率风险中，受险货币、受险金额与受险时间应当如何确定，但这样的分析并未告诉我们有关汇率风险大小或幅度的信息，因此有必要对所确定的受险部分从量上作进一步的分析。

用 Ra 代表以本币衡量的风险大小的绝对值，Rr 代表以本币衡量的风险大小的相对值，M 代表外币受险金额，ro 代表对外经济交易发生时的汇率，rt 代表对外经济交易结算时的汇率，则以本币衡量的风险大小的绝对值和相对值的计算公式分别为：

在直接标价法下：

$$Ra = M(rt - ro)$$

$$Rr = Ra / Mro \times 100\%$$

将上述两式合并得：

$$Rr = rt/ro - 1 \times 100\%$$

在间接标价法下：

$$Ra = M(1/rt - 1/ro)$$

$$Rr = Ra/(M/ro) \times 100\%$$

将上述两式合并得：

$$Rr = (ro/rt - 1) \times 100\%$$

由于衡量风险大小是在对外经济交易发生时所进行的事先估计，所以上式中的 rt 不是结算时的实际汇率，而是在交易发生时对结算日汇率的预测值。

任务三　外汇风险管理

一、外汇风险管理的战略

外汇风险管理的战略是指国际经济交易主体对外汇风险所持的态度，包括要不要防范外汇风险，应防范到什么程度等。根据对外汇风险的不同态度，企业或外汇银行可以有以下几种战略可供选择。

（一）完全不防范的战略

完全不防范的风险即对外汇风险不采取任何措施，当汇率朝有利方向变动时则坐收其利，汇率朝不利方向变动时则甘愿蒙受损失，这是一种消极的战略。企业或银行通常在以下情况下采取此战略：

(1)典型的固定汇率条件下，或虽然处于浮动汇率条件下，但市场不存在交易限制，市场机制能顺利发挥作用；市场容易达到均衡状态，汇率波动的规律性较明显，且波动幅度不大。

(2)外汇业务量小，或采取防范外汇风险的费用比可能遭受的外汇风险的损失大。

(3)出于投机心理，当预测汇率将朝着对自己有利的方向波动时采用此战略。

在现行的浮动汇率条件下，对外汇风险采取完全不防范战略的企业或外汇银行是不多见的，因为在现实经济环境中，不仅存在金融、外汇方面的管制，而且汇率容易受经济、政治、军事等各方面的影响而发生剧烈波动，外汇市场的均衡状态几乎不可能实现。

（二）完全防范的战略

完全防范的战略即对外汇风险采取严格防范措施，想使不确定因素一点都不留下。这种战略能有效防范外汇风险，但不是最经济的战略，因为在防范风险时，不仅要花费高成本，费时费力，而且也不能获得投机收益。

（三）部分防范的战略

部分防范风险即对所面临的外汇风险一部分采取防范措施，其他部分则予以放置的战略。采用此战略的关键是要决定：全部受险部分中，哪些需要采取防范措施？哪些不需要采取风范措施？需要采取防范措施的受险部分占全部受险部分的比重多大？显然，首先要考虑的是防范外汇风险的成本，尤其是防范外汇风险的成本与不采取防范措施时可能蒙受的损失之间的比较；除此之外，还要考虑防范风险的难易程度，对汇率走势预测的准确程度以及经营者的经营作风等。根据经营者的经营作风，该战略又有两种类型：

1. 进攻型

采取此种类型的企业或银行，在高风险、高收益和低风险、低收益的选择中，选择的是高风险、高收益。这些经营者除了对某些受险部分采取措施以防范外汇风险外，当预测汇率可能朝自己有利的方向波动时，不仅不会平衡头寸，甚至还会有意识地使某些币种处于“超买”或“超卖”的地位，以坐收汇率变动之利。因此，这种类型的战略可能使经营者获得较高的风险收益，也可能使经营者蒙受较大的风险损失，有较强的投机性质。

2. 防守型

采取此种类型的企业或银行，在高风险、高收益和低风险、低收益的选择中，选择的是低风险、低收益。这些交易者尽可能地对受险部分采取防范风险的措施，虽然没有多少风险收益，但也没有什么风险损失，以稳健经营为原则。

二、企业外汇风险管理方法

（一）贸易策略法

贸易策略法是指企业在进出口贸易中，通过和贸易对手的协商与合作所采取的防范外汇风险的方法。此方法具体分为以下几种：

1. 币种选择法

币种选择法是指企业通过选择进出口贸易中的计价结算货币的种类来防范外汇风险的方法。

(1)选择本国货币计价结算。选择本币计价结算，实际上是将外汇风险构成因素中的外币因素去掉了，不管汇率如何变动，出口商将来以本币收进的货款以及进口商将来以本币支付的货款，都是确切的，不存在任何不确定因素。因此，采用此方法，无论是对本国的出口商还是对本国的进口商都可以完全防范外汇风险。此方法的优点是简便易行，效果明显，但它受本国货币的国际地位和贸易双方的交易习惯的制约，而且本国的贸易商还必须在商品的价格与信用期限方面作出某些让步，因为采用此方法实际上是将外汇风险完全转嫁给了贸易对手，本国的贸易商为此需要付出一笔费用，这笔费用相当于本国的贸易商为转嫁外汇风险所支付的保险费。

(2)出口时选用硬币计价结算,进口时选用软币计价结算。硬币(Hard Money)是指汇率稳定且具有升值趋势的货币;软币(Soft Money)是指汇率不稳定且具有贬值趋势的货币。出口商在以硬币作为计价结算的货币时,由于硬币不断升值,将来当出口商收到货款时,就可以将这笔货款兑换回更多数额的本国货币;同样,进口商在以软币作为计价结算的货币时,由于软币不断贬值,将来当进口商支付货款时,就可以用更少的本国货币兑换到这笔货款。此方法的实质在于希望将汇率变动所带来的好处留给自己,而将汇率变动所带来的损失推给对方。采用此方法时,一方面要受到贸易双方交易习惯的制约,另一方面由于各种货币的"硬"或"软"并不是绝对的;其硬软局面往往会出现逆转。因此,此方法并不能够保证进出口商能完全避免外汇风险。

(3)选用"一篮子"货币计价结算。所谓"一篮子"货币,是指由多种货币分别按一定的比重所构成的一组货币。由于"一篮子"货币中既有硬币也有软币,硬币升值所带来的收益或损失,与软币贬值所带来的损失或收益大致相抵,因此"一篮子"货币的币值比较稳定。对于贸易双方来说,采用此方法都不失为一种防范外汇风险的有效方法,但此方法在"一篮子"货币的组成以及货款的结算方面,较为复杂。

2. 货币保值法

货币保值法是指企业在进出口贸易合同中通过订立适当的保值条款,以防范外汇风险的方法。

(1)黄金保值条款。即在贸易合同中,规定黄金为保值货币,签订合同时,按当时计价结算货币的含金量,将货款折算成一定数量的黄金,到货款结算时,再按此时的含金量,将黄金折回成计价结算货币进行结算。

【实例4—4】 某笔货款为100万美元,签订合同时1美元的含金量为1克纯金,则100万美元折算成黄金为100万克纯金,到货款结算时1美元的含金量为0.95克纯金,则100万克纯金折算成美元为105.26万美元,故进口商应支付货款105.26万美元,即由于美元贬值,进口商在结算时所支付的105.26万美元,只相当于签订合同时的100万美元。黄金保值条款通行于固定汇率时期,现今由于黄金非货币化,以及黄金价格的不稳定,此方法已不再采用。

(2)硬币保值条款。即在贸易合同中,规定某种软币为计价结算货币,某种硬币为保值货币,签订合同时,按当时软币与硬币的汇率,将货款折算成一定数量的硬币,到货款结算时,再按此时的汇率,将硬币折回成软币来结算。

此方法一般同时规定软币与硬币之间汇率波动的幅度,在规定的波动幅度范围之内,货款不作调整;超过规定的波动幅度范围,货款则要作相应的调整。

【实例4—5】 某笔货款为1 000万日元,以日元支付,以美元保值,并规定若美元与日元的汇率上下波动达到5%时,则要相应调整货款。假设签订合同时$\$1=¥100$,货款支付日的汇率为$\$1=¥110$,美元升值10%,超过5%,则货款应调整为1 100万日元,即$1\ 000/100\times 110=1\ 100$。若货款支付日的汇率仅为$\$1=¥103$,美元升值只有3%,没有达到5%,则货款不作调整,仍为1 000万日元。

(3)"一篮子"货币保值条款。即在贸易合同中,规定某种货币为计价结算货币,并以"一篮子"货币为保值货币。具体做法是:签订合同时,按当时的汇率将货款分别折算成各保值货币,货款支付日,再按此时的汇率将各保值货币折回成计价结算货币来结算。在实际操作中,通常选用"特别提款权"、"欧洲货币单位"等"一篮子"货币作为保值货币。在期限长、金额大的进出口贸易中,以"一篮子"货币值的方式来避免外汇风险是一种有效的方法。

在实际操作中，通常选用"特别提款权"、"欧洲货币单位"等"一篮子"货币作为保值货币。在期限长、金额大的进出口贸易中，以"一篮子"货币保值的方式来避免外汇风险是一种有效的方法。

3. 价格调整法

价格调整法是指当出口用软币计价结算。进口用硬币计价结算时，企业通过调整商品的价格来防范外汇风险的方法。由于在进出口贸易中，"出口用硬币计价结算，进口用软币计价结算"的原则往往受交易意图、市场需求、商品质量、价格条件等因素的制约而不能如愿以偿，有时出口不得不用软币成交，进口不得不用硬币成交，这就加大了外汇风险，这时可采用调整价格的方法来抵消一部分风险。

(1)加价保值。为出口商所用，实际上是出口商将用软币计价结算所带来的汇价损失摊入出口商品的价格之中，以防范外汇风险。加价的幅度相当于软币的预期贬值幅度。

加价后的单价＝原单价×(1＋货币的预期贬值率)

(2)压价保值。为进口商所用，实际上是进口商将用硬币计价结算所带来的汇价损失从出口商品的价格之中剔除，以防范外汇风险。压价的幅度相当于硬币的预期升值幅度。

压价后的单价＝原单价×(1－货币的预期升值率)

4. 期限调整法

期限调整法是指进出口商根据对计价结算货币汇率走势的预测，将贸易合同中所规定的货款收付日期提前或延期目的是为了防范外汇风险，从而获取汇率变动收益的一种方法。按照"出口用硬币计价结算，进口用软币计价结算"的原则，当预测计价结算货币将升值时，出口商应争取对方的同意，延期收进外汇，以获得所收进的外汇能够兑换更多本币的好处；而进口商则应争取对方的统一，提前支付外汇，以避免日后需要用更多的本币才能够兑换到同样数量的外汇。当预测计价结算货币将贬值时，出口商应争取对方的同意，提前收进外汇，以避免今后所收到的外汇兑换到的本币数额减少；而进口商则应争取对方的同意，延期支付外汇，以便于今后能够用更少的本币就可以兑换到同样数量的外汇。

严格来说，期限调整法中只有提前结清外汇才能彻底消除外汇风险，因为提前结清外汇使得受险部分提前消失，外汇风险也就随之不存在了；而延期结清外汇却延长了受险部分的持有时间，外汇风险依然存在。在延期结清外汇期间，一旦企业预测的结果与汇率的实际变动情况正好相反，则必然遭受损失，故延期结清外汇具有投机的性质。

5. 对销贸易法

对销贸易法是指进出口商利用易货贸易、配对、签订清算协定和转手贸易等进出口相结合的方式，来防范外汇风险的方法。

(1)易货贸易。即贸易双方直接、同步地进行等值的货物交换，交易时双方均无须收付外汇，同时都把互换商品的单价事先确定，故不存在外汇风险，但交易双方都存在各自商品涨价或对方商品跌价的风险。

(2)配对。即进出口商在一笔交易发生时或发生之后，再进行一笔与该笔交易在币种、金额、货款收付日期完全相同，但资金流向正好相反的交易，使两笔交易所面临的外汇风险相互抵消的方法。

例如，某公司进口了一批价值10万美元的货物，6个月后付款，为防范外汇风险，4个月后该公司又出口了一批价值10万美元的货物，2个月后收款。由于该公司在同一日收付的同种外汇的金额相等，不必进行外汇与本币之间的兑换，因而没有外汇风险。

由于许多货币的汇率与其他货币紧密相联，因此采用此方法时，在某种情况下并不需要进出口以同一种货币来进行。

采用此方法的优点是可以节省防范外汇风险的成本费用，缺点是收汇和付汇的币种、时间以及金额上难以配合妥当。

(3)签订清算协定。即双方约定在一定时期内，所有的经济往来都用同一种货币计价，每笔交易的金额先在指定银行的清算账户上记载，到规定的期限再清算贸易净差的方法。

清算协定由两国政府间签订，两国的进出口商通过指定银行分别向本国的中央银行办理结算，最后由两国的中央银行集中两国之间的债权债务关系，直接加以抵消，完成结算工作。由于双方交易额的大部分都可相互冲抵，且不需要进行实际的支付，因而没有外汇风险。

此方法的缺点：一是采用这种方式交易的双方经济往来关系要求相当频繁，否则难以达成清算协定；二是即使有了协定，有一定的信用额度，但实际交易往往容易突破这个额度，这样一来，贸易出超方就等于给对方提供了无息贷款，而为了平衡贸易，入超方所提供的商品并非都是对方所需要的。

(4)转手贸易。这是在签订清算协定的基础上发展起来的一种贸易方式，即三方或多方协商，按同一货币计价来交换一定数量的商品，且利用彼此间的清算账户进行清算。转手贸易能够有效地解决在清算协定贸易下，由于一方所提供的货物对方不满意，而产生的对方贸易出超问题。假设A国与B国之间有清算账户，当A国向B国出口后，B国没有合适的商品向A国出口，于是，A国的账户出现了盈余，而此时C国既需要向A国出口商品，又需要从B国进口商品。A国提出没有现汇从C国进口，但可用其对B国的清算盈余来支付。于是C国利用A国的清算盈余向A国出口商品，同时也利用清算账户从B国进口商品。由于各方都不需要进行实际的货款支付，因而转手贸易也没有外汇风险。

6. 国内转嫁法

进出口商除了可以向国际贸易伙伴转嫁外汇风险外，也可以向国内的交易对象转嫁外汇风险。进出口商向国内交易对象转嫁外汇风险的方法即为国内转嫁法。

外贸企业进口原材料卖给国内制造商，以及在向国内制造商购买出口商品时，可以与制造商签订以外币计价结算的合同，这实际上等同于国内制造商直接从事进出口业务，外贸企业的外汇风险即由制造商承担；进口商对于因外汇风险所造成的损失，也可以通过提高国内售价的方式，转嫁给国内的用户和消费者。

此方法的采用往往取决于以下两方面的因素：一方面是国内制造商的风险意识和风险承受能力，对进口原材料的急需程度，以及制造商所生产的出口商品的国际竞争能力；另一方面是国内的市场条件是否允许制造商和进口商，将风险损失通过涨价的方式再转嫁给国内的用户和消费者。

(二)金融市场交易法

金融市场交易法是指进出口商利用金融市场，尤其是利用外汇市场和货币市场的交易，来防范外汇风险的方法。

1. 即期外汇交易法

即期外汇交易法是指进出口商通过与外汇银行之间签订即期外汇交易合同的方式来防范外汇风险的方法。

【实例4—6】 我国某进口公司要在两天内支付10万美元的货款，为防范外汇风险，此公司可与中国银行签订购买10万美元的即期外汇交易合同。假设即期汇率为$1＝

CNY¥8.255 0/90，则此公司在成交后的第二天就可用82.59万元人民币购入10万美元支付给国外的出口商。由于即期外汇交易会同中锁定了美元对人民币的汇率，因而就消除了两天内美元对人民币汇率可能波动的风险。

出口商利用即期外汇交易防范外汇风险的原理与进口商相同。

2. 远期外汇交易法

远期外汇交易法是指进出口商通过与外汇银行之间签订远期外汇交易合同的方式来防范外汇风险的方法。

【实例4—7】 我国某出口公司将在1个月后收到1 000万日元的货款，为防范外汇风险，此公司可与中国银行签订出售1 000万日元的远期外汇交易合同。假设1个月的远期汇率为¥100＝CNY¥6.346 5/95，则此公司在1个月后就可用国外进口商支付的1 000万日元兑换到63.465万元人民币。由于远期外汇交易合同中锁定了日元对人民币的汇率，因而就消除了1个月内日元对人民币汇率可能波动的风险。

进口商利用远期外汇交易防范外汇风险的原理与出口商相同。

3. 互换交易法

互换交易法是指进出口商通过与外汇银行之间签订互换交易合同的方式来防范外汇风险的方法。

【实例4—8】 我国某公司将在1个月后收到100万港元的货款，1个月后又有100万港元的支出。为防范外汇风险，该公司现将这两笔币种相同、金额相等，但期限不同、资金流向相反的业务结合起来，与外汇银行签订一份互换交易合同。在卖掉1个月远期的港元100万元的同时，又买进3个月远期的港元100万元。假设1个月的远期汇率为HK$1＝CNY¥1.064 5/65，3个月的远期汇率为HK$1＝CNY¥1.061 0/40，则此公司不仅防范了外汇风险，而且还获得了469.9元人民币的互换收益(1 000 000×1.064 5/1.064 0－1 000 000＝469.9)。

4. 外汇期货交易法

外汇期货交易法是指进出口商通过签订外汇期货交易合同的方式来防范外汇风险的方法。

【实例4—9】 某美国进口商于某年6月1日进口一批价值125万英镑的货物，并约定9月1日付款，假设6月1日英镑与美元的即期汇率为GBP1＝USD1.500 0。为防范由于英镑升值所带来的风险，该进口商买入20份9月份到期的英镑期货合约(每份合约62 500英镑，20份共125万英镑)，成交价为GBP1＝USD1.520 0。到9月1日付汇时，英镑对美元的即期汇率变为GBP1＝USD1.550 0。9月份到期的英镑期货成交价变为GBP1＝USD1.551 0。这时该进口商在现汇市场上买入125万英镑，支付美元1.550 0×125＝193.75万美元，比按6月1日即期汇率兑换多支出(1.550 0－1.500 0)×125＝6.25万美元。但同时该进口商在期货市场上卖出9月份到期的20份期货合约，可获利(1.550 0－1.510 0)×125＝5.125万美元。盈亏相抵，该进口商实际多支出6.25－5.125＝1.125万美元。但如果不利用外汇期货套期保值，到期时，该出口商将多支出6.25万美元。相反，如果英镑汇率在到期日时下跌，那么在外汇现货市场获利，期货市场上亏损，两者相抵，同样可以达到减少外汇风险的目的。

进口商利用外汇期货交易合同防范外汇风险的原理与出口商相同。

5. 外汇期权交易法

外汇期权交易法是指进出口商通过签订外汇期权交易合同的方式来防范外汇风险的方

法。

【实例 4－10】 美国某进口商 3 个月后将支付 10 万英镑的货款，为防范外汇风险，该商人立即在外汇期权市场买进英镑的欧式期权合约 8 张(每张合约 1.25 万英镑，8 张合约共 10 万英镑)，期权费为每英镑 4 美分，共 0.4 万美元，协议价格为 £1＝＄1.6。货款支付日的市场汇率变动和该进口商的选择为：

①当市场汇率低于 1.64 时，则该进口商情愿不履行合约，因为如果履约，购买 10 万英镑需要 16 万美元，再加上先期支付的 0.4 万美元的期权费，共计 16.4 万美元，比在外汇市场上购买英镑现汇的成本高。

②当市场汇率等于 1.64 时，则该进口商履约和不履约都一样，按期权合约购买 10 万英镑，在现汇市场购买 10 万英镑的成本都是 16.4 万美元。

③当市场汇率高于 1.64 时，则该进口商应该履行合约，因为履约成本只有 16.4 万美元，比在外汇市场上购买英镑现汇的成本低。

所以，当该进口商购买了 8 张英镑的期权合约后，他 3 个月后兑换 10 万英镑的总成本肯定不超过 16.4 万美元，这就达到了防范外汇风险的目的。

出口商利用外汇期权交易合同防范外汇风险的原理与进口商相同。

6. 利用对外贸易短期信贷法

对外贸易短期信贷是指基于国际贸易而开展的，期限在 1 年以内的信贷。对外贸易短期信贷的主要形式有：

(1)借款。出口商在签订贸易合同后，即从外汇银行借入一笔与其远期外汇收入币种相同、金额相同、期限相同的款项，并将该款项在即期外汇市场兑换成本币，当借款到期时，再以当日所收到的出口创汇偿还所借外汇。

【实例 4－11】 我国某企业 6 个月后将有一笔 10 万美元的收入，为防范外汇风险，该企业可从外汇银行借款 10 万美元，期限 6 个月，然后将借得的 10 万美元在外汇市场进行即期交易，兑换成人民币，假设当时的汇率为＄1＝CNY￥8.255 0/90，则该企业可获得人民币 82.55 万元，6 个月后，企业再以收到的 10 万美元的货款，偿还其从外汇银行所借的贷款。

此方法消除外汇风险的原理在于，出口商将本应在将来收到货款时才进行的外汇兑换成本币的交易，提前到现在就进行，将外汇风险构成中的时间要素剔除掉，使外汇风险得以消除。

(2)远期外汇票据贴现。出口商在向进口商提供资金融通而拥有远期外汇票据时，出口商将持有的远期外汇票据到银行贴现，提前取得外汇并将外汇在即期外汇市场出售，取得本币资金。

(3)保付代理业务。简称保理业务，是指出口商以延期付款的形式出售商品，在货物装运后立即将发票、汇票、提单等有关单据，卖断给保理机构，收进全部或一部分货款，从而取得资金融通的业务。

远期外汇票据贴现和保理业务防范外汇风险的原理与借款法相同，方法也相似，只是出口商的外汇的来源不同。借款法中的外汇来源于外汇银行的贷款，远期外汇票据贴现中的外汇来源于外汇票据贴现，而保理业务中的外汇则来源于将远期汇票卖断给保理商。

7. 利用出口信贷法

出口信贷是指一国为了支持和扩大本国大型设备的出口，以对本国的出口给予利息补贴并提供信贷担保的方法，由本国银行向本国的出口商或外国的进口商(或其往来银行)提供低利率贷款的融资方法。出口信贷的主要形式有：

(1)卖方信贷(Supplier's Credit)。是指出口信贷中,出口商(卖方)以延期付款的方式出售设备,而出口方银行则以优惠利率向出口商提供信贷。如果设备以出口商所在国的货币计价结算,出口方银行也以本币向出口商提供贷款,则出口商没有任何的外汇风险;如果设备以出口商所在国以外的货币计价结算,出口方银行也以同种外币提供贷款,则卖方信贷防范外汇风险的方法与借款法一样。

(2)买方信贷(Buyer's Credit)。是指出口信贷中,进口商(买方)以支付现汇的方式向出口商购买设备,而出口方银行则以优惠利率向进口商或进口商的往来银行提供信贷。由于进口商获得买方信贷后,即以支付现款的方式购买设备,因此不管该设备以何种货币计价结算,出口商都没有外汇风险。

(3)福费廷(Forfeiting)。又称包买票据或买单信贷,是指出口商将经过进口商承兑的,并由进口商的往来银行担保的,期限在半年以上的远期票据,无追索权地向进口商所在地的包买商(通常为银行或银行的附属机构)进行贴现,提前取得现款的融资方式。

福费廷业务与一般的远期外汇票据贴现业务相似,二者最大的区别在于,前者对出口商无追索权,而后者却有追索权。因此,出口商利用福费廷业务防范外汇风险的原理与利用远期外汇票据贴现业务一样。

8. 投资法

投资法是指进口商在签订贸易合同后,按合同中所规定的币种、金额,将本币资金在即期外汇市场上兑换成外汇,再将这笔外汇在货币市场进行投资(如银行定期存款,购买国库券、银行承兑汇票、商业票据等),投资到期日安排在货款支付日,然后以投资到期的外汇款项支付贸易货款。

【实例 4—12】 我国某企业 3 个月后将有一笔 10 万港元的货款需要支付,为防范外汇风险,该企业即可在现汇市场以人民币购买 10 万港元,假设当时的汇率为 HK \$1=CNY￥1.064 5/65,即该企业用 10.665 万元人民币购得了 10 万港元的现汇,但由于付款日是在 3 个月后,所以该企业即可将这 10 万港元在货币市场投资 3 个月,3 个月后该企业再以投资到期的 10 万元港币支付货款。

一般来说,企业用于购买现汇的本币资金应为闲置资金,但企业通常没有一笔这样的资金,这就需要通过银行贷款来解决。

【实例 4—13】 如上例中,该企业即可先借入 10.665 万元人民币,期限 3 个月,并以此购买 10 万港元的现汇,再将 10 万港元投资 3 个月,3 个月后投资到期、支付货款,并偿还其从银行的贷款。该方法将借款(Borrow)、现汇交易(Spot)、投资(Invest)三种方法综合起来运用,简称 BSI 法。

投资法消除外汇风险的原理与借款法相同,也是将本应在将来支付货款时才进行的本币兑换成外币的交易,提前到现在就进行,剔除外汇风险构成中的时间要素,使外汇风险得以消除。

9. 货币互换法

货币互换是指交易双方通过互相交换币种不同,但期限相同、金额相当的两种货币,以降低筹资成本和防范外汇风险的创新金融业务。货币互换业务实际上是以两种货币之间的交换和换回取代外汇交易中的两种货币之间的买进和卖出,从而达到防范外汇风险的目的。

10. 投保汇率变动险法

汇率变动险是一国官方保险机构开办的,为本国企业防范外汇风险提供服务的一种险种。

具体做法是，企业作为投保人，定期向承保机构缴纳规定的保险费，承保机构则承担全部或部分的外汇风险，即企业在投保期间所出现的外汇风险损失由承保机构给予合理的赔偿，但若有外汇风险收益，也由承保机构享有。目前，许多国家如美国、日本、法国、英国等，为鼓励本国产品的出口，都开办了汇率风险的保险业务。

（三）企业内部管理法

1. 建立再结算中心

此方法适用于有大量的进出口业务和国际借贷业务的跨国公司。具体做法是：在跨国公司的内部建立一个再结算中心，将跨国公司的每一个子公司中以外币计价的交易都集中到再结算中心，由该中心予以冲销，并对冲销后依然存在的受险部分再采取防范外汇风险的措施。

跨国公司的进出口业务可分为两大类：(1)跨国公司内部各子公司之间的交易；(2)对跨国公司以外第三方的交易。对于第一类交易，出口品直接由出口方提供给进口方，但有关的款项收付则须通过再结算中心来进行，即先由出口方以出口方所在地的货币向再结算中心开出账单和汇票，然后由再结算中心以进口方所在地的货币向进口方再开票。这样，无论是出口方还是进口方都没有任何的外汇风险，所有的外汇风险都由再结算中心承担。对于第二类交易，当跨国公司向第三方出口时，先由出口方以出口方所在地的货币向再结算中心开票，然后由再结算中心按贸易合同中双方商定的计价结算货币向进口方再开票；当跨国公司从第三方进口时，先由出口方以贸易合同中所规定的计价结算货币向再结算中心开票，然后由再结算中心以进口方所在地的货币向进口方再开票。这样，跨国公司无论是出口方还是进口方都没有任何的外汇风险，所有的外汇风险也都由再结算中心承担。

再结算中心对所承担的外汇风险，首先可充分利用其独特的地位进行多边冲抵，然后还可通过各种方法来集中控制跨国公司的内部资金流动以防范外汇风险，最后还可根据跨国公司防范外汇风险的基本战略，对依然存在的外汇净头寸作出有关抛补的决策。跨国公司通过建立再结算中心，既可防范外汇风险，又大大降低了防范外汇风险的成本。

2. 资产负债

调整资产负债是一种通过对企业的资产负债进行调整，以防范折算风险的方法。

企业要对其资产负债进行调整，首先应对资产负债进行定性分析，确定调整的重点。在企业的资产负债中，有些是难以调整的或根本就不能调整的。从资产负债的期限来看，由于长期资产、长期负债的流动性差，企业在短期内无法使之迅速增加或减少，因而企业难以对其进行调整，而短期资产、短期负债的流动性强，企业在短期内容易对其进行调整；但在短期资产、短期负债中，如应付税金等资产负债，企业不能按照自身的愿望进行调整。而应收账款、应付账款等资产负债，企业则可根据自身的需要进行调整。因此企业对资产负债进行调整的重点是短期资产中的应收账款、存货、现金、银行存款和短期投资等，以及短期负债中的应付账款、短期贷款、应付利息和短期票据等。

其次是对资产负债进行定量分析，即对资产负债进行具体金额的调整。企业对可调整且容易调整的资产负债，通过调整后尽量缩小各种外币的受险资产与受险负债之间的差额，直至差额为零；或者当某种货币将升值时，就增加该种货币的资产，减少该种货币的负债，而当某种货币将贬值时，就减少该种货币的资产，增加该种货币的负债。

由此可知，调整企业资产负债的工作相当复杂和繁琐，尤其是要使企业所有的同一外币的资产与负债在金额上都完全均衡，几乎不可能实现。不仅如此，企业折算风险的防范可能还会与其交易风险的防范发生冲突，这就进一步加大了企业防范外汇风险的难度。例如，对于跨国公司来说，防范折算风险最容易的方法，是其所有的海外分支机构在进行日常核算时，均使用母公司所在国的货币，以避免编制综合财务报表时出现折算风险。但由于各海外分支机构日常使用最多的功能货币是其所在地（即东道国）的货币，当各海外分支机构使用母公司所在国的货币作为核算货币时，便不可避免地会随时面临交易风险；同样，如果各海外分支机构使用其东道国的货币进行核算，这虽然避免了交易风险，但肯定会面临折算风险。

3. 多样化管理

这是一种通过使企业的经营多样化和财务多样化而防范经济风险的方法。

由于经济风险是由意料之外的汇率变动给企业带来的一种长期存在的综合性外汇风险，而意料之外的汇率变动又是企业在经营决策时所无法准确预测的，因此防范经济风险的有效方法是企业实行多样化管理。多样化管理的基本原则是“不要把所有的鸡蛋放在一只篮子里”，即通过分散风险，并使风险损失与风险收益相互冲抵，从而达到降低风险的目的。企业实行多样化管理主要表现在经营多样化和财务多样化两个方面。

(1)多样化。是指企业将其经营活动分散于多个行业，或将其原材料采购地、产品生产地和销售地按比较利益原理在世界范围内进行分布和配置。企业实行经营多样化之后，一旦汇率出现意料之外的变动，一方面企业所面临的风险损失基本上能够被风险收益弥补，使经济风险得以自动防范；另一方面，企业还可主动采取措施，迅速调整其经营策略，如根据汇率的实际变动情况，增加或减少某地或某行业等的原材料采购量、产品生产量或销售量，使经济风险带来的损失降到最低。

(2)财务多样化。是指企业在国际金融市场上以多种货币进行筹资和投资。当某种货币升值时，企业以该种货币筹资的成本增加，但以该种货币投资的收益也相应增加，经济风险就被自动冲抵了；同时企业也可根据汇率的实际变动情况，相应地调整各种外币的资产与负债，以降低风险。

三、外汇银行外汇风险管理方法

(一)外汇银行的外汇头寸管理

1. 外汇头寸的概念

外汇头寸(Foreign Exchange Position)是指银行的外汇持有额，表示一种资金状况、银行在外汇业务中随着各种外汇大量的买进卖出或收入付出，在银行的外汇账户上就必然表现为某种外汇多了，另一种外汇少了；或者某种外汇今天多了，而明天又少了，等等，这就是外汇头寸的变化。外汇头寸的变化有多头、空头和平衡头寸三种情况。

多头和空头统称为“敞口头寸”(Open Position)或头寸暴露(Position Exposure)。敞口头寸是银行的受险部分，因此银行在多头和空头时都面临外汇风险，即当银行处于多头地位时，面临该种货币汇率下跌的风险，而当银行处于空头地位时，则面临该种货币汇率上升的风险，只有当银行处于平衡头寸地位时，才没有外汇风险。银行为了防范外汇风险，就要主动轧平各种外汇的头寸，即抛出多头，补进空头，使敞口头寸重新平衡；或者增加硬币的净持有额，减少软币的净持有额。

银行的外汇头寸以及对外汇头寸的调整状况，都通过“外汇头寸表”来体现。外汇头寸表是反映银行外汇头寸及其变动情况的报表。

2. 外汇头寸的额度管理

(1)头寸限定法。即银行通过制定外汇交易头寸的限额来防范外汇风险的方法。

银行制定交易头寸的限额时，应考虑以下因素：第一，本银行在外汇市场中所处的地位，即本银行在外汇市场中是市场领导者，还是市场活跃者，或者是一般参与者；第二，本银行的最高领导层对外汇业务收益的期望值，以及对外汇风险的容忍程度；第三，本银行外汇交易人员的整体素质；第四，交易货币的种类。

一般来说，银行在外汇市场中的地位越重要，最高领导层对外汇业务收益的期望值越大，对外汇风险的容忍程度越高，外汇交易人员的整体素质越好，货币的交易越频繁，交易的币种越多，制定的限额就可以越大。

交易头寸的限额可按以下几方面来制定：

①按外汇交易的种类制定。针对不同的外汇交易种类分别制定不同的交易限额，一般应制定：即期外汇交易头寸限额、远期外汇交易头寸限额、互换外汇交易头寸限额等。

②外汇交易的币种制定。根据交易的币种分别制定各种外汇的敞口头寸，同时还可按照货币的软硬程度调整限额。

③按外汇交易人员的等级和素质制定。外汇交易人员一般可分为资金部经理、首席交易员、高级交易员、交易员、助理交易员和见习交易员等，外汇交易人员的等级越高，在外汇交易中的表现越好，头寸的限额就越多，敞口头寸平仓补仓的时间也越长。

(2)亏损控制法。即银行通过对外汇交易制定止损点限额来防范外汇风险的方法。止损点限额(Cut-Loss Limit)是银行对由于外汇风险所造成的损失的最大容忍程度。当市场汇率向不利的方向变动时，一旦亏损达到止损点限额，交易人员就应不问情由，一律斩仓，以避免发生更大的亏损。

止损点限额可分为两部分：一是外汇资金部的止损点限额，这适合于即期外汇交易、远期外汇交易和互换外汇交易等业务，止损点限额既可以按敞口头寸的百分比计算，也可以按每天或每月外汇交易的损失不超过一定金额来确定；二是外汇交易人员的止损点限额，通常按亏损额占交易额的百分比来计算，例如规定每笔交易的亏损额不超过该笔交易额的1%等。显然，百分比越大，表示容忍亏损的额度越大。当然，不同的外汇交易人员，止损点的限额也不同。

3. 外汇头寸的调整方法

银行防范外汇风险的重要措施就是调整外汇的敞口头寸，或者尽量缩小敞口头寸，或者使敞口头寸的情形与外汇汇率的走势相一致。银行调整外汇头寸一般是通过银行同业间的外汇交易来实现的。银行在同业交易中报送价格的原则是，当本银行需要买进某种外汇时，就应该提高这种货币的买入价，使其略高于外汇市场的平均水平；当本银行需要卖出某种外汇时，就应该降低这种货币的卖出价，使其略低于外汇市场的平均水平。这样才能促成其他银行尽快与本银行成交，以达到本银行调整外汇头寸的目的。

(1)单一货币头寸的调整即银行只存在某一种货币的敞口头寸，防范外汇风险时只需对这一种货币的头寸进行调整。

①即期头寸的调整。

【实例4—14】 某银行某日的买卖情况为：买进美元1 000万，价格为＄1＝CNY￥8.25，付出8 250万元人民币；卖出美元800万，价格为＄1＝CNY￥8.27，收进6 616万元人民币，结果是该银行持有美元多头200万。为防范外汇风险，该银行就要设法抛出这200万美元，使其美元的头寸均衡，从而获得利润。

②即期头寸与远期头寸的综合调整。在实例4—14中，银行的外汇买卖和头寸的调整都是即期的，操作起来比较简单。实际上，银行在进行大量的即期外汇买卖的同时，也有大量的

远期外汇买卖。这样,银行不仅在即期交易中会出现敞口头寸,而且在远期交易中也会出现敞口头寸,这就要求银行将即期头寸和远期头寸结合起来进行调整。

【实例 4-15】 某银行某日的外汇交易情况为:即期交易买进 1 000 万美元,卖出 800 万美元,多头 200 万美元;远期交易买进 100 万美元,卖出 400 万美元,空头 300 万美元。该银行的综合头寸为空头 100 万美元。

对上述头寸综合调整的方法有两种:

第一,将即期头寸和远期头寸同时进行抛补,使两者的头寸都为零,即卖出即期外汇 200 万美元,同时买进远期外汇 300 万美元。该方法虽然可使外汇风险完全得以消除,但在实际的外汇业务中,如此严密的操作既无必要,也难以实现,因为远期交易中外汇的买进、卖出,以及远期空头的补进,这三项交易要做到交割日期完全一致,几乎不可能。第二,只抛补综合头寸,使综合头寸为零。此方法又有两种具体措施:一是买进即期外汇 100 万美元,使即期交易的多头增加为 300 万美元,与远期交易的空头 300 万美元相匹配,综合头寸为零;二是卖出远期外汇 100 万美元,使远期交易的空头减少为 200 万美元,与即期交易的多头 200 万美元相匹配,综合头寸为零。由于综合头寸为零,该银行的外汇风险大大降低。

③不同交割日的远期头寸的综合调整。由于各个远期交易的交割日不尽相同,因此银行在实际的外汇交易中,也必然会产生不同交割日的远期头寸。为防范外汇风险,银行对不同交割日的远期头寸也应结合起来进行调整。

【实例 4-16】 某银行某年 1 月 1 日的外汇交易情况为:第一笔远期交易买进 100 万美元,该年的 3 月 31 日交割,第二笔远期交易卖出 100 万美元,该年的 5 月 31 日交割。

此例中,虽然银行的综合头寸为零,但由于两笔远期交易的交割日不同,银行依然面临外汇风险,即 3 月 31 日交割的美元面临美元贬值的风险。而 5 月 31 日交割的美元则面临美元升值的风险。为此,银行可通过互换交易来防范外汇风险,即 1 月 1 日银行卖出 100 万美元,交割日定为该年的 3 月 31 日,同时又买进 100 万美元,交割日定为该年的 5 月 31 日。通过该笔远期对远期的互换交易,银行实际上将 3 月 31 日买进的 100 万美元,推迟到 5 月 31 日才持有,而此时这 100 万美元又正好与该银行所卖出的 100 万美元相抵,外汇风险得以完全避免。

当然,此例带有某种特殊性,即银行在 1 月 1 日所进行的远期外汇交易中,买进的美元与卖出的美元在金额上刚好相等,只是交割日不同,事实上可能并非如此巧合。如果银行在不同交割日的远期外汇交易中,买进的某种货币的金额与卖出的该种货币的金额不相等,为了防范外汇风险,银行既可以通过互换交易防范部分风险,也可以通过以后的外汇交易来加以平移,或两种方法同时并用。

现假设该银行 1 月 1 日买进远期美元 300 万,该年的 3 月 31 日交割;卖出远期美元 400 万,该年的 5 月 31 日交割,此时银行可在 1 月 1 日先进行一笔远期对远期的互换交易,卖出远期美元 300 万,3 月 31 日交割,同时买进远期美元 300 万,5 月 31 日交割;到 1 月 2 日或以后合适的时间,再补进远期美元 100 万,5 月 31 日交割。

(2)多种货币头寸的调整。即银行同时存在多种货币的敞口头寸,防范外汇风险时需要对这些头寸结合起来进行调整。由于银行在每天所进行的外汇交易中所使用的货币是多种多样的,因此,敞口头寸也就会出现在各种币种上。银行对多种货币头寸的调整可通过以下方法来进行:

①分别调整各种货币的头寸。一般通过具有敞口头寸的货币与美元之间的交易来转换。

②调整综合头寸。即允许各种货币的头寸同时并存,只将综合头寸调整为零,使来自各种

货币的风险相互抵消。

③预防性头寸的调整。所谓预防性头寸，是指银行在预测汇率的变动趋势之后，积极制造出来的用以预防外汇风险的头寸。

银行防范外汇风险时，除了尽量缩小敞口头寸直至为零外，还可采取相反的做法，即积极地制造敞口头寸。当预测某种货币将升值时，就大量买进该种货币，以增加该种货币的长余头寸；当预测某种货币将贬值时，就大量卖出该种货币，以增加该种货币的短缺头寸。通过调整预防性头寸来防范外汇风险的方法，带有明显的投机性。

（二）外汇银行的外汇资产负债管理

外汇银行的外汇风险，一方面来源于银行的自营外汇交易和代客外汇交易，另一方面来源于银行经营的外汇存贷款业务和投资业务。对于前一种外汇风险，可以通过对外汇头寸进行管理来防范，对于后一种外汇风险，则需通过对外汇的资产负债进行管理来防范。外汇资产负债管理，就是通过对外汇资产负债在币种、期限、利率、金额等方面进行调整，以防范外汇风险。

外汇资产负债管理的内容主要有：

1. 调整资产负债的币种

实行分散筹资和投资，筹得何种货币，就贷出何种货币；贷款到期收回什么货币，筹资到期就付出什么货币，尽量保证在借贷和收付货币时，不需通过外汇交易来调换币种。

2. 调整资产负债的期限

在同一种货币的资产负债中，力争将来任一时点上到期的资产，都能抵付到期的负债，而且尽量做到吸收多长期限的存款，就发放多长期限的贷款。不出现超借、超贷的现象。当出现将短期负债长期运用时，就要适当增加长期负债，减少长期资产；当出现长期负债短期运用时，一般不能盲目增加长期资产，而应适当调整负债的结构，有意识地增加短期负债。

3. 调整存款贷款的利率

由于利率的高低影响利息的高低，而以外币收付的利息又是外汇风险的受险部分，因此调整存贷款的利率，也与外汇风险的防范相关联。调整利率的方法主要是，压低以硬币所吸收的外汇存款的利率，提高以软币所发放的外汇贷款的利率。

4. 调整存款贷款的金额

调整存款贷款的金额主要有以下两种情况：(1)同一种货币中，利率相匹配且期限一致的存款和贷款，在金额上要使之相等；(2)市场利率上升时，要争取浮动利率的贷款额大于浮动利率的存款额，或者使固定利率的贷款额小于固定利率的存款额；而在市场利率下降时，则要争取使浮动利率的贷款额小于浮动利率的存款额，或者使固定利率的贷款额大于固定利率的存款额。

应知考核

◇ 主要概念

外汇风险　交易风险　折算风险　经营风险　币种选择法　货币保值法　价格调整法　对销贸易法　金融市场交易法　出口信贷　福费廷　外汇头寸

◇ 基础训练

一、单项选择题

1. 外汇的折算风险是一种(　　)。

A. 现实风险　　B. 潜在风险　　C. 账面风险　　D. 经济风险

2. 下列情况下，一个企业具有双重的外汇风险的是(　　)。

A. 同时间的相同外币、相同金额的流出、流入

B. 一种外币流入、另一种外币流出，且流出、流入的时间不同

C. 本币收付

D. 流入的外币和流出的外币属同种外币、同等金额

3. 在进出口业务中防范交易风险首要的是(　　)。

A. 灵活选择和使用计价与结算货币　　B. 签订货币保值条款

C. 金融交易防范　　D. 投资法

4. 运用外币选择法来防范外汇风险时，企业进口应选择(　　)。

A. 硬货币　　B. 软货币　　C. 关键货币　　D. 第三国货币

5. 采用(　　)的做法，主要是为了避免外汇风险的环境。

A. 滑动价格法　　B. 易货贸易法　　C. 保值法　　D. 远期 L/C 结算法

6. 会计风险是指(　　)。

A. 把外币折算成本币的会计处理业务导致的账面金额的变动

B. 由于财务会计决策不当引起的

C. 由于会计处理方法的变更引起的

D. 在清算、交割时出现的风险

7. (　　)是以两种货币之间的交换和换回取代外汇交易中的两种货币之间的买进及卖出，从而达到防范外汇风险的目的。

A. 货币互换业务　　B. 对销贸易法　　C. 期限调整法　　D. 贸易策略法

8. (　　)是指进出口商利用易货贸易、配对、签订清算协定和转手贸易等进出口相结合的方式，来防范外汇风险的方法。

A. 货币互换业务　　B. 对销贸易法　　C. 期限调整法　　D. 贸易策略法

9. (　　)是指进出口商根据对计价结算货币汇率走势的预测，将贸易合同中所规定的货款收付日期提前或延期，以防范外汇风险从而获取汇率变动收益的方法。

A. 货币互换业务　　B. 对销贸易法　　C. 期限调整法　　D. 贸易策略法

10. (　　)是指企业在进出口贸易中，通过和贸易对手的协商与合作所采取的防范外汇风险的方法。

A. 货币互换业务　　B. 对销贸易法　　C. 期限调整法　　D. 贸易策略法

二、多项选择题

1. 外汇风险主要包括(　　)。

A. 交易风险　　B. 折算风险　　C. 违约风险　　D. 经济风险

2. 银行制定交易头寸的限额时，应考虑(　　)因素。

A. 本银行在外汇市场中所处的地位

B. 本银行的最高领导层对外汇业务收益的期望值

C. 本银行外汇交易人员的整体素质

D. 交易货币的种类。

3. 交易风险可分为(　　)。

A. 外汇买卖风险　　B. 交易结算风险　　C. 会计结算风险　　D. 汇率风险

4. 外汇风险产生的原因取决于(　　)。

A. 汇率制度　　B. 会计制度

C. 财政货币政策　　D. 国际收支和国家政治局势

5. 根据对外汇风险的不同态度，企业或外汇银行可以有(　　)可供选择。

A. 完全不防范的战略

B. 完全防范的战略

C. 部分防范的战略

D. 组合防范的策略

三、简答题

1. 简述外汇风险的类型。
2. 简述外汇风险的经济影响。
3. 简述外汇风险的识别。
4. 简述企业外汇风险管理方法。
5. 简述外汇银行外汇风险管理方法。

应会考核

■ 技能案例

【案例背景】

2014 年 9 月，一家中国超市连锁公司正在考虑一项进口计划，该公司在未来三年中将每月一次进口 50 吨优等牛肉，公司目前有两个潜在的供货商，一个是加拿大公司(以加元标价)，另一个是法国公司(以欧元标价)。按当前汇率，公司从这两个国家进口所支付的人民币(包括运费)进口价格刚好相同。

【技能思考】

请结合本项目的内容对本案例进行分析：假设该中国公司没有其他汇率波动风险，而且比较偏好较低的汇率风险，请通过计算交易风险，说明该公司应选择哪个供货商？

■ 实践训练

【实训项目】

外汇风险

【实训情境设计】

中国的一家跨国公司获得了 5 亿欧元的德国政府采购合同，合同将延续 3 年，德国政府以欧元付款。德国政府的采购约占该家公司销售量的 60%，公司 10%的经营费用是欧元，其他是人民币。公司的财务主管要求你提供一份报告：

(1)该公司在未来 3 年中会出现多大的经济风险？

(2)应该采取哪些行动来降低欧元汇率波动所产生的经济风险？

(3)可以获得哪些外部资源来实现外汇风险管理？

【实训任务】

根据上述情境进行分析，并得出结论。

|项目五|

汇率制度与外汇管制

【内容提要】

汇率制度是国际货币体系的重要组成部分。不同的货币制度，其汇率制度也有所不同。不同汇率制度的优劣及选择一直是各国经济学界争论的热点人民币汇率的改革。2005 年 7 月，中国人民银行发布公告称，中国自当日起，实行以市场供求为基础、参考"一篮子"货币进行调节、有管理的浮动汇率制。外汇管理是一国政府授权国家货币金融管理当局或其他国家机关，对外汇收支、买卖、借贷、转移以及国际上的结算、外汇汇率和外汇市场等实行的管制措施。随着经济一体化的进程，外汇管理从严格逐渐走向宽松。汇率制度与外汇管制是有着内在联系的一对概念，二者对各国经济乃至世界经济的发展都有着重要的影响。

【学习目标】

■ 知识目标

理解：汇率制度的概念；外汇管制的概念。

熟知：外汇管制的目的、机构及对象；我国的外汇管理体制、人民币汇率制度。

掌握：汇率制度的分类与选择；外汇管制的办法与措施；外汇管制的经济分析。

■ 技能目标

学生能够掌握汇率制度的主要分类和选择以及外汇管制的方法，能够对金融市场中的外汇交易进行合理的货币选择。

■ 情意目标

学生能够掌握汇率制度在金融市场上的运用，并用外汇管制制度指导金融实践。

【教学目标】

教师要培养学生具有分析研究当前中国人民币的走势和预测人民币的可自由兑换情况。

【项目引例】

斯里兰卡央行放松外汇管制

2014 年 5 月 28 日，斯里兰卡中央银行宣布开始执行一系列放松外汇管制的措施，这些措施有望进一步提升其在全球市场上的竞争力。

1. 允许外国投资者投资斯里兰卡公司债券。除公开上市发行的债券外，允许外国投资者通过证券投资账户(SIA)投资非上市债券。

2. 进一步放宽获取电子货币资金转账卡的资格。移民冻结账户、证券投资账户和外交账户持有者可以申请转账卡。

3. 发行外国旅行卡。允许有执照的商业银行向客户发行旅行卡。

4. 为居民外汇收入提供更多便利。外汇收入账户(FEEA)持有人可以依据合同用账户现有资金进行外币支付。允许有执照的商业银行向FEEA持有人提供外币贷款。

5. 取消对特别对外投资存款账户(SFIDA)的最低限额要求。

6. 留学生在获得学生签证前可以拿到生活费用汇款。计划在斯里兰卡境外完成学业的留学生,可向有执照的商业银行申请开设外国银行账户,以方便交易。

7. 斯里兰卡境外供应商可向斯里兰卡境内进口商提供信贷支持。取消供应商对进口商贷款的时间限制。

8. 取消对企业开立信用证的限制。

资料来源://finance.sina.com.cn/roll/20140605/191119327192.shtml。

[**思考**] 什么是外汇管制?为什么要进行外汇管制?外汇管制的办法与措施有哪些?

【知识支撑】

任务一 汇率制度

一、汇率制度的概念

汇率制度(Exchange Rate Regime or Exchange Rate System)又称汇率安排(Exchange Rate Arrange),是指一国货币当局对本国汇率变动的基本方式所作出的一系列安排或规定。汇率制度是指一国货币当局对本币与外币的比价所作出的安排与规定。第二次世界大战以后,主要发达国家的汇率制度经历了两个阶段:第一阶段是1945～1973年春,建立的是固定汇率制度;第二阶段是1973年春以后,建立的是浮动汇率制度。发展中国家仍实行不同形式的固定汇率制度。

二、汇率制度的分类

按照汇率波动有无平价以及汇率波动幅度的大小,将汇率制度分为固定汇率制度和浮动汇率制度。

(一)固定汇率制度

固定汇率制度(Fixed Rate System)是指两国货币的比价基本固定,现实汇率只能围绕平价、在很小的范围内上下波动的汇率制度。如在外汇市场上两国汇率的波动超过规定的幅度时,有关国家的货币当局有义务站出来干涉维持。从历史发展来看,固定汇率制度又可分为金本位制度下的固定汇率制度和纸币流通条件下的固定汇率制度。

1. 不同本位制度下的固定汇率制度

金本位制度是以黄金作为本位货币的制度。金本位制度下的固定汇率制度,是以各国货币的含金量为基础、汇率的波动受黄金输送点限制的汇率制度,它是典型的固定汇率制度。19世纪后期至第一次世界大战前,是金本位制度下的固定汇率制度的全盛时期。此后,随着金本位制度的彻底崩溃,以金本位制度为基础的固定汇率制度也随之消亡。

金本位制度崩溃之后，各国普遍实行了纸币流通制度。1945 年下半年至 1973 年初，广泛流行纸币流通条件下的固定汇率制度。该制度是建立在 1944 年 7 月通过的布雷顿森林协定的基础之上的，因而又称之为布雷顿森林体系下的固定汇率制度。这一固定汇率制度可概括为"双挂钩、一固定、上下限、政府干预"的体系。

"双挂钩"包括：一是美元与黄金挂钩，根据国际货币基金组织的规定，成员国确认美国规定的 35 美元兑换 1 盎司黄金的官价，而美国政府则承担准许外国政府或中央银行按照黄金官价用美元向美国兑换黄金的义务；二是其他国家的货币与美元挂钩，其他各国或规定本国货币的含金量，或直接规定本国货币对美元的汇率。例如 1946 年 12 月 18 日，1 英镑的法定含金量为 3.581 34 克纯金，而 1 美元的法定含金量则为 0.888 671 克纯金，则英镑对美元的平价为 3.581 34/0.888 671＝4.03，即英镑对美元的货币平价为 1 英镑＝4.03 美元。

"一固定"是指本国货币的平价一经国际货币基金组织确认就基本固定，不得随意变动，只有当成员国的国际收支发生根本性不平衡时，才可变动其货币平价。平价的变动幅度在 10%以内时，成员国有权自行调整，不必经过国际货币基金组织批准；平价的变动幅度在 10%～20%时，须经国际货币基金组织批准。国际货币基金组织同意与否须在 72 小时内作出决定；平价的变动幅度超过 20%时，国际货币基金组织批准与否没有时间限制。未经批准而擅自调整其货币平价的成员国，则有可能被剥夺利用国际货币基金组织资金的权力，甚至可能被强制退出国际货币基金组织。

"上下限"是指外汇市场上现实汇率的变动幅度不得超过平价上下各 1%，如英镑对美元的货币平价为 1∶4.03，则外汇市场上英镑对美元汇率波动的上下限 4.03×(1＋1%)或 4.03×(1－1%)，即允许英镑对美元的汇率在 3.989 7～4.070 3 之间。1971 年 12 月，国际货币基金组织又将现实汇率围绕平价波动的幅度扩大到上下各 2.25%。

"政府干预"是指外汇市场上的现实汇率围绕平价波动，当波动幅度超过规定的界限时，各有关国家的政府有义务采用各种干预措施，使汇率的波动幅度控制在平价规定的范围内。当时政府干预汇率的措施主要有：运用货币政策调整利率；动用外汇平准基金，进行公开市场操作；进行国际借贷或直接输出入黄金；实行外汇管制；变动本币的平价，宣布本币法定贬值或法定升值等。

2. 不同本位制度下固定汇率制度的比较

金本位制度下的固定汇率与纸币流通条件下的固定汇率，其共同之处主要有两点：(1)各国的货币都与黄金有联系，两国货币之间的汇率的确定以平价为基础；(2)现实汇率围绕平价在一定的范围内波动。

但两者也有着本质的区别：(1)汇率决定的基础不同。金本位制度下的固定汇率以两国货币的实际含金量为基础，是自发形成的；而纸币流通条件下的固定汇率以两国货币的名义含金量为基础，是通过布雷顿森林协定人为建立起来的。(2)汇率的调整机制不同。金本位制度下的固定汇率围绕铸币平价波动，其波动幅度由黄金输送点决定。通过黄金自由输出入来自动调整，使汇率稳定在黄金输送点的上下限范围内；而纸币流通条件下的固定汇率，汇率的波动幅度是人为规定的，也是人为维持的，通过各国政府的干预，使汇率稳定在一定的范围内。(3)汇率的稳定程度不同。金本位制度下各国货币的含金量一般不会变动，事实上，现实汇率也仅在铸币平价的上下 6%波动，幅度很小，基本上是固定的；而纸币流通条件下各国货币的……有必要(国际收支发生根本性不平衡时)就可以调整，汇率的稳定和维持又是在各国……的。因此，严格地说，纸币流通条件下的固定汇率制度只能说是可调整的钉住汇率制度(Adjustable Pegging System)。

3. 维持固定汇率制度所采取的措施

各国货币当局为维持国际货币基金组织所规定的汇率波动幅度,通常采取以下措施:

(1)提高贴现率。贴现率是利息率的一种,是各国中央银行用以调节经济与汇价的一种手段。如前所述,在美国外汇市场如果英镑的价格上涨,接近 4.070 3 美元的上限水平,美国货币当局则可提高贴现率,贴现率一提高,其他利率如存款利率,也随之提高,国际游资为追求较高的利息收入,会将原有资金调成美元,存入美国,从而增加对美元的需求,引起美元对外汇价的提高。如果英镑价格下跌至下限水平 3.989 7 美元,美国货币当局就降低贴现率,其结果则相反。

(2)动用黄金外汇储备。一国黄金外汇储备不仅是国际交往中的周转金,而且也是维持该国货币汇率稳定的后备力量。如伦敦市场的英镑汇率下跌,低于官定下限 3.989 7 美元时,则英国动用美元外汇储备,在市场投放美元,从而缓和需求,促进英镑汇率上涨;反之,则收购美元,充实本国美元储备,减少市场供应,促使英镑汇率下降。

(3)外汇管制。若一国黄金外汇储备的规模有限,一旦遇到本币汇率剧烈下跌,就无力在市场上大量投放外汇以买进本币,因此,还会借助于外汇管制的手段,直接限制某些外汇支出。

(4)举借外债或签订货币互换协定。哪种外币在本国外汇市场短缺,则向哪国借用短缺货币投放市场,以平抑汇率。1962 年 3 月以后,美国曾与 14 个国家签订货币互换协议,签约国一方如对某种外汇需求急迫时,可立即从对方国家取得,投放市场,无须临时磋商。

(5)实行货币公开贬值。如果一国国际收支逆差严重,对外汇需求数额巨大,靠上述措施不足以稳定本币汇率时,就常常实行公开贬值,降低本国金平价,提高外币价格。在新的金平价比率基础上,减少外汇需求,增加出口收入,追求新的汇率的稳定。

4. 固定汇率制度的作用

(1)固定汇率制度对国际贸易和投资的作用。与浮动汇率制度相比较,固定汇率为国际贸易与投资提供了较为稳定的环境,减少了汇率的风险,便于进出口成本核算以及国际投资项目的利润评估,从而有利于对外贸易的发展,对某些西方国家的对外经济扩张与资本输出有一定促进作用。但是,在外汇市场动荡时期,固定汇率制度也易于招致国际游资的冲击,引起国际外汇制度的动荡与混乱。当一国国际收支恶化,国际游资突然从该国转移换取外国货币时,该国为了维持汇率的波动幅度,不得不拿出黄金外汇储备在市场供应,从而引起黄金的大量流失和外汇储备的急剧缩减。如果黄金外汇储备急剧流失后仍不能平抑汇价,该国最后有可能采取法定贬值的措施。一国的法定贬值又会引起与其经济关系密切的国家同时采取贬值措施,从而导致整个汇率制度与货币的极度混乱与动荡。经过一定时期以后,外汇市场与各国的货币制度才能恢复相对平静。在未恢复相对平静以前的一段时间内,进出口贸易商对接单订货常抱观望态度,从而使国际上的贸易往来在某种程度上出现中止停顿的现象。

(2)固定汇率制对国内经济和国内经济政策的影响。在固定汇率制下,一国很难执行独立的国内经济政策,这是因为:

第一,固定汇率制下,一国的货币政策很难奏效。如一国为紧缩投资、治理通货膨胀而采取提高利率的货币政策,却会因利率的提高吸引外资的流入,从而达不到紧缩投资的目的。相反,为刺激投资而降低利率,却又会造成资金的外流。

第二,固定汇率制下,为维护固定汇率制,一国往往需要以牺牲国内经济目标为代价。例如,一国国内通货膨胀严重,该国为治理通货膨胀,实行紧缩的货币政策和财政政策,提高贴现率,增加税收等。但由于本国利率的提高,势必会引起资本流入,造成资本项目顺差,由于增加税收,势必引起总需求减少、进口减少、出口增加,造成贸易收入顺差。这就使得本币汇率上涨,不利于固定汇率的维持。因此,该国政府为维持固定汇率,不得不放弃为实现国内经济目标所需采取的国内经济政策。

第三,固定汇率制使一国国内经济暴露在国际经济动荡之中。由于一国有维持固定汇率的义务,因此当其他国家的经济出现各种问题而导致汇率波动时,该国就需进行干预,从而也就会受到相应的影响。例如,外国出现通货膨胀而导致其汇率下降,本国为维持固定汇率制而抛出本币购买该贬值外币,从而增加本国货币供给,将诱发本国的通货膨胀。总之,固定汇率使各成员国的经济紧密相连、互相影响,一国出现经济动荡,必然波及他国;同时,也使一国很难实行独立的国内经济政策。

5. 固定汇率制度与法定贬值、法定升值

(1)固定汇率制度与法定贬值。在纸币流通制度下,当纸币贬值十分严重,旧的黄金平价和汇率不能维持,而且勉强维持会进一步削弱其出口产品竞争能力,消耗其有限的黄金外汇储备时,该国政府就会颁布法令,废除纸币原来已经变得过高的黄金平价和汇率,规定新的、较低的黄金平价和汇率。这种由法律明文规定降低本国货币的金平价,提高以本币所表现的外币价格的措施就叫货币的法定贬值。

在固定汇率制度下,法定贬值是能抑制进口、扩大出口的机制。在固定汇率制度下,有些国际货币基金组织的会员国往往在其出口贸易极其不振、国际收支和失业问题严重的时期,实行法定贬值。其目的在于,利用法定贬值进行外汇倾销,以扩大出口,限制进口,缓和国际收支失衡和失业加剧等问题,使本国垄断集团获得高额利润。所谓外汇倾销,就是指在通货膨胀情况下,一国政府利用汇率上涨与物价上涨的不一致,有意提高外币的行市,使其上涨的幅度大于国内物价上涨的幅度,以便以低于世界市场的价格输出商品,削弱竞争对手,争夺销售市场。

【实例 5—1】 美元对英镑的汇率原为 1 英镑=2.4 美元。假定美国国内每吨钢材售价为 240 美元(成本 216 美元,利润 9 美元),美国出口商向英国出口钢材每吨售价为 100 英镑,美国出口商将出口所得的 100 英镑按上述汇率兑换成美元,可得 240 美元,获利润 24 美元。假设英国的物价水平未变,而现在美国国内物价上涨 50%,汇率仍维持 1 英镑=2.4 美元,这样,对美国的出口商将产生不利后果。因为美国国内物价上涨 50%后,每吨钢材在美国国内售价上涨至 360 美元(成本 324 美元,利润 36 美元),但出口到英国仍卖 100 英镑,按 1∶2.4 的汇率只能换回 240 美元,这样美国出口商每出口 1 吨钢材要少收入 84 美元。这当然要影响美国的出口,导致减产,甚至导致生产停滞。在这种情况下,美国政府一般会采取货币的公开贬值措施,将以美元所表示的英镑的价格至少提高 50%,即由 1 英镑=2.4 美元提高至 1 英镑=3.6 美元,美国出口商才不致亏本。如果美国将美元对英镑的价格调高的幅度大于国内物价上涨的幅度,如调高 100%,则美元与英镑的兑换比例即为 1 英镑=4.8 美元,在此情况下,美国出口商向英国出口钢材虽然每吨仍卖 100 英镑,但按 1 英镑=4.8 美元的新汇率折算,可获得 480 美元,扣除每吨钢材成本 324 美元后,仍有利润 36 美元和超额利润 120 美元。为了扩大出口,夺取英国销售市场,美国出口商可降低在英国的钢材售价,每吨不卖 100 英镑,只卖 90 英镑,这就有可能削弱其他竞争对手,将他们排挤出英国市场。美国出口商以每吨 90 英镑的价格在英国出售钢材后,按 4.8∶1 的汇率,仍可换回 432 美元,扣除成本 324 美元、利润 36 美元后,仍可多得超额利润 72 美元。有些发达国家常常有意利用货币公开贬值,进行外汇倾销,作为获取高额垄断利润、争夺销售市场的一种手段。货币公开贬值后,进口商品的价格就要上涨，所以它起着抑制进口、改善国际收支的作用。如前例，美元公开贬值前，在英国国内售价为 100 英镑的机器，运抵美国后的售价折合为 240 美元。美元公开贬值，其汇率由 1 英镑＝2.4 美元调高至 1 英镑＝4.8 美元后，这台机器在美国的售价一定要提高到 480 美元，英国出口商才不会减少收入。由于英国机器在美国市场售价过高，对美国来讲自然具有限制进口、增加本国商品在国内市场销售的作用。

一国货币法定贬值后，获得扩大出口的利益，其他国家会立即仿效，也随之采取公开贬值的措施，在市场争夺战中进行反击。各国货币公开贬值的过程，也就是它们进行货币战的过程。

1973 年发达国家实行浮动汇率制后，各国不再公布金平价，也不再采取公开贬值的形式，但它们通过干预或放弃干预外汇市场，有意使本币对外汇率的下浮幅度大大超过本国物价上涨幅度，同样达到在固定汇率制下公开贬值的作用，即扩大出口、抑制进口。20 世纪 90 年代某些时期，美国货币当局曾不断采取这种手段，以达到加强本国出口商品竞争能力，抑制从德国和日本进口的目的。此外，在欧洲货币体系内参加汇率机制的某些成员国，由于本国通货膨胀严重，也宣布公开贬值，变更与其他成员国之间的货币比价。

货币的法定贬值虽一般具有扩大出口的作用，但也有一定的局限性：首先，不是任何商品都能扩大出口，有些商品的出口往往受需求弹性的限制。需求弹性是指随着价格的变化，市场对商品供求的增加或减少的反应程度。反应程度大的商品，则需求弹性大；反之，则需求弹性小。一般而言，工业制成品特别是高档消费品的需求弹性大，初级产品则需求弹性小。发达国家的出口商品结构以工业制成品为主，货币法定贬值的机制作用大；发展中国家出口商品结构以初级产品为主，货币法定贬值的机制作用小。其次，受时滞的限制，货币实行法定贬值后一国出口不会立即增加，国际收支也不会立即得到改善。因为，从出口到收汇需要一定时间，在此期间内原订进口合同要对外支付，因扩大出口而增加收取的外汇要在一定时间以后才能结汇。这就是贬值的“J 曲线效应”。

(2)固定汇率制度与法定升值。在固定汇率制度下，个别通货膨胀程度较轻、国际收支在一定时期内具有顺差的国家，在其他国家的影响与压力下，用法律明文规定提高本币的金平价，降低以本币所表示的外币的价格，就叫货币的法定升值。

一国的国际收支发生顺差，则外汇供过于求，引起以本币所表示的外币价格的下跌。在外币汇率跌到官定下限时，该国政府就抛出本币，收购外币，进行干预，以把汇率控制在官定的下限之上。大量外币的涌进，虽可增加外汇储备，但因兑换外币而在流通领域中投放的本币也必然随之增加，从而加剧该国的通货膨胀。因此，某些具有国际收支顺差的国家，在特定条件下，就采取货币升值的措施，调低本币与外币的兑换比例，以抑制外国货币的大量流入，缓和本国的通货膨胀。

货币法定升值一般对本国出口贸易不利，而且还会促进进口增加。

6. 汇率的决定与调整

历史上固定汇率制经历了两个发展阶段：一是战前国际金本位制度下的固定汇率制；二是战后纸币流通条件下的固定汇率制。

(1)国际金本位货币制度下的固定汇率制。在金本位制度下，每单位金币规定有一定的含金量，黄金可以自由铸造成金币，金币可以自由流通，自由输出输入，银行券可以自由兑换成金币或黄金。在金本位制度下，两个国家单位货币的实际含金量之比被称作铸币平价，铸币平价是金本位货币制度下决定汇率的基础。

【实例 5—2】 英国规定 1 英镑含纯金量为 113.001 6 格令(约为 7.322 38 克),美国规定 1 美元含纯金量为 23.22 格令(约为 1.504 63 克),这样,英镑与美元之间的铸币平价即为 GBP1＝113.001 6/23.22＝USD4.866 5,即 1 英镑等于 4.866 5 美元。

金本位制度下汇率是由铸币平价决定的,但外汇市场上的实际汇率因受外汇供求影响而围绕铸币平价上下波动。当外汇供小于求时,外汇汇率上升;当外汇供大于求时,外汇汇率下降。然而汇率无论如何波动都不是漫无边际的,因为黄金输送点是其上下波动的天然界限,黄金输送点则等于铸币平价加减运送黄金的费用。为什么说黄金输送点限制了金本位货币制度下汇率的波动幅度?因为金本位货币制度下黄金可以自由输出入,所以国际上的结算既可以选择现金结算方式,也可以选择非现金结算方式;既可以用外汇也可以用黄金。用黄金就涉及一定的结算费用,如包装费、运输费、保险费、检验费、铸造费以及利息等,铸币平价加费用就构成了用黄金结算的成本界限。对一个国家来说,当外汇汇率上涨超过铸币平价加上费用时,该国的进口商就会选择用黄金对外清算,黄金替代外汇流向国外。铸币平价加费用就构成黄金输出点,即汇率上涨的上限。反之,当一国外汇汇率下跌至低于铸币平价加费用时,则该国出口商收取黄金比收进外汇更为有利,黄金替代外汇流向国内。铸币平价减去输金费用就构成黄金输入点,即汇率下跌的下限。因此,金本位货币制度下的汇率总在铸币平价加、减费用的幅度内上下波动。

【实例 5—3】 英镑与美元的铸币平价为 GBP1＝USD4.866 5,英美之间运送黄金的各项费用以及利息按 6%计算,在英美两国运送 1 英镑黄金的费用约为 0.03 美元,则汇率变动的上下限为:上限＝铸币平价＋运送费用,即 GBP1＝USD4.866 5＋USD0.03＝USD4.896 5,下限＝铸币平价－运送费用,即 GBP1＝USD4.866 5－USD0.03＝USD4.836 5,在外汇市场上,如果英镑对美元汇率高于 4.896 5,美国进口商就会选择输出黄金结算,导致美国的外汇市场上英镑需求的减少,英镑价格回落。如果英镑对美元的汇率低于 4.836 5,美国出口商就会选择输入黄金,导致美国外汇市场英镑供应的减少,需求增加,英镑价格上升。可见在金本位制度下,由于受黄金输送点的制约,外汇汇率的波动幅度很小,并且总是围绕铸币平价波动,所以金本位制度下的外汇汇率是固定汇率。

(2)布雷顿森林体系下的固定汇率制

布雷顿森林体系是第二次世界大战后建立的一种以“黄金—美元本位制”为核心的国际货币制度。这一时期是以美元为中心的固定汇率制。布雷顿森林体系是一种流通纸币的货币制度,流通货币本身失去了含金量,但各国货币当局都通过法律规定了纸币的含金量。我们将两国纸币的法定含金量之比称为黄金平价,黄金平价成为汇率的决定基础。

根据 1944 年布雷顿森林会议通过的《国际货币基金协定》,布雷顿森林货币制度下的汇率制度包含以下主要内容。

①美元与黄金直接挂钩。国际货币基金组织要求其成员国确认 1934 年美元集团确定的 1 盎司黄金＝35 美元(即 1 美元的含金量为 0.888 671 克)的官价,并协助美国维持黄金的官价水平,以稳定黄金的官价,美国政府则承担各国政府或中央银行按官价用美元兑换黄金的义务。这无疑使美元同黄金处于同等地位。

②各国货币与美元挂钩。国际货币基金组织要求成员国通过法律规定本国单位纸币的含金量,并比照美国政府规定的 1 美元＝0.888 671 克黄金的美元法定含金量,确定本币与美元的比价关系,即本币与美元的黄金平价。例如,同时期 1 英镑纸币所代表的含金量为 3.581 34 克纯金,则英镑与美元的黄金平价为:GBP1＝3.581 34/0.888 671＝USD4.03。

③不同货币之间汇率的波动幅度不得超过黄金平价±1%的范围。黄金平价一经确立，不得随意变动，汇率只能在规定的幅度内波动，如果某些国家的货币汇率波动超过了上述规定范围，有关国家货币当局应进行干预以维持汇率与黄金平价的稳定。1971 年 12 月的史密森协议将这一范围扩大为平价的±2.25%。

在纸币流通条件下，通货膨胀现象不可避免。一般来说，如果各国货币对内贬值与对外贬值幅度相一致，则不会影响国际收支和汇率；如果幅度不一致，则必然使国际收支发生不平衡，进而引起市场汇率大幅度偏离黄金平价，致使各国货币当局难以用有限的外汇平准基金有效地干预外汇市场。此种情况迫使有关国家政府调整本币的法定含金量，从而确立一个对外汇的新的黄金平价，不过，这要事先经过国际货币基金组织的批准。

纸币法定贬值是在纸币具有法定含金量时期，一国政府用法令宣布降低本国货币含金量与汇率，借以改善国际收支的措施。引起纸币法定贬值的原因主要有国内通货膨胀严重和国际收支出现巨额逆差。一般来说，一国纸币的法定贬值，可以相应提高外汇汇率，从而降低以外币表示的出口商品的价格，提高以本币表示的进口商品的价格，有利于扩大出口，限制进口，起到扭转国际收支逆差的作用。

纸币法定升值是在纸币具有法定含金量时期，政府用法令宣布提高本国货币的含金量和汇率。引起纸币法定升值的原因主要是国内通货膨胀较低，或国际收支有巨额顺差，受到其他国际收支逆差较大国家的压力等。纸币法定升值不利于出口，而会增加对外国商品的进口，这就会影响本国国际收支趋向逆差，甚至会抑制本国经济的发展。因此，有关国家只有在被迫的状态下才会采取这种措施。

（二）浮动汇率制度

1. 浮动汇率制度的概念

1973 年 2 月，美元再次贬值 10%后，固定汇率制度宣告崩溃，主要资本主义国家普遍实行浮动汇率制度。

浮动汇率制度是指一国不规定本币对外币的平价和上下波动的幅度，汇率由外汇市场的供求状况决定并上下浮动的汇率制度。浮动汇率实际上已有较长的历史。早在金本位制度以前，美国等就曾使本币处于浮动状态；在实行国际金本位制度时，也有一些未采用金本位制的国家实行浮动汇率，如印度实行银本位时，印度卢比对金本位制国家货币的汇率，随金银比价的变动而波动；第一次世界大战以后，一些国家也曾先后实行过浮动汇率制；在第二次世界大战以后的固定汇率制度时期，仍有少数货币如加拿大元，从 1950 年 9 月至 1962 年 5 月实行浮动汇率；1968 年以后，西方主要国家逐渐趋向浮动汇率制度。

2. 浮动汇率制度的类型

从政府是否对市场汇率进行干预的角度，可将汇率浮动的方式分为自由浮动和管理浮动。

(1)自由浮动(Free Floating)是指一国政府对汇率不进行任何干预，市场汇率完全听任外汇市场的供求变化而自由波动的汇率浮动方式，又称清洁浮动(Clean Floating)。由于汇率的波动直接影响一国经济的稳定与发展，各国政府都不愿意听任汇率长期在供求关系的影响下无限制地波动。因此，纯粹的自由浮动只是相对的、暂时的。

(2)管理浮动(Managed Floating)是指一国政府从本国利益出发对汇率的波动进行不同程度干预的汇率浮动方式，又称肮脏浮动(Dirty Floating)。在现行的货币体系下，各国实行的实际上都是管理浮动。目前政府干预汇率的方式主要有三种：①直接干预外汇市场，但干预形式各有不同。有一个国家单独干预的，也有几个国家联合干预的，还有代理干预的。例如，

1990年4月上旬，联邦德国、法国、意大利、英国和瑞士应日本的要求，阻止日元继续下跌，但它们都没有花费本国的外汇储备，动用的是日本的外汇储备。②运用货币政策，主要是通过调整再贴现率或银行利率来影响汇率。③实行外汇管制，主要是通过各种措施来影响国际资本流动的方向和规模。

3. 管理浮动汇率制的主要形式

当今管理浮动的形式多种多样，因此有必要对其进行详细介绍。国际货币基金组织根据各国政府对汇率的干预程度和干预方式，将管理浮动分为三种类型，即钉住浮动、有限弹性浮动和较高弹性浮动。

第一，钉住浮动。发展中国家的经济实力不强，且大多数发展中国家的国际储备较少，应付金融危机冲击的能力有限，本国的外汇市场也不发达。因此，许多发展中国家采用钉住浮动。

实行钉住浮动的国家，其货币与被钉住货币之间仍规定有平价，且现实汇率对平价的波动幅度为零，或被限制在一个很小的范围内，一般不超过平价的±1%。钉住浮动的重要特点是汇率缺乏弹性。钉住浮动汇率与布雷顿森林体系下的可调整的钉住汇率不同，钉住浮动汇率是在各主要国家的货币相互之间实行浮动汇率的背景下实行的。由于各主要国家货币之间的汇率是波动的，因此，一国的货币选择钉住某一种或某几种主要国家的货币，便意味着本币的汇率将对其他未被钉住的主要货币浮动，因而属于浮动汇率制度；而布雷顿森林体系下的可调整的钉住汇率制度却属于固定汇率制度。按照被钉住货币的不同，钉住浮动还可分为钉住单一货币浮动和钉住一篮子货币浮动。

(1)钉住单一货币浮动。采用此种汇率浮动方式的国家，由于经济、历史、地理等方面的原因，与美国、法国等建立了密切的贸易和金融关系。为使这些关系持续稳定地发展下去，避免双边汇率频繁波动带来不利影响，这些国家将本币钉住美元或法国法郎等单一货币。

用此方式的有利方面是：①能减少钉住国与被钉住国货币间汇率的波动，有利于两国间贸易的稳定开展；②有利于钉住国国内物价水平的稳定；③有利于钉住国吸引外资。不利方面是：①削弱钉住国货币政策的独立性，有碍于该国利用汇率作为宏观调控的手段，以及保持汇率政策与其他政策措施的协调一致；②不利于钉住国实行对外经济多元化的战略，尤其容易影响该国与其他发展中国家之间的贸易。

(2)钉住"一篮子"货币浮动。这种钉住方式又分两种情况：一是直接将本币钉住特别提款权，有利之处是简便易行，可保持汇率的相对稳定；不利之处是由于美元在特别提款权中占较大的比重，钉住特别提款权在很大程度上主要还是钉住美元。二是将本币钉住本国自行设计的"一篮子"货币，篮子中的货币由与本国经济联系最为密切的若干国家的货币组成。各种货币所占的权数，通常按本国对外贸易总额中各主要贸易伙伴国的份额，或按本国对外贸易的货币构成来确定。此钉住方式的有利之处是可保持汇率的相对稳定，也可根据本国对外经济贸易关系的变化，通过随时调整货币篮子来调整汇率；不利之处是由于采用此种钉住方式的国家自行设计和使用不同的货币篮子，有可能增大其汇率风险，同时也造成套算汇率的困难。

在钉住浮动中还有一种特殊的汇率确定方式，称为联系汇率制。国际货币基金组织并没有把这种汇率确定方式作为一种单独的形式，此方式在具体的运用中也是大同小异，最具典型意义的是港元的联系汇率制。1983年10月17日，港英政府以1美元兑换7.8港元的比价，开始实行联系汇率制。其主要特点是，由香港金融管理局规定现钞发行和回笼时的官方汇率，并力图使市场汇率接近官方汇率。具体方法是，各发钞银行在发行港元时必须持有相应数量的负债证明书，而要获得负债证明书，则必须按 1 美元兑 7.8 港元的比价，向香港金融管理局上缴美元存款；回笼货币时，其他任何银行在向发钞银行上缴港币时，均可按 1 美元兑 7.8 港元的比价获得相应数量的美元，发钞银行也可按此比价，凭负债证明书，用回笼的港币从金融管理局兑回相应数量的美元。目前，采用钉住浮动来确定汇率的国家仍较多，但呈下降趋势。

第二，有限弹性浮动。实行有限弹性浮动的国家，其货币对某一外币规定有平价，或集团成员国的货币之间相互规定有平价，且市场汇率在平价的基础上可以有一定程度的浮动。但这种浮动是有限的。此浮动方式也有两种形式，即钉住单一货币的有限浮动和联合浮动。

(1)钉住单一货币的有限浮动。实行此种方式浮动的国家为少数发展中国家，这些国家的货币钉住某一种货币(目前均为美元)浮动，但有一定的波动幅度，多为平价的±2.25%。采用此种浮动方式，与钉住单一货币浮动相比，虽然弹性有所增强，但本国货币政策的独立性依然不强。

(2)联合浮动。1972 年 4 月，由欧洲经济共同体六国(联邦德国、法国、比利时、荷兰、卢森堡和意大利)开始实行参加联合浮动的国家组成集团。集团内部各成员国货币之间实行固定汇率，规定有中心汇率(平价)和市场汇率波动的幅度，各有关国家有义务共同维持彼此间汇率的稳定；而集团成员国的货币对集团以外国家的货币则实行联合浮动。目前采用联合浮动方式的国家为欧洲联盟的部分国家。联合浮动有利于以联合的力量来抵御外来冲击，保持集团内部各国货币之间汇率的相对稳定，促进区域经济一体化。但它强调经济政策的一致性，这不仅削弱了集团内各成员国货币政策的自主性，而且由于集团内部各国经济发展的不平衡，使集团内部矛盾重重，汇率的波动幅度也由最初的±1.25%不断扩大，1993 年 8 月 1 日再次扩大到平价的±15%(德国马克、荷兰盾除外)。在联合浮动的基础上，欧洲联盟于 1999 年 1 月 1 日在首批 11 个国家(奥地利、比利时、芬兰、法国、德国、爱尔兰、意大利、卢森堡、荷兰、葡萄牙、西班牙)中用欧元作为统一货币。

第三，较高弹性浮动。实行较高弹性浮动的国家，其本币对外币的依赖性较小，汇率变动的灵活性较大。此浮动方式又有三种形式：指标浮动、其他管理浮动和单独浮动。

(1)指标浮动。一些国家在短期内将本币的汇率钉住某一平价，同时根据国内外物价对比、国际收支状况、贸易条件、外汇储备等因素制订一组指标，并根据该组指标的变动情况，频繁地、小幅度地调整所钉住的平价，这种安排又称爬行钉住(Crawling Pegging)或滑动平价(Sliding Parity)。采用此种浮动方式，本币汇率经常小幅度调整，可避免汇率剧烈波动对经济带来的冲击，但汇率变动的幅度小，往往难以满足解决经济问题的需要。

(2)其他管理浮动。此种浮动方式下各国采取的管理方法不尽相同。如有的国家在实行外汇管制、货币非自由兑换和资本非自由流动的前提下，采用封闭浮动方式，在封闭浮动方式中，本币汇率仅由本国外汇市场的供求关系决定，货币当局一方面对汇率进行集中管理，另一方面在必要时又对汇率进行干预，也有的国家规定货币的官方汇率，且货币当局时刻准备用官方汇率买卖外汇，这种官方汇率至少在一天内保持固定不变，但每个月的浮动幅度则超过 0.5%。这种浮动方式的优点在于对汇率的调节是可控的、灵活的、多样的，有利于汇率的相对稳定，因此为较多的发展中国家采用。国际货币基金组织将目前人民币汇率的浮动方式归入其他管理浮动类。

(3)单独浮动。单独浮动又称独立浮动，是指一国货币不与其他任何国家的货币发生固定的联系，其汇率根据外汇市场的供求关系自行上下浮动。采用这种浮动方式的国家，最初主要是发达国家，现在除发达国家之外，越来越多的新兴工业化国家和发展中国家也选用这一方式。单独浮动的优点在于汇率水平的变化基本上反映了客观经济情况的变化,汇率的变动灵活且富有弹性,一旦出现较大偏差,市场外汇供求关系会进行纠正。其弊端在于汇率易受投机的影响,波动可能过于频繁,波幅可能过大,且汇率的波动带有突发性、盲目性和反复性,易给经济特别是国际经济交往带来不稳定的影响。从浮动汇率制度的演变过程可知,发达国家的汇率安排目前主要是单独浮动和联合浮动;而发展中国家的汇率安排则形式多样,但正在由钉住浮动向其他管理浮动和单独浮动过渡。这说明发展中国家的经济正在起步摆脱对发达国家的依赖,经济的自主性、灵活性以及对经济的调控能力正在不断增强。

4. 浮动汇率制度的优点和缺点

(1)浮动汇率制度的优点。第一,汇率随外汇市场的供求变化自由浮动,自动调节国际收支的不平衡。当一国国际收支持续逆差,出口额小于进口额,外国货币供给减少,该国货币汇率呈下降趋势,意味着该国出口商品以外币表示的价格下降,将利于出口,抑制进口,从而扭转国际收支逆差;相反,当一国国际收支持续顺差,出口额大于进口额,外国货币供给加大,该国货币的汇率呈现上浮趋势,该国出口商品以外币表示的价格上涨,就会抑制出口,刺激进口,从而使国际收支顺差减缓。

第二,可以防止外汇储备的大量流失和国际游资的冲击。在浮动汇率制度下,汇率没有固定的波动幅度,政府也没有义务干预外汇市场。因此,当本国货币在外汇市场上被大量抛售时,该国政府不必为稳定汇率动用外汇储备,大量抛售外币,吸购本币;相反,当本国货币在外汇市场上被大量抢购时,该国政府不必大量抛售本币,吸购外币。本币汇率的进一步上升,自然会抑制市场对本币的需求,这样就可减少国际游资对某一种货币冲击的可能性。

第三,有助于独立自主选用国内经济政策。与固定汇率制度相比,浮动汇率制度下一国无义务维持本国货币的固定比价,因而可以根据本国国情,独立自主地采取各项经济政策。同时,由于在浮动汇率下,为追求高利率的投机资本往往受到汇率波动的打击,因而减缓了国际游资对一国的冲击,从而使其货币政策能产生一定的预期效果。由于各国没有维持固定汇率界限的义务,在浮动汇率制度下,一定时期内的汇率波动不会立即影响国内的货币流通,国内紧缩或宽松的货币政策从而得以贯彻执行,国内经济则得以保持稳定。

(2)浮动汇率制度的缺点。第一,汇率波动不定增加了国际上贸易的风险。在浮动汇率制度下,汇率有可能暴涨暴跌,国际贸易往来无安全感。例如,在以外币计价结算的贸易中,出口商要承受外汇汇率下跌而造成结汇后本币收入减少的损失;相反,进口商则要承受外汇汇率上涨而造成进口成本加大的损失。此外,汇率的剧烈波动使得商品的报价、计价货币的选择、成本的核算变得十分困难,这对国际贸易的发展是不利的。

第二,汇率剧烈波动助长了外汇市场上的投机。在浮动汇率制度下,汇率的波动取决于外汇市场的供求关系,汇率波动频繁,波动幅度大,外汇投机者就有机可乘。有些西方国家的商业银行也常常参与外汇市场上的投机活动,通过预测外汇汇率的变化,在外汇市场上低买高卖,牟取暴利。在浮动汇率制度下,汇率的自由升降虽可阻挡国际游资的冲击,但却容易因投机或谣言引起汇率的暴涨暴跌,造成汇率波动频繁和波幅较大的局面。在固定汇率制度下,因国家的干预,汇率波动并不频繁,其波动幅度也不过是铸币平价上下的1%,但在浮动汇率制度下,汇率波动则极为频繁和剧烈,有时一周内汇率波动幅度能达到10%,甚至在一天内就能达到8%。这进一步促使投机者利用汇率差价进行投机活动,以获取投机利润。但汇率剧跌,也会使他们遭受巨大损失。因投机亏损而引起的银行倒闭之风,在20世纪80～90年代曾严重威胁着西方金融市场,银行因投机亏损而倒闭的事件时有发生。

浮动汇率波动的频繁与剧烈也会增加国际贸易的风险，使进出口贸易的成本加重或不易核算，影响对外贸易的开展。同时，这也促进了外汇期权、外汇期货、远期合同等有助于风险防范的国际金融业务的创新与发展。

由此看来，浮动汇率制度的利弊互见，优点与缺点并存。尽管它不是最理想、最完善的国际汇率制度，但仍不失为一种适应当今世界经济的适时、可行的汇率制度。

三、汇率制度的选择

汇率是联系国内外商品市场和金融市场的一条纽带，汇率的变动会直接影响一国的国内经济和对外经贸往来，主要国家的货币汇率还会直接影响世界经济的发展，因此汇率制度的选择是国际金融领域中一个非常重要的问题。有关汇率制度选择的理论主要有经济论和依附论。

（一）经济论

经济论是由美国经济学家罗伯特·赫勒（Robert Heller）提出来的，该理论认为是经济因素决定了一国汇率制度的选择。这些经济因素是：①经济开放程度；②经济规模；③进出口贸易的结构和地域分别；④国内金融市场的发达程度及其与国际金融市场的联动程度；⑤国内外相对的通货膨胀率。

由于在浮动汇率制下，汇率的波动可以自动调节国际收支的失衡，这样一国政府就可以将财政货币政策专注于国内目标的实现，这显然有利于开放程度较低国家的经济发展，而且由于一国政府没有维持汇率的义务，一方面不需要很多的外汇储备，可以把更多的外汇资金用于经济发展，如用于进口外国商品、增加投资等，从而促进国内经济的发展；另一方面，不必通过外汇储备和货币供给的增减来适应主要贸易伙伴国的货币政策，从而保证本国货币政策的自主性。而且浮动汇率制下，政府没有维持汇率的义务，外汇管制相应地会比较宽松，对资本流出流入地限制就会比较少。在浮动汇率制度下，国外发生通货膨胀只能带来本币汇率的上升，抵消国外通货膨胀通过进出口对国内物价的直接影响，不会引起国内物价上涨，可以避免国外的通货膨胀传到国内，这对于国内通货膨胀率低于国外的国家显然是有利的。

综合浮动汇率制对经济因素的这些影响，罗伯特·赫勒认为，如果一国的进出口占 GNP 的比例较低（即开放程度低），进出口贸易结构和地域多样化，与国际金融市场联系密切，资本流入较为可观和频繁，国内通货膨胀与其他主要国家不一致，则选择浮动汇率制有利于经济的发展。如果一国的经济开放程度较高，经济规模较小，或者进出口集中于几种商品或几个国家，则选择固定汇率制或钉住汇率制有利于经济的发展。

（二）依附论

依附论是由一些发展中国家的经济学家提出来的，讨论的是发展中国家的汇率制度选择问题。该理论认为，一国汇率制度的选择，取决于一国对外经济、政治、军事等各方面联系的特征，发展中国家在实行钉住汇率制时，如何选择被钉住货币，取决于该国对外经济、政治关系的“集中”程度，也取决于该国在经济、政治、军事等方面的对外依附程度。被钉住货币一旦选定，又会影响一国的对外经济和其他很多方面。例如，如果某发展中国家的主要贸易伙伴国是美国，并且其他方面与美国的联系也较密切，则该国可以考虑选择以美元为被钉住货币，这样可以减少因汇率变动对进出口等方面带来的不利影响，但是美国的经济变化和财政货币政策的改变会对该国产生影响。

任务二 外汇管制

一、外汇管制的概念

外汇管制(Exchange Control or Exchange Restriction)又称外汇管理(Exchange Management),是指一国政府通过法律、法令以及行政措施对外汇的收支、买卖、借贷、转移以及国际结算、外汇汇率、外汇市场和外汇资金来源与应用所进行的干预和控制。外汇管制的目的是为了平衡国际收支、维持汇率以及集中外汇资金,根据政策需要加以分配。简单地说,外汇管制就是一国政府对外汇的收支、结算买卖与使用等各个环节所采取的一系列限制性措施。外汇管制的主体是由政府机构授权的货币金融当局或其他政府机构,在我国是国家外汇管理局。外汇管制体现的都是政府的意图,并且具有浓厚的时代背景和历史成因,其整体趋势是趋于放松的,我国也不例外。

二、外汇管制的产生和发展

外汇管制的产生和发展同各个历史时期国际政治经济发展、国际贸易格局的变化及国际货币制度的演变密切相关。

(一)两次世界大战期间的外汇管制

第一次世界大战以前,资本主义国家广泛实行自由贸易,货币制度是金本位制。金本位制的"三大自由",使汇率和国际收支可以通过自动调节机制实现均衡,不需要以行政或法律性手段的人为调节,基本上不存在外汇管制。第一次世界大战爆发后,打破了金本位制存在的外部条件。受战争的影响,参战国都发生了巨额的国际收支逆差,本币对外汇汇率猛跌,资金大量外流。为了筹措战争所需的大量外汇资金,防止资金外流,各国都禁止黄金输出,取消外汇自由买卖,开始实行外汇管制,外汇管制由此产生。第一次世界大战后,随着各国经济的恢复和发展,政治经济进入了一个相对稳定的发展时期,为了扩大对外贸易,从1923年起,各国先后实行了金块本位制和金汇兑本位制,并相继取消了外汇管制。1929～1933年,西方资本主义世界爆发了空前规模的经济危机,紧接着是严重的货币信用危机,使国际支付无法正常进行,使本已处于风雨飘摇中的金本位制全面崩溃。为减轻经济危机带来的危害,各国又相继恢复了外汇管制。第二次世界大战爆发后,德、日等法西斯国家首先把外汇管制作为动员集中战争物资的手段。一直坚持货币自由兑换的英、法两国,为了补充外汇资金,应付巨额战争支出,也被迫实行外汇管制。当时,世界100多个资本主义国家和地区中,只有美国、依附美国的美洲国家和瑞士,未正式实行外汇管制,其余都实行了严格的外汇管制。

(二)第二次世界大战后的外汇管制

第二次世界大战结束后,国际经济极不平衡,英、法、德、日、意等国受战争破坏最严重,经济困难,通货膨胀严重,国际收支大量逆差,黄金、外汇储备枯竭。为此,这些国家进一步强化了外汇管制。而只有美国通过战争获得了巨大的经济利益,集中了世界上绝大部分黄金存量,而没有实行外汇管制。

20世纪50年代末,特别是60年代后,西欧各国、日本等经济得以恢复和发展,外汇储备增加,经济实力增强。美国趁此利用布雷顿森林体系建立的有利地位,一再对西欧、日本等国施加压力,迫使其放松外汇管制。此外,第二次世界大战后成立的国际货币基金组织,在其协定中规定会员国有义务取消外汇管制，实现货币的可自由兑换。20 世纪 50～70 年代后，西方主要国家先后从有限度的货币自由兑换到进一步解除外汇管制实行全面的货币自由兑换。同时，亚太地区一些新兴工业国及中东一些富裕的石油输出国也逐步放宽以至取消了大部分外汇管制。但绝大多数外汇资金还不宽裕的发展中国家，仍然实行宽严不一的外汇管制。

三、外汇管制的目的、实施机构及对象

（一）外汇管制的目的

从外汇管制历史演变来分析，各国实行外汇管制的主要目的是为了促进国际收支平衡和维持本币汇率的稳定，以利于本国经济金融稳定发展。但不同的国家实行外汇管制的具体目的不尽相同。发达国家在战争时期实行外汇管制，是为了保证军费开支的需要；在经济危机时期，是为了防止资本外逃，改善国际收支逆差；顺差国在必要时实行外汇管制是为了限制外来资本大量流入，防止输入性通货膨胀，以减轻对国内经济的冲击。发展中国家因经济实力薄弱，外汇资金匮乏，实行外汇管制是为了保证本国经济的独立发展，防止外国商品大量进口冲击本国民族工业；避免资本大量外逃，并鼓励外国资本流入；谋求本币汇率稳定，并运用行政手段来调节国际收支。

（二）外汇管制的实施机构

实行外汇管制的国家，一般都设有外汇管理机构。外汇管理机构的设立有三种类型：一是由国家设立专门的外汇管制机构，法国、意大利和中国由国家设立专门的外汇管理局；二是由国家授权中央银行直接负责外汇管制工作，例如英国是由英格兰银行负责外汇管制工作；三是由国家行政管理部门直接负责外汇管制工作，如美国由财政部负责，日本由大藏省、通产省负责。外汇管理机构的主要职责是负责制订和监督执行外汇管理的政策、法令、规章和条例，并随时根据情况变化和政策需要，采取各种措施，控制外汇收支。

（三）外汇管制的对象

外汇管制的对象分为对人、对物和对地区的管制。

1. 对人的管制

在外汇管制中，一般把人的概念分为“居民”和“非居民”两类。由于居民的外汇收支涉及居住国的国际收支，所以对居民的外汇管制较严，而对非居民的外汇管制较宽。

2. 对物的管制

这里的“物”是指外币（包括现钞和铸币）、外币支付凭证（汇票、本票、支票）、外币有价证券，以及在外汇收支中使用的其他外汇资产。大多数国家将黄金、白银等贵金属以及本币的出入国境也列入外汇管制的范围。

3. 对地区的管制

“地区”一般以本国为限，但还常指因政治经济关系而形成的国家集团之间，如欧洲联盟、以美国为中心的北美自由贸易区等。在这些国家集团之间办理国际结算与资本流动基本上是自由的，但对集团之外的结算和收付有不同程度的管制。

（四）外汇管制的类型

按是否实行全面的或部分的外汇管制为标准，外汇管制大致分为三种类型。

1. 严格型外汇管制的国家和地区

有些国家和地区对贸易收支、非贸易收支和资本项目收支，都实行严格的外汇管制。大多数发展中国家，如印度、赞比亚、秘鲁、巴西等均属这一类。这些国家和地区经济不发达，出口

创汇有限，缺乏外汇资金，市场机制不成熟，为了有计划地使用外汇资源，加速经济发展，不得不实行严格的外汇管制。

2. 非严格型外汇管制的国家和地区

有些国家和地区对贸易和非贸易收支，原则上不加管制，但对资本项目的收支则仍加以不同程度的管制。这类国家经济比较发达，市场机制在经济活动中起主导作用，并已承诺了国际货币基金组织基金协定的第八条款，即不对经常项目的收支加以限制，不采取有歧视性的差别汇率或多重汇率，如法国、意大利、英国等。

3. 松散型外汇管制的国家和地区

有些国家对经常项目和资本项目的外汇交易不实行普遍的和经常性的限制，但不排除从政治和外交需要出发，对某些特定项目或国家采取包括冻结外汇资产和限制外汇交易等制裁手段。这些国家的汇率一般为自由浮动制，其货币也实行自由兑换。这类国家经济发达，黄金和外汇储备充足，国际收支整体情况良好，如美国、德国、加拿大等。

总之，一个国家外汇管制范围的大小和程度的宽严，主要取决于该国的经济、贸易、金融和国际收支状况。由于世界各国的经济处于不断发展变化之中，所以其外汇管制也是在不断发展和变化的，其总体趋势是：工业化国家和地区的外汇管制逐步放松，发展中国家和地区的外汇管制则有松有紧。

四、外汇管制的办法与措施

（一）对贸易外汇的管制

由商品进出口引起的贸易外汇收支是一国国际收支中最大的项目，对国际收支状况起着决定性的影响，所以外汇管制的国家尤其是逆差国通常对贸易外汇收支实行比较严的管制，目的是为集中出口外汇收入，限制进口外汇支出，实现贸易收支平衡。

1. 对贸易进口外汇支出的管制措施

(1)进口许可证制度。规定货物进口，必须先向有关当局申请核发进口许可证，只有取得进口许可证，才能向外汇银行购买外汇。(2)进口限额制。外汇管理机构按计划给进口商分配进口额度，进口商在规定的有效期内，进口总额不得超过分配的限额，银行也只在限额内供汇。(3)进口预交保证金制。要求进口商必须向指定银行预先存入一定数量的进口货款，才能购买外汇。(4)征收外汇税。进口商购买外汇时征收一定的外汇税，以提高进口成本加以限制。(5)进口专营制度。规定所有商品或某些商品的进口由国家指定的专营机构办理，其他未经批准企业不得参与。

2. 对贸易出口外汇收入的管制

(1)出口许可证制度。出口商出口货物，必须先向有关当局取得出口许可证，出口所得外汇必须卖给指定银行，不准私自持有或买卖。(2)为鼓励出口，由国家银行提供出口信贷支持，财政给予出口补贴、出口退税等。

（二）对非贸易外汇的管制

不属于商品进出口贸易的经常性外汇收支，统称为非贸易外汇，如运费、保险费、邮电费、利润、股息、利息、专利费、稿费、旅游费等。对属于进出口贸易从属费用的，一般与贸易外汇管制方法相同。其他非贸易外汇收入要及时售给政府指定银行，支出要经外汇管制部门审查核准后才可购汇。总之，非贸易外汇的管制原则是：对收入管制较松，对支出管制较严。

（三）对资本输出输入的管制

各国的经济发展状况不同，对资本输出输入的管制也不尽相同。一些经济实力强的发达国家，一般对资本输出输入没有管制，但当资本流动足以影响本国物价、汇率的稳定及国际收支平衡时，也要采取管制手段。如为限制资本流入通常采取的措施有：对吸收非居民存款的银行要缴纳较高的存款准备金，对非居民本币存款不付利息；控制本国企业向外借债；限制非居民购买本国有价证券等。发达国家外汇储备充足，资本过剩，一般不鼓励资本输入，但鼓励资本输出。发展中国家国力较弱，外汇缺乏，为发展本国经济，往往采取鼓励资本流入限制资本流出的政策，如对直接投资者给予税收、劳动工资、工地等方面的优惠政策。为限制资本外逃，规定到国外投资要经外汇管理当局批准，禁止携带有价证券出境等。

（四）对汇率的管制

汇率管制是一国从本国的经济利益出发，为调节国际收支、稳定本币价值，而对本国所采取的汇率制度和汇率水平管制的方法，汇率管制的主要目的是稳定汇率或使汇率有利于本国对外贸易和实现国际收支平衡。对汇率的管制主要有以下几种：

1. 直接管制汇率

一国政府指定某一部门制定、调整和公布汇率，这一官方的汇率对整个外汇交易起着决定性的作用。各项外汇收支都必须以此汇率为基础兑换本国货币。但这种汇率的形成人为因素成分较大，很难反映真实的水平，极易造成价格信号的扭曲。此外，采取这种形式的汇率管制，通常都伴之以对其他项目较严格的外汇管制。

2. 间接调节市场汇率

由市场供求决定汇率水平的国家，政府对汇率不进行直接的管制，而是通过中央银行进入市场吸购或抛售外汇，以达到调节外汇供求、稳定汇率的效果。为进行这一操作，许多国家都建立了外汇平准基金，运用基金在市场上进行干预；有的则是直接动用外汇储备进行干预：除通过中央银行在外汇市场上直接买卖外汇以外，中央银行还通过货币政策的运用，主要是利率杠杆来影响汇率。利率水平的提高和信贷的紧缩，可以减少市场对外汇的需求，同时抑制通胀，吸引国外资金流入，阻止汇率贬值；反之，则可减轻汇率上升。

3. 实行复汇率制度

当一国货币对另一国货币的汇价因用途和交易种类的不同而规定有两种或两种以上的汇率时，IMF 把一国政府或其财政部门所采取的导致该国货币对其他国家的即期外汇的买卖差价和各种汇率之间的买入与卖出汇率之间的差价超过 2%的任何措施均视为复汇率。

一般来说，经济高度发达的市场经济国家，其汇率一般为自由浮动，国家不对汇率进行直接管制，而是运用经济手段间接调控引导汇率；而那些经济欠发达、市场机制发育不健全、缺乏有效的经济调控机制和手段的国家，则采取直接的行政性的方式来管理汇率，以保证汇率为本国经济政策服务。

（五）对黄金、现钞输出入的管制

实行外汇管制的国家对黄金交易也进行管制，一般不准私自输出或输入黄金，而由中央银行独家办理。对现钞的管理，习惯的做法是对携带本国货币出入境规定限额和用途，有时甚至禁止携带本国货币出境，以防止本国货币输出用于商品进口和资本外逃以及冲击本国汇率。根据中国人民银行 2004 年第 18 号公告规定，中国公民出入境每人每次携带的人民币限额为 20 000 元，不得超额携带。

五、外汇管制的经济分析

进行外汇管制的主要原因是外汇不足,进行外汇管制实际上是用人为的方法抑制外汇需求,这会引发外汇的价格——汇率的扭曲,即汇率不再是真实的外汇供给和需求达到均衡时的价格水平,由此会带来外汇管制的成本问题和黑市汇率问题。

1. 外汇管制成本的经济分析

外汇管制扭曲了外汇供给和需求的市场水平,干扰了外汇市场功能的有效发挥,从而引起资源配置的不当和低效率,这就是外汇管制的成本,也是外汇管制所付出的最主要的代价。

经外汇管制以后确定的汇率(官方汇率)与实际均衡汇率偏离的程度越高,真实外汇供求被扭曲的程度也就越大,图 5—1 显示了外汇管制所造成的这种扭曲。图中横轴表示外汇的数量,纵轴表示汇率,外汇需求曲线表示对进口支付的外汇需求,供给曲线表示出口收入的外汇供给。由于对外汇的供给来源于出口(此处为简化分析,用出口所得外汇代表国际收支平衡表中所有的外汇收入),需求来源于进口(此处为简化分析,用进口支付外汇代表国际收支平衡表中所有的外汇支出),因此国际收支的均衡就等同于外汇市场的均衡;反之,国际收支失衡就会导致外汇市场的失衡。在没有外汇管制的情况下,过度的外汇供给或需求都是暂时的,这是因为汇率将会自动调整,以消除外汇市场和国际收支的失衡。

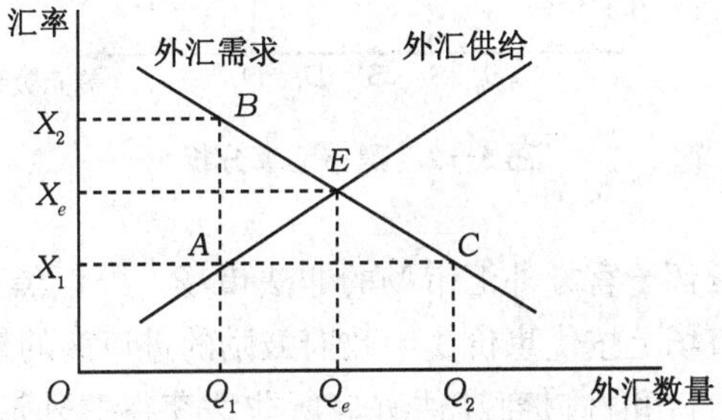

图 5—1 外汇管制所造成的扭曲示意

假定存在着外汇管制,政府把官方汇率维持在 X_1 的水平。在这一点上,存在着外汇的过度需求 AC,政府或者限制居民个人购买外汇,或者限制进口商购买外汇。由于已经假定外汇需求来自于进口需求,所以这里只能通过限制进口商购买外汇来解决 AC 部分的过度外汇需求。由于在 X_1 的汇率水平上,出口商只愿提供 Q_1 数量的外汇,而进口商则愿意以 X_2 的汇率水平买进 Q_1 数量的外汇,因此政府可以提高外汇的卖出价格至 X_2,以使外汇供求相等。对此进行福利分析,可以发现,相对于均衡汇率水平 Xe 而言,消费者剩余减少了 X_2BEX_e 部分,生产者剩余也减少了 X_1AEX_e 部分,而政府通过外汇的买卖差价可以获得 X_1ABX_2 部分的利润。综合到一起,社会福利净损失是 ΔABE 部分。其经济概念十分明显,出口商所面临的较低汇率水平使其减少了出口,影响了国内的生产和就业,进口商面临的较高汇率水平又使其减少了进口,这就导致了国内一些效率较低的与进口相竞争的生产得以进行,因此从整体上看是不经济的。

2. 黑市汇率的经济分析

由于外汇管制抑制了一部分外汇需求,使得无法通过正常途径获得的这部分外汇,就会求助于黑市,只要官方汇率不在供求相等的均衡点上,就会有黑市汇率出现,官方汇率偏离真实的汇率水平越远，与黑市汇率的差异也就越大。

为了分析的简便起见，假定黑市外汇交易只是作为平行的外汇市场在运行，并假定外汇市场参加者都希望在汇率 E_0 购买外汇。如果黑市汇率是低于或等于 E_0，中央银行在汇率 E_0。愿意购买所有个人和企业出售的外汇，因而也就没有更多的外汇供给。如果黑市汇率为 E_1，就可能吸引额外的外汇供给，即图 6－2 中的 S_1，那么供应黑市市场的外汇数量就等于 S_1-S_0。在供应曲线为 SS 的情况下，更高的汇率进一步增加了外汇供给。黑市外汇供给曲线为 OES。由于黑市汇率为 E_1，外汇供应为 S_1-S_0，仍然低于市场需求数，而黑市上美元需求为 D_1-S_0。在汇率为 E_1 的情况下，市场上美元需求过高必然促使汇率上升到 E^*，美元供给和需求正好相等。美元供给的数量为 S^*，此时的均衡汇率 E^* 是自由市场条件下的汇率。因此，黑市汇率可以提供官方汇率和均衡汇率的有价值信息。如果黑市汇率等于市场"出清"(Market Clear)汇率，就提供了均衡汇率的信号，或者是官方汇率高估的程度。

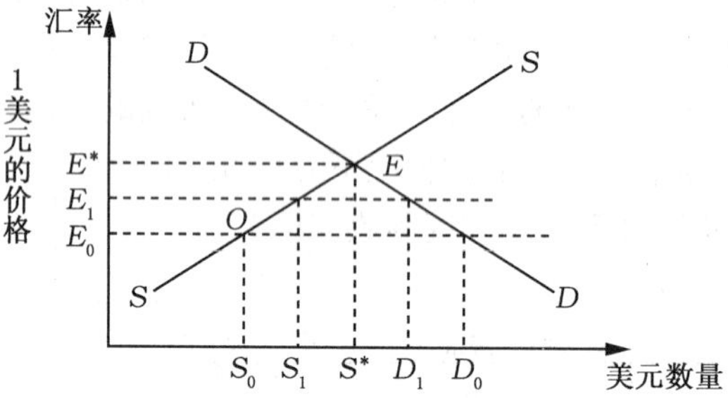

图 5－2　黑市汇率分析

但是，外汇黑市是"平行"于官方外汇市场的非法市场。外汇黑市上的外汇供给主要来自以下几个渠道：①在官方市场上按优惠价卖给政府鼓励的进口商的外汇的转售；②走私商品所获得外汇；③出口商低估出口和进口商高估进口所非法获得的外汇；④旅游和来自国外的外汇。黑市上的外汇需求则是源自于私人或企业因种种原因要求购买外汇时所受到的客观限制。外汇黑市交易的存在扰乱了一国金融市场的正常秩序，并削弱了政府对外汇资金的控制力。如果政府严厉制裁外汇黑市交易者，那么法律起诉和惩罚就使黑市交易的风险更大，从而减少了黑市的外汇供给，客观上提高了黑市汇率的升水，使黑市汇率与市场均衡汇率的偏差增加。

总之，外汇管制使资源配置的效率降低，滋生外汇黑市，而且与外汇管制相伴而生的还有走私、伪造发票等非法交易手段。只要这些非法交易手段的收益率超过逃避管制所付出的成本或代价，这些非法交易就会不断产生。为了监督外汇管制的执行需要有一整套的官僚机器，这会带来巨大的管理成本。而对于进出口商而言，要遵守或逃避外汇管制，也要支付十分昂贵的法律和会计费用。外汇管制还容易招致其他国家的报复，这对于世界贸易的发展和国际资源优化配置都是不利的，从而降低了世界的整体福利。

六、外汇管制的作用和弊端

(一)外汇管制的作用

1. 防止资本外逃

国内资金外逃是国际收支不均衡的一种表现。在自由外汇市场下，当资金大量外移时，由于无法阻止或调整，势必造成国家外汇储备锐减，引起汇率剧烈波动。因此，为制止一国资金外逃，避免国际收支危机，有必要采取外汇管制，直接控制外汇的供求。

2. 维持汇率稳定

汇率的大起大落会影响国内经济和对外经济的正常进行，所以通过外汇管制，可控制外汇供求，稳定汇率水平，使之不发生经常性的大幅度波动。

3. 维护本币在国内的统一市场不易受投机影响

实行外汇管制可以分离本币与外币流通的直接联系，维持本币在国内流通领域的唯一地位，增强国内居民对本币的信心，抵御外部风潮对本币的冲击。

4. 便于实行贸易上的差别待遇

一国实行外汇管制，对外而言，有利于实现其对各国贸易的差别待遇或作为国际上政府谈判的手段，还可以通过签订清算协定，发展双边贸易，以克服外汇短缺的困难；对国内而言，通过实行差别汇率或贴补政策，有利于鼓励出口，限制进口，增加外汇收入，减少外汇支出。

5. 保护民族工业

发展中国家工业基础薄弱，一般工艺技术有待发展完善，如果不实行外汇管制及其他保护贸易政策，货币完全自由兑换，则发达国家的廉价商品就会大量涌入，从而使其民族工业遭到破坏与扼杀。实行外汇管制，一方面可管制和禁止那些可能摧残本国新兴工业产品的外国商品的输入，另一方面可鼓励进口必需的外国先进的技术设备和原材料，具有积极发展民族经济的意义。

6. 有利于国计民生

凡涉及国计民生的必需品，在国内生产不足时，政府均鼓励进口，准其优先结汇，按较低汇率申请进口，以减轻其成本，保证在国内市场上廉价供应，而对非必需品、奢侈品则予以限制。

7. 提高货币币值，稳定物价

实行外汇管制，可集中外汇资财、节约外汇支出，一定程度上可提高货币的对外价值，增强本国货币的币信，加强一国的国际经济地位。另外，纸币对外表现为汇率，对内表现为物价。当一国主要消费物资和生活必需品价格上涨过于剧烈时，通过外汇管制对其进口所需外汇给予充分供应，或按优惠汇率结售，则可增加资源，促进物价回落，抑制物价水平上涨，保持物价稳定。因此，外汇管制虽直接作用于汇率，但对稳定物价也有相当作用，可避免或减轻国外通货膨胀对国内物价的冲击。当然，外汇管制也可作为外交政策，当别的国家实施外汇管制而对本国经济和政治产生不利影响时，该国即可启用外汇管制作为一种报复手段。这样，外汇管制便成为一种政策工具。

(二)外汇管制的弊端

外汇管制从另外的角度看，对国际贸易和国家经济也会产生一定的副作用，主要有以下表现。

1. 不利于平衡外汇收支和稳定汇率

法定汇率的确定虽可使汇率在一定时期和一定范围内保持稳定，但是影响汇率稳定的因素很多，单纯依靠外汇管理措施以求汇率稳定是不可能的。比如，一个国家财政状况不断恶化，财政赤字不断增加，势必增加货币发行，引起纸币对内贬值，通过外汇管制，人为高估本国币值的法定汇率，必然削弱本国商品的对外竞争力，从而影响外币收入，最后本国货币仍不得不对外公开贬值，改变法定汇率。若财政状况仍没有根本好转，新的法定汇率就不易维持，外汇收支也难以平衡。

2. 阻碍国际贸易的均衡发展

采取外汇管制措施虽有利于双边贸易的发展，但由于实施严格的管制后，多数国家的货币无法与其他国家的货币自由兑换，必然限制多边贸易的发展。另外，官方对汇率进行干预和控制，汇率不能充分反映供求的真实状况，常出现高估或低估的现象。而汇率高估，对出口不利；汇率低估，又对进口不利，汇率水平不合理会影响进出口贸易的均衡发展。

3. 限制资本的流入

在一定情况下，实行外汇管制不利于本国经济的发展与国际收支的改善。比如，外商在外汇管制国家投资，其投资的还本付息、红利收益等往往难以自由汇兑回国，势必影响其投资积极性，进而影响本国经济发展。

4. 价格机制失调

价格机制失调，资源难以合理配置外汇管制会造成国内商品市场和资本市场与国际相分离，国内价格体系与国际相脱节，使一国不能充分参加国际分工和利用国际贸易的比较利益原则来发展本国经济，资源不能有效地分配和利用。资金有盈余的国家，不能将其顺利调出；而急需资金的国家又不能得到它，资金不能在国际上有效流动。

任务三　人民币汇率制度及外汇管理制度

一、人民币汇率制度改革的历史沿革

人民币汇率制度是指关于人民币汇率制度的政策、依据、确定的原则和采取的措施等一系列规定与安排。人民币对外币的汇率，是在贯彻独立自主的方针下，根据我国各个时期的政策和经济建设的要求，并参照各国汇率的变化情况制定的，因此，从 1949 年新中国成立以来，我国在不同的经济发展时期实行了不同的汇率制度。人民币汇率制度先后经历了官方汇率、官方汇率与市场汇率并存、单一的有管理的浮动汇率、参考“一篮子货币”的浮动汇率的市场化演进过程。

(一)历史阶段

第一阶段(1949～1952 年)。这一阶段着重于建立独立自主的汇价体系。随着各大城市的解放，各地先后挂出了人民币对西方资本主义国家货币的比价。我国的国民经济正处在恢复阶段，外汇十分短缺，为了尽快恢复与发展解放初期的国民经济，扶植出口，积累外汇资金，进口国内急需的物资，人民币汇率在这段时期的作用实际上是调节对外贸易，照顾非贸易外汇收入。人民币汇率制定的依据是物价。我国的外汇牌价是根据人民币对内对外购买力的变化情况，参照进出口商品理论比价和国内外的生活物价指数，它能较真实地反映人民币对外的价值，因为人民币的对外购买力的测定是在贸易和非贸易的国内外商品和劳务价格对比的基础上确定的。

第二阶段(1953～1972 年)。1953 年以后，我国进入有计划的社会主义建设时期，国民经济逐步走上全面的计划化，国内金融、物价基本保持稳定。由于人民币币值基本稳定，以及国际上普遍实行固定汇率制，人民币汇率也基本保持不变。此时，我国的进出口贸易由外贸部所属的外贸专业公司根据国家计划统一经营、统负盈亏，不再需要用汇率来调节。这一时期人民币汇率的作用主要是便利侨汇和非贸易的增收节支，按国内外消费物价对比，汇率也没有调整的需要。因此，人民币汇率采取稳定的方针。

第三阶段(1973～1980年)。1973年后,布雷顿森林体系崩溃,世界上绝大多数国家采用浮动汇率制度。为了避免西方国家货币汇率动荡对人民币汇率带来的冲击,人民币汇率实行钉住"一篮子货币"的计算办法,即选择若干有一定代表性的、在国际市场上币值比较坚挺的外币,按其重要程度和政策上的需要确定权重,算出它们在市场上升和下降的幅度,加权计算人民币汇率,其特点为:经常调整、适当高估。

第四阶段(1981～1984年)。改革开放前,人民币汇率同进出口商品价格脱节,出现出口亏损、进口赚钱的怪现象,不利于实行经济核算,不利于发展出口,而从国内外消费物价对比看,汇率偏低,对非贸易收入不利。为了鼓励出口,适当限制进口,加强外贸的经济核算和适应我国对外贸易体制的改革,又不影响我国非贸易外汇收入,从1981年起我国实行两种汇率:一种是适用于非贸易外汇收支的对外公布的汇率;另一种是适用于贸易外汇收支的内部结算价。

第五阶段(1985～1993年)。随着我国改革开放的深入,开始引入市场机制,一部分资源由市场配置,从而出现了价格的双轨制。与之对应的是外汇留成制度,实行外汇留成后,有的外贸企业留成外汇多,需卖出,有的外贸企业留成外汇不够,需买入,这就产生了外汇调剂需求,出现了外汇调剂业务。随着对外贸易实行承包责任制,由补贴机制转为自然盈亏机制,留成外汇比例不断扩大,调剂外汇数量大大增加,外汇调剂市场逐步形成。在这一阶段,人民币实行官方汇率与外汇调剂市场汇率同时并存的制度,超越了外汇决定制度中的行政干预,开始形成了汇率决定的市场机制,对我国对外贸易的发展起到了积极的作用。

第六阶段(1994年～2005年)。1994年1月1日,人民币汇率实现了并轨,将官方汇率向市场调剂汇率靠拢,改双轨制为单一汇率制,实行以市场供求为基础的、单一的、有管理的浮动汇率制。在此汇率制度下,市场供求关系就成为决定汇率的重要依据。中国人民银行对汇率的干预不再通过行政手段,而是以平等的会员身份参与银行之间的外汇市场买卖,向外汇市场吞吐外汇,以保证基准汇率的形成符合国内经济的需要和保持各银行之间挂牌汇率的基本一致和稳定。1997年底以前,人民币对美元汇率保持稳中有升,海内外对人民币的信心不断增强。1998年初起,为了防止亚洲金融危机期间周边国家和地区货币轮番贬值的进一步扩散,中国政府承诺人民币不贬值,将人民币对美元汇率稳定在8.28左右的水平。

第七阶段(2005年7月至今)。自2005年7月21日起,我国开始实行以市场供求为基础、参考"一篮子货币"进行调节、有管理的浮动汇率制度。人民币汇率不再钉住单一美元,形成更加富有弹性的人民币汇率机制。

(二)现行人民币汇率制度的主要特征

1. 人民币汇率是以市场供求为基础的汇率

现行人民币汇率制度正式取消了人民币官方汇率,而是以市场汇率作为人民币对其他国家货币的唯一价值标准,这使得外汇市场上的外汇供求状况成为决定人民币汇率的主要依据。根据这一基础确定的汇率必然与当前的进出口贸易、通货膨胀水平、国内货币政策等经济状况密切相连,能更快更好地直接传递或反映有关信息。

2. 参考"一篮子货币"进行调节

"一篮子货币"是指按照我国对外经济发展的实际情况,选择若干种主要货币,赋予相应的权重,组成一个货币篮子。同时,根据国内外经济金融形势,以市场供求为基础,参考一篮子货币计算人民币多边汇率指数的变化,对人民币汇率进行管理和调节,维护人民币汇率在合理均衡水平上的基本稳定。篮子内的货币构成,将综合考虑在我国对外贸易、外债、外商直接投资等外经贸活动占较大比重的主要国家、地区及其货币。参考"一篮子货币"表明外币之间的汇率变化会影响人民币汇率，但参考“一篮子货币”不等于钉住“一篮子货币”，它还需要将市场供求关系作为另一重要依据，据此形成有管理的浮动汇率。这将有利于增加汇率弹性，抑制单边投机，维护多边汇率。

3. 人民币汇率是有管理的汇率

国家对人民币汇率管理的目的是使人民币汇率在相对合理的水平上保持稳定，以利于国内企业的发展。有管理的汇率主要体现在三个方面：一是国家通过授权国家外汇管理局对外汇市场进行监管，使外汇市场能够规范运作；二是国家通过调整宏观经济政策，诸如货币政策、贸易政策等来对人民币汇率实施宏观调控；三是在人民币汇率不正常波动时，中国人民银行通过在外汇市场吞吐外汇的操作来进行必要的市场干预。

4. 人民币汇率是浮动的汇率

现行人民币汇率制度是一种浮动汇率制度，主要体现在市场汇率可以在一定区间内浮动，具有适度的弹性，中国人民银行每日公布的汇率主要参照银行间外汇市场上汇率的情况制定的，因而该汇率是浮动而有变化的。各外汇指定银行都有自己的挂牌汇率，其可以在中国人民银行制定的基准汇率的基础上，在上下2.5%的幅度内自由浮动。

二、我国的外汇管理体制

(一)外汇管理体制

各国为了保持国际收支平衡，促进国民经济健康发展，需要建立其外汇管理法律制度。外汇管理法律制度又称外汇管制法律制度，是规范外汇管理行为的法律制度的总称。外汇管理是一个国家或地区对外汇的买卖、借贷、转让、收支、国际清偿、外汇汇率和外汇市场的控制和规范的行为。我国自新中国成立以来就实行外汇管制，经过60年的发展、改革和完善，形成了一套比较完备的外汇管理法律制度体系。1996年1月29日，国务院制定发布了《中华人民共和国外汇管理条例》，并于1997年1月14日进行过修正。现行的《外汇管理条例》是国务院于2008年8月1日通过的。

我国外汇管理的机关是国家外汇管理局及其分局、支局。外汇管理的对象是境内机构、境内个人的外汇收支或者外汇经营活动，以及境外机构、境外个人在境内的外汇收支或者外汇经营活动。境内机构是指中华人民共和国境内的国家机关、企业、事业单位、社会团体、部队等，外国驻华外交领事机构和国际组织驻华代表机构除外。境内个人是指中国公民和在中华人民共和国境内连续居住满1年的外国人，外国驻华外交人员和国际组织驻华代表除外。

(二)经常项目外汇管理制度

1. 经常项目的概念

经常项目是指国际收支中涉及货物、服务、收益及经常转移的交易项目等。经常项目外汇收支包括贸易收支、劳务收支和单方面转移等。

贸易收支是一国出口商品所得收入和进口商品的外汇支出的总称。劳务收支是指对外提劳务或接收劳务而引起的货币收支。单方面转移是指一国对外单方面的、无对等的、无偿的支付，分为私人单方面转移和政府单方面转移两类。

2. 经常性国际支付和转移不予限制

经常项目外汇收入可以(并非必须)按照国家有关规定保留或者卖给经营结汇、售汇业务的金融机构。但经常项目外汇支出，应当按照国务院外汇管理部门关于付汇与购汇的管理规定，凭有效单证以自有外汇支付或者向经营结汇、售汇业务的金融机构购汇支付。

3. 外汇收支真实合法性审查制度

经营结汇、售汇业务的金融机构应当按照国务院外汇管理部门的规定，对交易单证的真实性及其与外汇收支的一致性进行合理审查。外汇管理机关有权对上述事项进行监督检查。

（三）资本项目外汇管理制度

1. 资本项目的概念

资本项目是指国际收支中引起对外资产和负债水平发生变化的交易项目，包括资本转移、直接投资、证券投资、衍生产品及贷款等。

2. 跨境投资登记、许可制度

(1)境外机构、境外个人在境内直接投资，经有关主管部门批准后，应当到外汇管理机关办理登记。境外机构、境外个人在境内从事有价证券或者衍生产品发行、交易，应当遵守国家关于市场准入的规定，并按照国务院外汇管理部门的规定办理登记。

(2)境内机构、境内个人向境外直接投资或者从事境外有价证券、衍生产品发行、交易，应当按照国务院外汇管理部门的规定办理登记。国家规定需要事先经有关主管部门批准或者备案的，应当在外汇登记前办理批准或者备案手续。

3. 外债规模管理制度

国家对外债实行规模管理。借用外债应当按照国家有关规定办理，并到外汇管理机关办理外债登记。

4. 对外担保许可制度

提供对外担保，应当向外汇管理机关提出申请。申请人签订对外担保合同后，应当到外汇管理机关办理对外担保登记。但是，经国务院批准为使用外国政府或者国际金融组织贷款进行转贷提供对外担保的，不适用上述规定。

5. 向境外提供商业贷款登记制度

银行业金融机构在经批准的经营范围内可以直接向境外提供商业贷款。向境外提供商业贷款，应当按照国务院外汇管理部门的规定办理登记。

6. 资本项目外汇收支结售汇制度

资本项目外汇收入保留或者卖给经营结汇、售汇业务的金融机构，应当经外汇管理机关批准，但国家规定无需批准的除外。

依法终止的外商投资企业，按照国家有关规定进行清算、纳税后，属于外方投资者所有的人民币，可以向经营结汇、售汇业务的金融机构购汇汇出。

（四）金融机构外汇业务管理制度

金融机构经营或者终止经营结汇、售汇业务，应当经外汇管理机关批准；经营或者终止经营其他外汇业务，应当按照职责分工经外汇管理机关或者金融业监督管理机构批准。

应知考核

◇ 主要概念

汇率制度　固定汇率制度　浮动汇率制度　贴现率　自由浮动　管理浮动　外汇管制　直接管制汇率　复汇率制度　指标浮动　单独浮动　钉住浮动

◇ 基础训练

一、单项选择题

1. 我国现行的外汇管理的主要负责机构是(　　)。

A. 中国人民银行总行　　B. 国家外汇管理局

C. 财政部　　D. 中国银行

2. 人民币自由兑换的概念是(　　)。

A. 经常项目的交易中实现人民币自由兑换

B. 资本项目的交易中实现人民币自由兑换

C. 国内公民个人实现人民币自由兑换

D. 经常项目有限制的兑换

3. 金本位制度是以(　　)作为本位货币的制度。

A. 黄金　　B. 货物　　C. 等价物　　D. 以上都可

4. 在固定汇率制度下,法定贬值能(　　)。

A. 抑制出口,扩大进口　　B. 抑制进口,扩大出口

C. 扩大进口,抑制出口　　D. 扩大出口,抑制进口

5. 一国政府对汇率不进行任何干预,市场汇率完全听任外汇市场的供求变化而自由波动的汇率浮动方式是(　　)。

A. 自由浮动　　B. 管理浮动

C. 单独浮动　　D. 钉住"一篮子货币"浮动

6. 一国政府从本国利益出发对汇率的波动进行不同程度干预的汇率浮动方式,是(　　)。

A. 自由浮动　　B. 管理浮动

C. 单独浮动　　D. 钉住一篮子货币浮动

7. 一国货币不与其他任何国家的货币发生固定的联系,其汇率根据外汇市场的供求关系自行上下浮动的是(　　)。

A. 自由浮动　　B. 管理浮动

C. 单独浮动　　D. 钉住一篮子货币浮动

8. 直接将本币钉住特别提款权,有利之处是简便易行,可保持汇率的相对稳定的是(　　)。

A. 自由浮动　　B. 管理浮动

C. 单独浮动　　D. 钉住一篮子货币浮动

9.(　　)规定货物进口,必须先向有关当局申请核发进口许可证,只有取得进口许可证。才能向外汇银行购买外汇。

A. 进口许可证制度　　B. 进口限额制

C. 进口预交保证金制　　D. 征收外汇税

10. 由一些发展中国家的经济学家提出来的,讨论的是发展中国家的汇率制度选择问题的是(　　)。

A. 经济论　　B. 依附论　　C. 国富论　　D. 生产要素禀赋论

二、多项选择题

1. 2005 年 7 月,我国改革了人民币汇率形成机制。新的人民币汇率制度的特点有(　　)。

A. 有管理的浮动汇率　　B. 以市场供求为基础

C. 钉住"一篮子货币"　　D. 参考"一篮子货币"进行调节

2. 维持固定汇率制度所采取的措施是(　　)。

A. 提高贴现率　　B. 动用黄金外汇储备

C. 外汇管制　　D. 举借外债或签订货币互换协定

3. 从政府是否对市场汇率进行干预的角度，可将汇率浮动的方式分为(　　)。

A. 自由浮动　　B. 管理浮动

C. 钉住浮动　　D. 有限弹性浮动和较高弹性浮动

4. 浮动汇率制度的缺点主要有(　　)。

A. 汇率波动不定增加了国际贸易的风险

B. 汇率剧烈波动助长了外汇市场上的投机

C. 可以防止外汇储备的大量流失和国际游资的冲击

D. 有助于独立自主选用国内经济政策

5. 对汇率的管制主要有(　　)。

A. 直接管制汇率　　B. 间接调节市场汇率

C. 实行复汇率制度　　D. 对黄金、现钞输出入的管制

三、简答题

1. 简述汇率制度的分类。
2. 简述外汇管制的作用和弊端。
3. 简述浮动汇率制度的优点和缺点。
4. 简述外汇管制的办法与措施。
5. 简述现行人民币汇率制度的主要特征。

应会考核

■ 技能案例

【案例背景】

2014年以来，人民币持续大幅贬值，美元兑人民币汇率中间价由2013年12月31日的6.096 9降至2014年3月31日的6.152 1，下跌552个基点，贬值幅度达0.91%。在即期汇率方面，美元兑人民币即期汇率由6.053 9下滑至6.218 0，下跌1 641个基点，贬值幅度达2.71%。回顾2013年整年即期汇率仅上涨2.83%，2014年第一季度美元兑人民币贬值幅度已达到2013年整年升值幅度的95%以上。这是自1994年人民币与美元非正式挂钩以来持续时间最长、幅度最大的贬值，一举打破了20年以来人民币持续升值的预期。

2005年汇率改革之后，人民币持续升值，至2013年12月31日，人民币升值幅度达35%。在2014年1月以前，美元兑人民币即期汇率一直高于美元兑人民币中间价，市场对人民币升值预期显著高于央行。自2014年1月之后，市场即期汇率低于美元兑人民币中间价，反映出市场对人民币贬值预期较为强烈，央行对人民币汇率仍维持稳定态度。

人民币汇率波幅扩大，窄幅震荡扩大为宽幅。2014年3月15日，央行宣布人民币对美元的日内波动幅度从3月17日开始由原来的1%扩大至2%，这是继2007年和2012年以后的第三次扩大日内波动幅度区间。此前的2007年5月，央行决定银行间即期外汇市场人民币兑美元交易价波动幅度由0.3%扩大至0.5%，在近5年后的2012年4月，央行再次将波动幅度扩大到1%。2014年3月17日之后，美元兑人民币即期汇率波动幅度增加，3月17日当日人民币贬值0.45%，3月30日继续贬值0.5%，而后3月24日人民币升值0.58%，创2011年10月10日以来的单日最大升幅，而后汇率继续保持下滑趋势。人民币汇率由窄幅震荡扩大为宽幅，市场作用下的双向波动趋势明显，并将成为常态。

资料来源：http://www.mofcom.gov.cn/article/i/dxfw/gzzd/201404/20140400555619.shtml。

【技能思考】

请结合本项目的内容对本案例进行分析：人民币升值和贬值的对我国经济有哪些影响？

■ 实践训练

【实训项目】

外汇管制

【实训情境设计】

2014年10月21日，塞浦路斯财政部长哈里斯—乔里亚季斯表示，塞浦路斯计划在2014年春季放开大部分外汇管制措施。

欧元集团同意对塞浦路斯实施规模约100亿欧元的救助，条件是塞浦路斯所有银行对其储户进行一次性征税，这引发了塞浦路斯银行挤兑风波，为了遏制这一现象，塞浦路斯当时推出了一系列外汇管制措施，这成为欧元区首个实施外汇管制的国家。

乔里亚季斯表示，基于对塞浦路斯银行体系的重组议程，大部分外汇管制措施都应该在2014年春季之前被放开。

他表示，根据塞浦路斯银行体系重组时间表的安排，塞浦路斯将在2014年前三个月上调所有外汇管制措施，不过将资金从塞浦路斯银行体系的账户中转移到海外仍不被允许。

自2014年4月份之后，塞浦路斯开始逐步放宽对资金的限制，然而在支票使用上仍有一定的限制，投资者每日现金取款不允许超过300欧元，也不允许取出定期存款。

塞浦路斯的外汇管制措施曾在一定程度上影响了塞浦路斯的外汇经纪商，使得许多外汇投资者的出入金受到影响，包括对外转账都受到了不同程度的影响。

【实训任务】

根据上述情境资料进行分析：外汇管制对外汇投资者有何影响？

|项目六|

国际储备

【内容提要】

国际储备是一国对外经济交往的最终结果，也是一国国际金融实力及其国际竞争中地位的重要标志，对于调节国际收支、稳定汇率和货币流通，保证国家的对外支付能力与资信水平，有着极为重要的作用，受到各国政府的普遍重视。能够正确理解国际储备，结合我国目前的国际储备状况，分析我国外汇储备水平及构成的合理性。

【学习目标】

■ **知识目标**

理解：国际储备的概念、特点及构成。

熟知：国际储备的来源和作用；国际储备管理概念和原则。

掌握：国际储备的需求和适度规模、总量管理和结构管理。

■ **技能目标**

学生能够掌握国际储备的基础知识，具有对中国的国际储备进行分析和管理的能力。

■ **情意目标**

学生能够掌握国际储备总量管理和结构管理，并能够用其分析中国国际储备的政策。

【教学目标】

教师要培养学生正确理解国际储备的概念，并能结合中国目前的国际储备状况，分析中国外汇储备水平及构成的合理性。

【项目引例】

东南亚金融危机

保持充足的国际储备特别是外汇储备，对维护一国货币或区域性货币的汇率，稳定外汇和货币市场，具有重要的作用。1997 年发端于泰国，后波及马来西亚、菲律宾、印度尼西亚及新加坡等国的东南亚货币危机便是一例。1997 年 7 月 2 日，在历经数月泰铢汇率动荡之后，泰国中央银行终于放弃了实行 13 年的泰铢与“一篮子货币”挂钩的汇率制度，而改行管理式浮动。消息一公布，泰铢兑美元汇价应声下跌 18%，涌动已久的泰国金融危机终于表面化。紧随其后，菲律宾中央银行已无法经受投机力量的打击，于 7 月 11 日宣布允许比索兑美元的汇价在不指明的“更阔”的范围内波动，比索兑美元的汇率也即时贬值一成。马来西亚、印度尼西亚甚至新加坡等国的货币亦受此影响发生“多米诺骨牌效应”,汇率纷纷应势而下,东南亚货币危机由此爆发了。

东南亚各国之所以发生货币危机,原因是多重的。例如,在泰国,除了国家有关的经济政策尤其货币政策失衡(当局对外国资本敞开大门,为国内外提供大量低息美元贷款)、金融机构对房地产投资过度(危机爆发前,泰国实际贷给房地产的资金占贷款总额的50%,新加坡占33%,马来西亚占30%,印度尼西亚占20%)、银行呆账严重(金融机构呆账总额近400亿美元)、外债高筑(至1997年5月逾800亿美元,占国内生产总值的49%)、国际收支经常项目逆差过大(至1997年5月逆差已达164亿美元,占国内生产总值的8.5%)、经济结构不合理、外汇投机商的无情炒作等,还有一个重要原因,就是国家外汇储备相当有限和货币危机爆发后动用储备政策的失误。1996年2月,泰国外汇储备为387亿美元,这些外汇储备还是泰国通过高利率政策(1996年泰国的优惠利率一直处于13.25%的高水平,是亚太地区利率最高的国家之一)吸引外资流入形成的。1997年2~5月,为稳定泰铢,泰国曾动用了外汇储备中的60亿美元,外汇储备总额进一步减少。东南亚其他国家(除新加坡外)外汇储备也十分有限,如马来西亚中央银行拥有的外汇储备至1997年6月底也仅为283.5亿美元,印度尼西亚至1997年3月外汇储备仅为199亿美元。由于东南亚国家外汇储备普遍不足,因此,当货币危机来临,本币受到强大的外汇投机力量的打击时,便没有足够的能力捍卫本国的货币。再加上货币危机发生时,面对投机攻势,这些国家的中央银行又不顾实力,不断地动用外汇储备干预市场,结果因外汇储备不足导致干预效果低微,不仅没有达到打击投机活动的目的,反而使储备资产遭受损失。东南亚货币危机给了我们这样一个启示:一个经济基础较薄弱,市场管理水平较低,而又正在不断加大开放力度的国家和地区,必须保持较多的外汇储备,以备不测,捍卫已经取得的经济发展成果。

资料来源:http://btdcw.com/btd-b76afe6ca45177232f60a242-1.html,有删减。

[**思考**] 什么是国际储备?国际储备对一国有何作用?

【知识支撑】

任务一 国际储备概述

一、国际储备的概念、特点及构成

(一)国际储备的概念

国际储备(International Reserve)是指一国政府为了平衡国际收支、维持汇率稳定以及用于其他意外支付而集中持有的一切国际流动资产。

与国际储备相近而又有所区别的概念是国际清偿力(International Liquidity)。根据国际储备的定义和特征,国际储备有广义和狭义之分。通常所讲的国际储备是狭义的国际储备,即自有储备,主要包括将在后面介绍的一国的货币用黄金储备、外汇储备、在IMF的储备头寸和特别提款权(SDR),其数量多少反映了一国在涉外货币金融领域中的地位。广义的国际储备即国际清偿力,是一国的自有储备和借入储备之和,反映了一国货币当局干预外汇市场、弥补国际收支赤字的总体融资能力。它不仅包括货币当局已持有的四种资产,还包括该国从国际金融机构和国际资本市场融通资金的能力,该国商业银行所持有的外汇,其他国家希望持有这个国家资产的愿望，以及该国提高利率时可以引起资金流入的程度等。实际上，它是一国弥补国际收支赤字而无须采取调整措施的能力。比较而言，狭义的国际储备只限于无条件的国际清偿力（即自有国际储备），而不包括有条件的国际清偿力（即一国潜在的借款能力）。因此，国际清偿力实际上是包含国际储备的。

（二）国际储备的特点

一个国家用于国际储备的资产，通常被称为国际储备资产。作为一国的国际储备资产，最主要的功能就是用于平衡国际收支以及维持汇率稳定，因此，储备资产必须具备一定特性才能满足以上所述的功用。这些特点包括：

(1)公认性。国际储备资产应该是能为世界各国在事实上普遍承认和接受的资产。如果该资产不能为世界各国普遍承认和接受，就不能充当国际储备资产。

(2)流动性。国际储备资产必须具有充分的流动性，能在其各种形式之间自由兑换，而且，各国政府或货币当局必须能无条件地获得并在必要的时候动用这些资产。

(3)稳定性。国际储备资产的内在价值必须相对稳定，不能因汇率、利率的变化而发生大幅度的价值下跌或损失。

(4)适应性。国际储备资产的性质和数量必须能适应国际经济活动和国际贸易发展的要求。

充当国际储备资产的资产种类有所不同，发展到今天，主要有四种形式。对于任何一个国家来说，其国际储备中至少包括两项资产，即黄金储备和外汇储备。如果该国还是国际货币基金组织的成员国，则其国际储备中还包括第三项资产，即在基金组织的储备头寸。如果该国还参与特别提款权的分配，则其国际储备中还包括第四项资产，即特别提款权。

（三）国际储备的构成

根据国际货币基金组织的描述，一国的国际储备主要包括以下四个部分：黄金储备、外汇储备、在国际货币基金组织的储备头寸以及特别提款权。

1. 黄金储备

黄金储备(Gold Reserves)是一国国际储备的重要部分，具体是指一国中央银行或财政部集中保管的金块与金币。在不同的货币本位制度下，黄金储备的作用也存在区别。金本位制阶段，黄金储备的作用表现为：(1)作为国际支付的准备金；(2)作为兑换银行券和支付存款的准备金；(3)作为国内货币流通的准备金。金本位制崩溃以后，黄金的职能范围缩小，难以充当兑换银行券和调节国内货币流通的准备金，黄金储备主要作为国际支付的准备。第二次世界大战结束后和布雷顿森林体系形成后，官方储备资产除黄金储备外还有外汇储备及国际货币基金组织发行的特别提款权。

2. 外汇储备

外汇储备(Foreign Exchange Reserve)是指一国政府所持有的国际储备资产的外汇部分。外汇储备货币通常必须是国际上的可兑换货币，用于国际收支的最后结算。广义来讲，外汇储备包括一国政府用于国际支付和维持汇率稳定的外汇流动资产，在国际收支平衡表上则表现为官方结算项目中政府持有的储备资产，以及该国国际交易所能利用的其他外汇资源的总和。狭义来讲，外汇储备仅仅指政府用于国际支付与维持汇率稳定的外汇资产。

外汇储备在不同时期使用不同的储备货币。第二次世界大战前，占统治地位的储备货币是英镑，美元次之。第二次世界大战结束后，英镑作为储备货币的优势被美元所替代，其后由于美国国际收支的逆差及美元危机的出现，美元在国际储备货币中的主导地位又逐渐衰落，德国马克、法国法郎、瑞士法郎以及东亚的日元也进入国际储备货币的行列，各国政府外汇储备货币的结构形成了多元化的趋势。目前，主要的储备币种有美元、日元、英镑、欧元等，其中美元仍为最主要的储备货币。

3. 在国际货币基金组织的储备头寸

在国际货币基金组织的储备头寸（Reserve Position in IMF）是指国际货币基金组织的成员国在国际货币基金组织中拥有的储备头寸，是国际货币基金组织向其会员国提供的用于弥补会员国国际收支逆差的借款权利。它主要包括两部分：一是储备部分，是会员国向国际货币基金组织缴纳的黄金和外汇储备份额，约占成员国认缴总份额的 25%，需要时，可由会员国无条件提用。二是信贷部分，是会员国向国际货币基金组织的贷款。由于会员国向国际货币基金组织缴纳的份额当中有 75%是以本国货币缴纳的，需要提用时，实际上是以本国货币作抵押换回所需要的外汇以弥补国际收支逆差。提用的比例越高，提用时的限制条件也越多。

4. 特别提款权

特别提款权（Special Drawing Rights，SDR）是“普通提款权”的对称，指 1969 年 9 月国际货币基金组织为解决国际清偿能力不足而创设的一种以记账方式发行的储备资产。20 世纪 60 年代，由于美元不断发生危机，美元地位随之衰落。为补充国际流通手段，美国建议创立新的国际储备货币，作为黄金与美元的补充。此提案遭到西欧国家的反对，最后选择折中的方案，即增加各国在国际货币基金组织的自动提款权，以弥补国际流通手段的不足。由此。国际货币基金组织通过了关于特别提款权的协议。特别提款权也被称作“纸黄金”，因为特别提款权的设立对黄金是一种节约和补充，其价格为 35 个特别提款权等于 1 盎司黄金。国际货币基金组织的成员国可用特别提款权履行原来必须用黄金才可履行的义务，也可用于充当国际储备及弥补国际收支差额。不过，对于美元来说，特别提款权是更大程度上的一种补充。通常，按成员国在基金组织的认缴份额比例分配，认缴份额越多，分配到的特别提款权也越多。分配到的特别提款权可通过国际货币基金组织向其他会员国换取外汇，也可用于官方结算，但不能直接用于贸易和非贸易支付。特别提款权最初和黄金挂钩并等同于美元，1974 年美元和黄金脱钩后改由 16 种货币加权平均计算，1981 年起又改为按美、英、法、德、日五种货币定值，其中美元所占权数为 42%，德国马克占 19%，法国法郎、英镑及日元各占 13%。1999 年 1 月 1 日欧元启动后，德国马克和法国法郎变成等值的欧元。作为一种观念货币，特别提款权是国际货币基金组织对人类的一大贡献。

由于特别提款权采用货币篮定值的方法，故具有币值相对稳定的优点，在布雷顿森林体系崩溃后，本来与美元挂钩的货币都改为与特别提款权挂钩。然而迄今为止，特别提款权并不能真正成为主要的国际储备资产，其主要原因在于：(1)从性质上讲，特别提款权只是一种依靠协议形成的记账单位，虽含有储备资产作用，但毕竟不是一种通货；(2)从职能上看，特别提款权没有流通职能，只能充当国际清偿能力的一种普通提款权（Ordinary Drawing Rights）。

【实例 6—1】　　普通提款权

普通提款权是“特别提款权”的对称，指国际货币基金组织按成员国认缴的基金份额提供给成员国一定数额贷款的权利。通过这种方式，国际货币基金组织向会员国提供普通贷款，用以解决会员国因国际收支逆差而产生的短期资金需要。这种贷款的利率随贷款期限而递增。普通提款权的对象只限于国际货币基金组织的成员国政府或政府财政、金融部门及外汇平准基金组织等。用途限于解决国际收支不平衡，用于成员国贸易与非贸易的经常项目支付期限通常为短期，多为 3～5 年。额度大小与成员国所缴份额成正比，最高额度不超过成员国所缴份额的125%。贷款方式是由会员国用本国货币向国际货币基金组织申请购买外汇，以取得短期信贷。贷款分为两部分：一部分是储备贷款，贷款额不超过会员国向国际货币基金组织所缴份额的25%。这部分贷款不需要特别批准，也不付利息。另一部分是信用贷款，信用贷款又可分为第一信用部分贷款与高档信用部分贷款。第一部分贷款是除25%属于储备贷款外的75%部分，申请使用前需经国际货币基金组织审核批准。此项贷款既可采用直接购买外汇的方式获得，也可采用备用信贷安排的提款方式。这种提款方式是由会员国与国际货币基金组织事先商定，在规定的有效期内按实际需要随时提用。当第一信用部分贷款用完后，方可申请高档信用部分贷款，这部分贷款条件很严格，使用过程中受到一定监督。高档信用部分贷款通常采用备用信贷安排期限的方式发放。

【实例6—2】　　黄金可以作为国家外汇储备吗?

黄金储备完全属于一国国家主权所拥有的国家财富，可以根据国家的宏观经济策略进行自由调控，不受任何超国家权力的指配和干扰，经济策略进行自由调控，黄金不可能成为国家的主要储备。当金融市场出现剧烈动荡，金融危机愈演愈烈，国际金价出现大幅下跌时，国家适当增加黄金储备是可行的。

黄金是外汇储备的重要组成部分，乃是由于它具有其他形式储备资产，特别是以美元计价的金融储备资产所不具备的特点。

首先，作为实物资产，黄金本身就是一项价值实体，是财富的一种形式。当百年不遇的金融危机来袭之际，与美元、欧元、日元、英镑等外汇储备货币相比，黄金是一种更可靠的保值手段。

其次，黄金储备完全属于一国国家主权所拥有的国家财富，可以根据国家的宏观经济策略进行自由调控，不受任何超国家权力的指配和干扰。黄金不可能成为国家的主要储备。当金融市场出现剧烈动荡，金融危机愈演愈烈，国际金价出现大幅下跌时，国家适当增加黄金储备是可行的。

最后，国际金价上下波动频繁，也影响黄金成为主要储备资产。

二、国际储备的来源

一国的国际储备主要可从以下渠道获得：

(一)国际收支顺差

这是一国国际储备资产最主要的来源。当国际贸易的总量出现出口大于进口时，国际收支表现为国际收入大于国际支出，则经常项目下的收支盈余可留作储备资产，而在资本项目下的顺差也体现了一国的国际融资能力。

(二)干预外汇市场所得

这主要是一国政府为稳定汇率市场，用公开市场操作的方法干预外汇市场。当本币出现升值压力时，大量买入外汇，抛出本币，以此影响外汇市场上本币的供求状况，这些买入的外汇可以丰富一国的储备资产。

(三)黄金存量

这主要是指一国政府通过国际黄金市场购入黄金或以本国生产的黄金作为储备资产，一旦有需要，则立即通过黄金交易市场以黄金换回所需的外汇，弥补国际收支逆差或用于对外支付。尽管早在20世纪70年代末期国际货币黄金组织就已确立了黄金非货币化原则，但黄金的贵金属特性及其在金融史上的特殊地位，都使得黄金依然占据了各国国际储备中很重要的一部分。在某些关键货币币值不稳时，各国政府都会试图购入黄金，以作为最后的支付准备。需要注意的是，受供求矛盾的影响，黄金的价格波动频繁，各国在增加黄金储备方面已较之以前大为谨慎。

(四)在国际货币基金组织的储备头寸以及特别提款权

这主要是指国际货币基金组织的成员国在国际货币基金组织中按认缴的份额可提取的储备资产。对于普通提款权，成员国可以很宽松地取得，但这一部分只占认缴份额的1/4，比例是很小的。除此之外要行使取款权，将按照提取比例的增加幅度增加取款的难度。对于特别提款权，由于它只是一种记账单位，成员国提取时，只能用于平衡政府间的国际收支，而不可挪作他用。

(五)借入储备

一个国家的国际储备还可以通过向国际货币基金组织借款等途径来增加，这就是所谓的借入储备。这里所说的"基金组织借款"，是指除了普通提款权与特别提款权以外的借款，它是各国对基金组织的负债。这种借款只能专款专用，用以弥补国际收支逆差，不得转作他用。借入储备目前主要有三种形式：备用信贷、借款总安排和互换货币安排。

1. 备用信贷

备用信贷是会员国向基金组织申请的一种信贷形式。由于这种贷款并不是会员国急需使用的，因而称为备用信贷。这种贷款由基金组织按规定的期限和最大的数量，提供给发生国际收支逆差且申请贷款的会员国。

2. 借款总安排

这是一种短期信贷，期限为3～5年。1962年，基金组织同10个工业发达国家(即所谓的"十国集团")设立一笔折合60亿美元的资金，由十国共同管理，供会员国借贷。借款国可同时向基金组织和十国集团申请，经基金组织和十国集团的2/3多数同意后，由基金组织向有关国家借入，再转贷给借款国。如果贷款国发生国际收支困难，这笔贷款就可随时收回。目前，借款总安排协定的资金成为基金组织增加对会员国贷款所需资金的一个重要来源。在这种贷款中，基金组织仅担任中间角色。

3. 互换货币安排

互换货币安排又称互换货币协定，是西方国家中央银行之间进行双边相互储备用信贷的一种安排。其操作方式是：两国中央银行相互开立对方货币的账户，并规定相互动用对方货币的额度，在需要资金的情况下，可用本国货币换取对方货币，用以干预外汇市场、稳定汇率；然后，再按原议定的汇率换回本国货币，归还借入货币，其期限一般为3个月。互换货币协定本来是20世纪60年代初期西方工业国家为缓和美元危机而进行的国际货币协作的一部分内容，随着以后的发展而扩充为借入储备的一种形式。在借入对方货币时，借款国的国际储备增加；在归还对方货币时，借款国的国际储备又恢复到原水平。

三、国际储备的作用

国际储备的持有是以牺牲储备资产的生产性运用为代价的，然而，一国持有适度国际储备并非是一种非理性的行为，因为持有国际储备会给该国带来一定的收益，其收益主要是通过国际储备的作用体现出来的。

(一)调节国际收支

一国在对外经济交往中，不可避免地会发生国际收支不平衡，如果这种不平衡得不到及时弥补，将不利于本国国内经济和对外经济关系的发展，为此政府必须采取措施予以纠正。如果国际收支不平衡是暂时性的，则可通过使用国际储备予以解决，而不必采取影响整个宏观经济的财政货币政策来调节；如果国际收支不平衡是长期的、巨额的或根本的，则国际储备可以起到一种缓冲作用，它使政府有时间渐进地推进财政货币政策，避免因猛烈的调节措施可能带来的冲击。

（二）干预外汇市场，稳定本国货币汇率。

当本国货币汇率在外汇市场上发生剧烈动荡时，该国政府就可动用国际储备来缓和汇率的波动，甚至改变其变动的方向。各国用来干预外汇市场的储备基金，称为外汇平准基金，它由黄金、外汇和本国货币构成。当外汇汇率上升，超出政府限额的目标区间时，可通过在市场上抛出储备购入本币缓和外币升值；反之，当本币升值过快时，可通过在市场上购入储备放出本币方式增加本币供给，抑制本币升值。不过，国际储备作为干预资产的职能，要以充分发达的外汇市场和本国货币的完全自由兑换为其前提条件，而且外汇干预只能对汇率产生短期影响，无法根本改变决定汇率的基本因素。

（三）一国对外借款的信用保证。

国际储备的信用保证包括两层概念：其一，是债务国债务到期还本付息的基础和保证，是一国政府在国际上资信高低的标志。如果一国国际储备雄厚，则该国的国际信誉就高，在国际上借债就比较容易，成本也较低；反之，一国国际储备枯竭，则其国际信誉较低，难以在国际上筹集资金，即使能筹到资金，条件也较恶劣。其二，它可以用来支持对本国货币价值稳定性的信心，持有足量的国际储备无论从客观上还是心理上都能提高本国货币在国际上的信誉。因此，比较充足的国际储备有助于提高一国的债信和货币稳定性的信心。

（四）影响本国货币发行量。

在中央银行参与外汇交易的过程中，会相应改变流通中本国货币的数量。当它购买外汇以增加外汇储备的总量时，就会有相应数量的本币投入流通，这可能会引起本国的通货膨胀。当它出售外汇时，也可能回收相应数量的本国货币，引起通货紧缩。通过国际储备数量的变动来改变本币流通数量而对经济运行产生影响，取决于该国的具体条件。例如，在经济过热时，政府增加外汇储备，由此引起的是通货膨胀，可能对经济产生不利影响。但是，政府显然可以利用外汇储备的这种作用促进经济发展，如在失业严重时增加外汇储备的数量，通过货币流通量的增加来刺激总需求。

任务二 国际储备管理

一、国际储备管理概念和原则

（一）国际储备管理概念

国际储备管理是指一国政府及货币当局根据一定时期内本国的国际收支状况和经济发展规律的要求，对国际储备的规模、结构及储备资产的运用等进行计划、调整、控制，以实现储备资产规模适度化、结构最优化、使用高效化的整个过程。

国际储备的管理包括量的管理和质的管理两个方面。量的管理是指对储备规模的选择和调整，即通常所说的国际储备的规模管理或总量管理；质的管理是指对国际储备运营的管理，主要是其结构的确定和调整，又称国际储备的结构管理。其中规模管理又包括国际储备需求的适度水平的确定和国际储备供给如何适应需求变化而增减两个方面。

(二)国际储备管理原则

对国际储备管理,各国根据各自的国情有灵活多样的原则和方法,但万变不离其宗,最基本的原则即实现储备资产的安全性、流动性和营利性。

1. 安全性

国际储备不同于企业资产,后者以营利性为主要的管理目标,而国际储备的性质决定了它的功用。作为价值储藏手段,储备资产的存放必须是安全的。选择外汇储备的币种、存放的信用工具等,都要考虑到通货膨胀、汇率变动以及各货币发行国的外汇政策等因素,尽可能降低储备资产贬值的风险。这是国际储备的首要原则。

2. 流动性

国际储备的主要功能就是用以弥补国际收支逆差,满足政府对外紧急支付的需要,因此,它必须是随时都能够被政府所获得的,即储备资产必须是随时可以被兑现的,可以被灵活调拨使用的。作为国家实现宏观均衡的重要手段之一,在安排不同期限的储备资产时,应做好合理搭配,保证储备资产在不受损失的前提下,随时可以被政府方便地利用。

3. 营利性

在安全性与流动性的基础上,考虑储备资产的保值增值是有必要的。在浮动汇率制下,汇率的频繁波动势必造成汇率价格的涨涨跌跌,选择和调整多种多样的储备币种,可以有效地防范汇率变动带来的风险,维护储备资产的价值。而在保值的基础上,还可以通过利用各种金融工具来谋求一定收益。总体上,国际储备的营利性包含两层意思:一是减少储备资产的机会成本;二是利用储备资产获取收益。前者实际上是要讨论储备资产的规模适度,以最小的成本换取最大的国际清偿保障;后者则是要求选择适当的金融工具,比如政府及企业债券、流通票据等,通过投资将暂时闲置的储备资产利用起来,达到增值目的。

以上三个特性,必须做到彼此兼顾,但在排序上,依然有主次之分。作为国际储备,首先要满足安全性原则,其次是流动性原则,在此基础上,才能追求营利性。从根本上说,这三项原则存在着一些对立性,比如要有安全性,营利性就差一些。合理协调三者之间的关系是一门艺术。

二、国际储备的需求和适度规模

(一)国际储备的需求

国际储备需求是指提供某些有价值的物品以交换所需储备的意愿,这一定义可进一步引申为持有储备和不持有储备的边际成本二者之间的平衡。持有储备的净成本越高,实际的储备额就会降得越低;反之,实际的储备额就会增加。

(二)影响一国国际储备需求的因素

1. 国际储备需求同国际收支调节密切相关

一方面国际储备需求受国际收支自动调节机制的影响,如收入机制、货币—价格机制、利率机制等,在调节机制不能得到充分运用时,国际储备的需求量就大。所以,调节机制越能顺利运行,国际收支失衡情况越轻缓,所需要提供的国际储备就越少。另一方面,国际收支逆差的规模与国际收支调节政策的效力与速度也是影响国际储备需求量的重要因素。一般情况下,国际储备需求同国际收支调节的规模和影响呈正相关,这决定于国际收支逆差的规模和逆差产生的频繁性。当一国国际收支不易失衡,且逆差数目较小,在不需调节经济的情况下,持有少量国际储备进行缓冲即可；而当一国国际收支长期处于较大规模的逆差状态时，采用融资政策进行调节（即动用储备和使用国际信贷），与采用支出政策调节总需求间具有一定的互补性和替代性。在逆差额既定的情况下，较多使用资金融通，便可较少使用需求调节，从而对国际储备的需求就会多些；反之，实行政策调节力度大，见效快，可较少动用储备，储备持有量可少些。

2. 持有国际储备的成本

国际储备实际上是对国外实际资源的购买力。它们若得到利用，就可以增加国内投资和加快经济的发展。因此，一国持有国际储备实际是将这些实际资源储备起来，牺牲和放弃利用它们来加快本国经济发展的机会。这是一种经济效益的损失，是持有国际储备的机会成本，也是使用国外实际资源的投资收益率的损失。它表明一国持有国际储备所付出的代价。同时，由于储备资产中在国外的银行存款和外国政府债券有一定的利息收益，因此，一国持有国际储备的成本便等于投资收益率与利息率之差。这一差额越大，表明持有国际储备的成本越高；差额小，则表明持有国际储备的成本低。受经济利益的制约，一国需求国际储备的数量会同其持有国际储备的成本成相反方向变化。

3. 汇率制度

储备需求同汇率制度有密切的关系。如前所述，国际储备的一大作用就是干预汇率。如果一国采取的是固定汇率制，并且政府不愿意经常性地改变汇率水平，就需要持有较多的储备以应付国际收支可能产生的突发性巨额逆差或外汇市场上突然爆发的大规模投机，反之，实行浮动汇率制的国家其储备的持有量就可相对较低。

与这一概念相关的是外汇管制情况。实行严格外汇管制的国家，储备保有量可相对较低；反之，则较多。

4. 金融市场的发育程度

发达的金融市场能提供较多的诱导性储备，这些储备对利率和汇率等调节政策的反应比较灵敏。因此，一国金融市场越发达，政府保有的国际储备便可相应越少；反之，金融市场越落后，调节国际收支对政府自有储备的依赖就越大。

5. 货币的国际地位

一国货币如果处于储备货币地位，它可以通过增加本国货币的对外负债来弥补国际收支逆差，而不需要较多的储备；相反，则需要较多的储备。

6. 国际资金流动情况

传统的衡量国际储备数量的主要分析手段是针对经常账户制定的，它们将国际储备的功能主要视为弥补进出口之间的差额。而在国际资金流动非常突出的今天，国际储备对国际收支平衡的维持作用更主要地体现在抵消国际资金流动的冲击上。一国对外开放程度越高，外汇管制越松，用于抵消国际资金流动冲击所需的储备就越多，特别是在不能有效、及时利用国际金融市场借入储备的情况下，自有储备的数量需求就大大增加；相反，一国所需的储备就可少些。

7. 国际货币合作状况

如果一国政府同外国货币当局和国际货币金融机构有良好的合作关系，签订有较多的互惠信贷备用信贷协议，或当国际收支发生逆差时，其他货币当局能协同干预外汇市场，则该国政府对自有储备的需求就少；反之，该国政府对自有储备的需求就大。

8. 一国承受国际收支政策调节的能力以及与之相关的政府采用政策调节的意愿，也会影

响对储备需求的估计

国际收支逆差的政策调节，往往会改变货币供应量、收入水平、就业水平等，带来调节负担。猛烈的调节还可能导致经济萎缩、失业猛增。因此，承受调节负担的能力，有时会严重影响一国对储备需求的判断。

综上所述，影响一国最佳储备需求量的因素很多，它们交织在一起，使最佳储备需求的确定复杂化。为了使各国能掌握储备需求的适度水平，不少学者提出了具体的测算方法。

（三）国际储备的适度规模及其测算方法

1. 国际储备适度规模的概念

关于国际储备适度规模的探讨，一些西方经济学家有过不少的论述，但至今储备适度规模的概念并不统一。弗莱明（J. M. Fleming）对国际储备适度性的定义是：如果储备库存量和增长率使储备的“缓解”程度最大化，则该储备存量和增长率就是最适度的。这种储备“缓解”程度是指一国金融当局相信运用储备融通国际收支逆差而无须采用支出转换政策、支出变更政策和向外借款融资的能力。海勒（H. R. Heller）则认为能使解决国际收支逆差所采取的支出转换、支出变更和向外借款融资政策的成本最小的国际储备量就是适度的国际储备需求水平。巴洛（T. Balogh）针对发展中国家所下的定义是：在现有资源存量和储备水平既定的条件下，如果储备增长能促进经济增长率的最大化，则该储备的增长率就是适度的。阿格沃尔（J. P. Agarwal）认为，发展中国家适度国际储备指的是，如果储备持有额能使发展中国家在既定的固定汇率上融通其在计划期内发生的预料之外的国际收支逆差，同时使该国持有储备的成本与收益相等。由于国际储备作为一种资产，在调节国际收支和稳定汇率时，一方面具有持有储备的收益，另一方面又带来持有储备的机会成本，因此，弗莱明和海勒的定义偏重持有储备的收益最大化，即为应付国际收支逆差所必需的支出转移、支出削减和国外融资等政策的成本最小化。巴洛的定义则偏重持有储备的成本最小化（将储备资产用于国内的生产性投资，带来经济的充分增长），所以这些观点都失之偏颇。相比之下，阿格沃尔将持有储备的成本与收益相等作为一个标准，比较全面。

2. 有关适度国际储备需求水平测算的理论与方法

20 世纪 60 年代以来，随着国际经济的发展，国际储备在平衡国际收支、稳定汇率、提高国际借贷信誉等方面的作用日趋重要。1973 年，布雷顿森林体系崩溃，各国普遍实行“浮动汇率制”。由于浮动汇率受外汇市场供求关系影响，波动频繁，各国不得不进一步提高对国际储备规模的重视程度，从而促进了储备规模理论的发展。国际储备适度规模是如何确定的呢？确定一国的国际储备究竟以多少为宜各国没有统一的标准，因为一个国家在不同的发展阶段、不同国家在相同发展阶段的不同情况下，对国际储备的需求都会不同。因此，各国必须根据本国的具体情况决定适度储备量。

一般来说，决定一国储备水平的主要因素是该国的经济发展水平。由于国际储备是用于弥补国际收支逆差，特别是贸易收支逆差，因此，国际储备规模的下限是能保证该国最低限度进出口贸易总量所必需的对外支付要求的储备资产量，低于这一水平就要引发国际支付危机。它的上限应是可以应付该国最高经济发展速度、缓和任何偶发事件对国际储备资产需求时的规模。下限又称经常储备量，是国民经济发展的临界制约点，上限又称保险储备量。在上下限之间，便构成了一国适量的国际储备区间，如图 6－1 所示。

图 6－1 中，a 点为经常储备量，b 点为保险储备量，c 点是在特定条件一国的最适量国际储备。c 点是一动点，它是由影响一国对国际储备需求的一系列因素共同决定的，这些因素

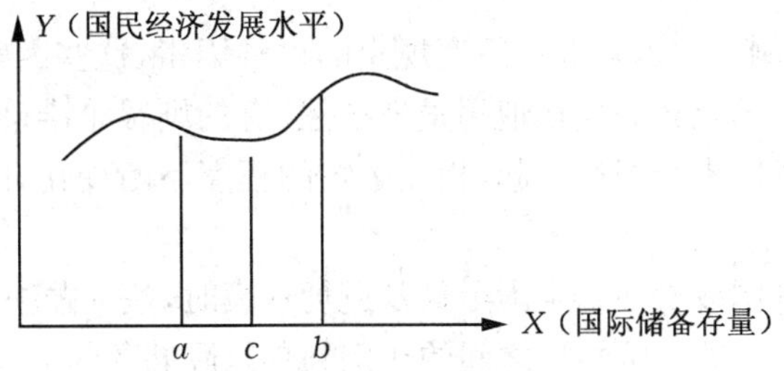

图 6－1 一国适量国际储备区间示意

包括：

(1)国际收支逆差的规模和发生频繁性

一国的国际收支状况对该国储备要求具有决定性影响，两者呈正方向变化：国际收支逆差差额越大，出现的频率越高，对储备需求量就越大；反之，对储备需求量就会相应减少。

(2)国际收支调节政策的成本和效率

一国持有国际储备最重要的作用是可以避免或缓冲其采取不利于本国经济发展的国际收支调节政策，如削减进口、提高利率、法定贬值，等等。这些政策调节代价(即成本)越高，持有储备的收益就越大，该国对储备的需求也就越大。而储备需求与调节效率则呈反方向变化，这些政策调节国际收支差额的效率越高，储备需求就越小；反之，这些政策的效率越低，储备需求就越高。

(3)汇率制度的选择

储备需求同汇率制度有密切的联系。如前所述，国际储备的首要作用就是干预汇率。如果一国采取的是固定汇率制，并且政府不愿意经常性地改变汇率水平，那么相应来说，它就需要持有较多的储备，以应付国际收支可能产生的突发性巨额逆差或外汇市场上突然的大规模投机。反之，一个实行浮动汇率制的国家，可以对外汇市场的汇率波动不予理睬，即对汇率波动的容忍程度大，其国际储备的持有量就可相对较低。

(4)融资能力

一国在国际金融市场上的融资能力与储备需求有密切联系，两者呈反方向变化。因为融资能力强，其潜在的国际清偿能力就越多，从而可减少对国际储备的需求；相反，则国际清偿能力主要由国际储备构成，弥补国际收支逆差主要依靠国际储备，这样，对国际储备的需求就大。

(5)对外经济合作和国际政策协调

一国与其他国家如能正常开展广泛的国际经济合作和政策相协调，显然有益于国际收支不平衡的调节，而可适当降低国际储备的持有量；反之，对国际储备的需求就会增加，因此这两者之间呈反方向变化。

(6)对经济增长和当期收入水平的偏好

一国对经济增长与经济稳定之间的选择偏好也会对其国际储备的需求产生重要的影响，即一国如以经济增长为主要目标，争取当前收入水平的提高，则必定会限制其国际储备的需求；反之，如一国强调经济稳定，注重减少收入水平的波动，则必定会扩大对国际储备的需求。

(7)财富效应

如果把国际储备资产看成是一种奢侈品，储备需求方面就存在财富效应，即储备需求与人均国民收入之间呈正方向变化，人均国民收入低，则收入的边际效用较高，对作为奢侈品的储备将有较低的需求；反之则相反。

上述我们列举了影响一国国际储备适度规模的种种因素，这些因素有政治的、社会的，也有经济的，这些因素有的可以较为确切地用量来描述，有的则很难准确地量化，只能用经济估算的方法确定，并且各种因素交织在一起，相互影响的程度不断变化，因此很难用一个固定的模式进行准确计算。

目前，理论界或是各国政府在确定国际储备适度规模时，基本做法是根据经验确定一个大概数，即利用国际储备与一些经济指标之间的比例判断国际储备的适度水平，当前关于国际储备需求规模界定的方法和理论主要有以下几种：

第一，比例分析法。西方经济学家在测算储备需求适度水平的问题上，曾倡导采用比例分析法。这种分析法是采用国际储备与其他一些变量的比例水平和变化情况，用以测算储备需求的最适度水平。

(1)储备/进口比例法。美国经济学家特里芬(R. Triffin)是比例分析法的突出代表，他在对大量历史统计资料进行数量分析的基础上提出了这一方法。1960 年他在《黄金和美元危机》一书中指出：若排除一些短期或随机因素的影响，一国的国际(外汇)储备与它的贸易进口额之间应保持一定的比例关系。这一比例(可用 R/M 表示)以 40%为标准，以 20%为低限。按单位时间(月)进口额换算，应以满足 3 个月进口需要为标准；满足 2 个半月进口需要为最低限。由于它简单易行，迄今这一理论对于分析和界定各国的外汇储备规模仍然具有重要的参考价值。IMF 和世界银行以之为据，把能应付 3 个月进口额的储备水平视为发展中国家的理想水平。但 R/M 比例分析法毕竟只是一种粗略的测算，可以作为参考，不能完全以之作为一国适度储备水平的依据，必须结合其他定量方法进行测算。

以比例分析法为基础，出现了外汇储备支持进口时间这一指标，墨西哥 1994 年发生金融危机时，外汇储备仅能支付 1 个月的进口用汇；我国 1995 年为 6.7 个月，1996 年 3 月约为 7.0 个月。最新统计数字显示，该项指标值已经达到 9.1 个月。而国际通行标准为 2.4～5.0 个月，这表明我国外汇储备远远超过正常进口用汇的需要，从而使得高额储备的合理性越来越令人怀疑。

(2)储备/债务比例法。这是 80 年代中期兴起的一种理论观点。该理论认为外汇储备规模与外债规模之间应保持一定比例关系。对各国历史资料计量回归的结果认为这一比例应基本保持在 40%左右，即外汇储备量约等于全部外债余额的 40%。这反映一国持有储备作为对外借贷的信用保证的作用在强化。为衡量一国的快速偿债能力，还可运用外汇储备与短期债务的比例进行分析，若该比例过低，则会打击外资信心，同时使延期还贷变得十分困难。1994 年，墨西哥此项指标仅为 20%，成为金融危机的重要表征。目前我国这一指标为 617%，远高于亚洲一些国家，说明我国短期债务得到良好控制，在相当长一段时期内不会对本国经济发展构成威胁，但该指标太高则表明外汇储备规模过于庞大。一般认为，当外汇储备超过短期外债余额的 2 倍时，国家将会因大量的资源闲置而蒙受经济损失。

第二，机会成本理论。这是阿洛沃尔(J. Agaraual)等一些经济学家于 1968 年提出的。他们认为：持有外汇储备的机会成本就是国内的投资收益率。一国持有的外汇储备超过国家的需要，就意味着一部分投资和消费的牺牲。因此，一国的储备需求由其持有储备的边际成本和边际收益来决定。适度的储备规模应该是持有储备的边际成本和边际收益达到均衡时的数量。后来在这一理论基础上建立的海勒模型综合考察了以下诸因素：外汇储备变动平均数、持有外汇储备的机会成本、进口倾向、国际收支差额、逆差出现概率等。应用这一模型对中国外汇储备的估计量约为700亿美元。

第三,货币供给决定论。这是由货币主义学派约翰逊(Herry Johnson)等经济学家提出的。该理论从货币供应角度来界定适度的外汇储备规模。这种理论认为:国际收支不平衡本质上是一种货币现象,当国内货币供应量超过国内需求量时,多余的货币就会流向国外,从而引起现金余额的减少。所以,外汇储备需求主要由国内货币供应量的增减来决定。

第四,定性分析法。这是卡包尔(R.J.Carbaugh)和范(C.D.Fan)等经济学家于1976年提出的。他们认为,影响一国外汇储备需求量的因素有六个方面:①储备资产质量;②各国经济政策的合作态度;③国际收支调节机制的效力;④政府采取调节措施的谨慎态度;⑤所依赖的清偿力的来源及稳定程度;⑥国际收支的动向及其经济状况等。

尽管卡包尔和范未提出精确的定量模型,但这种理论依然为各国界定其合理的外汇储备规模提供了有益的思考框架。

二、国际储备的总量管理

一国对国际储备总量的管理,从根本上说,就是使国际储备的供应保持在最适度国际储备需求量的水平上。IMF会员国的国际储备是由货币性黄金、外汇储备、特别提款权和IMF的储备头寸所组成的,其中,特别提款权、储备头寸是IMF根据各国份额予以分配的,一国无法主动增加其持有额。因此,一国国际储备供应的变动主要来自黄金储备和外汇储备两方面。

(一)黄金储备

黄金作为一种重要的金融资产,在国际上仍存在着活跃的市场。对于储备货币发行国来说,通过用本国货币在国际黄金市场上购买黄金,可以增加其国际储备量,但对于占绝大多数的非储备货币发行国,由于本国货币在国际支付中不为人们所接受,在国际市场购买黄金只能使用国际上可接受的货币,即储备货币。这样国际储备总量并不因此改变,改变的只是外汇储备与黄金储备间的比例。一国只有用本国货币在国内收购黄金时,才会增加其黄金储备。这一做法称为"黄金的货币化"(Monetization of Gold),即将黄金从非货币用途转引至货币用途。黄金的非货币化(Demonetization of Gold)则正好相反。然而,通过黄金的货币化来增加国际储备量毕竟是有限的,因为一国私人持有的黄金量是有限的,而且黄金产量也受到自然条件的限制。事实上,世界各国的黄金储备基本上是保持稳定不变的。

(二)外汇储备

外汇干预是一国增加国际储备的主要渠道。当一国当局在外汇市场抛售本国货币,购入外国货币时,这部分新增的外汇就列入外汇储备;反之,当一国当局向外汇市场提供外汇时,本国的外汇储备就会下降。除了外汇干预外,一国货币当局还可以直接从国际金融市场或国际金融机构借入贷款来补充外汇储备。从根本上看,外汇储备增加的来源是国际收支盈余,其中经常账户盈余是更为可靠、稳定的来源,而来自资本账户盈余的新增外汇储备则具有借入储备的性质。值得注意的一个问题是,在国际收支差额与外汇储备之间,盈余国通过国际收支长期盈余既缓解了对外汇储备的需求,又积累了外汇储备形成了新的供给;而赤字国一方面增加了对国际储备的需求,另一方面使外汇储备流失。国际收支差额对外汇储备供给和需求两方面的反悖制约是现行国际储备体制所面临的一个重大困境,是今后国际货币制度改革的一个重大问题。

对于主要的发达国家来说,它们大多是储备货币的发行国,现行的国际储备体制是十分符合它们的利益的。在外汇储备的需求方面,它们在国际商品市场上更易于成为盈余国,即使赤字了，也可向发展中国家提供储备货币来“支付”其国际收支赤字而减少对储备的需求。在增加外汇储备的供给方面，它们也处于较为主动的地位，除了积累的国际收支盈余外，还有以下途径：

(1)它们可主动通过互换货币相互提供外汇储备。

(2)特别提款权是按照会员国份额来进行分配的，而份额的确定方法是有利于主要发达国家的。少数发达国家所占份额的比重一直高于60%，而100多个发展中国家所占份额比重却只有37.6%。

(3)除了储备档份额资金外，构成一国净储备头寸的还有IMF用去的该国货币持有量。事实上，IMF用来向其他会员国贷款的会员国货币都是发达国家货币，至于发展中国家货币一般不会被IMF使用。

(4)发达国家很容易从国际金融市场筹借到资金补充国际储备。

对于发展中国家来说，它们均为非储备货币发行国，增加国际储备的主要途径是争取国际收支盈余。相对于发达国家而言，大多数发展中国家的调整余地十分有限。一方面它们的出口结构以初级产品为主，出口的供给与需求均缺乏弹性，贸易条件持续恶化，导致出口收入下降；另一方面，它们的进口又集中在生活必需品，或保证现在生产能力得以充分利用所必需的中间产品和原材料，以及提高生产能力，促进经济发展所不可或缺的资本品上，其结果是存在进口刚性。这样，发展中国家面对其改变国际储备力量微弱的状况往往显得力不从心。总的来说，由于发展中国家存在结构性的巨额经常账户赤字，从国际金融市场筹借资金的途径有限，其国际储备需求面临强烈的下限制约；在国际收支调整能力又十分薄弱的情形下，发展中国家就普遍面临储备不足的窘况。

可见，在国际储备总量管理中，发展中国家与发达国家的处境形成了强烈的反差——迫切需要国际储备的国家面临储备短缺，而不那么迫切需要国际储备的国家感觉储备过剩。这正是现行国际储备体系的重大弊端。一些有识之士认为，要消除国际储备总量管理上的这种不对称现象，以保证世界经济体系正常顺利地运行，必须改变目前这种国际储备体制。一个根本的出路在于将特别提款权作为主要的国际储备资产，并改变现行的特别提款权分配办法。为此有三种具体做法可供选择比较：①调整份额以改变特别提款权的分配基础；②脱离份额，将特别提款权的分配与对发展中国家的援助直接挂钩；③近期较可行的是，普遍增加特别提款权的分配总额。

然而，主要发达国家却以储备过多为借口多次否决了发展中国家提出的这类合理要求。20世纪70年代以来，世界国际储备确实以较快的速度增长着，但同时伴随的储备分配严重不均也是一个不可争辩的事实。“特别提款权联系”与其说是对发展中国家的“援助”，不如说是对现行储备体制下不合理状况的一种矫治，是对发展中国家在现行储备体制下所蒙受损失的一种补偿。解决发展中国家在国际储备总量管理中存在的困难，也有助于世界经济的顺利发展，符合发达国家的长期利益。

三、国际储备的结构管理

(一)国际储备结构管理的必要性

一国对国际储备的管理，除了在量上将国际储备保持在最适度水平上外，还需要在质上拥有一个适当的国际储备结构。这是因为：①20世纪70年代以来，浮动汇率制与储备货币多元化局面形成，各种储备货币的汇率经常变动，有时变动幅度还很大，硬货币与软货币经常易位；

②国际金融市场利率动荡不定，各种储备货币的利率时高时低；③黄金市场价格波动频繁。这就要求一国货币当局要不断调整其国际储备的结构。

（二）国际储备结构管理的基本原则

一国货币当局调整其国际储备结构的基本原则，是统筹兼顾各种资产的安全性、流动性与营利性。安全性是指储备资产有效、可靠，价值稳定。流动性是指储备资产能随时转化为直接用于国际支付的支付手段，亦即随时变现，灵活调拨。营利性是指储备资产的增值、创利。储备资产的安全性、流动性与营利性往往互相排斥，具有负相关关系：储备资产的安全性与流动性越高，其营利性往往越低，如外币票据（支票、本票、汇票）；反之亦然，如外国政府债券。一国货币当局持有国际储备资产，要在安全性与流动性得到充分保证的前提下，求得足够高的营利性。

（三）国际储备结构管理的内涵

由于普通提款权和特别提款权一国不能主动增减和进行调整，因而国际储备资产的结构管理主要是指黄金储备与外汇储备的结构管理、外汇储备的币种管理与外汇储备的资产形式的管理三个部分。

1. 黄金储备与外汇储备的结构管理

在当代，黄金由于不能直接用于国际支付，且金价波动较大，而使其流动性和安全性较低。此外，持有黄金既不能生息又需较高的仓储费，因而营利性也较低。因此，许多国家对黄金储备采取了保守的、数量控制的政策。外汇储备在国际储备中居于绝对优势地位，其本身又有流动性和安全性的优势，营利性一般也高于黄金储备。这使许多国家货币当局采取了减少或基本稳定黄金储备而增加外汇储备的政策。

2. 外汇储备的币种结构管理

外汇储备的币种管理包括储备货币币种的选择和安排，调整各种储备货币在外汇储备中的比重两个方面。

一国外汇储备中储备货币币种的构成及其结构主要取决于下列因素：①该国贸易与金融性对外支付所需币种。②该国外债的币种构成。③该国货币当局在外汇市场干预本国货币汇率所需币种。④各种储备货币的收益率。一种储备货币的收益率＝汇率变化率＋名义利率。要在对汇率走势进行研究的基础上，选择收益率较高的储备货币。⑤一国经济政策的要求。

在布雷顿森林体系于20世纪70年代瓦解后，美元的储备地位虽然削弱了，但仍是最主要的储备货币，多数国家都将美元作为其外汇储备的主体。这是因为一方面，美元仍是国际结算中使用得最多的货币；另一方面，美国的货币市场与证券市场最为发达，特别是美国政府每年发行巨额政府债券，为其他国家外汇储备的投资提供了便利和条件，因而美元是多数国家外汇储备中最主要的储备货币。除美元外，欧元、日元、英镑在各国的国际储备中均占有一定的比重。为分散风险，维持预期的收益率，各国货币当局都实行了储备货币的多元化管理。

3. 外汇储备资产形式的结构管理

外汇储备资产形式结构管理的目标，是确保流动性与营利性的恰当结合。由于国际储备的主要作用是弥补国际收支逆差，因而在流动性与营利性中，各国货币当局更重视流动性。按照流动性的高低，外汇储备资产可分成三个部分：

（1）一级储备，流动性最高，但营利性最低，包括在国外银行的活期存款，外币商业票据和外国短期政府债券。其中，在国外银行活期存款，可随时开出支票对外进行支付，流动性最高。由于储备货币发行国一般都有发达的二级市场，短期政府债券和商业票据容易变现。但是，这些流动性很高的资产的营利性却是比较低的。鉴于此，货币当局需根据季节或特定时期短期对外支付的需要安排一定数量的一级储备，但要控制其在储备资产中的比重。

(2)二级储备，营利性高于一级储备，但流动性低于一级储备，如2～5年期的中期外国政府债券。二级储备是在必要时弥补一级储备不足以应付对外支付需要的储备资产。准确预测短期对外支付的金额是难以做到的。任何一国货币当局必须持有一定数量的二级储备。

(3)三级储备，营利性高于二级储备，但流动性低于二级储备，如外国政府长期债券。此类储备资产到期时可转化为一级储备。如提前动用，将会蒙受较大损失。一国货币当局可根据对外债务的结构持有一定数量的三级储备，并可提高持有外汇储备资产的营利性。

国情不同，各国货币当局持有上述三级储备的结构也就互不相同。一般来说，国际收支逆差国须在其储备资产中保留较大比重的一级储备，而顺差国则保留较小比重的一级储备和较大比重的三级储备。

任务三　中国的国际储备管理

改革开放以来，随着对外经济交往步伐的逐步加快和规模的不断扩大，中国的对外贸易、利用外资及国际储备均迅猛增长，国际储备问题备受关注。如何加强和完善国际储备的总量管理与结构管理，是中国宏观经济管理以及对外金融体制改革中的重要课题。

一、中国国际储备的构成及发展变化

(一)中国国际储备的构成

从1987年起，中国开始对外公布国际储备状况。中国的国际储备包括以下四个组成部分：黄金储备、外汇储备、在国际货币基金组织的储备头寸以及特别提款权。其中，外汇储备占整个国际储备的90%以上，而黄金储备多年来一直没有太大变化。此外，尽管中国在国际货币基金组织的储备头寸以及特别提款权亦有所增加，但增加的幅度不大，外汇储备的增减是影响储备资产总额变动的主要内容。因此，中国国际储备管理的重点应放在外汇储备上。

(二)中国外汇储备的发展变化

改革开放以前，中国对外经济交往很少，在外汇方面实行“量入为出，以收定支，收支平衡，略有节余”的方针，外汇收支基本保持平衡，外汇储备量很小，年平均约为5亿美元以下。此时的外汇储备量反映为中央银行的外汇结存账户余额，管理则是由中国人民银行实行集中管理、统一经营，通过银行结存制度将所有外汇买卖集中在国家银行办理(1979年以后，中国银行从中国人民银行分设出来，独立行使职能，办理各项国际金融业务)。中共十一届三中全会以后，中国经济体制开始转型，市场经济带来的是外汇收支规模的不断扩大，国家外汇储备不断增加。其中1981年底外汇储备总额为47.6亿美元，1984年底达到了144.2亿美元(包括国家外汇库存和中国银行的外汇结存两部分)。这主要是因为在这一阶段国家实行了一系列经济调整政策，大量削减进口，努力增加出口，出口量的增加带来了源源不断的外汇收入。1984～1986年中国的国际储备有所下降，原因是这一时期国家储备管理失控，外汇资金投向有偏差。但随后，国家采取了一系列措施扭转局面，自1987年开始外汇储备额又有所上升。

1986年，国务院公布了《中华人民共和国银行管理暂行条例》，规定中国人民银行为国家的中央银行，主使行政职能，而将国家的外汇管理工作划归国家外汇管理局，实际上仍由中国银行代管。此时中国的外汇储备主要由两部分组成：一是国家外汇库存；二是中国银行的外汇

结存。其中的国家外汇库存，是指国家对外贸易外汇收支的历年差额总和，差额为正，说明收大于支，形成外汇储备，这一部分储备约占全部外汇储备的20%。此外，由于这部分外汇收支需用人民币办理结汇手续，因而要占用一定数量的人民币资金。中国银行的外汇结存，是中国银行的外汇自有资金，加上其在国内外吸收的外币存款减去其在国内外的外汇贷款和投资后的差额，以及国家通过各种渠道向外国政府、国际金融机构和国际资本市场筹集款项的未用余额部分，这一指标反映在中国银行的海外账户上。但是，这种统计口径并不符合国际惯例。因为国家对于中国银行的外汇结存并不能无条件加以利用。因此，1992年中国对外汇储备统计做了调整。决定从1993年起国家外汇储备总额不再包括国内金融机构的外汇结存部分。以此确立了以国际外汇结存为核心的新的储备统计口径，从而初步理顺了储备管理中的各种关系。

1994年，中国对外汇体制进行了重大改革。根据中国人民银行《关于进一步改革外汇管理体制的公告》以及《结汇、售汇及付汇管理暂行规定》，中国开始实行汇率并轨，人民币实现了经常项目下有条件的可兑换，从而极大地吸引了外资流入，促进了出口。外汇收入持续增加，外汇储备也迅速增至1994年的516.2亿美元，中国自此开始实行储备集中管理和相应的经营制度。1996年，中国在外汇管理方面实现了经常项目下的可自由兑换，同年11月，中国的外汇储备超过1 000亿美元，截止到2013年底，中国的外汇储备再创历史新高，达到3.82万亿美元，这一数据相比2012年末增长了5 097亿美元，年增幅也创出历史新高。外汇储备创新高主要是由强劲的资本流入造成的。截至2013年11月末，货币当局资产负债表中外汇资产余额达到26.2万亿元，较10月末增加了3 993.36亿元，2013年11月新增央行口径外汇占款为3 993.36亿元。接近4 000亿元的数额与历史数据相比，处于高位。而外汇储备的增加将继续给人民币升值带来压力。目前，中国外汇储备已居世界第一，是日本的3倍。2014年1、2、3月外汇储备分别为38 666.41亿、39 137.39亿、39 480.97亿美元(如表6—1)。

表6—1　1978年以来中国国家外汇储备变动一览　单位:亿美元

时　间	数　值	同比增减
2013年9月	36 600.00	11.41%
2012年	33 115.89	4.10%
2011年	31 811.48	11.72%
2010年	28 473.38	18.68%
2009年	23 991.52	23.28%
2008年	19 460.30	27.34%
2007年	15 282.49	43.32%
2006年	10 663.40	30.22%
2005年	8 188.72	34.26%
2004年	6 099.32	51.25%
2003年	4 032.51	40.80%
2002年	2 864.07	34.99%
2001年	2 121.65	28.14%

续表

时　间	数　值	同比增减
2000年	1 655.74	7.05%
1999年	1 546.75	6.70%
1998年	1 449.59	3.62%
1997年	1 398.90	33.17%
1996年	1 050.49	42.74%
1995年	735.97	42.57%
1994年	516.20	143.50%
1993年	208.60	7.28%
1992年	194.43	−10.45%
1991年	217.12	95.73%
1990年	110.93	99.87%
1989年	55.50	64.59%
1988年	33.72	15.36%
1987年	29.23	41.07%
1986年	20.72	−21.63%
1985年	26.44	−67.83%
1984年	82.20	−7.65%
1983年	89.01	27.41%
1982年	69.86	157.98%
1981年	27.08	−308.95%
1980年	−12.96	−254.29%
1979年	8.40	402.99%
1978年	1.67	—

注：1. 以上数据均来源于中国人民银行网站，中国经济网整理制表。

2. 当年数据以12月份官方公布的数据为准。

资料来源：http://www.safe.gov.cn。

二、中国国际储备的管理原则及适度规模

如世界上大多数国家一样，中国的国际储备管理也遵循安全性、流动性、保值和增值性原则，只是在不同的经济发展阶段，管理的侧重点有所不同，但储备规模问题始终是中国国际储备管理工作的中心内容。由于一国的国际储备直接体现了一国的经济实力，一些意见认为，储备资产越多越好。尤其是像我们这样的发展中大国，理应保持较多的国际储备。另一些意见认为，储备资产过多，必然会影响国内的经济发展，而且要承担较高的机会成本以及由于汇率变动带来的贬值压力等，所以，储备资产应考虑经济规模。具体到中国的情况，建立国际储备

的适度规模应考虑以下制约因素:(1)一段时期内国家的经济发展目标;(2)国际收支的总体状况;(3)对外开放的程度;(4)对外举债情况;(5)在国际市场上的融资能力等。

目前国际上广泛采用的以年进口贸易总额的20%～50%来估算一国的国际储备量的做法可以作为参考指标。

三、中国的外汇储备结构管理

合理配置中国的外汇储备,达到优化组合,保证外汇储备管理原则的实现和外汇储备作用的最大限度发挥,是中国外汇储备结构管理的重要问题。

在坚持储备货币的安排和管理,遵循安全保值、兑现灵活、获取收益三条原则和处理好三者关系的前提下,合理安排中国的外汇储备结构还要坚持做到以下几点:

(1)坚持储备货币构成与进口付汇和偿付外债的要求相一致。要根据中国进出口贸易对象及中国外债的货币结构,安排好各种储备货币的比重。要尽量做到与外汇资金的借入、使用、偿还货币币种相一致,保持储备构成合理,防范外汇风险。

(2)外汇储备货币的构成要多样化。要根据主要国际储备货币购买力不断变化的情况,及时调整中国储备货币的币别构成及数量比例,合理组合,始终保持优化状态。

(3)外汇储备资产的投向结构要合理。要既能满足国家日常及急需时对外支付,又能满足获取最大的收益。要计算好一定时期内的对外支付需要量,根据对外支付的时间安排好资金投向。根据对外支付的时间和比重,留足周转金存放于实力强、信誉好的国外银行或购买短期的政府国库券,把超过周转数额的资金作为较长期的投资,购买外国政府公债、国库券或可靠、稳定、收益高的有价证券,始终保持外汇储备的合理投向。

(4)外汇储备资产的存放要分散化。储备资产的存放要避免出现过于集中于一两个国家或一两个银行的情况,经常注意观察储备货币发行国、存放银行和国际金融市场的各种变动状况,防止遭受外国政府冻结资金、银行倒闭或发生意外事件的损失。

可见,中国的外汇储备结构管理应在坚持实行储备资产多元化原则基础上,合理配置并不断调整,以达到中国外汇储备结构管理的优化。

四、进一步加强中国的外汇储备管理

保持一国适度的外汇储备规模和优化外汇储备结构,对于保持一国国际收支平衡和汇率稳定、国内物价平稳和经济健康发展是至关重要的,而要做到这些,就必须加强对外汇储备的管理。加强外汇储备管理的重点,应始终放在保持适度的外汇储备规模上。合理确定外汇储备规模是有效发挥外汇储备作用和强化外汇储备管理的关键。为此,我们认为当前下述几方面问题应引起特别注意:

(一)必须对中国当前外汇储备的现状与问题有较清醒的认识

近年来,随着改革开放的深入发展,中国的外汇储备数量急剧增加,给金融与货币研究带来了许多新课题,引起了国内学者、专家及决策者的关注。至于中国目前外汇储备的快速增长,还有两种情况是需要特别注意的:

一种情况是,中国的外汇储备急剧增长主要不是靠国际收支经常项目贸易收支顺差形成的,而是靠大量的外资涌入支撑的。如2013年全年,中国经常项目顺差11 330亿元,资本和金融项目顺差20 182亿元。国际储备资产增加26 749亿元人民币,其中外汇储备资产增加26 830亿元人民币。2013年全年,中国经常项目顺差11 330亿元人民币,其中,货物贸易顺差

22 262 亿元人民币，服务贸易逆差 7 710 亿元人民币，收益逆差 2 682 亿元人民币，经常转移逆差 540 亿元人民币。资本和金融项目顺差 20 182 亿元人民币，其中，直接投资净流入 11 434 亿元人民币，证券投资净流入 3 744 亿元人民币，其他投资净流入 4 815 亿元人民币。国际储备资产增加 26 749 亿元人民币，其中，外汇储备资产增加 26 830 亿元人民币。按美元计价，2013 年全年，中国经常项目顺差 1 828 亿美元，其中，货物贸易顺差 3 599 亿美元，服务贸易逆差 1 245 亿美元，收益逆差 438 亿美元，经常转移逆差 87 亿美元。资本和金融项目顺差 3 262 亿美元，其中，直接投资净流入 1 850 亿美元，证券投资净流入 605 亿美元，其他投资净流入 776 亿美元。国际储备资产增加 4 314 亿美元，其中，外汇储备资产增加 4 327 亿美元。

另一种情况是，外汇储备与中国外债余额高速增长同时并行。国家外汇管理局公布数据显示，截至 2013 年 12 月末，中国外债余额为 52 625 亿元人民币（等值 8 631.67 亿美元）。其中，虽然短期外债占比高达 78%，但风险总体可控。与 2012 年末相比，中国外债余额同比增长 17%，增速同比上升 11 个百分点。2013 年末，中国外债负债率为 9.40%；债务率为 35.59%；偿债率为 1.57%；短期外债与外汇储备的比例为 17.71%，均在国际公认的安全线以内。随着中国 GDP 规模、外汇储备规模以及进出口贸易的不断扩大，中国总体债务风险不是在上升而是在下降。从币种结构看，登记外债余额中，美元债务占 79.60%，日元债务和欧元债务分别占 5.02%和 5.54%，特别提款权和港币等其他外币债务合计占比 9.84%。

（二）必须清楚与重视外汇储备过多对经济发展的负面影响

在开放经济条件下，保持适度的外汇储备规模，对国民经济健康发展具有积极的促进作用；相反，外汇储备规模不当，储备过多或不足，增长或下降过快，都势必会给经济发展和货币流通稳定带来相当不利的影响。

（1）外汇储备过多会加剧国内通货膨胀的压力。外汇储备过多，会给本国货币流通及物价水平带来不利影响，不利于国民经济发展。外汇储备的数量规模与一国的本币发行是直接相联系的。外汇储备越多，本币投放相对就越多。过多的外汇储备在一定时期内会给本国货币流通、利率水平与物价水平带来压力，甚至会触发或恶化通货膨胀。特别是在中央银行通过控制基础货币从而达到控制货币总量的调控模式下，外汇占款是引起中央银行基础货币投放的重要渠道之一。外汇占款的大量增加直接增加了基础货币量，再通过货币乘数效应，形成货币供应量大幅度增长，由此必然加剧通货膨胀压力。同时，外汇储备过多，还会受到国外通货膨胀的冲击，给国内货币稳定和经济发展带来压力。外汇储备是一国存放在其他国家银行的国际资产，难免不受其他国家通货膨胀的影响，特别是在目前各国通货膨胀率偏高状态下，存放在国外的外汇资产，即使调度灵活，可以运用生息，也会在一定程度上蒙受国外通货膨胀造成的损失。

（2）外汇储备过多会增加本币升值的压力。本币对外币的比价变动，直接是由外汇供求关系变化决定的。一国的外汇储备增长过快、规模过大，势必推动本币汇率不断上升。本币汇率上升一般来说对鼓励出口、抑制进口是不利的，从长远看也就不利于国内货币流通的稳定。同时，本币对外币比价趋升，也不利于降低国内业已存在的高通货膨胀率。特别是在由于管理体制不健全、其他诸多经济环节不畅情形下形成的外汇储备规模不合理地增长，更会盲目维持一个本币与外币不合理的汇价水平，从而更加加剧本币汇率高估带来的弊端：本币汇率高估会影响出口企业的创汇积极性、出口减少；出口亏损增多、国家财政负担加重；刺激进口、增加对外汇不合理的需求；影响侨汇和旅游业的外汇收入；影响外商的投资积极性等，而所有这些，对货币流通和经济发展的影响都是不利的。

(3)外汇储备过多会造成外汇资金的闲置与积压。外汇储备规模过大造成的宝贵的资金资源的浪费表现是多方面的。首先,外汇储备主要来源于贸易收支顺差,是用出口商品换取的外汇资金,这部分储备资产,实际上是国内的物资以资金的形式存放在国外。外汇储备越多,意味着从国内抽出的物资越多,是一种变相的物资闲置,因此,过多的外汇储备,将人为地减少本国国民经济对其资源、物资的有效利用。其次,一国外汇储备过多,说明进口支付减少,该进口的物资没有及时进口、宝贵的外汇资源不能及时转化为现实生产力,势必会影响国内生产的发展。再次,容易蒙受国际金融市场汇率变动风险的损失。在当今世界上汇率多变、变幻莫测的情况下,保有巨额的外汇储备,稍有不慎,就会惨遭汇率变动的风险损失。最后,要承受放弃投资高收益率、低利保有储备资产和高利使用国外资金的多重负担。如果一国货币当局能够确定适度的外汇储备规模,将相对过多的外汇储备用于进口生产性的物资或其他有效投资,就会促进国内经济增长,扩大就业机会,或获取其他较为可观的经济收益;反之,则只能获取相对较低的持有储备资产的收益率,还须时刻谨防汇率与利率等风险损失。

(三)必须强化对外汇储备资产的有效营运管理

保持适度的外汇储备规模意义重大,确定较为适度的外汇储备数量界限颇为不易,而最重要的是要有一套切实可行的管理措施与办法,把外汇储备规模或总量管理的目标落到实处,切实把外汇储备的供应保持在最适当水平上,以促进本国对内和对外经济的健康发展。保持储备规模适度的具体措施很多,关键是要切实加强管理。加强外汇储备资产管理,包括加强外汇储备资产的总量、币别结构和营运调度的管理,而核心问题是确定并维持适度的外汇储备总量,保持其实际价值不受损失,并尽量使其在可能的条件下实际价值发生增值。

总之,要坚持外汇储备资产安全性、流动性和营利性的管理原则和处理好三者关系,实现保证偿债能力、保证国家非常时期需要、服从国家政治需要、维持价值、获取收益的外汇储备管理目标。为此,在实践中要注意强化与落实下述管理措施:

(1)应该进一步明确国家外汇储备的所有权和经营权。根据外汇储备的性质和国际惯例,中国的外汇储备属于国家,应归财政部所有。可以由国家委托中央银行具体经营管理。

(2)要建立健全外汇储备管理机构和强化管理职能。外汇储备的政策和规模确定之后,需要有一个有效的储备资产管理体系。要健全相关管理机构,加强对储备规模的管理,真正重视外汇储备数额的确定与变动,层层把关,认真负责。同时,要建立一支具有较高政治与业务素质的管理人员队伍,造就一批训练有素的专门管理人才。

(3)要加强立法,建立健全必要的规章制度。要根据外汇储备资产的不同形式,制定出不同的管理规定,如对国家外汇储备,要重点制定出储备币种、比例、投向的有关规定;要建立较为完善的数据统计与考核的指标体系;要重视有关经济信息的搜集与分析运用。

(4)要实施较为完善的储备政策。储备规模的适度与否,与实施什么样的储备政策关系极大。例如,实施充足的外汇储备政策,过分强调储备的经济实力与保证作用,忽视储备资产的营利性,就会造成储备规模过大,造成资源的损失浪费。要及时分析本国储备资产的变动情况和国际金融市场的变化情况,合理调整储备政策。

(5)要加强对外汇储备、外债规模的定量分析。凡事总有量的界限,确定出适度的外汇储备规模已经是当前我们正确认识与有效处理中国外汇储备问题的前提和关键。要重视适度货币量、适度外汇储备量、适度外债量的研究,通过定性与定量的综合分析,确定合理适度的外汇储备规模。要处理好外汇储备规模同外债规模有关经济指标之间的数量关系,权衡利弊,择优决策。

(6)必须妥善消化中国相对过多的外汇储备。尽管合理的外汇储备规模应该是一个随国内不同经济时期形势发展需要而不断变化的动态指标，以及一定时期内有一个适量的波动区间，尽管从长期看国内建设资金短缺和外汇资金相对短缺是制约中国经济快速健康发展的一个不利因素，但对目前中国外汇储备的快速增长和相对过多问题还是要认真对待，妥善处理。消化相对过多的外汇储备要采用适当的措施：要控制外债余额过快增长，加强对流入资本的监控，防止出现新的不合理的储备增多；适当扩大国内建设急需的关键技术与设备的进口；适当发展对外直接投资和证券投资；适当放宽出国用汇的限制；有条件的可适当提前偿还一部分外债本息等。

【实例6—4】　　中国外汇储备适用的“减肥方法”

近日，李克强总理在非洲访问时说道：“对外贸易不平衡状态损害了中国的宏观经济，巨额的外汇储备已经是我们的沉重负担。因为外汇储备将变成本国的基础货币，长期来看会导致通货膨胀。”

央行最新数据显示，截至2014年3月底，中国外汇储备余额为3.95万亿美元，居世界第一，占全世界外储总量的1/3。专家预计，如果中国经济平稳运行，中外利差维持现状，套利资本继续流入，2014年全年外储规模将继续上升，将达到40 000多亿美元。

贸易顺差是中国外储增加的主要原因。2013年第四季度，欧美国家经济开始复苏，需求增加，中国出口也有所增加，但进口增速却趋于平稳，致使进出口顺差持续高企。此外，本外币利差和中国经济良好的基本面都吸引着套利资本流入，助推外汇储备快速增长。

外汇储备是一国国际清偿力的主体，对于平衡国际收支、稳定汇率具有重要作用。以20世纪爆发的拉美危机为例，缺少足够的外汇储备就是一个主要原因。也正是基于拉美国家债务危机中外汇储备的重要性，一些经济学家提出外汇储备与短期外债之比用以度量外部危机的可能性。

随着人民币升值速度的不断加快以及国际大宗商品价格的快速上涨、劳动力成本上升等，贸易失衡以及外汇储备增长过快带来的矛盾和问题也已经越来越明显，越来越不利于经济社会发展。

第一，贸易不平衡状态下的出口导向，导致经济结构出现较大问题。由于在过去的对外贸易工作中，过度强调出口，强调出口对经济的拉动。因此，对出口产品的技术含量、工艺水平、品牌效应等不加重视，而是一味地依赖价格优势。从表面看，占领了市场，也实现了创汇的目的。但是，从经济结构来看，却是越来越不合理了。无论是企业还是政府，都只顾出口的需要，而不顾出口的效率，导致绝大多数地方在出口问题上，都没有从优化结构和改善产品质量与技术等方面入手，最终使中国的经济基本维持在低端制造和加工阶段。当国际经济形势的变化，需要中国进行经济结构调整与转型时，又因为全球金融危机的爆发，企业没有了转型升级的能力。

更重要的是，由于在出口问题上过多地依赖低端制造与加工，在其他国家对中国企业和产品实施贸易保护时，中国企业基本上没有应对和反抗能力，从而遭受不必要的损失。过度依赖出口带来的经济结构失衡矛盾，已经成为经济可持续发展不可忽视的重要方面。

第二，数额过大的外汇储备，已对人民币国际化产生了不利影响。加快人民币国际化步伐，尽快让人民币成为公认的国际支付货币，是中国必须实现的目标。但是，在目前的情况下，人民币国际化步伐的加快，必然会造成人民币的快速升值。近年来，人民币已出现不小幅度的升值。而人民币升值的结果，就是外汇储备的贬值和缩水。

第三，外汇对基础货币的占用，留下了巨大的通货膨胀隐患。20多万亿元的基础货币占用，对GDP只有58万亿元的中国来说，绝对是通货膨胀的最大隐患。而且，它也直接影响了货币的利用效率。

如何释放外汇储备对人民币占用留下的风险隐患，如何让人民币不再在外汇储备占用的低效率中继续生存和扩大，对决策层来说，是十分严峻的考验。

资料来源：http://finance.ifeng.com/a/20140520/12368796_0.shtml。

应知考核

◇ 主要概念

国际储备　黄金储备　外汇储备　特别提款权　储备头寸　国际储备管理　一级储备　二级储备　三级储备

◇ 基础训练

一、单项选择题

1. 目前，国际储备体系中最重要的储备资产是（　　）。
A. 黄金　B. 外汇储备
C. 特别提款权　D. 普通提款权

2. 当今世界最主要的储备货币是（　　）。
A. 美元　B. 日元　C. 欧元　D. 港元

3. 一国增加其国际储备有多个来源，其中最主要的是（　　）。
A. 国外借款　B. 干预外汇市场　C. 国际收支顺差　D. 黄金货币化

4. 中国国际储备管理的重点是（　　）。
A. 外汇储备　B. 特别提款权　C. 黄金　D. 普通提款权

5. 世界各国目前广泛使用（　　）进口额作为确定适度国际储备量的标准。
A. 6个月　B. 3个月　C. 9个月　D. 1年

6. 下列关于特别提款权不正确的说法是（　　）。
A. 它是一种无形货币　B. 它是一种有形货币
C. 它只能用于IMF会员过政府之间的结算　D. 不能直接用于贸易与非贸易支付

7. 特别提款权是一种（　　）。
A. 实际资产　B. 账面资产　C. 流动资产　D. 固定资产

8. 仅限于会员国政府之间和IMF与会员国之间使用的储备资产是（　　）。
A. 黄金储备　B. 外汇储备　C. 普通提款权　D. 特别提款权

9. 一国外汇储备的最主要来源是（　　）。
A. 经常账户收支顺差　B. 资本账户收支顺差
C. 金融账户收支顺差　D. 资本金融账户收支顺差

10. 中国现阶段外汇储备是指（　　）。
A. 国家外汇库存　B. 中国银行外汇结存
C. 中国银行的运营资金　D. 国家外汇库存和中国银行外汇结存两部分

二、多项选择题

1. 一国的国际储备主要包括（　　）。
A. 黄金储备　B. 外汇储备　C. SDR　D. 储备头寸

2. 国际储备的特点（　　）。

A. 公认性　B. 流动性　C. 稳定性　D. 适应性

3. 一国的国际储备主要可从(　　)渠道获得。

A. 国际收支顺差

B. 干预外汇市场所得

C. 黄金存量

D. 在国际货币基金组织的储备头寸以及特别提款权

4. 国际储备的管理原则是实现储备资产的(　　)。

A. 安全性　B. 流动性　C. 营利性　D. 可获得性

5. 关于国际储备需求规模界定的方法和理论主要有(　　)。

A. 比例分析法　B. 储备/债务比例法

C. 机会成本理　D. 货币供给决定论

三、简答题

1. 简述国际储备的构成。

2. 简述国际储备的作用。

3. 简述影响一国国际储备需求的因素。

4. 简述外汇储备资产形式的结构管理。

5. 如何进一步加强中国的外汇储备管理。

应会考核

■ 技能案例

【案例背景】

国家外汇管理局公布的2014年第二季度及上半年中国国际收支平衡表显示，上半年中国经常项目顺差4 953亿元人民币，外汇储备资产增加9 099亿元人民币。

2014年二季度，中国经常项目顺差4 523亿元人民币，资本和金融项目逆差998亿元人民币，国际储备资产增加1 380亿元人民币，其中，外汇储备(不含汇率、价格等非交易价值变动影响，下同)资产增加1 401亿元人民币。

2014年上半年，中国经常项目顺差4 953亿元人民币，资本和金融项目顺差4 751亿元人民币，国际储备资产增加9 057亿元人民币，其中，外汇储备资产增加9 099亿元人民币。

外汇局分析指出，上半年中国经常项目收支状况继续改善，顺差805亿美元，同比下降18%，与GDP之比为1.8%，较上年同期回落0.7个百分点。报告预计，下半年，中国国际收支可能呈现双向波动的振荡走势。其中，与实体经济相关的贸易投资仍将维持一定规模顺差，但受市场及政策性因素影响，中国跨境资本流动的波动性依然较大。

资料来源：http://news.ifeng.com/a/20140930/42117660_0.shtml。

【技能思考】

请结合本项目的内容对本案例进行分析：

(1)是什么原因使中国的国际储备出现大幅度增长？除了这些原因之外，还有什么原因可以提高一国的国际储备？

(2)针对国际储备的增长，中国应采取什么样的经济对策？

(3)保留适当的国际储备对于国民经济有什么样的好处？

■ 实践训练

【实训项目】

外汇储备经营管理

【实训情境设计】

2014 年第二季度，中国经常项目顺差 4 523 亿元人民币，资本和金融项目逆差 998 亿元人民币，国际储备资产增加 1 380 亿元人民币，其中，外汇储备资产增加 1 401 亿元人民币。其中规定外汇储备不含汇率、价格等非交易价值变动影响。

2014 年上半年，中国经常项目顺差 4 953 亿元人民币，资本和金融项目顺差 4 751 亿元人民币，国际储备资产增加 9 057 亿元人民币，其中，外汇储备资产增加 9 099 亿元人民币。

按美元计价，2014 年第二季度，中国经常项目顺差 734 亿美元，其中，按照国际收支统计口径计算(下同)，货物贸易顺差 1 089 亿美元，服务贸易逆差 297 亿美元，收益顺差 22 亿美元，经常转移逆差 80 亿美元。资本和金融项目逆差 162 亿美元，其中，直接投资净流入 393 亿美元，证券投资净流入 146 亿美元，其他投资净流出 695 亿美元。国际储备资产增加 224 亿美元，其中，外汇储备资产增加 228 亿美元，特别提款权及在基金组织的储备头寸减少 3 亿美元。

按美元计价，2014 年上半年，中国经常项目顺差 805 亿美元，其中，货物贸易顺差 1 493 亿美元，服务贸易逆差 625 亿美元，收益顺差 55 亿美元，经常转移逆差 118 亿美元。资本和金融项目顺差 778 亿美元，其中，直接投资净流入 930 亿美元，证券投资净流入 369 亿美元，其他投资净流出 517 亿美元。国际储备资产增加 1 479亿美元，其中，外汇储备资产增加 1 486 亿美元，特别提款权及在基金组织的储备头寸减少 7 亿美元。

资料来源：http://business.sohu.com/20140929/n404762231.shtml。

【实训任务】

根据上述背景资料进行讨论：面临中国外汇储备的急剧增加，应如何对外汇储备进行经营管理？外汇储备迅速增长的原因和利弊是什么？

|项目七|

国际资本流动

【内容提要】

国际资本流动是国际收支的重要内容，从不同的角度有不同的类型，并随着经济全球化和国际金融一体化过程的深化呈现出新的特点。分析和研究国际资本流动的原因、规律，对于加强国际经济合作，有效地利用外资、控制外债管理，发展外向型经济具有重要的意义。

【学习目标】

■ 知识目标

理解：国际资本流动的概念；国际资本流动的分类。

熟知：国际资本流动的原因与影响因素。

掌握：国际债务的衡量指标；国际债务危机的成因；国际债务危机的解决办法；国际资本流动理论。

■ 技能目标

学生能够掌握国际债务危机的成因，并针对其成因通过国际债务的衡量指标，找到解决国际债务危机的办法。

■ 情意目标

学生具有领会国际资本流动与国际债务危机关系的能力。

【教学目标】

教师要让学生在掌握国际资本流动的有关理论后，能够解决我国利用外资与外债方面的基本问题。

【项目引例】

国际金融危机对国际资本流动的影响

在过去几十年里，由于资本跨国流动障碍的减少，国际金融体系高度整合，国际金融危机不可避免地对国际资本流动造成影响。美国华盛顿布鲁金斯学会金融专家、前美联储国际金融部主任拉尔夫·布莱恩特认为，这种影响造成的结果因国而异：一些国家经历了资本外流造成财政危机的痛苦，一些国家的资本流入则明显增加。随着危机的影响逐渐减弱，国际资本流动将从波动回归常态，且数量将继续加大。

布莱恩特认为，受资本流出影响的最极端例子是冰岛。冰岛本国的主要银行危机和国际金融危机交织，货币大幅贬值，无论是本国投资者还是国际投资者都急欲将资本从冰岛撤出，转向其他安全的国家。希腊债务危机也是同样的情况。资本从这些国家外逃，本质上是这些国家经济政策失误导致债务太高的结果，危机在这些国家爆发只是时间问题，国际金融危机也只是诱发因素。另一些国家在资本流入方面则因金融危机而暂时受益，美国是这类国家的典型。尽管美国是国际金融危机的发源地，金融体系一度处于极度困难状态，但世界其他地方的投资者仍愿将美国作为资本的避险天堂，导致美国的资本净流入量明显加大。这一特点在2008 年秋和 2009 年初尤为明显。

关于国际金融危机对发展中国家的影响，布莱恩特认为，国际资本流入主要集中在新兴经济体，但中国、印度、巴西等国家不仅从国际资本市场获取资金，同时也是资本输出国，尽管目前资本流入仍大于资本输出，但这是早在金融危机前就已出现的趋势。在后危机时代，这种趋势将继续并进一步发展。由于中国等国家的复苏速度快于发达国家并积聚了大量的外汇储备，成为全球资本总量的一部分，因而表现出了强烈的进行国际投资的愿望并转化为实际行动，流入和流出新兴经济体的国际资本量都呈上升之势。

国际资本流动是世界政治经济发展的必然结果，发展中国家如何在保证本国金融体系安全的前提下，获得资本自由流动的收益是一个十分重要的课题。

资料来源：http://news.163.com/10/0430/05/65GD38D200014AED.html。

【知识支撑】

任务一　国际资本流动概述

一、国际资本流动的概念

国际资本流动(Intenational Capital Movements)是指资本基于经济或政治目的的需要，从一个国家或地区(政府、企业或个人)向另一个国家或地区(政府、企业或个人)的流出和流入，即资本在国际范围内的转移。一个国家或地区在一定时期内的资本流动状况，集中反映在该国国际收支平衡表中的资本与金融账户上。

国际资本流动是资本跨越民族国家的界限而在国际范围内运动的过程，是资本要素在不同主权国家和法律体系管辖范围之间的输出与输入。资本的本质决定了资本跨国流动的本质，是居民的一部分储蓄或社会剩余劳动积累在不同社会再生产体系、不同社会经济分配体系、不同政府宏观决策体系之间的运动。

国际资本流动不同于以所有权的转移为特征的商品交易，它是以使用权的转让为特征的，但一般仍以盈利为目的。一国或地区的国际收支平衡表中的资本与金融账户，集中反映了该国或地区在一定时期内与他国或地区的资本流动的综合情况。

在把握“国际资本流动”概念时，还必须清楚地界定几个与其相关的概念及和它的关系。

(1)国际资本流动与资本输出的关系

资本输出是只与投资和借贷等金融活动相关联、并且以谋取利润为目的的资本流动，因而不能涵盖国际资本流动的全部内容，也就是说，国际资本流动不一定就是资本输出。比如一国用黄金外汇来弥补国际收支赤字，属于国际资本流动，而不属于资本输出，因为这部分黄金外流不是为了获取高额利润，而只是作为国际支付的手段以平衡国际收支。

(2)国际资本流动与资金流动的关系

资金流动是指一次性的、不可逆转的资金款项的流动和转移，相当于国际收支中经常账户的收支。资本流动即资本转移，是可逆转的流动或转移，如投资或借贷资本的流出伴随着利润、利息的回流以及投资资本和贷款本金的返还。因此，是否具有可逆转性是这组概念的主要区别所在。

(3)国际资本流动与国内资本流动的关系

国际资本流动与国内资本流动的差异性最主要体现在资本拥有者和使用者的居民属性上。首先，国际资本流动是资本拥有者和使用者出现跨越国界的分离情况下出现的；其次，国际资本流动表现为资金形式的跨国运动，而金融资本流动的结果必然导致以商品和服务为主要内容的实际资源的移动，即实际资本在国家间的流动。

二、国际资本流动的分类

(一)按资本跨国界流动的方向分类

按资本跨国界流动的方向，国际资本流动可以分为资本流入和资本流出。

1. 资本流入

指外国资本流入本国，即本国资本输入，主要表现为：(1)本国对外国的债务增加；(2)外国在本国的资产增加；(3)本国在外国的资产减少；(4)外国对本国的债务减少。资本输入意味着本国收入外汇或本国货币，属于收入项目，故应记入本国国际收支平衡表的贷方，或用“＋”号表示。

2. 资本流出

指本国支出外汇，是本国资本流到外国，即本国资本输出。主要表现为：(1)本国在外国的资产增加；(2)外国对本国的负债增加；(3)本国对外国的负债减少；(4)外国在本国的资产减少。资本输出意味着本国付出外汇或本国货币，属于支付项目，故应记入本国国际收支平衡表的借方，或用“－”号表示。

(二)按资本跨国流动时间的长短分类

按资本跨国流动时间的长短，国际资本流动可以分为长期资本流动与短期资本流动。

1. 长期资本流动

长期资本流动是指使用期限在一年以上，或者规定使用期限的资本流动。它主要包括三种类型：国际直接投资、国际证券投资和国际贷款。

(1)国际直接投资

国际直接投资是指一个国家的企业或个人对另一国企业部门进行的投资。直接投资可以取得某一企业的全部或部分管理和控制权，或直接投资新建企业。按照IMF的定义，通过国际直接投资而形成的直接投资企业是“直接投资者进行投资的公司型或非公司型企业，直接投资者是其他经济体的居民，拥有(公司型企业)的10％或10％以上的流通股或投票权，或拥有(非公司型企业)相应的股权或投票权。”其特点是指投资者能够控制企业的有关设施，并参与企业的管理决策。直接投资往往和生产要素的跨国界流动联系在一起，这些生产要素包括生产设备、技术和专利、管理人员等。因而国际直接投资是改变资源分配的真实资本的流动。

国际直接投资一般有五种方式：①在国外创办新企业，包括创办独资企业、设立跨国公司分支机构及子公司；②与东道国或其他国家共同投资，合作建立合营企业；③投资者直接收购现有的外国企业；④购买外国企业股票，达到一定比例以上的股权；⑤以投资者在国外企业投资所获利润作为资本,对该企业进行再投资。

(2)国际证券投资

国际证券投资又称间接投资,是指通过在国际债券市场上购买外国政府、银行或工商企业发行的中长期债券,或在国际股票市场上购买外国公司股票而进行的对外投资。证券投资与直接投资存在区别,主要表现在:证券投资者只能获取债券、股票回报的股息和红利,对所投资企业无实际控制和管理权。而直接投资者则持有足够的股权来承担被投资企业的盈亏,并享有部分或全部管理控制权。

(3)国际贷款

国际贷款指一个国家的居民对另一个国家的居民提供的贷款,包括国际机构贷款、政府援助贷款和其他贷款。

①国际机构贷款

国际机构贷款包括国际金融机构和其他国际上组织提供的贷款。国际金融机构贷款又可分为全球性国际金融机构贷款和区域金融机构贷款,如国际货币基金组织派世界银行对会员国的贷款就属前者,而欧洲投资银行、亚洲开发银行、非洲开发银行等地区会员国提供的贷款则是后者。其他国际上组织提供的贷款,如联合国下设的发展基金提供的贷款。

②政府援助贷款

政府援助贷款指各国政府或政府机构之间授受的贷款。这种贷款一般利率较低,有的甚至无息,故带有援助性质,多由发达国家政府向发展中国家政府提供。一些国家往往设立专门机构来办理政府贷款事宜,如美国设有国际开发署,日本设有海外经济协力基金组织。政府贷款一般都有指定用途,如用于向贷款提供国进口资本货物,或用于已制定的开发援助项目,有时还附有一定的政治条件。

③其他贷款

其他贷款即上述两种形式以外的其他国际性贷款,包括出口信贷、租赁信贷、补偿贸易信贷以及银行贷款等。

2. 短期资本流动

短期资本流动是指期限在一年或一年以内即期支付的资本流动。它主要包括如下四类:

(1)贸易资本流动

贸易资本流动是指由国际贸易引起的货币资金在国际上的融通和结算,是最为传统的国际资本流动形式。国际贸易活动的进行必然伴随着国际结算,引起资本从一国或地区流向另一国或地区。各国出口贸易资金的结算,导致出口国或代收国的资本流入;各国进口贸易资金的结算,则导致进口国或代付国的资本流出。随着经济开放程度的提高和国际经济活动的多样化,贸易资本在国际流动资本中的比重已经大为降低。

(2)银行资金调拨

银行资本流动是指各国外汇专业银行之间由于调拨资金而引起的资本国际转移。各国外汇专业银行在经营外汇业务过程中,由于外汇业务或谋取利润的需要,经常不断地进行套汇、套利、掉期、外汇头寸的抛补和调拨、短期外汇资金的拆进拆出、国际上银行同业往来的收付和结算等,都要产生频繁的国际短期资本流动。

(3)保值性资本流动

保值性资本流动又称为"资本外逃"(Capital Flight),是指短期资本的持有者为了使资本不遭受损失而在国与国之间调动资本所引起的资本国际转移。保值性资本流动产生的原因主要有国内政治动荡、经济状况恶化、加强外汇管制和颁布新的税法、国际收支发生持续性的逆差，从而导致资本外逃到币值相对稳定的国家，以期保值，免遭损失。

(4)投机性资本流动

投机性资本流动是指投机者利用国际金融市场上利率差别或汇率差别来谋取利润所引起的资本国际流动。具体形式主要有：对暂时性汇率变动的投机；对永久性汇率变动的投机；与贸易有关的投机性资本流动；对各国利率差别作出反应的资本流动。由于金融开放与金融创新，国际投机资本的规模越来越庞大，投机活动也越来越盛行。

三、国际资本流动的原因与影响因素

(一)国际资本流动的原因

国际资本流动的形成，是一种供给与需求关系产生的结果。正因为存在这样的一种供求关系，才从根本上导致了国际资本流动。

1. 资本的供给

在国际资本流动中，长期资本与短期资本流动的具体原因各不相同，但从总体上看，其动因都不外乎两个：其一是追求利润，其二是规避风险。第二次世界大战后，由于世界经济发展的不平衡，各国资本的预期收益率必然地会形成差异。资本追逐利润最大化的本性驱使其从一国流向另一国。若一国资本的预期收益率高于他国，在其他因素相同的情况下，他国资本便会流入该国；反之，若一国资本的预期收益率低于他国，或者在相同收益率下风险高于他国，不仅外国资本会从该国抽走，而且本国资本也会存在外逃现象。

在国际资本流动中，追逐利润并非单纯的唯一动机。对投资者来说，还要考虑资本的相对安全性。在某国或地区风险因素超过投资者所能承受的范围时，资本外流也就产生了。因此，任何国际资本的流入流出，都是追求利润和规避风险的权衡结果。也正是因为这两个原因的存在，使谋求流动的国际资本始终存在，产生资本供给。

2. 资本的需求

资本需求是多方面的，但是发展中国家的资本需求是最为明显的。在发展中国家，由于国内储蓄不足以支持经济发展或起飞阶段所需要的投资需求，收入不足以支付进出口所需要的资金，为了开发本国资源、本国新产品、扩大生产能力以及引进先进技术和先进的管理经验，需要利用外资弥补经济发展的资金缺口，从而形成了对国际资本持续的需求。同时，国际投机者，尤其是以对冲基金为代表的机构投机者，在进行投机交易时，需要动用巨额资金，对国际资本的投机性需求也是非常大的。

(二)国际资本流动的影响因素

在基本原因之外，国际资本流动还受到很多具体因素的影响，主要有以下几个因素。

1. 利率

利率水平的高低不仅制约着资本的收益率，也直接影响着资本流动的方向。当今世界各国经济发展与富裕程度不一，各国之间的利率水平不同，因而存在利差。这样资本就会在利润机制的驱动下，从利率较低的(可能资本比较充裕)的国家或地区流向利率较高(可能资本比较短缺)的国家或地区，直到利差消失为止，投资的利润在这个过程中达到最大化。

2. 汇率

汇率的高低和稳定与否也决定着资本的流动，尤其是短期资本的流动。20 世纪 70 年代初以来，世界普遍实行浮动汇率制，各国货币汇率经常波动，且幅度较大。一些国家把本币币

值定得过高。如果一国汇率不稳定，本国资本所有者可能预期到所持的资本价值将发生贬值，就会把手中的资本或货币资产转换成另一种货币资产而存于国外，从而使资本向汇率较为稳定的国家或地区流动。因此，为了避免贬值所造成的损失或为了获得升值所带来的收益，投资者会根据自己对汇率的预期，将自己的资金进行不同货币之间的转换，从而使资本在国际上发生流动。

3. 财政赤字与通货膨胀

财政赤字和通货膨胀在一定条件下是相通的，这两者都会引起国际资本流动。如果一国发生财政赤字，而这个赤字又以发行纸币来弥补，这必然对通货膨胀造成压力。一旦发生严重的通货膨胀，居民为避免持有的资产贬值，减少通货膨胀所带来的损失，就会把国内资产转化为外国债券。如果财政赤字是以出售债券或向外国借款来弥补，也可能导致国际资本流动。因为居民可能预期到在将来某个时期，政府又会靠发行纸币来抵偿债务或征收额外赋税来偿付债务，这样又会促使居民把手中的资产从国内转移到国外。

4. 政府的经济政策

一国的国际资本流动与该国家的宏观经济政策有着很大的关系。例如，当一国采取金融自由化政策时，意味着对资本的流入流出不加过多干预，此时国际资本对该国的流出与流入往往比较频繁，规模也较大。如今，许多发展中国家为了弥补本国储蓄不足，制定了许多鼓励外资流入的政策，这对于加快国际资本流动产生了极大的影响。在世界经济处于萧条或国际经济关系不稳定的时候，国家经济政策对国际资本流动的影响作用就更加明显了。

5. 政治、经济以及战争风险的存在

政治风险是指由于一国的投资气候恶化而可能使投资者所持有的资本遭受损失。这里所指的投资气候，是针对被投资国的政局是否稳定、法律是否健全以及政治态度是否友好等方面而言的。投资气候好坏是判断政治风险程度的一个重要标准。经济风险是指由于一国投资条件发生变化而可能给资本所有者招致的损失。这里所指的投资条件涉及被投资国的经济状况是否良好、经济前景是否广阔、基础设施是否完善、居民与非居民的资产是否安全等方面的内容。投资条件的好坏，是判断投资经济风险大小程度的一个重要标准。战争风险是指可能爆发或已经爆发的战争对资本造成的可能影响。例如海湾战争就是国际资本流动发生了重大变化，在战争期间许多资金流往以美国为主的几个发达国家，战争结束后又使大量资本涌入中东，尤其是科威特等国。

任务二　国际资本流动的经济影响

国际资本流动在资本输入国、资本输出国以及国际金融市场上都存在着广泛的影响，与利益的分配、风险的产生都有密切关系。

一、国际资本流动产生的经济效益

（一）国际资本流动有利于促进国际贸易的发展

随着国际资本流动在国际上越来越频繁，规模越来越庞大，国际金融活动的角色已经从国际贸易活动的附属物转变为其基础，国际资本流动，特别是国际投资，对国际贸易产生了巨大的影响。

（1）对外援助和投资，有利于促进接受国的经济发展，改善其国民经济的薄弱环节，加速基础设施建设，使其发展对外贸易的基础与能力扩大。同时这也改善了直接投资的环境，以吸引更多的资金流入。

(2)对外援助和投资，有利于改善投资国的政治、经济与贸易环境，有利于其贸易的扩大，同时带动其商品输出。此外，通过对外投资，便于投资者更好地吸收商业情报，提高产品的竞争能力，从而进入东道国的贸易渠道。

(3)对外直接投资部门对国际贸易的商品结构起着优化作用。国际直接投资转向制造业、商业、金融、保险业，尤其是新兴工业部门，使贸易商品结构出现以下变化：第一，国际服务业在迅速发展；第二，国际贸易中间产品增多；第三，发达国家和发展中国家出口商品结构进一步优化，发展中国家出口制成品所占比重大大提高。

(4)国际资本流动有利于贸易方式的多样化。随着各大跨国公司的对外投资日益扩大，许多跨国公司纷纷设立自己的贸易机构甚至贸易子公司，专营进出口业务，从而有效地降低了贸易成本。这种做法打破了传统的贸易由商人作为生产者和消费者中介人的形式，降低了贸易中间商和代理商的地位。

(5)国际资本流动推动了第二次世界大战后贸易的自由化。对外直接投资的发展加速了生产国际化的进程，跨国公司在世界各地组织生产，其内部贸易也不断扩大。因此，产品的国际自由流动对于跨国公司的国际经营活动是十分必要的。这种切身利益决定了跨国公司的贸易自由化程度。

(6)以出口信贷形式存在的国际资本流动，有利于出口商资金周转与进口商解决支付困难，从而直接推动了国际贸易的扩大。

(二)国际资本流动有利于促进国际金融市场的发展

(1)国际资本流动加速了全球经济和金融的一体化进程。所谓一体化，就是指若干部分按照一定的方式有机地联系在一起。当前世界经济金融一体化已经成为不可抵挡的潮流，国际资本流动既随着一体化的发展而壮大，也对世界经济金融一体化产生了巨大的推动作用。主要体现在以下几个方面：①国际资本流动在一定程度上促进了贸易融资，推动了国际贸易的发展，并进而推动了世界经济和金融一体化；②国际投机资本在世界各主要金融市场的套汇、套利活动，使国际金融交易中存在的汇率差异和利率差异被迅速拉平，导致世界主要金融市场的价格呈现一体化趋势；③国际流动资本在世界各金融市场之间追逐高额利润的流动过程，使得一国的经济、金融与世界经济和金融的相关性增强，从而加速了世界经济、金融一体化的进程。

(2)国际流动资本极大地增加了国际金融市场的流动性。利用现代化的通信和交易手段，国际资本迅速地从一国流向另一国，可以有效地满足国际金融市场的资金需求尤其是短期资金需求，并能降低国际金融交易成本。此外，随着保证金交易、透支交易以及金融衍生工具的广泛运用，国际资本流动对国际金融的影响日益扩大。在获取巨额利润的同时，国际资本在客观上增大了国际金融市场的流动性。事实上，国际资本流动在得益于金融衍生工具的同时，也推动了金融衍生工具的创造和运用。

(3)适量的金融投机，有利于减少金融商品的价格波动幅度，确保市场价格的稳定性；投机者进入金融市场承担并分散了原始金融市场的价格风险，使真正建立风险规避为主的理性金融投资市场成为可能；投资者进入金融市场，大大提高了金融市场的流通性和资金营运率。

(三)国际资本流动有利于促进不发达国家的资本形成

不发达国家在经济增长过程中面临的最为突出的困难是资本不足，因此资本形成问题是不发达国家经济发展的核心问题。不发达国家贫穷的恶性循环是阻碍其资本积累的最主要的循环关系。资本的供给取决于储蓄能力与储蓄愿望,资本的需求取决于投资的需求。在不发达国家,资本形成的供求两方面都存在着恶性循环关系。对不发达国家来说,影响资本形成的市场需求不足,是实际购买力的不足,而不是"有效需求"的不足,这种实际购买力的不足压制了对个人投资的刺激。

因此,不发达国家往往以引进外资作为其自身资本形成的一条有效途径。巨额资金流入不发达国家,为其发展本国经济、增加出口贸易和提高国民收入产生了积极作用。对外资的引进和有效利用,可以拉动对不发达国家本地区的人力资源和自然资源的需求,提高这些资源的利用程度和利用需求,拓展不发达国家的市场,提高其市场化程度,这不仅对引进外资的不发达国家而言是有利的,对作为主要资本输出国的发达国家也是有利的。

一般来说,不发达国家引进外资的形式主要有外国直接投资、国际借款(官方和非官方)以及赠予,其中以外国直接投资为主。外国直接投资的决策由外国投资者作出,虽然不同于直接以国内发展为目的的资本形成,但也还是直接用在资本形成上,因为它总会给生产产品的国家增添真正的新的生产力。国际借款和国际捐款作为一国外国投资,可以由不发达国家统筹使用,建设公共服务事业和作为社会经营资本,从而奠定一国经济发展的基础。

但是,以外资代替国内储蓄总会相应的引起消费的增加。国际投资和捐赠若用于消费,则不利于不发达国家的资本形成,因此不发达国家对外资和本国资源的利用必须作出全面的计划和预算,以保证在分配国内外全部可用资源时首先用于资本形成。

(四)国际资本流动会引发财富效应

对于资金富裕的单位,金融工具提供了一个资产保值增值的方式。人们可以将资金用实物的形式保存下来,但往往会因为折旧等种种因素贬值,从而带来损失。但是以股票、债券和其他金融工具的形式进行保存和流通的资金则不会随着时间而贬值,反而通常会创造收入、增加财富。这里的财富是指个人、企业和政府所有的资产总值,净财富则是其所有的资产总额与负债总额之差。在数值上,财富总量等于当前存款以及其他金融资产加上因此而产生的收益(利息、股息、债息等)。目前,世界范围内以股票、债券和其他金融工具形式持有的财富是巨大的。财富的持有量代表着人们当前和未来的购买力,是衡量社会福利状况和国民生活水平的重要指标。由于国际资金在各国金融市场之间的流动会使单个国家的证券市场的财富效应扩散,所以重要的金融市场所在国的经济增长通常会通过财富效应推动整个世界经济的繁荣。

(五)国际资本流动在一定程度上有利于解决国际收支不平衡问题

国际收支不平衡的国家,因国际金融市场的发展而得到了利用其国内盈余资金或弥补国际收支赤字的便利条件。据世界银行统计,广大非石油输出国的不发达国家、中等发达国家甚至发达国家的国际收支赤字,大部分是通过从国际金融市场筹集资金来弥补的。而像石油输出国、日本等国际收支顺差的国家,也是由于国际金融市场的发展才得到了利用其巨额收支黑字的机会。

二、国际资本流动产生的风险和危害

国际资本流动固然能够为世界各国和国际金融市场带来便利和经济效益,但是伴随着国际资本流动也产生着种种风险,而这些风险一旦处理得不好,可能会引起危害和损失。

(一)国际资本流动中的外汇风险

外汇风险是指一个经济实体或个人,在涉外经济活动中因外汇汇率的变动,使其以外币计价的资产或负债发生变化而蒙受损失的可能性。根据外汇风险的表现形式,我们又可以将外汇风险分成以下五类,即外汇买卖风险、交易结算风险、会计风险、经济风险和外汇储备风险。

从微观上看，国际资本流动中的外汇风险，通过汇率的不正常波动，加大企业成本与收益核算的难度，从而影响企业的涉外业务；通过改变企业债权债务的外汇价值，加大企业的偿债负担，从而造成企业不能按时偿还到期债务的风险。通过上述两方面的影响，外汇风险可能最终影响企业的经营战略。

从宏观上看，国际资本流动中的外汇风险可能会因改变贸易商品的国际价格而造成一国贸易条件的恶化。由于汇率的变化，外汇风险会造成一国旅游业的大幅波动，影响一国资本流动的状况，改变一国经常项目状况，影响一国货币当局外汇储备的结构和数量，进而影响一国的国际收支，最终对一国国民收入和国内就业及经济发展造成不良影响。

（二）国际资本流动中的利率风险

国际资本流动中，利率是国际货币使用权的价格。国际资本流动中的利率风险，总的来说就是由于国际金融市场的利率变动使借贷主体遭受损失的可能性。国际银行贷款和国际债券是涉及利率风险的国际资本流动的两种主要形式。

1. 国际银行贷款

在国际银行贷款中，对借方而言，若借方按照固定利率从国际商业银行借款，在国际商业银行贷款借入日到贷款偿清日的整个借款有效期内，如果国际市场上商业银行贷款利率下跌，则借方按照固定利率支付的利息额，必定高于逐期按市场利率所可能支付的利息总额；相反，若借款人是按照浮动利率从国际商业银行借款，在整个借款的有效期内，若国际市场利率上涨，则借方按照浮动利率逐期支付的利息总额，就会高于按照贷款发放日利率水平所确定的利率所可能支付的利息额。这就是借方所面临的利率风险。

对贷方而言，若商业银行以固定利率发放贷款，但日后市场利率上升，则按其固定利率所收取的利息总额会低于按浮动利率所可能收取的利息总额；若国际商业银行以浮动利率发放贷款，但日后市场利率下降，则其按浮动利率所收取的利息总额会低于按发放日当天利率可能收取的固定利率计算的利息总额。除此之外，由于国际商业银行的资金往往来源于吸收存款或发放金融债券所获得的借款，在其借款和对外放款之间存在利率不匹配的问题。这种不匹配，表现在浮动利率与固定利率的不匹配，也表现在利率期限的不匹配。市场利率的变化，可能造成国际商业银行在支付借款利息和收取贷款利息两方面同时蒙受损失。因此，作为贷方的国际商业银行，其所面临的利率风险要比借方更为复杂。

2. 国际债券

对债券的发行方来说，面临着与国际银行借款方类似的风险。如果国际债券发行人以固定利率发行国际债券，在其债权有效期内，若市场利率下降，发行人将不能享受这种利率下降带来的好处；相反，若发行人以浮动利率发行国际债券，如果市场利率在债券有效期内上升，发行人将不得不按不断上涨的利率支付债券利息，其支付额将大于按发行日市场利率以固定利率发行所可能发生的支付额。

对债券投资者来说，若投资者将债券持有到期，其面临的风险与发行人类似。但是，如果投资人在债券未到期时在市场上出售变现，若是固定利率债券，那么在国际债券购买日到转让日的时间里，市场利率的上涨将会造成两个方面的损失：一方面，购买者将要蒙受在此期间内由于少收利息而带来的经济损失；另一方面，由于市场利率上涨，国际债券的流通价格会下跌，低于债券的发行价格，投资者在变现时会遭受由于债券价格下跌而带来的损失；两种损失之和就是投资者所蒙受的利率风险。若是浮动利率债券，在购买日到转让日之间，市场利率的下跌也会造成两方面的影响：一方面，购买者要蒙受在此期间少收利息的损失；另一方面，市场利率的下降会造成债券流通价格的上升，债券投资者在转让债券时会获得价格收益；两者之差就是投资者面临的利率风险。

此外，国际金融市场利率的变动还会对国际股票市场、国际衍生品市场产生影响，这种影响也是利率风险的一部分。

（三）国际资本流动对流入国银行体系的冲击

在大多数发展中国家，银行机构作为金融中介占有优势地位。流入这些国家的国际资本，有相当部分是首先流入这些国家的银行体系。进入 20 世纪 90 年代，国际资本大量流入发展中国家，对这些国家的银行体系造成巨大影响，并由此带来相当大的风险。

对资本流入国的商业银行来说，巨额国际资本的流入，最直接的影响有两个：一是商业银行的规模得以扩大；二是商业银行对这些资本的运用使得其资产负债表的结构发生变化。

资本流入有不同的目的。当资本流入是用于弥补相应的经常账户逆差时，即当一个非居民从居民那里购买了国内资产后，居民又反过来利用这些外汇收入去进口国外商品，外汇收入又流入本国，这就不导致银行信贷的扩大。当本地银行贷款给进口商时，他同时在进口商的账户上贷记外币借款和借记外币存款两笔账。本地银行通过外在外国银行提取存款完成这一交易。交易最后，本地银行发生了对外国银行的负债和给进口商的贷款，但其国内资产并不增加。另一种情况下，资本净流入完全由中央银行进行中和。不管在哪种情况下，资本净流入都不会影响本币私人部门的信贷水平。

当国际资本以增加国内银行对外负债的形式流入一国时，对银行资产最直接的影响是，国内商业银行的外币负债增加，同时该银行在某外国银行的外币存款增加。如果本国中央银行从接受资本流入的商业银行购入外汇资产，则本币的银行储备相对于本币储蓄会增加。如果中央银行没有针对这种流动性的增加而采取措施中和其基础货币，商业银行便会利用其在中央银行的超额准备金增加贷款，这种贷款的增加在货币乘数的作用下会创造出数倍于其超额准备的货币。对于商业银行来说，表现为资产的增加；对于中央银行来说，表现为流通中货币的增加，国内通货膨胀的压力加大。

国际资本的流入在影响流入国商业银行资产规模的同时，也会通过一些较重要的渠道使银行的资产负债表结构发生变化。资本流入国的银行会更加依赖于外国资本，并利用这些资本扩大其国内贷款和证券投资。具体分析流入国资产负债结构的变化，有着更为重要的意义。

商业银行对外负债的增加如果只导致国外资产的增加，即银行投资于国外证券或把资金贷给国外，那它的扩张效果将较小。但实际上这种情况很少发生。分析一些发展中国家商业银行的资产负债表不难发现，绝大多数国家商业银行的外币负债要比外币资产增加得更快。与此同时，其国内非政府存款也急剧上升。这些现象表明，对国外的净负债并没有被中和，这将直接或间接地导致国内贷款、消费或投资的增加。

在这种情况下，银行部门是否可靠、银行贷款或投资的决策过程是否完善，将直接影响国际资本流入对当事国的经济效应。在不断变化的环境下，许多国家银行系统的问题往往是低劣的贷款决策以及对贷款风险管理不当造成的。如果银行过分地陷入这种风险，有可能导致较大的亏损。

总的来说，国际资本流动对流入国商业银行资产负债表的影响可以归纳为：(1)高资本净流入时期往往与银行部门负债的增加一致，银行负债的增加往往是由外国资金的介入导致的；(2)在中央银行进行中和操作的前提下，虽然在商业银行资产负债表上来自中央银行和政府的资金有所下降，但银行仍然能够扩大其业务规模；(3)国际资本的流入使商业银行增加的资金，大部分变成了国内贷款，对私人部门的证券投资也有所增加。

国际资本流动所含有的风险和危害中还包括对一国证券市场的巨大冲击，而这主要是指国际投机资本，这部分内容详见项目任务四。

任务三　当前国际资本流动的特点与原因

一、当前国际资本流动的特点

国际资本流动是资本跨越国界并从一个国家向另一个国家的运动，包括资本流入和资本流出两个方面。国际资本流动的历史最早可以追溯到19世纪。就目前而言，呈现出以下特征：

(1)国际资本流动规模急剧增长，并日益脱离实质经济。具体表现在：

其一，国际资本供给不断增加，国际资本需求不断扩大。

其二，突出地体现在衍生工具交易产生的国际资金流动数量已远远超过传统方式交易产生的国际资金流动数量，居于绝对优势地位。

(2)国际资本流动结构急速变化，并呈现出证券化、多元化特征。具体表现在：

其一，结构急速变化。在20世纪70年代，国际资本主要流入到发展中国家。80年代以后，流向发展中国家和地区的闲置资本则大为减少。90年代以来，国际资金又大量流入中国、东南亚、拉美、东欧、俄罗斯等国家或地区。东南亚金融危机以后，大量资金又从危机地区撤出。从以上国际资本流动的发展变化过程可以看出，国际资本具有更加明显的逐利特性，而且变化无常。

其二，证券化趋势。以证券方式流动的国际资本逐步超过了以债权方式流动的国际资本，其主要原因是证券融资可以从根本上克服银行融资流动性差的缺点。

其三，多元化发展态势。除了传统的资本流动方式如银行贷款、商业信用、股票筹资、债券筹资等以外，期权、期货、调期、互换等创新性金融工具日益成为国际资本流动的重要方式。

(3)机构投资者成为国际资本流动的主体。具体表现在：

其一，在许多工业化国家，机构投资者早已超过个人投资者而成为市场主体。

其二，机构投资者凭借其专家理财、组合投资、规模及信息优势而受到机构及个人的普遍欢迎。它们掌握的金融资产数量也急剧上升。

二、国际资本流动新特点形成的原因

上述国际资本流动的新特点，由多方面原因形成。

(一)世界经济一体化趋势的加强

世界经济一体化是当代国际经济关系日益密切的反映，既是跨国公司在全球范围内进行大规模国际直接投资、组织跨越国界的生产经营活动的结果，又为其更大规模的国际直接投资的展开提供了畅通的渠道。世界经济一体化一方面表现为生产的国际化。生产国际化主要指生产力的发展突破了国家疆界的限制和束缚，开始了使各国的社会再生产日益交织和密切的过程。现代生产由于国际分工和合作在广度和深度上的发展，已经在一定意义上成了国际性生产。世界经济一体化的另一方面表现为组织结构的一体化。跨国公司建立起了有效的网络管理体系，使生产、贸易、投资、技术开发等机构围绕总体战略目标而有机进行。

(二)国际范围内与实际生产相脱离的巨额金融资产的积累

这些资金来源于各国(特别是主要的可兑换货币发行国)的长期通货膨胀、产油国大幅度提高油价而形成的巨额石油美元,以及世界货币发行国(特别是美国)通过巨额的国际收支逆差而流到国际上的大量美元资金。金融市场及金融中介机构的发展又派生了不少金融资产,使越来越多的社会资产与实际生产相脱离而成为金融资产。1997 年 12 月 13 日,世界贸易组织达成了“金融服务协议”,要求各成员国进一步开放金融市场,促进金融服务的国际化和全球化,涉及全球 18 万亿美元的证券资产、38 万亿美元的贷款资产和 2.5 万亿美元的保险费,而这不包括金融衍生资产。如此巨大的金融资产,除了形成各国内部的资金流动外,还成为国际上资金流动增长的源泉。

(三)产业结构的国际调整和国际分工的深化

20 世纪 90 年代以来,各国都开始致力于本国经济发展战略的反思,结合各自特色进行产业结构调整,产业结构升级成为世界经济中的普遍现象。发达国家产业结构进一步“软化”,知识和技术密集部门迅速膨胀,信息产业迅速发展;新兴工业化国家和地区,以及工业化迅速并已具备相当工业基础的国家,资本和技术密集型产业比重在增加。这样,不同层次产业的跨国界转移,既有必要,又有可能。发达国家之间,在高度发达的生产国际专业化基础上,各国结合自身特点,进行更高层次的产业扩散;同时在保持技术优势的前提下,将部分资本密集型的产业转移到工业基础较好的发展中国家和地区,并进行部分高技术领域投资。而后者由于产业结构的升级,也向其他发展中国家转移部分劳动密集型产业。而发展中国家则利用发达国家经济转型造成的部分“市场空缺”,发挥自身优势,进入发达国家市场,以获取先进技术和管理经验。从世界范围看,由不同生产要素和产业结构层次形成的各国经济上的互补性大大增强,国际分工在深化。结果,一体化的国际生产格局逐渐形成。它既得益于国际直接投资的增长,反过来又直接带动了国际直接投资的进一步发展。在跨国公司和区域经济集团化大发展的 20 世纪 90 年代,国际直接投资的增长更多地通过两条途径得以实现:一条是通过跨国公司全球化战略及其网络组织结构所形成的公司内部国际生产一体化体系,另一条则是通过区域及跨区域的规模性产业转移。

(四)投资方式与投资工具的不断创新

随着区域经济一体化和各国相继放松资本管制,企业间的跨国兼并和收购成为全球对外直接投资的主要形式。国际投资的另一新方式以及股权和非股权形式的跨国联合投资体——国际战略联盟——也日趋增多。此外,国际金融领域的金融创新浪潮不断,加强了融资证券化、注重资产负债表外业务以及金融市场一体化的趋向。这些因素促成了国际资本流动规模的扩大,并且使国际资本流动更加灵活和方便。

(五)各国对国际资本流动管制的放松

第二次世界大战后的相当长一段时间内,各国对国际资本流动进行了非常严厉的管制。但随着各国经济的复苏与发展,20 世纪 70 年代以来,各国兴起了放松外汇管制、资本管制乃至金融管制的浪潮,逐步对外开放本国的银行信贷市场与证券市场,允许外国金融机构进入本国金融市场,允许非居民到本国金融市场筹资,放松对金融机构的控制。至于成熟市场,到 1992 年,绝大多数发达国家放开了对国际资本流动的管制。同时,新兴市场的资本管制放松也非常显著。

(六)发展中国家国内政策的调整、市场运作效率的提高和外资政策的开放

国际私人资本流动是通过市场配置资源的一种方式,必须遵循市场经济的基本规律。私

人外国直接投资者在更大程度上依赖市场的力量，由于市场力量决定投资者数量和地区分布，在全球范围内寻找最有利的投资市场，有效合理的配置其资金、技术、管理等各种资源。20 世纪 90 年代以来，发展中国家深化市场导向的经济体制改革和经济结构调整，不同程度地减少了政府对市场的干预，对一些国有部门实行私有化或民营化，减少了市场扭曲和市场失败，顺应了生产要素国际流动的要求，成功地吸引了外国直接投资。

发展中国家对引进外国直接投资曾经历由疑虑、限制、排斥转变为鼓励和扶持的过程。90 年代初以来，一些相对封闭的国家，如亚洲的越南、缅甸、蒙古、老挝和非洲的安哥拉、埃塞俄比亚等国，纷纷颁布法规宣布对外开放，以实行对外开发过的拉美、东亚和东南亚等地区的国家也进一步放松管制，提高对外开放的广度和深度。

任务四　国际资本流动与国际债务危机

国际资本的流入与流出，势必对一个国家在一定时期的债务问题产生影响。长期以来，人们对于"外债"这一概念并没有统一的定义，不同国家或机构在使用这一概念时，往往具有不同的概念。

一、外债的概念

外债是一国居民向境外法人或自然人借用且尚未偿还的，由债务人承担契约性偿还义务的全部债务。

1984 年 3 月在国际货币基金组织、世界银行、经济合作与发展组织和国际清算银行等国际金融组织组成的关于外债统计的国际审计员工作会议上，对外债的定义达成了共识；外债是在任何给定的时刻，一国居民所欠非居民的、已使用而尚未清偿的、具有契约性偿还义务的全部债务，这一概念包含四个要素：(1)外债是以居民和非居民为标准，是居民对非居民的债务，这里的居民和非居民都包括自然人和法人。(2)必须是具有契约性偿还义务的外债，通过具有法律效力的文书明确偿还责任、偿还条件、偿还期限等，而不包括由口头协议或意向性协议所形成的债务。(3)必须是到一个时点的外债余额。(4)所谓"全部债务"，既可以是外币表示的债务，也可以是本币表示的债务，还可以是以实物形态构成的债务。

二、国际债务的衡量指标

(一)偿债率

偿债率是指一国的偿债额(年偿还外债本息额)占当年该国外汇总收入的比率。这是衡量一国外债偿还能力的一个最主要的指标，其公式如下：

$$偿债率=\frac{本年度应偿还外债本息额}{本年度出口商品劳务收汇额}\times 100\%$$

国际上一般认为偿债率指标在 20%以下是安全的，即一个国家的外债本息偿还额不宜超过外汇总收入的 20%，超过这一警戒线，就有发生债务危机的可能性。但这并不是绝对的，一国的偿债能力除了取决于外汇收入和外债的数额、期限、品种等因素外，还取决于一国的进口状况、外汇储备状况、经济和贸易的增长速度等多种因素。

(二)负债率

负债率是指一国一定时期外债余额占该国当期的国民生产总值的比率，用公式可以表示为：

$$负债率=\frac{本年年末外债余额}{本年度国民生产总值}\times100\%$$

这个比率用于衡量一国对外资的依赖程度或总体债务风险度，一般参照系数为8%。该指标是从静态考察生产对外债的承受能力。

(三)债务率

债务率是指一国当年外债余额占当年外汇总收入的比率。其公式为：

$$债务率=\frac{本年年末外债余额}{本年商品和劳务出口收汇额}\times100\%$$

国际上公认的债务率参照系数为100%，但这也不是绝对的，因为即使一国的外债余额很大，如果长、短期债务分布合理，当年的还本付息额也可保持在适当水平。

(四)短期债务比率

短期债务比率是指当年外债余额中，1年以下(含1年)短期债务所占的比重，一般参照系数为25%。这是衡量一国外债期限结构是否安全合理的重要指标，它关系到一国当年还本付息额的大小。

(五)其他指标

(1)外债总额与本国黄金外汇储备额的比率，应按制在3倍以内。

(2)外债饱和后外债余额增长速度小于GNP增长速度。

(3)外债余额增长速度小于外汇收入增长速度。

(4)外债饱和后，年偿还外债本息增长速度小于年外汇收入增长速度。

在衡量一国债务负担时，要注意综合考察各项指标，因为每项指标只反映某一方面的问题，都存在局限性，单纯考虑某项指标，其结果可能会出现偏差，即便是综合考虑各项指标，也要注意同长期经济形势结合起来分析：上述指标显示的是过去的情况，缺乏对未来形势发展的预见性，如进出口情况的变化，商品价格的升降，经济增长速度的高低以及能否持续地、有保证地借入外债等，这些也是构成一国偿债能力的主要因素。

三、国际债务危机

国际债务问题产生于20世纪70年代末期。从20世纪70年代前半期开始，一些发展中国家，特别是拉美和非洲的发展中国家，为了实现工业化而大量举借外债。20世纪80年代的债务危机就是一些国家盲目引进外资后出现的一场金融危机。1973年石油价格上涨后，许多非石油出口国的国际收支严重恶化，这些国家本应降低国内经济发展速度，减少进口，以改善对外收支状况，但由于这些国家继续采取高增长战略，进口继续增长，只能靠举债来弥补国际收支逆差。正好70年代国际资金供量过剩，利率较低，1977～1979年美元汇率又不断下跌，导致很多发展中国家筹措大量外资。

20世纪80年代美元利率的提高，导致了发展中国家还本付息额的不断提高。1973～1982年10年中，发展中国家的外债总额增加了5倍。外债总额在1973年相当于国民生产总值的22.4%，而到1982年，这个比重提高到34.7%，外债总额在1973年相当于出口收入的115.4%，而到1982年则提高到143.3%。同时外债结构也发生了变化，官方贷款的比重降低了，短期贷款的比重提高了，长期债务中私人债务的比重提高了。

在100多个发展中国家中，主要债务国和地区不过25个，它们占发展中国家外债总额的

4/5。其中，巴西、墨西哥、阿根廷、韩国、委内瑞拉、印度尼西亚、土耳其、菲律宾、智利和哥伦比亚是重债国，这些国家外债额占外债总额的 1/2 以上。这些国家发生债务危机的原因各有不同，但其中一个共同点就是，均在过去一些年中大量利用外资发展经济，在经济发展取得了令人瞩目成绩的同时，由于过度借债，这些债务国家在遇到工业化国家经济陷入危机与低迷，西方国家纷纷提高利率的情形时，陷入不能按期偿还债务的严重危机困境之中。债务危机产生后，作为重灾区的拉丁美洲，出现了大量的资本外逃现象，国民经济的增长出现严重下滑。

四、国际债务危机的成因

20 世纪 80 年代国际债务危机形成的原因，主要应从债务国国内的政策失误和世界经济外部环境的冲击两方面加以分析。债务国国内经济发展战略的失误和外债管理方针的不当，使外债规模的膨胀超过了国民经济的承受能力，这是危机形成的内因；而世界经济的衰退，发达国家的贸易保护主义，以及国际金融市场的动荡等，则是诱发债务危机的直接原因。

1982 年 8 月，墨西哥宣布无力偿还到期债务，一时风云突变，触发了债务危机。从债务国本身的失误来分析，国际债务的成因主要有以下四点：

(1)发展中国家政策失误。20 世纪 70 年代中期以后，许多发展中国家盲目地追求工业化和高速度，盲目地举借外债扩大投资规模，过高地估计了本国的生产能力和出口创汇能力。首先，许多债务国自 20 世纪 70 年代以来一直采取扩张性的财政和货币政策，再加上不适当的汇率和外汇管制措施，造成了一系列不良后果。

(2)所借外债未形成合理的债务结构。发展中国家应当尽力设法吸引外资来推动国内经济建设，但是外资只能作为内资的补充，对外资的过分依赖必将造成不良后果。陷入债务危机的主要国家无不是在国际资金市场蓬勃发展之时，借入了超出自身偿还能力的大量贷款，而且未形成合理的债务结构。此处所说的债务结构主要是指债务的期限结构、利率结构、来源结构等。在期限结构上，世界银行公布的 17 个重债国均出现债务短期化趋势，即短期债务比重迅速上升。这样的债务安排，使得这些国家在借入的资金尚未或者未能及时产生效益的前提下，又要面临偿还贷款本息的问题，这势必加重这些国家短期债务偿还的负担。

(3)对所借外债未有效地加以运用。更重要的是，重债务国的外债资金利用效率低，未能把外债资金有效地用于生产性和创汇营利性项目，不能保证外债资金投资项目的收益率高于偿债付息率。一些重债国将外债资金投向规模庞大而又不切实际的长期建设项目，有的项目最终没有形成任何生产能力。这样，在世界经济环境突变之时，自然难以应付，无法如期偿还债务。

(4)债务国在一定程度上存在着资本外逃的现象。债务国一方面通过在国际金融市场上借取大量的外债来筹措资金，发展本国经济；另一方面却又面临着国内资金出于各种原因在一定程度上出现外逃的难题。这势必影响债务国资金的使用安排，加重其偿还外债的负担。

五、国际债务危机的解决办法

20 世纪 80 年代债务危机的爆发给国际金融界造成了极大的震动。为了减少其负面影响，各方陆续提出了一些解决问题的办法，为此采取的措施主要有以下几种：

(一)债务的重新安排

由债权债务双方协商修订原有的贷款协定，延长还款的期限。官方债务的重新安排由国际货币基金组织协调在“巴黎俱乐部”进行，私人债务由国际货币基金组织成立专门委员会进行重新安排。重新安排有三种基本形式:(1)由债权债务双方协商延长偿还本息的期限;(2)减免债务国的利息或本金负担;(3)把已有的债务重新转换债权人,即把对私人商业银行的债务转换为某个债权国官方或某个国际金融机构的债务。据统计,1982～1985年间重新安排债务达119起,通过"巴黎俱乐部"重新安排的债务共计201.1亿美元,私人商业银行重新安排的债务协议金额为1 358亿美元,其中为墨西哥重新安排的私人债务达437亿美元,委内瑞拉为210亿美元。

(二)债务资本化

债务资本化是指由债权银行将债务国所欠债务以一定的折扣出售给有意在债务国投资的外国公司或本国公司,然后由这些公司将其购买的债权凭证(债券)在债务国银行将外币兑换成债务国货币并在债务国进行投资,债务资本化的目的在于使外币债务转化成本币债务,最终转化为国内投资。债务资本化对债权银行、债务国以及债权凭证的购买者都有利可图,债权银行能够以低于账面的价格卖出到期未能实现的债权,收回大部分本金,以缓解由于债务拖欠造成的资金周转不灵;对债务国来说,能够将外币债务以本币购回,减少了外债,促进了投资;对债权凭证购买者而言,以低于账面额的价格买入债权,且按面值转换之后就增加了投资金额。

(三)债务证券化

债务证券化是指经济较发达的发展中国家将外债转换为在国际金融市场上可以流通转让的有价证券,也可以转换为国外有价证券。这种方式涉及以现存债务工具交换成以本币或外币计值的新债务工具。新旧债权的条件完全不同,例如,新债权的面值可比旧债权的面值打一个折扣;或者面值不变,但新债权规定的利率比旧债权低。这种交换要求新债权是较为可靠或附有担保品的资产,并具有流动性,可以转让交易,而且债务人全部偿还这笔债务的可能性要比偿还旧债的可能性更大。例如,1987年12月墨西哥与美国达成的"零点国库券方案",由墨西哥政府从其储备中拿出现汇20亿美元,用于购买美国财政部发行的20年期,价值为100亿美元的零息债券,这些债券存入纽约联邦储备银行作为墨西哥在美国发行100亿美元扬基债券的担保,债权银行以竞价方式把原来对墨西哥贷款以1/2的折扣转换成墨西哥发行的新债券。实际上墨西哥以较少的现款换回了一大笔商业银行的贷款。

任务五 国际资本流动理论

一、资本输入理论

(一)纳克斯的贫困循环理论

1953年,美国发展经济学家纳克斯出版了《不发达国家的资本形成问题》一书,系统地考察了发展中国家的贫困问题,探讨了贫困的根源和摆脱贫困的途径,提出了"贫困恶性循环理论",形成了早期发展经济学的资本形成理论的雏形。

纳克斯认为,发展中国家之所以贫困不是因为这些国家资源不足,而是因为这些国家存在贫困恶性循环。贫困循环产生的原因在于资本缺乏,资本形成不足。而资本形成不足的根源是资本的供求不足。

从供给方面看,资本形成存在一个恶性循环:低收入→低储蓄能力→低资本形成→低生产率→低产出→低收入。即由于人均收入水平过低,人们将绝大部分收入用于生活消费,而无钱储蓄,从而导致储蓄水平低。低储蓄能力导致资本稀缺,资本形成不足,而这又使生产规模难以扩大，生产率难以提高。低生产率又引起低经济增长率，低增长率又造成新的一轮低收入。如此周而复始，形成恶性循环。

从需求方面看，资本形成也存在一个恶性循环：低收入→低购买力→投资引诱不足→低资本形成→低生产率→低产出→低收入。低收入意味着低消费和低购买力。

纳克斯认为，产生这两个恶性循环的根本原因是人均收入过低，低收入和贫穷无法创造经济发展所需要的储蓄，而没有储蓄就没有投资和资本形成。结果又导致该国的低收入和持久贫穷。这是一个难以打破的恶性循环。由此，纳克斯得出一个著名命题：一国穷是因为它穷。

那么走出这一循环的出路何在？利用国外资本，推动生产率和实际收入的增长，从而增加国内储蓄。国外资本主要包括两种：外国直接投资和国际借款。外国直接投资多数投在向发达国家出口的初级产品上，而不是投在为国内市场生产的行业上。这个事实受到很多发展中国家经济学家的批评。纳克斯的观点是：外国企业对经济发展的作用不是简单取决于它是为出口还是为国内消费而生产，而是在很大程度上取决于它能够把劳动力的需求和当地资源的需求增加到什么程度，取决于它把多少利润用于国内的再投资。与企业直接投资不同，国际借款可以由政府统筹使用，进行基础设施的建设，从而奠定一国经济发展的基础。纳克斯说日本和澳大利亚是有计划利用国际借款成功的例子。但国际借款容易被用来进行消费而非投资，这样不利于资本的形成。所以纳克斯主张对外资的使用必须作出全面计划和预算。

（二）两缺口理论

1. 两缺口理论的概念

钱纳里和斯特劳特认为，发展中国家的经济发展主要受三种形式约束：一是储蓄约束，或称投资约束，即国内储蓄不足以支持投资的扩大。二是外汇约束，或称贸易约束，即有限的外汇无法满足经济发展的进口需要。三是吸收能力的约束，又称技术约束，即由于缺乏必要的技术、企业家和管理人才，无法有效地运用各种资源，影响了生产率的提高。钱纳里和斯特劳特重点考察的是储蓄约束和外汇约束，因此，它们的理论一般被称为双缺口理论。

$$Y=C+I+(X-M)$$

$$Y-C=I+X-M$$

由于 $$Y-C=S$$

所以 $$S=I+X-M$$

移项 $$S-I=X-M$$

两边同乘以一个负号： $$I-S=M-X$$

式中，$I-S$ 为储蓄缺口，$M-X$ 为外汇缺口。该式表明，当国内出现储蓄缺口时必须用外汇缺口来平衡。如果利用国外资源，既可以解决外汇缺口，也可以解决国内储蓄与投资的缺口。

2. 两缺口模式的发展

一些西方经济学家认为，对发展中国家来讲，资本稀缺固然重要，但这并不是最关键的因素，最关键的约束条件是发展中国家的技术缺乏，主要表现在缺乏必要的技术知识、管理和企业家的才能。从现实来看，发展中国家的国内资源尚无能力填补这三个缺口，因而也必须引进国外资源来弥补它。在三缺口模式的基础上，有些经济学家又提出了四缺口模式，即增加一个税收缺口。也就是说，发展中国家的经济发展需要国家进行干预，因而在开支与税收之间有一个缺口，而外资企业的进入可在一定程度上增加政府的税收。

二、资本输出理论

(一)直接投资

1. 麦克杜格尔模型

麦克杜格尔模型的观点是:资本在国际上自由流动后,导致资本的边际生产力在国际上平均化,从而提高资源的利用率,增进全球的生产和福利(见图7—1)。

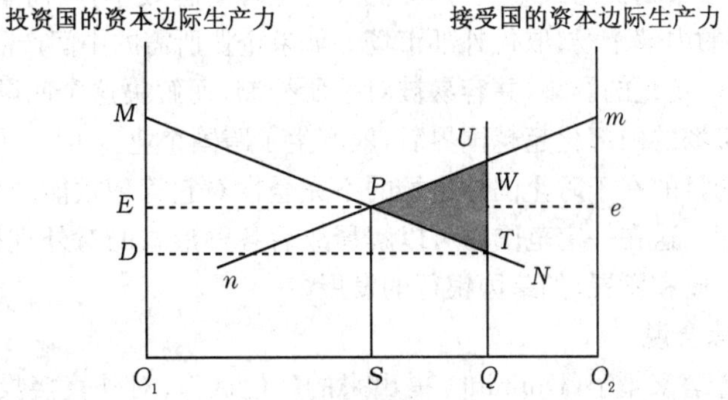

图7—1 麦克杜格尔模型

图7—1中,O_1为投资国的原点,O_2为资本接受国的原点,横轴为资本量。投资国的资本量为O_1Q,接受国的资本量为O_2Q,两者之和O_1O_2为世界资本总量。纵轴为资本的边际生产力,$MN(mn)$线是表示投资国(接受国)资本边际生产力递减的曲线,即资本需求线。资本流动前,投资国使用O_1Q的资本量和一定量的劳动力,生产了O_1MTQ量的产品,接受国生产了O_2mUQ量的产品。资本的边际生产力(等于资本价格)投资国为QT,低于接受国的QU。由此引起前者向后者的国际资本流动,直至两国的资本边际生产力均等,图为$SP=O_1E=O_2e$,这将有SQ量的资本由投资国流到接受国。资本流动的结果使投资国的生产量变为O_1MPS,接受国变为O_2mPS,与资本流动前两国生产总量O_1MTQ+O_2mUQ相比,两国总共增加了三角形PUT的生产量。这部分产量由两国共同分享。该模型的建立为国际直接投资的研究奠定了理论基础。

麦克杜格尔模型表明,允许国际资本流动后,资本流入国和资本流出国均可获利。该模型研究的是完全竞争条件下的国际资本流动。

2. 垄断优势理论

垄断优势理论由麻省理工学院的海默尔(Hymer)提出。他认为,决定对外直接投资的原因是利润的差异,获得利润的高低取决于垄断优势的程度。他认为一家企业到国外投资有两个前提:一是它在国外的投资收益要高于它在国内的收益,因而它向海外扩张;二是它在国外的子公司的收益要高于当地企业,这是子公司在海外得以生存的条件。所以垄断优势是企业对外投资的决定因素。跨国公司的垄断优势可以分为:(1)产品差别;(2)技术诀窍和管理知识;(3)规模经济的优势;(4)因政府对进口限制而产生的优势。在他看来,外国直接投资的实质是垄断竞争条件下厂商所享有的特殊利益。

海默尔的垄断优势论的贡献是摆脱了完全竞争的假设,引进了垄断竞争和寡头垄断的概念。

3. 国际生产的内在说

代表人物是鲁格曼(Rugman)。第二次世界大战后,许多发达国家在向外国投资的同时也接受国外的投资，投资不是单向的。这就提出一个问题，跨国企业在全球规模上组织它们的国际生产，为什么要通过对外直接投资，建立公司的内部市场来协调他们的分工，而不利用现有世界市场同其他国家的企业交换产品来实现跨国企业之间的国际分工？

内在说从世界市场的不完全性进行与内部资源配置的关系方面，解释了跨国公司对外直接投资的决定因素。它的基本观点是，第二次世界大战后科技革命改变了中间产品的性质和内容，它由传统的原材料、半制成品变为知识技术等信息产品，外部市场缺乏这些产品的定价机制与交易机制，导致市场交易成本上升，降低公司全球经营效率，因而不得不对外部市场实行内在化，建立自己的内部市场，取代外部市场。如果企业所需的中间产品只依赖外部市场的话，就会受到市场行情变化的影响，并容易被对手所控制，而解决这个问题的最好办法就是实现市场内部化。当市场的内部化超越国界后，就产生了跨国企业。

所以对外投资的目的在于防止国外市场的不完全性对它管理效能产生的不利影响，来保证它的垄断高额利润。这在一定范围内可以解释战后各种形式的对外直接投资，包括跨国经营的服务性行业的形成和发展，如跨国银行的发展。

4. 国际生产的综合说

这是由英国经济学家邓宁(Dunning)提出来的。他认为，对外直接投资是有三种特殊优势综合决定的。(1)所有权优势，即企业所独享的利益，包括技术、管理能力、企业的规模及产品多样化的程度。(2)内在优势，主要包括多国体系、组织结构和市场机制等方面。因为企业产品经过多阶段生产，通过内部供求关系会更好地实行资源配置，降低成本。(3)区位优势，指地区的特殊禀赋，如资源、政策、工资水平等。

5. 产品周期说

这一理论是由哈佛大学的弗农(Vernon)提出来的。他认为每一种产品都要经过三个阶段：(1)新产品阶段。通过投资试制新产品，产品全部在国内生产和销售。因为国内市场的需求弹性小，企业可通过工艺垄断而获得高额利润。所以企业先把自己研究的新技术应用于国内生产，并通过出口来满足国外市场额的需要。(2)成熟的产品阶段。随着国内垄断优势的减少，企业为了占领国外市场，开始在国外设立子公司。(3)标准化产品阶段。激烈的竞争导致产品和生产完全标准化，这时生产的竞争主要是价格的竞争，企业要用直接投资的形式将标准化的工艺转移到工资和成本较低的地区，来满足本国和世界市场的需要。

6. 货币汇率论

货币汇率论由阿里伯(Aliber)提出。该理论用汇率来解释国际投资格局的变化。阿里伯认为，一国货币升值将导致该国海外投资的增加。他指出，20 世纪 60 年代美国海外投资高涨是美元高估的结果。20 世纪 70 年代后，美元汇率大幅度下降，欧洲和日本的公司就愿意购买美国的企业。

7. 小岛清模型

小岛清模型是用以解释日本对外直接投资的模型。小岛清认为，美国的跨国公司主要分布在制造业部门，这种投资是贸易替代型。这些跨国公司到海外投资，把产品转移到海外，从而减少本国的出口量，给本国的经济发展带来了不利。日本的投资方式与美国不同，是贸易创造型。该模型的主要观点是对外直接投资应该从本国已经处于或即将处于比较劣势的产业，而且是对方国家具有明显或潜在的比较优势的产业。这样一来，贸易双方的获利就更大，贸易量也更多。本国成为进口国，对方国家成为出口国，这一方面降低了本国的成本，另一方面使贸易得到互补和扩大。

(二)证券投资

随着国际资本流动的加剧,特别是流动中各种风险因素的增多,近些年来资本项目开放的研究的重点转向国际金融市场的风险承担和风险分散的作用。托宾—马柯维兹模型认为,如果承担某种风险的价格在国家间是不同的,那么,包含这些风险的国际金融资产进行贸易的话,各国将会获利,即都会减少风险。这个原理类似于商品的国际贸易。本任务在此仅介绍托宾—马柯维兹(Tobin-Markowitz)模型。

设 i_x、i_y 分别为国际金融资产 X、Y 的实际收益,μ_x、μ_y 分别为投资者对资产 X、Y 的预期收益率,资产 X 收益的方差为 σ^2_{xx},资产 Y 收益的方差为 σ^2_{yy},两种资产的协方差为 σ_{xy},相关系数为 P_{xy}。那么,购买两种资产的预期总收益率由两种资产各自的预期及两种资产的购买比例来决定,即:

$$\mu = P_x\mu_x + P_y\mu_y$$

P_x、P_y 为资产 X 与 Y 的比例,$P_x + P_y = 1$。总收益的方差 σ 由三个因素决定:X 与 Y 的购买比例 P_x、P_y,两种资产的方差 σ^2_{xx}、σ^2_{yy} 及其协方差 σ_{xy}。

$$\begin{aligned}\sigma^2 &= E[(P_xI_x + P_yI_y) - \mu]^2 \\ &= P^2_x\sigma^2_xX + P^2_y\sigma^2_y + 2P_xP_y\sigma_{xy}\end{aligned}$$

由于 $\sigma_{xy} = P_{xy}\sigma_{xx}\sigma_{yy}$,所以:

$$\sigma^2 = P^2_{xx} + \sigma^2_{xx} + P^2_y\sigma^2_{yy} + 2P_xP_yP_{xy}\sigma_{xx}\sigma_{yy}$$

该式表明,总收益的方差依赖于两种资产的相对比例、两种资产各自收益的方差及两种资产的相关系数。在各种资产的相关程度、收益及其方差既定的情况下,投资者可以通过调整两种资产的购买比例来减少风险。如果两个国家的资产收益不相关,那么,两国投资者通过互相交换一定量的资产,双方均减少了投资风险,在多种资产及多个国家的条件下,这一命题仍然成立。

托宾—马柯维兹模型中引进风险因素是对资本流动传统分析的一个改变,模型认为,国际金融资产进行交易不是为了获得超额利润,而是为了降低风险,这一点就使得开放资本项目的好处同其从投资获得的福利效应脱钩。这意味着,资本流动后,储蓄和投资即使没有变化,甚至资本项目的流入和流出相等,各国也会从风险资产的交易中获利。托宾—马柯维兹模型反映了战后国际资本流动新特点。

三、资本管制的理论

从经济学分析的角度,资本管制的原因可归纳为两大派:一派认为资本自由流动有助于资源的最优配置,增进社会福利,但由于现实经济中存在大量市场失灵或扭曲,所以不得不用另一种扭曲——资本管制——来抵消原有扭曲的不利影响,从而实现次优。因此资本管制是一种次优方案。另一派强调恶意投机对金融和经济的损害,认为适当的资本管制是一种最优选择。

(一)资本管制是一种次优选择

这一类理论认可资本自由流动对经济发展所起的积极作用,但同时认为现实经济中存在大量"市场失灵"或扭曲。如果不能有效地消除这些扭曲,则需要用一种扭曲对付另一种扭曲,因此资本管制是一种次优选择。现实当中主要有四种扭曲:

第一种扭曲是名义工资与物价的粘性。根据经济学原理,如果一国的工资和物价是有弹性的,经济不会出现衰退或通货膨胀。正是由于工资与物价的僵性才使充分就业及物价稳定的目标难以实现。在封闭的经济条件下，政府可以采用稳定性的财政政策和货币政策来应付。而在资本自由流动条件下，旨在稳定经济的货币政策和财政政策将会失效。如为抑制经济过热，一国政府采取高利率政策，但这一紧缩的货币政策却吸引了大量外资流入，反而形成膨胀性的后果；反之，在失业非常严重的情况下，政府采取低利率以刺激经济，但过低的利率非但没有将资金从储蓄转化为投资，反而推动了资金外流。在封闭经济中，资金将按照货币政策所提供的价格信号运动。可是在开放经济中，由于国际资本流动渠道的存在，资金有可能向相反方向运动，造成货币政策失灵。要想维持财政政策和货币政策的有效性，势必要实行适度的资本控制。

第二种扭曲是政府对某些行业进行保护。这些保护扭曲了国内商品及劳务的价格，无法使国内产品与国外竞争。在很多发展中国家，由于国家的保护，商品的价格既不反映商品的价值，也不反映供求。在这种情况下，如果国外资金大量涌入，会对发展中国家的民族经济造成很大冲击。尽管这种冲击有利于国内消灭垄断、刺激竞争及提高劳动生产率，但在短期内，冲击过猛会使经济出现剧烈波动，甚至造成政局不稳。同时，对金融业的保护也使得金融业产生了垄断和落后，在这种情况下，如果取消资本管制，脆弱的国内金融体系将面临崩溃，最终对一国实物经济的发展造成一定的冲击。

第三种扭曲是政府对资本收益的征税及通货膨胀税。对资本的税收在发展中国家、工业国家和各金融中心都有所不同。离岸金融市场以及许多工业国家对外国储户的利息收入免税。因此，发展中国家对资本的税收或潜在税收可能会抵消其资本的高收益率，导致资本外流。此外，很多发展中国家都把通货膨胀税作为一国财政收入的主要来源。由于政府使用通货膨胀税的能力取决于它使本国居民接受本币的能力，因此如果不控制资本流动，就必然导致资本外流，减少通货膨胀税的税基。

第四种扭曲是信息不对称。信息不对称包括两方面内容：一是有关交易的信息在交易双方之间的分布是不对称的，即一方比另一方占有较多的相关信息；二是交易双方对于各自在信息占有方面的相对地位都是清楚的。这种对相关信息占有的不对称状况导致在交易完成前后分别发生逆向选择（Adverse Selection）、道德风险（Moral Hazard）及羊群效应（Herding Effect）。

1. 逆向选择

在金融市场上，借款人对于借入资金的投资项目的收益和风险及偿还能力等问题的了解比贷款人多，因而在相关信息的占有方面，借款人处于优势地位而贷款人处于劣势地位，而且双方对于这种情况都是清楚的。由于这种信息劣势的影响，贷款人往往无法对借款人的质量和资金偿还能力作出可靠判断，从而也不可能正确地比较众多借款人之间的信用质量时，贷款人给债务人的利率是依据企业平均信誉情况。由于信誉高的企业知道他们的借款成本过高，就会避免在市场借款。由于信誉高的企业借债越来越少，很多可能产生利润的项目没有进行。同时，低信誉的、不成功的、甚至亏损项目将被融资，这种不合理的分配机制就是逆向选择。这就导致了金融市场低效率的结局。如果一国在一定时期内外资大量流入，在存在信息不对称的情况下，会加大逆向选择，从而导致资源配置的低效。

2. 道德风险

当交易一方由愿望、有能力把成本转嫁到另一方时，就会出现道德风险。道德风险主要有两类：一类是由于信息的不对称，债权人不能够了解到借款人把资金是投在风险项目还是安全性好的项目。如果借款人是有限责任制或有类似有限责任制的保护的话，将导致资金投在风险较大的项目上。一旦出现损失，承担的损失比较小。另外一种道德风险是投资人知道，一旦出现危机，政府或国际金融机构把他们解救出来，因此在贷款上不是很谨慎。很多西方国家商业银行对发展中国家的贷款就存在一定的道德风险。道德风险为金融危机的发生埋下了祸根。

3. 羊群效应

资本从一国流出的程度可能由于信息的缺乏而扩大，在金融形势紧张的情况下，市场参与者必须迅速依据现有的信息作出决策，是否保持或调整其资产组合。当缺少足够信息时，投资者就会跟随一些大交易商，从而加剧一国资本外逃的程度。

总之，信息不对称轻者会导致无效率，重者会导致成本相当高的金融危机。而资本管制在一定程度上可减少资本的流量，减少金融市场的盲目性。

（二）资本管制是一种最优选择

资本项目的开放使一国在某种意义上成为一座“不设防的国土”。机构投机者凭借其雄厚的财力和广泛的信息，为获得利润可以不择手段。即使宏观经济没有问题，金融体系也较为完善，一旦该国或地区的货币被冲击，该国的经济发展将受到重大挫折。20 世纪 70 年代以来，克鲁格曼和奥伯斯法尔德及其他一些经济学家利用货币危机模型详尽地分析了投机者是如何冲击一国货币并取得成功的。

克鲁格曼(1979)的第一代货币危机模型认为，当一国持续恶化的经济基础无法符合维持固定汇率的要求时，货币危机就会发生。恶化的宏观经济基础，如巨大的经常项目赤字、过度短期外债、薄弱的银行和金融体系等会使政府过度扩张信贷，使实际汇率远远高估。投资者在这种情况下合理的选择是用本币购买外币，而固定汇率制要求中央银行以固定的汇率卖出外币。因此，随着宏观经济基础的恶化，中央银行的外汇储备将不断减少。当外汇储备耗尽时，固定汇率制必然崩溃，货币危机也就随之发生。然而存在投机者的时候，汇率崩溃不会等到外汇储备减少到零时才发生。投机者预测中央银行的外汇储备在不断减少，为避免资本损失或牟利，会在中央银行外汇储备耗尽前提前抛售本币买入外币，这将导致该国的外汇储备提前耗尽，汇率崩溃。该模型暗示中央银行抗击这种冲击的能力是有限的。

奥伯斯法尔德等人在 20 世纪 90 年代提出了第二代货币危机模型。与强调经济基本面因素的国际收支危机模型不同，第二代模型特别强调预期在货币危机中所起的作用。奥布斯特菲尔德认为，一些国家之所以选择贬值，是因为坚持固定汇率的预期收益小于为其支付的代价。换言之，政府并不会一味机械地坚持固定汇率，而是根据坚持固定汇率的成本收益相机抉择。通常坚持固定汇率的成本与公众的预期是密切相关的。公众的贬值预期越强，坚持固定汇率的成本就越高。这是因为根据利率平价公式，一国货币的预期贬值率越高，国内利率水平就越高，从而可能给国内的就业、政府预算和银行部门带来压力。这些压力达到一定水平时，就会迫使政府决定贬值。该模型认为，即使宏观经济基础没有发生变化，投机者如果预期该国货币将会贬值，大规模的冲击必定导致该国货币贬值，因而这种危机具有自我实现的特征。20 世纪 90 年代发生的欧洲货币体系危机、墨西哥金融危机和东南亚金融危机都是这种货币危机模型的验证。

此外，一国发生货币危机后，会很快地传染到其他国家。除了传统上通过贸易和金融渠道进行传染外，东南亚金融危机表现出一种新型传染方式，这就是预期传染。投机者对一国货币进行冲击并取得成功后，会导致投机者重新评价其他类似国家的经济基础，从而导致投机者对这些国家货币的冲击。假定泰国发生货币危机后，某些投机者认为印度尼西亚在许多方面与泰国相似，而推断印度尼西亚在投机冲击的压力下也会放弃固定汇率制。于是对印度尼西亚货币发起冲击。其他投资者看到这种情况，会产生盲目行为，结果印度尼西亚货币由于巨大的冲击压力而贬值，货币危机发生。

从第二代货币危机模型及新型的传染模式可以看出，即使拥有最好的经济管理及完善的国内金融制度，小型开放国家仍然是易受打击的。如果投机者精心准备冲击某一国货币，该国中央银行是无能为力的。在这种情况下，实施资本管制是保障发展中国家经济免受冲击、经济能够平稳发展的最佳手段。

应知考核

◇ 主要概念

国际资本流动　国际直接投资　国际证券投资　贸易资本流动　银行资金调拨　保值性资本流动　投机性资本流动　外汇风险　外债　偿债率　负债率　债务率　短期债务比率

◇ 基础训练

一、单项选择题

1. 国际资本流动以(　　)转让为特征，一般以赢利为目的。

A. 所有权　　B. 使用权　　C. 经营权　　D. 移动权

2. 短期资本流入有利于一国(　　)。

A. 利率水平降低　　B. 货币政策的执行

C. 出口贸易的增长　　D. 减缓通货膨胀

3. 国际上采用的偿债率参照系数为(　　)。

A. 100%　　B. 50%　　C. 80%　　D. 20%

4. 国际上采用的债务率参照系数是(　　)。

A. 10%　　B. 20%　　C. 50%　　D. 100%

5. 对于资金接受国而言，国际资本流动就是(　　)。

A. 资本流出　　B. 资本输出　　C. 资本运动　　D. 资本输入

6. 下列项目中，不属于当代国际资本流动特点的是(　　)。

A. 资本流动规模急剧增加

B. 主体构成集中化

C. 资本由传统产业逐步转向高技术产业和服务业

D. 国际融资证券化明显

7. 一国投资者收购东道国企业的股份达到(　　)即视为直接投资。

A. 10%　　B. 30%　　C. 50%　　D. 60%

8. 国际直接投资的主要形式有(　　)。

A. 新建企业　　B. 股权控制　　C. 利润再投资　　D. 以上都是

9. 国际上通常采用负债率这个指标来衡量一国在某一时点的外债负担，负债率是指(　　)。

A. 外债余额/国内生产总值　　B. 外债余额/出口外汇收入

C. 外债余额/国民生产总值　　D. 外债还本付息额/出口外汇收入

10. 一国当年外债还本付息额与当年货物和服务项下外汇收入之比是(　　)。

A. 偿债率　　B. 债务率　　C. 负债率　　D. 短期债务比率

二、多项选择题

1. 资本流出是指本国资本流到外国，它表示(　　)。

A. 外国对本国的负债减少　　B. 本国对外国的负债增加

C. 外国在本国的资产增加　　D. 外国在本国的资产减少

2. 我国利用外资的主要形式有(　　)。

A. 外商直接投资　　B. 外国贷款　　C. 外商间接投资　　D. 出口信贷

3. 长期资本流动包括(　　)。

A. 直接投资　　B. 证券投资　　C. 国际贷款　　D. 资本流入

4. 国际债务危机的解决办法有(　　)。

A. 债务的重新安排　　B. 债务资本化　　C. 债务证券化　　D. 债务费用化

5. 短期资本流动的类型有(　　)。

A. 贸易性资本流动　　B. 保值性资本流动　　C. 避险性资本流动　　D. 投机性资本流动

三、简答题

1. 简述国际资本流动的影响因素。
2. 简述国际资本流动产生的经济效益。
3. 简述国际债务危机的成因。
4. 简述当前国际资本流动的特点。
5. 简述国际资本流动理论中的资本输出理论。

应会考核

■ 技能案例

【案例背景】

如今，许多中国企业积极向海外投资。例如，青岛海信集团在南非、巴西、印度尼西亚、美国、日本等国拥有 7 个控股的海外子公司，在南非投资 374.5 万美元、在印度尼西亚投资 100 万美元建立合资工厂。江苏春兰集团在美国、法国、澳大利亚、日本、意大利、新加坡等国家设立分公司，在阿根廷、俄罗斯、中东、西班牙、巴基斯坦等国家和地区已建和在建 7 个摩托车、空调生产厂。深圳康佳集团在美国、印度尼西亚、澳大利亚、中东、东南亚建立外销市场，在印度投资 900 万美元设立彩电生产厂，在墨西哥投资 500 万美元设厂。2002 年 9 月，中国 TCL 公司收购德国的电视制造企业施奈德电子公司；2003 年又与法国最大的家电企业汤姆森公司合作建立 TCL·汤姆森公司，电视机年产量 1 800 万台，成为世界上最大的电视机制造商。另外，中国最大的电脑公司联想集团也迅速拓展海外市场，计划在 2007 年前把目前 4%的海外出口比重提高到 20%。中国最大的家电企业海尔集团大幅扩建了位于美国南卡罗来纳州的电冰箱工厂，现已具备年产 40 万～50 万台电冰箱的规模。海尔 1996 年首次在海外以绿地投资方式在印度尼西亚建厂，1999 年在美国建厂。2001 年开始小规模地并购。海尔 2005 年尝试大规模并购，但最终退出，至今未发生大规模并购。至今为止，青岛海尔集团在美国、意大利、巴基斯坦、孟加拉国、伊朗、尼日利亚等地建立了 1 181 个生产工厂，另有 10 个工厂在建，在全球拥有 8 个海外贸易公司。

资料来源：http://www.chinesetax.com.cn/caishuiwenku/hongguanjingji/maoyijingji/200711/5052239.html。

【技能思考】

请结合本项目的内容对本案例进行分析：

(1)中国为什么要发展对外投资？

(2)对外投资对中国国内经济有何影响？

■ 实践训练

【实训项目】

国际债务危机

【实训情境设计】

2009 年 11 月，阿联酋负债累累的迪拜酋长国宣布，将重组其最大的企业实体迪拜世界，这是一家业务横跨房地产和港口的企业集团。迪拜还宣布，将把迪拜世界的债务偿还延迟 6 个月。受此消息影响，欧洲股市遭到重挫，作为迪拜债权人的各大欧洲银行股也遭到抛售。迪拜最高财政委员会主席发表声明，表示明白市场，关注迪拜主权投资基金，迪拜世界，要求暂停还债，但强调必须采取果断行动，处理债务问题。

车厂可以瘫，投行可以垮，连政府也可以破产，金融危机下唯一还在大张旗鼓、宣传奢华大搞建设的地方，便属沙漠里的希望绿洲迪拜了。可如今，欠债近 600 亿美元的迪拜政府企业迪拜世界正式宣布，无法按时偿还马上到期的三批总额 57 亿美元的债务，要把偿还日期延长到 2010 年 5 月底以后，绿洲成为海市蜃楼，评级机构迅速调低迪拜政府相关资产评级，穆迪更将部分相关企业降至垃圾级别。

其实迪拜近来已有迹象显示其财政不稳。从 2009 年初就开始停工的千米高、准世界第一摩天大楼，到棕榈岛项目都面临烂尾危机，岛上两千栋别墅豪宅曾在一个月内售空，但如今包括明星布拉德·皮特、贝克汉姆夫妇以及曼联前锋欧文都收楼无期。迪拜楼市在过去一年爆降五成，不过切尔西球队的乔科尔倒是及时把楼卖掉了，算走运了。有报道指，当地至少有 400 多个工程被迫取消，涉及款项超过 3 000 亿美元。

被深套其中当然的还有迪拜世界的债权人，他们不少都是欧资机构，包括汇丰控股、巴克莱、莱斯以及苏格兰皇家银行等。2009 年 11 月 26 日这天，这些银行欧洲股市盘中普遍下挫 4%。目前迪拜政府表示，已指定德勤会计师事务所来牵头重组债务，但市场人士担心，由于迪拜过往太过依赖外来资金，国际金融机构参与程度极大，因此这些机构未来可能要面对巨额亏损及坏账，刚恢复元气便要再受打击。

资料来源：http://bbs.tiexue.net/post2_4203611_1.html。

【实训任务】

根据上述情境资料进行讨论：

(1)迪拜爆发债务危机的原因有哪些？

(2)迪拜债务危机对新兴经济体的启示有哪些？

|项目八|

国际货币体系

【内容提要】

商品交换跨越国界形成国际贸易，客观上要求某种形态的货币在国际范围内充当价值尺度、支付手段、流通手段和贮藏手段的载体。由于世界上还没有统一的货币，因此有一些主权国家的货币随着其经济的发展脱颖而出，开始扮演国际货币的角色。为了维护国际货币的正常运行，国际货币体系应运而生。国际货币体系集中反映了整个国际货币关系，是国际金融活动总的框架，各国之间货币金融交往的各个方面都要受到国际货币体制的约束。

【学习目标】

■ **知识目标**

理解：国际货币体系的概念、内容、类型。

熟知：国际货币制度的演变；国际货币体系的作用；国际货币体系改革及展望。

掌握：布雷顿森林体系、牙买加货币体系、区域性货币体系、欧洲货币体系；国际金融机构。

■ **技能目标**

学生能够具有对金融危机与当前国际货币体系改革的相关关系进行分析的能力。

■ **情意目标**

学生能够具有对欧洲货币同盟对世界经济的影响作出分析的能力。

【教学目标】

教师要培养学生能够运用国际货币体系的理论知识，对当前国际货币体系变革和人民币国际化进行分析并提出自己的见解。

【项目引例】

不再接受美元

20世纪70年代初，在日本、西欧崛起的同时，美国经济实力相对削弱，无力承担稳定美元汇率的责任，贸易保护主义抬头，相继两次宣布美元贬值。各国纷纷放弃本国货币与美元的固定汇率，采取浮动汇率制。以美元为中心的国际货币体系瓦解，美元地位下降。欧洲各国的许多人一度拒收美元。在伦敦，一位来自纽约的游客说："这里的银行、旅馆、商店都一样，他们看到我们手里的美元时流露出的神情，好像这些美元成了病菌携带物一般。"在巴黎，出租车上挂着"不再接受美元"的牌子，甚至乞丐也在自己帽子上写着"不要美元"。美元失去霸主地位，但迄今为止仍然是最重要的国际货币。

资料来源:http://www.manfen5.com/GZLS-SYS201206081555246311633702.html。

[**思考**] 什么是国际货币体系?为什么当今国际货币体系中美元仍然能保持霸权地位?

【知识支撑】

任务一 国际货币体系概述

一、国际货币体系的概念

国际货币体系又称"国际货币制度",是各国政府为适应国际贸易和国际结算的需要,对货币的兑换、国际收支的调节等所作的安排或确定的原则,以及为此而建立的组织形式。主要内容包括:(1)各国货币比价的确定,包括汇率波动的界限、调整的幅度等;(2)各国货币的兑换性以及对国际支付所采取的措施,如本国货币能否对外自由兑换、是否限制对外支付等;(3)国际储备资产的确定以及储备资产的供应方式;(4)国际收支的调节方式,包括逆差国和顺差国所承担的责任;(5)国际金融事务的协调、磋商和有关的管理工作。

国际货币体系是世界经济发展的产物。它的形成基本上有两种:一种是通过惯例和习惯演变而成的,早在19世纪初,一些经济发展较快的国家如英国、德国、丹麦、瑞典等就实行了金本位制度。后来,随着国际贸易的发展,货币的国际往来日益增加,客观上需要有一种货币充当国际货币。黄金由于其自身的特点,自然成为各国普遍接受的国际货币,并形成了共同遵守的支付原则和方法。这就产生了最早的国际货币体系——国际金本位制。国际金本位制的运行是以货币的自由铸造、自由兑换和自由输出为基础的。由于世界经济发展不平衡,国际金本位制赖以生存的基础受到不断破坏,1929~1933年世界经济大危机最终导致国际金本位制瓦解。在纸币流通制度下,英国、美国和法国为了自身的经济利益,建立了相互独立的货币集团,统一的国际货币体系不复存在。另一种是通过国际性会议建立的。第二次世界大战后,英、美两国为了建立有利于自己的国际货币体系,提出了各自的计划,著名的有"凯恩斯计划"和"怀特计划"。最后在协商的基础上于1944年7月签订了《国际货币基金协定》和《国际复兴开发银行协定》,总称"布雷顿森林协定",由此建立起以美元为中心的新的国际货币体系——布雷顿森林体系。在国际货币基金组织的协调下,布雷顿森林体系最初的运行,对促进世界经济的恢复和发展发挥了重要作用。但随着美元地位的下降,布雷顿森林体系的运行逐步陷入困境。1971年8月,美元停止兑换黄金。1973年3月,固定汇率制崩溃,布雷顿森林体系随之瓦解,国际金融秩序再次陷入混乱状态。为了改变这种状态,国际货币基金组织和各成员国积极探寻改革国际货币体系的新方案。1976年1月,《牙买加协议》达成,该协议对《国际货币基金协定》进行了一些修正。1976年4月,国际货币基金组织理事会的国际货币体系临时委员会通过了以《牙买加协议》为基础的《国际货币基金协定第二次修正案》,该修正案于1978年4月生效。这样,国际货币体系又进入了一个新的阶段,一般称为"牙买加体系"。

二、国际货币体系的内容

(一)确定关键货币作为国际货币

关键货币是在国际货币体系中充当基础性价值换算工具的货币,它是国际货币体系的基本要素。因为一国对外收支不能使用本国货币，而必须使用各国普遍接受的货币即关键货币。只有确定了关键货币，才能进而确定各国货币之间的兑换率汇率的调整以及国际储备构成等。因此，确定关键货币，即确定货币由何种材料担当、货币的质量及单位、该货币在货币体系内的地位，便构成了国际货币体系的一项重要内容。

(二)确定各国货币的比价

由于国际交往而产生国际支付的需要，货币在执行世界货币职能时，各国之间的货币一定要确定一个比价，也即汇率。围绕汇率的确定，各国政府一般还规定：货币比价确定的依据、货币比价波动的界限、货币比价的调整、维持货币比价所采取的措施、对同一货币是否采取多元比价，等等。

(三)货币的兑换性和对国际支付所采取的措施

可兑换是指一国在对外支付上是否进行限制与管制。如果没有各种限制或管制，该国货币即为全面可兑换货币，或自由兑换货币。有些国家对某些项的国外支付加以限制，对另外一些项目的支付则不加限制；有些国家则对国外一切项目的支付都加以限制。各国政府一般还颁布金融法令，规定本国货币能否对外兑换和对外支付是否进行限制等。

(四)国际结算的原则

一国的对外债权债务，或者定期进行结算，并实行限制的双边结算；或者立即进行结算，并在国际结算中实行自由的多边结算。

(五)国际储备资产的确定

为保证国际支付的需要，各国必须保持一定的国际储备，保存一定数量的、为各国普遍接受的国际储备资产，是构成国际货币体系的一项主要内容。第一次世界大战前，资本主义国家的国际储备资产主要是黄金；第一次世界大战后，黄金和外汇储备在国际储备资产中起同等重要的作用；第二次世界大战后，布雷顿森林货币体系时期，美元和黄金是主要的国际储备资产；当前，一国在国际货币基金组织分得的特别提款权(SDR)与黄金外汇并列，构成一国的国际储备资产。

(六)国际收支的调节

世界各国国际收支的平衡发展是国际货币体系正常运转的基础。在有些情况下，一国的国际收支失衡，通过本国采取国内经济政策或外汇政策就可以恢复平衡；在有些情况下就需要根据国际协定，通过国际金融组织、外国政府贷款，或通过各国政府协调政策，干预市场达到国际收支平衡。国际收支平衡的协调是国际货币体系的重要内容。

三、国际货币体系的类型

划分国际货币体系类型的两项重要标准是货币本位和汇率安排。

(一)货币本位

货币本位涉及储备资产的性质。一般来说，国际货币储备可以分为两个大类：商品储备和信用储备。根据储备的性质，可将国际货币体系分为三类：(1)纯商品本位，如金本位；(2)纯信用本位，如不兑换纸币；(3)混合本位，如金汇兑本位。

根据上述类型的划分，可将历史上的国际货币体系演变划分成三个时期：(1)国际金本位制。它是19世纪初至20世纪上半期资本主义各国普遍实行的一种货币体系。该体系虽不是各国协商的结果，但黄金执行世界货币的职能，金本位制具有国际货币体系性质。(2)布雷顿森林体系。它是第二次世界大战后1944年联合国货币金融会议所确立的国际货币体系，它的主要内容是建立会员国货币平价和确立固定汇率制。(3)牙买加货币体系。1976年国际货币基金组织理事会通过了基金协定修改草案,1978年经成员国批准生效。主要内容:承认世界各国实行浮动汇率的合法化;增加成员国的基金份额;降低黄金在国际货币体系中的作用;规定特别提款权作为主要国际储备资产;扩大对发展中国家的资金融通。实际上,牙买加货币体系尚不能算作一个有系统的国际货币体系。

(二)汇率安排

汇率制度又称汇率安排(Exchange Rate Arrangement),是各国或国际社会对于确定、维持、调整与管理汇率的原则、方法、方式和机构等所作出的系统规定。各国货币间的汇率安排,是钉住某一货币,还是允许汇率随市场供求自由变动,这也是国际货币制度中所包括的内容。因此,汇率安排在国际货币制度中占据着中心位置,因而我们可以根据汇率制度来划分不同的国际货币制度。汇率制度两个极端情形是永远固定和绝对富有弹性,介于两者之间则有管理浮动、爬行钉住和可调整的钉住等几种情形。

四、国际货币体系的作用

国际货币体系的存在与发展,对国际贸易和国际金融活动有着深刻而广泛的影响,对各国及世界经济的稳定与发展有着积极的重要的促进作用。这种作用是通过国际货币体系的相应组织机构发挥其职能来实现的。主要表现在以下几个方面:

(一)为世界贸易支付清算和国际金融活动提供统一规范的运行规则

统一的国际货币体系不仅为世界经济的运行确定必要的国际货币,还对国际货币发行依据与数量、兑换方式与标准等问题作出明确规定,同时还为各国的国民经济核算提供统一的计价标准等。这就为世界各国的经济交往提供了较为规范的标准,促进了世界经济的健康发展。

(二)稳定汇率

国际货币体系的首要任务之一,是促进汇率的稳定。国际货币体系为各国汇率的稳定提供了统一的计价标准,为各国汇率制度安排与有秩序提供意见与管理措施,维持了世界汇率的稳定。统一的国际货币体系也为世界各国免受国际金融投机活动的冲击,稳定各国货币的对内价值和国内货币流通,健康地发展对外经济,提供了良好的外部条件,同时,也为国际汇率的稳定奠定了坚实的基础。

(三)调节国际收支

确定国际收支调节机制,保证世界经济稳定健康发展,是建立国际货币体系的基本目的和主要作用之一。确定国际收支调节机制要涉及汇率机制、对逆差国的资金融通机制、对储备货币发行国的国际收支的纪律约束机制三方面内容。通过这三种机制作用的发挥及稳定统一的国际货币体系对各国的贸易活动、货币流通、汇率、国际储备等方面产生的影响,必然对各国的国际收支产生重要的影响与调节作用。

(四)监督与协调有关国际货币金融事务

国际货币体系的建立与运作,需要有相应的有权威的协调或组织管理机构。国际货币体系管理机构的重要职责是协调和监督世界各国有关的国际货币与金融事务,确保稳定汇率和调节国际收支作用的实现。在当代各国之间经济联系日益增强,国际金融市场不断迅猛发展的情况下,如何采取有效的国际合作以保证国际货币体系的有效运作,已成为当代国际货币体系的重要课题。

任务二 国际货币体系的演变

国际货币体系是随着历史的发展不断演变的。不同的国际货币体系，意味着各国在实现内外平衡时，对第一节所述的基本问题要遵循的准则不同。国际货币体系的发展，体现了为适应不同的历史条件而对这些准则所进行的变革。从时间先后看，国际货币体系大体可分为三个阶段，即国际金本位制阶段，布雷顿森林体系阶段及现行的牙买加货币体系阶段。

一、国际金本位制

世界上首次出现的国际货币制度是国际金本位制度，它大约形成于1880年末，到1914年第一次世界大战爆发时结束。1816年，英国颁布了(金本位制度法案)，开始实行金本位制，促使黄金转化为世界货币。随后，德国于1871年宣布实行金本位制，丹麦、瑞典、挪威等国于1873年也相继实行金本位制。到19世纪末，资本主义各国已经普遍实行了这一货币制度。

金本位制是以黄金为本位货币的一种制度。在金本位制下，流通中的货币除金币外，还存在着可兑换为黄金的银行券及少量其他金属辅币，但只有金币才能完全执行货币的全部职能，即价值尺度、流通手段、贮藏手段、支付手段和世界货币。国际金本位制以各国普遍采用金本位制为基础。

(一)金本位制的特点与作用

金本位制是以一定成色及重量的黄金为本位货币的一种货币制度，黄金是货币体系的基础。在国际金本位制度下，黄金充分发挥着世界货币的职能，充当国际支付手段、国际购买手段和作为社会财富的代表，由一国转移到另一国。传统的金本位制是金币本位制。它的主要内容是：(1)用黄金规定货币所代表的价值，每一货币单位都有法定的含金量，各国货币的比价由其含金量决定；(2)金币可以自由铸造，任何人可自由地将黄金交给国家铸币局铸造成金币；(3)金币是无限法偿的货币，具有无限制的支付手段的权利；(4)各国的货币储备是黄金，国际上的结算也使用黄金，黄金可以自由输出输入。由此可见金本位制具有三个特点：自由铸造、自由兑换和自由输出输入。由于金币可以自由铸造，金币的面值与其所含黄金的价值就可保持一致，金币数量就能自发地满足流通中的需要；由于金币可以自由兑换，各种价值符号(金属辅币和银行券)就能稳定地代表一定数量的黄金进行流通，从而保持币值的稳定，不致发生通货膨胀现象；由于黄金可以在各国间自由移动，这就保证了外汇市场的相对稳定与国际金融市场的统一。所以金本位制是一种比较稳定的、比较健全的货币制度。

金本位制对世界经济发展的作用，主要表现在以下几个方面：

1. 促进生产发展

在金本位制下，币值比较稳定，生产成本易于计算，促进了商品的流通和信用的扩大，生产规模和固定投资的规模不会因币值变动而波动，从而促进了商品经济的发展。

2. 保持汇率稳定

在金本位制下，各国货币都规定有含金量，各国本位货币所含纯金之比称为铸币平价，铸币平价是各国货币汇率的物质基础。由于外汇供求关系，外汇市场的实际汇率围绕铸币平价上下波动，但汇率的波动有一个限度，这个限度就是黄金输送点。铸币平价加黄金运送费是黄金输出点，这是汇价上涨的最高限度；铸币平价减运送费是黄金输入点，这是汇价下跌的最低限度。由于黄金输送点限制了汇价的变动幅度，所以汇率波动的幅度较小，基本上是稳定的。

3. 自动调节国际收支

在国际金本位制度下，资本主义各国的国际收支是自发进行调节的，因为国际收支的不平衡，会引起黄金的流动，黄金的流动使黄金输入国的银行准备金增加，并减少黄金输出国的银行准备金，而银行准备金的变动将会引起货币数量的变化，从而造成贸易国双方国内物价和收入的变动，最后纠正国际收支的不平衡，制止黄金的流动。任何国家都不会发生因黄金储备枯竭而不能维持金本位制的情况。

4. 促进国际资本流动

当一国发生国际收支逆差时，外汇的供给小于需求，外汇汇率上升，当汇率上升超过黄金输送点时，就会引起黄金外流，减少了作为发行准备的黄金数量，从而减少了货币发行量。于是金融市场银根吃紧，短期资金利率上升，当国内利率高于国外利率时，就将产生套利活动，促使短期资金内流，短期资金的利率上升，也会促使长期资金的利率上升，引起长期资金的内流。如一国发生国际收支顺差，则将发生相反的情形。这种资金流动，可以在短期改善国际收支，稳定国际金融。

5. 协调各国经济政策

实行金本位制的国家，把对外平衡(即国际收支平衡和汇率稳定)作为经济政策的首要目标，而把国内平衡物价、就业和国民收入的稳定增长放在次要地位，服从对外平衡的需要，因而国际金本位制也使主要资本主义国家有可能协调其经济政策。

(二)对国际金本位制的评价

国际金本位制盛行时，正值资本主义自由竞争的全盛时期，国内和国际政治都比较稳定，经济发展迅速。当时世界的工业制成品来自英国，其他国家的贸易赤字可以得到英国贷款资金的弥补，国际收支可以大体上保持平衡。在这样有利的条件下实行国际金本位制，它所带来的固定汇率对发展国家间的贸易和投资非常有利。国际金本位制本身也还存在一些缺陷，国际金本位制的自动调节机制并不像理论上所说的那么完善，其作用的发挥要受到许多因素的限制。这些缺陷主要表现在：

(1)在实行国际金本位制的30多年时间中，黄金在各国之间的流动并不频繁。一国发生贸易赤字，不一定总要输出黄金，它可以利用国外的贷款(主要是英镑贷款)来弥补赤字。同样，发生盈余的国家也可以利用资本输出来减少盈余，也不一定要输出黄金。这样，贸易的不平衡就难以通过由于双方货币供应量和价格的相反变动来得到纠正。

(2)金本位制的自动调节机制作用必须通过国家之间物价水平的变动，才能使进出口贸易发生变化，进而引起黄金在两国间的流动，使国际收支平衡，使汇率稳定。然而事实上，在金本位制时期，主要资本主义国家的物价变动趋势相当一致，并没有发生物价变动引起黄金流动的现象。

(3)国际金本位的正常运行是建立在各国政府都遵守金本位制的基本要求，对经济不加干预的基础之上。然而在金本位制的末期，各国的中央银行或货币管理当局已经不是听凭金本位制发挥自动调节作用，而是经常设法抵消黄金流动对国内货币供应量的影响。当黄金流入国内时，货币管理当局会采取措施抑制货币供应量的增加，以稳定物价；反之亦然。于是，金本位制的自动调节机制难以实现。事实上，在资本主义制度下，各国之间的矛盾使国际金本位制不可能自动调节达到国际收支平衡。

(三)金本位制的演变和崩溃

1. 金块本位制和金汇兑本位制

第一次世界大战以后，一些资本主义国家经济受到通货膨胀、物价上涨的影响，加之黄金分配的极不均衡，已经难以恢复金币本位制。1922年在意大利热那亚城召开的世界货币会议上决定采用“节约黄金”的原则，实行金块本位制和金汇兑本位制。

到1913年末，英、美、法、德、俄5国拥有世界黄金存量的2/3，绝大部分黄金被少数国家占有，这就削弱了其他国家货币制度的基础。一些国家为了准备战争，政府支出急剧增长，大量发行银行券，于是银行券兑换黄金越来越困难，这就破坏了自由兑换的原则，在经济危机时期，商品输出减少，资金外逃严重，引起黄金大量外流，各国纷纷限制黄金流动，黄金不能在国际上自由转移。由于维持金本位制的一些必要条件逐渐遭到破坏，国际货币体系的稳定性也就失去了保证。

在金块本位制度下，货币单位仍然规定含金量，但黄金只作为货币发行的准备金集中于中央银行，而不再铸造金币和实行金币流通，流通中的货币完全由银行券等价值符号所代替，银行券在一定数额以上可以按含金量与黄金兑换。英国以银行券兑换黄金的最低限额为相等于400盎司黄金的银行券(约合1 700英镑)，低于限额不予兑换。法国规定银行券兑换黄金的最低限额为21 500法郎，等于12千克的黄金。中央银行掌管黄金的输出和输入，禁止私人输出黄金。中央银行保持一定数量的黄金储备，以维持黄金与货币之间的联系。

金块本位制虽然仍对货币规定含金量，并以黄金作为准备金，但金币的自由铸造和流通以及黄金的自由输出入已被禁止，价值符号与黄金的兑换也受到限制，此时，黄金已难以发挥自动调节货币供求和稳定汇率的作用。因此，金块本位制实际上是一种残缺不全的金本位制度。

金汇兑本位制又称虚金本位制，它是以存放在金块本位制或金币本位制国家的外汇资产为准备金，以有法定含金量的纸币作为流通手段的一种货币制度，第一次世界大战以前，许多殖民地国家曾经实行过这种货币制度。第一次世界大战后，一些无力恢复金币本位制但又未采用金块本位制的资本主义国家，也推行金汇兑本位制。金汇兑本位制的特点是国内不能流通金币，而只能流通有法定含金量的纸币；纸币不能直接兑换黄金，只能兑换外汇。实行这种制度国家的货币同另一个实行金块本位制国家的货币保持固定比价，并在该国存放外汇和黄金作为准备金，体现了小国对大国(“中心国”)的依附关系。通过无限制买卖外汇维持金块本位国家货币的联系，即“钉住”后者的货币。国家禁止黄金自由输出，黄金的输出输入由中央银行负责办理。第一次世界大战前的印度、菲律宾、马来西亚、一些拉美国家和地区，以及20世纪20年代的德国、意大利、丹麦、挪威等国，均实行过这种制度。

2. 国际金本位制的崩溃

第一次世界大战后各国勉强恢复的国际金汇兑本位制，终于在1929年爆发的世界性经济危机和1931年的国际金融危机中全部瓦解。由于经济危机的影响，英国的国际收支已陷于困境，在1931年的金融危机中，各国纷纷向英国兑换黄金，使英国难以应付，终于被迫在同年9月终止实行金本位制。同英镑有联系的一些国家，也相继放弃了金汇兑本位制。接着美国在1933年3月，在大量银行倒闭和黄金外流的情况下，也不得不停止兑换黄金，禁止黄金输出，从而放弃了金本位制。20世纪30年代国际金汇兑本位制的崩溃，是资本主义世界货币制度的第一次危机。

国际金本位制彻底崩溃后，20世纪30年代的国际货币制度一片混乱，正常的国际货币秩序遭到破坏。主要的3种国际货币，即英镑、美元和法郎，各自组成相互对立的货币集团——英镑集团、美元集团、法郎集团。各国货币之间的汇率再次变为浮动的，各个货币集团之间普遍存在着严格的外汇管制，货币不能自由兑换。在国际收支调节方面，各国也采取了各种各样的手段，为了解决国内严重的失业，各国大打汇率战，竞相实行货币贬值以达到扩大出口、抑制进口的目的，而且各种贸易保护主义措施和外汇管制手段也非常盛行。结果是国际贸易严重受阻，国际资本流动几乎陷于停顿。

1936年9月，英、美、法三国为恢复和稳定国际货币秩序，达成了所谓的“三国货币协定”。该协定保证尽力维持协定成立时的汇价，减少汇率的波动，共同合作以保持货币关系的稳定。同年10月又签订了三国相互间自由兑换黄金的“三国黄金协定”。然而，由于不同货币集团的对立，国际货币体系关系仍然充满着矛盾和冲突。后来，由于帝国主义国家忙于准备战争，购置军火，导致黄金外流，“三国货币协定”遂被冲垮。不过该协定在制止外汇倾销方面有一些成效，并为以后国际货币体系的建立创造了一定条件。

二、布雷顿森林体系

(一)布雷顿森林体系的建立

经过第一次世界大战和1929～1933年的世界经济大衰退之后，国际金本位制已经退出历史舞台。各个货币集团的建立和各国外汇管理的加强，使国际金融关系更加不稳定，成为世界经济发展的障碍。因此，建立一个统一的国际货币制度，改变国际金融领域的动荡局面，已成为国际社会的迫切任务。

在第二次世界大战后期，英美两国政府出于本国利益的考虑，构思和设计战后国际货币体系，分别提出了“怀特计划”和“凯恩斯计划”。

1. 怀特计划

以美国财政部官员名字命名的“怀特计划”是在1943年4月提出的，全称为“联合国外汇稳定方案”。该方案的主要内容是：建立一个国际货币稳定基金机构，各国必须缴纳基金来建立外汇稳定基金；各国的发言权和投票权取决于其向基金组织交纳份额的多少；基金组织拟订一种国际货币单位“尤尼他”，其含金量相当于10美元；采用固定汇率，各国货币汇率非经基金组织机构同意，不能任意变动；基金的主要任务是稳定汇率，提供短期信贷，平衡国际收支；基金办事处设在拥有份额最多的国家。

“怀特计划”反映了美国的经济力量日益强盛，从而试图操纵和控制基金，获得国际金融领域的统治地位。对此，尚有相当经济实力的英国当然不甘示弱。为了分享国际金融的领导权，英国于“怀特计划”发表的同一天抛出了“凯恩斯计划”。

2. 凯恩斯计划

“凯恩斯计划”实际上是一个“国际清算联盟”方案，它是由英国经济学家凯恩斯提出的。这一计划的内容明显对英国有利。经过长达3个月的讨价还价，英美两国终于达成协议。在此基础上，1944年7月，在美国的新罕布什尔州布雷顿森林召开了有44国参加的联合国国际货币金融会议。会议通过了以“怀特计划”为基础制订的《国际货币基金协定》和《国际复兴开发银行协定》，宣布了第二次世界大战后国际货币体系，即布雷顿森林体系的建立。

布雷顿森林体系的中心内容是双挂钩，即美元与黄金直接挂钩，而其他国家的货币与美元挂钩，与此同时，确立了固定汇率制。

按照《布雷顿森林协定》，国际货币基金组织的会员国必须确认美国政府在1934年规定的35美元折合1盎司黄金的官价。美国政府承担各国按此价格用美元向美国兑换黄金的义务。当黄金官价受到国际金融市场上的炒家冲击时，各国政府要协同美国政府进行干预。

在布雷顿森林体系下，基金组织各会员国的货币必须与美元保持固定比价。美国政府根据上述黄金官价，规定美元的含金量为 0.888 671 克纯金，各会员国货币对美元的汇率按各国货币的含金量与美元确定固定比价，或直接规定与美元的固定比价，但不得轻易改变。汇率波动幅度应维持在固定比价的上下 1%以内。如果货币含金量的变动超过 1%，必须得到国际货币基金组织的批准。

布雷顿森林体系的双挂钩，使美元等同于黄金，各国货币只有通过美元才能与黄金发生联系，从而确立了美元在国际货币制度中的中心地位。在这一货币制度下，资本主义世界各国都用美元作为主要的国际支付手段，许多国家还以美元作为主要的外汇储备，有的甚至还用美元作为发行货币的准备金。因此，战后的国际货币制度实际上是一种美元本位制。

（二）布雷顿森林制度的主要内容

布雷顿森林制度的主要内容，是以作为国际协议的《国际货币基金协定》的法律形式固定下来的，包括以下 4 个方面：

1. 国际金融机构

它建立了一个永久性的国际金融机构，即国际货币基金组织，对货币事项进行国际磋商。在 1936 年实行“三国货币协定”以前，由于缺乏协商的机构或程序，国际货币关系受到极大的破坏。在战后年代，根据《布雷顿森林协定》（以下简称《协定》）所建立的国际货币基金组织为国际协商与合作提供了适当的场所。虽然以美国为首的主要工业发达国家在很大程度上操纵和控制着基金组织，广大的发展中国家远远没有获得应有的权力和地位，但在国际货币关系中也确实出现了国际协商与合作的一面。基金组织是战后国际货币制度的中心，具有一定的任务和权力，它对会员国融通资金，以稳定外汇市场，扩大国际贸易。基金组织的各项规定，构成了国际金融领域的纪律，在一定程度上维护着国际金融与外汇交易的秩序。

2. 以美元为中心的固定汇率制

《协定》确认了美国政府在第二次世界大战前规定的美元对黄金的官价，即 1 盎司黄金等价于 35 美元，美国政府承担其他国家政府或中央银行用美元外汇随时向美国按官价兑换黄金的义务。这样的规定等于规定了美元直接同黄金挂钩，美元是最主要的国际储备货币。另外，《协定》还规定：各国货币规定金平价，并以此确定对美元的比价，从而确定了其他货币通过美元与黄金间接挂钩的关系；各国货币均与美元保持固定比价关系，汇率波动范围不得超出货币平价的 1%，各国政府有义务通过干预外汇市场来实现汇率的稳定；会员国只有在国际收支出现“基本失衡”时，经基金组织批准才可以进行汇率的调整。这些规定说明，布雷顿森林货币制度下的汇率制度是可调整的固定汇率制。

3. 调节国际收支

弥补国际收支逆差，为会员国融通弥补逆差所需的资金是国际货币制度顺利运转的必要条件。为此，《协定》规定：设立普通贷款账户，向会员国提供贷款，用于会员国弥补经常项目收支暂时存在的赤字。此外，《协定》还规定了顺差国也有调节国际收支的责任，这主要体现在《协定》的“稀缺货币”(Scarce Currency)条款上：当一国的国际收支持续出现大量顺差时，逆差国对顺差国货币的需求将明显、持续增长，并向基金组织借取该种货币。这就会使这种货币在基金组织的库存急剧下降。当库存下降到该会员国份额的 75%以下时，基金组织可将该会员国货币宣布为“稀缺货币”，并按逆差国的需要进行限额分配，逆差国也有权对“稀缺货币”采取临时的兑换限制措施。这样，“稀缺货币”发行国的出口贸易就可能受到影响，从而迫使其采取调节国际收支的措施。但是，应该指出，“稀缺货币”条款不可能真正实施，因为条款中还同时规定，基金组织在解决“稀少货币”而确定应采取的办法时，要有“稀缺货币”国家的代表参加。

美国在第二次世界大战时和战后初期一直积有巨额国际收支顺差，而大多数国家则存在着严重的美元不足。在这种情况下，本应实施"稀缺货币"条款，但由于必须有美国代表参与提出解决的办法，美国可以限制货币兑换同基金的消除外汇管制的宗旨不符为理由而加以否决。不仅如此，美国还可以利用此条款来扩大资本输出和掠夺黄金，因为该项条款同时还规定，基金组织可采取以下两种措施解决"稀缺货币"问题：①经"稀缺货币"发行国许可，IMF 用发行债券办法，在该国金融市场筹措资金；②商请"稀缺货币"发行国，把该国货币售予基金组织，以换取 IMF 的黄金。

4. 取消外汇管制

《协定》第八条规定会员国不得限制经常项目的支付，不得采取歧视性的货币措施，要在兑换性的基础上实行多边支付。但有三种特殊情况除外：①货币兑换性只适用于国际贸易中的经常项目，对经常项目的交易，不容许各国政府限制外汇的买卖，但容许对资本项目的交易采取管制措施；②会员国在处于战后过渡时期的情形下，由于条件不具备，也可延迟履行货币兑换性的义务，这类国家被称为"第 14 条款国家"，履行兑换性义务的，则被称为"第 8 条款国家"；③会员国有权对"稀缺货币"采取临时性的兑换限制。

（三）布雷顿森林体系的特点和作用

1. 特点

布雷顿森林货币体系实际上是一种国际金汇兑本位制，但与战前不同，主要区别是：(1)国际储备中黄金和美元并重。(2)第二次世界大战前处于统治地位的储备货币有英镑、美元和法国法郎，依附于这些通货的货币，主要是英、美、法三国各自势力范围内的货币，而第二次世界大战后，以美元为中心的国际货币体系几乎包括资本主义世界所有国家的货币，而美元却是唯一的主要储备资产。(3)第二次世界大战前英美法三国都允许居民兑换黄金，而实行金汇兑本位制的国家也允许居民用外汇（英镑、法郎或美元）向英美法三国兑换黄金，第二次世界大战后，美国只同意外国政府在一定条件下用美元向美国兑换黄金，而不允许外国居民用美元向美国兑换，所以这是一种大大削弱了的金汇兑本位制。(4)虽然英国在第二次世界大战前国际货币关系中占有统治地位，但没有一个国际机构维持着国际货币秩序，而第二次世界大战后却有国际货币基金组织成为国际货币体系正常运转的中心机构。

2. 作用

布雷顿森林体系的建立和运转对第二次世界大战后国际贸易和世界经济的发展起了一定的积极作用。

第一，布雷顿森林体系确立了美元与黄金、各国货币与美元的"双挂钩"原则，结束了战前国际货币金融领域的动荡混乱状态，使得国际金融关系进入了相对稳定时期。这为第二次世界大战后 50～60 年代世界经济的稳定发展创造了良好的条件。

第二，美元成为最主要的国际储备货币，弥补了国际清算能力的不足，这在一定程度上解决了由于黄金供应不足所带来的国际储备短缺的问题。

第三，布雷顿森林体系实行了可调整的钉住汇率制，汇率的波动受到严格的约束，货币汇率保持相对的稳定，这对于国际商品流通和国际资本流动非常有利。

第四，国际货币基金组织对一些工业国家，尤其是一些发展中国家的国际收支不平衡，提供各种类型的短期贷款和中长期贷款，在一定程度上缓和了会员国的国际收支困难，使它们的对外贸易和经济发展得以正常进行，从而有利于世界经济的稳定增长。

总之，布雷顿森林体系是第二次世界大战后国际货币合作的一个比较成功的事例，它为稳定国际金融和扩大国际贸易提供了有利条件。

(四)布雷顿森林体系的崩溃

虽然布雷顿森林体系对战后世界经济的发展产生了重要的积极影响,但事实上,该体系存在着不可解脱的矛盾。

(1)美元享有特殊地位导致美国货币政策对各国经济产生重要影响。由于美元是主要的储备资产,享有"纸黄金"之称,美国就可以利用美元直接对外投资,购买外国企业,或利用美元弥补国际收支逆差,美国货币金融当局的一举一动都将波及整个世界金融领域,从而导致世界金融体系的不稳定。

(2)以一国货币作为主要的储备资产,必然给国际储备带来难以克服的矛盾。第二次世界大战后,由于黄金生产的停滞,美元在国际储备总额中的比重显著增加。而国际贸易和国际金融的发展要求国际储备相应扩大,在这种情况下,世界各国储备的增长需要仰仗美国国际收支持续出现逆差,但这必然影响美元信用,引起美元危机。如果美国保持国际收支平衡,稳定美元,则又会断绝国际储备的来源,导致国际清偿能力的不足,这是一个不可克服的矛盾。

(3)汇率机制缺乏弹性,导致国际收支调节机制失灵。布雷顿森林货币体系过分强调汇率的稳定,各国不能利用汇率的变动来达到调节国际收支平衡的目的,而只能消极地实行外汇管制,或放弃稳定国内经济的政策目标。前者必然阻碍贸易的发展,后者则违反了稳定和发展本国经济的原则,这两者都是不可取的。可见,缺乏弹性的汇率机制不利于各国经济的稳定发展。

美元与黄金挂钩、各国货币与美元挂钩是布雷顿森林体系赖以存在的两大支柱。自20世纪50年代始,上述种种缺陷不断地动摇着布雷顿森林体系的基础,终于在20世纪70年代陷入崩溃的境地。

第二次世界大战后,美国的经济实力空前增强,1949年美国拥有当时世界黄金储备的71.2%,达245.6亿美元。当时饱受战争创伤的西欧、日本为发展经济需要大量美元,但由无法通过商品和劳务输出来满足,从而形成了普遍的"美元荒"。20世纪50年代初,美国发动侵朝战争,国际收支由顺差转为逆差,黄金储备开始流失,1960年,美国的黄金储备下降到178亿美元。与此同时,西欧和日本的经济已经恢复,进入迅速发展时期,出口大幅度增长,国际收支由逆差转为顺差,从而爆发了第一次美元危机。1960年10月,国际金融市场上掀起了抛售美元抢购黄金的风潮,伦敦金融市场的金价爆涨到41.5美元1盎司,高出黄金官价的18.5%。

美元危机的爆发严重动摇了美元的国际信誉,为了挽救美元的颓势,美国与有关国家采取了一系列维持黄金官价和美元汇率的措施,包括"君子协定""巴塞尔协定""黄金总库"以及组成"十国集团"签订"借款总安排"等,目的在于当汇率波动时,可以运用各国力量共同干预外汇市场。但是,这些措施没有能够阻止美元危机的再度发生。

20世纪60年代中期以后,美国扩大了侵越战争,国际收支更加恶化,黄金储备不断减少,对外债务急剧增加。1968年3月,第二次美元危机爆发,巴黎市场的金价涨至44美元1盎司,美国的黄金储备半个月之内流失了14亿美元。"黄金总库"被迫解散,美国与有关国家达成了"黄金双价制"的协议,即黄金市场的金价由供求关系自行决定,35美元1盎司的黄金官价仅限于各国政府或中央银行向美国兑换。

20世纪70年代以后,美国经济状况继续恶化,1971年爆发了新的美元危机,美国的黄金储备降至102亿美元,不及其短期债务的1/5。1971年8月15日美国政府宣布实行"新经济政策",内容之一就是对外停止履行美元兑换黄金的义务,切断了美元与黄金的直接联系,从根本上动摇了布雷顿森林体系。

美元停兑黄金以后，引起了国际金融市场的极度混乱，西方各国对美国的做法表示强烈的不满，经过长期的磋商，"十国集团"于 1971 年 2 月通过了"史密森协议"。其主要内容是，美元贬值 7.89%，黄金官价升至每盎司 38 美元，西方主要通货的汇率也作了相应的调整，并规定汇率的波动幅度为不超过货币平价的上下各 2.25%。此后，美国的国际收支状况并未好转，1973 年 1 月下旬，国际金融市场又爆发了新的美元危机。美元被迫再次贬值，幅度为 10%，黄金官价升至 42.22 美元。

美元第二次贬值后，外汇市场重新开放。抛售美元的风潮再度发生。为维持本国的经济利益，西方各国纷纷放弃固定汇率，实行浮动汇率。欧共体作出决定，不再与美元保持固定比价，实行联合浮动。各国货币的全面浮动，使美元完全丧失了中心货币的地位，这标志着以美元为中心的国际货币体系的彻底瓦解。

三、牙买加货币体系

布雷顿森林货币制度崩溃后，国际货币金融领域动荡混乱。美元的国际地位不断下降，国际储备呈现多元化，许多国家实行浮动汇率，全球性国际收支失衡现象日益严重，西方发达国家之间以及发达国家与发展中国家之间的矛盾空前激化。1976 年 1 月 8 日，国际货币基金组织的临时委员会在牙买加首都金斯敦举行会议，就许多有关国际货币制度问题达成协议，并建议修改国际货币基金协定的条款，汇率制度和黄金问题是会议讨论的重点。1976 年 4 月，国际货币基金理事会通过了国际货币基金协会修改草案，并送交各成员国完成立法批准手续。1978 年 4 月 1 日，修改后的国际货币基金协定正式生效。由于这份协定是在牙买加会议上通过的，所以称为"牙买加协定"，国际上一般把牙买加协定后的国际货币制度称为"牙买加货币制度"。

（一）牙买加货币协定的主要内容

（1）增加会员国的基金份额。根据该协定，会员国的基金份额从原来的 292 亿特别提款权增至 390 亿特别提款权，即增长 33.6%，各会员国的基金份额也有所调整。

（2）汇率浮动合法化。1973 年后，浮动汇率逐渐成为事实。修改后的基金协定规定，会员国可以自行选择汇率制度，事实上承认固定汇率制与浮动汇率制并存。但会员国的汇率政策应同基金组织协商，并接受监督。浮动汇率制应逐步恢复固定汇率制。在条件具备时，国际货币基金组织可以实行稳定但可调整的固定汇率制度。

（3）降低了黄金在国际货币体系中的作用。新的条款废除了原协定中所有的黄金条款，并规定黄金不再作为各国货币定值的标准；废除黄金官价，会员国之间可以在市场上买卖黄金；会员国间及其与基金组织间，取消以黄金清算债权债务的义务；基金组织持有的黄金部分出售，部分按官价退还原缴纳的会员国，剩下的酌情处理。

（4）规定特别提款权作为主要的国际储备资产。新协定规定，特别提款权可以作为各国货币定值的标准，也可以供有关国家用来清偿对基金组织的债务，还可以用作借贷。

（5）扩大对发展中国家的资金融通。用按市价出售的黄金超过官价的收益部分，设立一笔信托基金，向最不发达的发展中国家以优惠条件提供援助，帮助解决国际收支问题；扩大基金组织信用贷款的额度；增加基金组织"出口补偿贷款"的数量。

（二）牙买加协议后国际货币制度的运行

牙买加协议后的国际货币制度实际上是以美元为中心的多元化国际储备和浮动汇率的货

币体系。在这个体系中，黄金的国际货币地位趋于消失，美元在诸多储备货币中仍居主导地位，但它的地位在不断削弱，而德国马克、日元的地位则不断提高。此外，还有特别提款权和欧洲货币单位(ECU)的储备货币地位也在提高。在这个体系中，各国所采取的汇率制度可以自由安排。主要发达国家货币的汇率实行单独或联合浮动。多数发展中国家采取钉住汇率制，把本国货币钉住美元、法国法郎或特别提款权和欧洲货币单位等篮子货币，还有的国家采取其他多种形式的管理浮动汇率制度。目前，欧元取代了德国马克、法国法郎在国际货币体系中的地位和作用。另外，在这个体系中，国际收支的不平衡是通过多种渠道进行调节。除了汇率机制以外，国际金融市场和国际金融机构也发挥着重大作用。

四、国际货币体系改革及展望

20世纪70年代以来，有关国际货币体系改革的争论一直没有停止过，所涉及的与体系本身密切相关的有三大问题：本位货币制，汇率制度和国际收支调节机制。各国的经济学家从不同的角度提出了改革方案，改革的内容主要集中在国际储备资产的确定和汇率制度的选择两个方面。

(一)国际储备货币的演变和前景

只要不是实行完全没有干预的金本位制，或者完全的自由浮动汇率制，一国就必须持有国际储备资产。第二次世界大战后，美元是主要的储备资产，美国的国际收支状况影响着国际储备增长的状况。国际上美元的过多或过少一直是国际金融形势不稳定的主要因素。但是在找不到更好的国际储备资产来取代美元之前，各国就不得不持有美元，不得不依靠美元来从事国际商品贸易和国际金融交易。所以许多有关国际货币改革的方案和建议，都是围绕着以什么资产来代替美元的问题。

在当今的国际经济形势下，要回到金本位制或某种形式的金汇兑本位制是不可能的。1973年以后的多元化储备制度中，美元仍居主导地位。但是随着美国经济实力的相对下降以及日本和西欧国家的崛起，资本主义国家间的发展不平衡和各种矛盾势必加剧，从而美元越来越不能胜任主导国际货币的地位了，于是形成了国际储备货币的多元化。在多元化的国际储备货币中哪一种货币的汇率上浮或下浮都会影响国际货币体系的稳定。从长远的观点来看，还应发展统一的世界货币。这种趋势在众多的国际储备改革方案中也有所反映。现在的关键问题是发行统一货币就必须建立统一的世界范围的中央银行或类似的机构，并实行统一的世界货币政策。这个难度相当大。不过从经济发展规律上看，随着世界经济一体化趋势的加强，经济利益的相关性会促进各国的政策协调，共同货币的理想在未来可能会实现。

(二)国际汇率制度的演变及前景

就汇率制度的改革而言，实行理论上的完全固定汇率制或完全自由浮动汇率制的可能性极小，且赞成这两种极端汇率制度的也是极少数。从目前发达国家经常联合于预外汇市场，发展中国家很多实行钉住汇率制来看，稳定汇率、缩小汇率波动幅度是国际社会的普遍愿望，，所以汇率制度改革的核心实际上是允许汇率波动幅度的大小，或以什么形式恢复固定但可调整的平价制的问题。

综观国际汇率制度的演变过程，100多年来大部分时间实行的是固定汇率制，浮动汇率制在20世纪30年代大萧条时期实行过，目前的有管理的浮动汇率制也运行了近30年，事实表明弊端很多，在历史进程中，先是严格的固定汇率制(金本位)，然后是浮动汇率制，以后又是固定汇率制但汇率可以调整(布雷顿森林体系)，最后是目前的浮动汇率制。

国际汇率制度的发展绝不是固定汇率制和浮动汇率制的简单轮回，金本位制时期的固定汇率制与布雷顿森林体系的固定汇率制有很大的不同，前者是真正固定不变的是建立在政府不干预的自由竞争基础上，而后者是可以调整的，是主要资本主义国家进行国际合作的结果。目前的浮动汇率和20世纪30年代的浮动汇率制也有很大的区别。

从已提出的主要汇率制度改革的方案看，多数主张建立某种形式的固定汇率制，也有人主张保持目前的各国自由选择汇率安排的混合汇率制，但要求主要国家协调政策、联合行动，以实现汇率稳定。实行固定汇率制需要有一定客观条件，目前是行不通的。在各国通货膨胀率、经济增长率、国际收支状况和货币政策都存在很大差异的条件下，实行固定汇率制没有基础。目前通过各国之间的政策协调和共同干预来稳定汇率，降低波动幅度的方案经过国际上的努力有可能实现，至少在一定程度上可能实现，因为合作、协调政策、相互让步对各方面都有好处。至于国际汇率制度的发展前景，一方面取决于各主要国家之间货币合作的密切度，另一方面还取决于国际储备货币的发展状况。

任务三　区域性货币体系

20世纪60年代以来，在区域经济一体化迅速发展的大背景下，货币一体化的研究和实践成为国际金融界的一个热点。从实施的角度看，欧洲货币一体化是最成功的典范，在世界范围内产生了深远的影响，也为未来国际货币体系改革蓝图的描绘提供了有益的借鉴。本节介绍已经成功运行的区域性货币体系和正在酝酿的潜在的区域性货币，及区域性货币方兴未艾的原因。

一、欧洲货币体系

为促进政治和经济联合，反对美元霸权，在20世纪60年代建立的西欧共同市场就提出了创建货币同盟的目标。1972年2月，西欧共同市场的原6个国家决定建立经济货币同盟，计划要逐步发展成具有共同储备基金、发行统一货币、制定共同财政政策的经济和货币同盟。1973年3月实行联合浮动。1973年4月，建立了货币合作基金，在国际收支、维持汇率方面互相支持，加强合作。1975年3月创立了新的"欧洲记账单位"(European Unit of Account)。新记账单位排除了美元，完全用共同市场国家货币定值，从而减少了美元波动的影响。为加速实现共同市场国家的货币经济同盟目标，摆脱对美元的依赖与美元危机的影响，联邦德国、法国、意大利、荷兰、比利时、卢森堡、爱尔兰、丹麦等欧洲共同市场国家经过多年的酝酿协商，决定建立欧洲货币体系，并于1979年3月13日生效。欧洲货币体系的主要内容是：

（一）创建欧洲货币单位

欧洲货币单位(European Currency Unit，ECU)是欧洲货币体系的核心，是按"一篮子"原则由共同市场国家货币混合构成的货币单位。其定值办法是根据成员国的国民生产总值和在共同市场内部贸易所占的比重大小，确定各国货币在"欧洲货币单位"中所占的权重，并用加权平均法逐日计算欧洲货币单位的币值。

欧洲货币单位的作用是：(1)作为决定成员国货币的中心汇率的标准；(2)作为各成员国与欧洲货币基金之间的信贷制度；(3)作为成员国货币当局之间的结算工具，以及整个共同体的财政预算的结算工具；(4)随着欧洲货币基金的建立，欧洲货币单位逐步成为各国货币当局的一种储备资产。由此可见，欧洲货币单位不仅执行计价单位的作用，成为共同体成员国之间的结算工具;还可作为国际储备手段。

(二)建立双重的中心汇率制

共同体成员国对内实行固定汇率,对外实行联合浮动。共同体成员国之间都确定了中心汇率,并规定了上下波动的界限,德国马克和荷兰盾上下波动的界限是2.25%,其余成员国间汇率波动的界限为15%。此外,各成员国货币还要和“欧洲货币单位”确定一个中心汇率和波动的上下界限。同时还规定了成员国货币与“欧洲货币单位”中心汇率波动的最大界限,成员国货币的汇率升降达到它对欧洲货币单位的差异界限时,有关国家的中央银行应及时采取行动,改变自己的经济和货币政策,或采取重订本国货币对欧洲货币单位的中心汇率等措施,将其汇率控制在差异界限之内。由于差异界限比各国货币的中心汇率波动界限小,能对各国的汇率失常现象预先提出警告,从而保证共同体成员国共同维持汇率的稳定,促进经济与贸易的发展,防止国际投机资本对某一成员国货币进行单独的冲击。此种对内实行固定汇率,对外联合浮动,保持两个中心汇率的机制,即欧洲货币体系的汇率机制(Exchange Rate Mechanism)。

(三)建立欧洲货币基金

根据欧洲货币体系的规定,要求各成员国缴出其黄金外汇储备的20%(其中10%为黄金),创建欧洲货币基金(European Monetary Fund,EMF),用以向成员国发放中短期贷款,帮助成员国摆脱国际收支方面的短期困难,保持其汇率上的相对稳定。黄金在成员国所缴纳份额中的比例,进一步强调了黄金的货币作用。在欧洲货币体系成立的初期,欧洲货币基金的总额约有250亿欧洲货币单位,其中的140亿欧洲货币单位作为短期贷款,其余110亿欧洲货币单位作为中期金融援助。每个成员国都有一定的贷款定额,尤其对弱币国家的贷款更严格控制在定额之内。对不超过45天的短期贷款,则不加任何限制,并可享受3%的利息贴补。与国际货币基金组织发放贷款的办法相似,成员国取得贷款时,应以等值的本国货币存入基金。

欧洲共同体内部的这种严密的自成体系的对外汇金融与国际结算等方面所做的规定,与第二次世界大战后国际货币基金在汇率、信贷方面的规定和措施极为相似,与第二次世界大战前主要货币区内部采取严格控制的措施也极为相似。

(四)欧洲货币经济联盟与欧元

1. 欧元创建的背景

早在1962年12月,欧共体国家在海牙召开的首脑会议上就提出,为达到加速一体化的进程、削弱美元的影响、提高欧共体在世界政治经济中地位的目标,决定建立以统一货币为中心的“欧洲经济货币联盟”。1989年担任欧共体委员会主席的德洛尔在《关于实现经济货币联盟的报告》中,再一次明确提出货币联盟的最终目标是建立单一的欧洲货币。1991年12月欧共体12国领导人共同签署的《马斯特里赫特条约》(以下简称《马约》),对实现欧洲单一货币的措施和步骤做了具体安排,并提出时间表。《马约》规定,欧盟(《马约》签署后,常以“欧盟”取代欧共体)最迟不晚于1999年1月1日建立单一货币体系,并在1998年1月1日以前建立独立的欧洲中央银行。在1995年12月15日召开的欧洲货币联盟马德里高峰会议上,将未来欧洲货币的名称定为“欧元”(Euro),以取代欧洲货币体系所创立的ECU。

2. 欧盟成员国使用统一货币欧元应具备的条件

为保证货币同盟目标的实现,保证欧元的稳定,具备下述条件的成员国才能申请参加:(1)预算赤字不超过GDP的3%;(2)债务总额不超过GDP的60%;(3)长期利率不高于3个通货膨胀率最低国家平均水平的2%;(4)消费物价上涨率不超过3个情况最佳国家平均值的1.5%;(5)两年内本国货币汇率波动幅度不超过ERM规定。

《马约》还规定了参加欧洲货币同盟的"趋同标准"。1998 年 3 月 25 日，欧盟执委会宣布第一批符合趋同标准的国家有 11 个，即奥地利、比利时、芬兰、德国、法国、爱尔兰、意大利、卢森堡、荷兰、葡萄牙和西班牙，符合使用欧元的条件，有资格成为首批流通欧元的国家。在欧盟成员国中，希腊未达到趋同标准，瑞典、英国、丹麦虽已达标，但此前它们决定暂留货币联盟之外。

3. 欧元推行的时间表

根据《马约》和欧盟的有关规定，欧元从发行到完全取代欧盟成员国的货币，分三个阶段进行。

第一阶段从 1999 年 1 月 1 日开始。这一阶段是成员国货币向欧元的过渡期，其主要的工作内容是：

(1)于 1999 年 1 月 1 日不可撤回地确定欧元与参加货币同盟成员国货币的折算率，并按 1∶1 的比例由欧元取代 ECU 进行流通。成员国货币和欧元同时存在于流通领域。

(2)资本市场和税收部门均以欧元标定，银行间的支付结算以欧元进行。成员国的政府预算、国债、政府部门与国有企业的财政收支也均以欧元结算；但过渡期内，私营部门有权选择是否使用或接受欧元，对于任何合同、贸易和买卖，仍可用成员国原货币进行支付。

(3)欧洲中央银行投入运作并执行欧元的货币政策，指定欧元的利率；为保证欧元与成员国货币固定汇率的顺利执行，对成员国的货币发行进行一定的监控。

(4)执行都柏林会议制定的《稳定和增长条约》中有关规定，如制裁预算赤字超过 GDP3％的成员国，罚金为 GDP 的 0.2％，赤字每超过 1％，则课征超过部分的 1/10 的罚金。

第二阶段从 2002 年 1 月 1 日开始，在这一阶段欧元纸币和硬币开始流通，成员国居民必须接受欧元，欧元纸币和硬币逐渐取代各成员国的纸币和硬币。

第三阶段从 2007 年 7 月 1 日开始。这一阶段将取消成员国的原货币，完成欧元完全取代原成员国货币的进程。

4. 欧洲经济货币联盟的作用

(1)增强欧盟国家的经济实力，提高其竞争能力。欧元区将成为与美国实力相当的经济实体，其实力强于日本。据统计，1996 年 OECD 各成员国总值中，欧盟各成员国 GDP 总值占 38.5％，而美国和日本各占 32.5％和 20.5％。在世界贸易中，欧盟对外贸易额(不包括成员国间贸易)占世界贸易总额的 20.9％，高于美国的 19.6％和日本的 10.5％。可见，欧盟在统一货币后，经济实力将迅速增强，在与美、日等强国的竞争中处于有利地位。

(2)减少内部矛盾，防范和化解金融风险。欧元作为单一货币正式使用，成员国内部汇率矛盾自然消失，从而加强对国际资金冲击风险的防范与化解能力。

(3)简化流通手续，降低成本消耗，增强出口商品的竞争力。欧盟成员国使用单一货币后，消除了货币与兑换费用，从而加快商品与资金流通速度，增加了出口商品的竞争力。

(4)增加社会消费，刺激企业投资。单一货币的使用，各国在物价、利率、投资收益方面的差异将逐步缩小或趋于一致，形成物价和利率的总体下降，居民消费扩大，企业投资环境改善，最终有利于欧盟总体经济的良性发展。

二、欧洲货币同盟对世界经济的影响

(一)巩固和发展了多元化的国际货币体系，有利于世界范围内汇率的稳定

欧元单一货币流通后，欧盟内部的汇率波动完全消失，欧盟将拥有独立的欧洲中央银行和

以价格稳定为目标的货币政策、严格的财政预算制度和利率趋同标准，这些将保证币值的稳定，增强公众的信心，促进多元化国际货币体系的发展与汇率的稳定，有利于世界贸易与投资的发展。

(二)欧盟成功发展的示范效应

欧盟使用统一的货币后，在贸易方面，成员国之间实行的是自由贸易，而与非成员国进行贸易时则采取关税保护。这种政策实际上是给区域性集团成员国在与非成员国竞争时提供了一条共同的边界。欧元的成功流通，被国际社会公认为是布雷顿森林体系崩溃以来，在国际货币安排方面最有意义的发展。

欧盟内部货币兑换费用的消失、货币风险的消除，对于还未进入这个大市场的厂商是享受不到的。区域性集团内部商品的价格下降，就意味着外部商品的竞争力下降。当区域外商品受到歧视时，区域外厂商将改变进入方式以投资带动贸易绕过无形的货币壁垒，也享受区域性集团内部货币统一的好处。待进入区域集团后，就可以把该集团当作一个大市场来进行营销，不用像以前那样在不同国家都要开发营销渠道，制定不同的定价政策。统一货币的使用使欧盟成员国免受区域外金融不稳定的影响，方便了成员国的经济交往和合作，为未来的国际货币制度的改革和内外矛盾的解决树立了一个可借鉴的榜样。

(三)区域性货币体系的发展将为更多国家提供平等的发展机会

区域性货币体系的发展将减少世界贸易中的不平等现象。20世纪末，在世界贸易总额中美国占将近1/5，而且在世界贸易中，石油等原料价格一直以美元计算，这使美国占了很大便宜。因为美元作为世界贸易主要结算货币，美国可以长期维持合适的汇率以利于美国的对外贸易，且无需担心它会刺激国内的通货膨胀。欧元的使用将改变这一格局，使更多的国家能在世界贸易中获得平等发展的机会。

任务四　国际金融机构

第二次世界大战后，国际金融领域中一个重要的新现象是涌现了一系列国际金融组织。目前的国际金融机构可以分为三种类型：(1)全球性的，如国际货币基金组织和世界银行；(2)半区域性的，如国际清算银行、亚洲开发银行、泛美开发银行、非洲开发银行等等，它们的成员主要在区域内，但也有区域外的成员参加；(3)区域性的，如欧洲投资银行、阿拉伯货币基金、伊斯兰发展银行、西非发展银行、阿拉伯发展基金；等等。

这些国际金融组织对国际货币制度与世界经济的发展都有深远的积极影响。在促进会员国取消外汇管制、限制会员国进行竞争性货币贬值、支持会员国稳定货币汇率和解决国际收支困难、缓解债务危机与金融危机、促进发展中国家经济发展等方面，这些国际金融组织都起了重要的作用。

一、国际货币基金组织

国际货币基金组织是根据参加筹建联合国的44国代表于1944年7月在美国新罕布什尔州举行的会议及其所通过的《国际货币基金协定》(Iternational Monermy Fund Agreement)，在1946年3月正式成立，并于1947年3月开始营业的，总部设在华盛顿。

(一)宗旨

根据《协定》规定，国际货币基金组织作为永久性机构的宗旨是：为国际货币问题的商讨与协作提供便利，促进国际货币合作，促进国际贸易的扩大与平衡发展，以提高和维持高水平就业和实际收入，以及开发会员国的生产资源；促进汇率的稳定，维持会员国正常的汇兑关系，避免竞争性货币贬值；协助建立会员国经常性交易的多边支付制度，并消除阻碍国际贸易发展的外汇管制；在有充分保障的条件下，对会员国提供资金，使其增强信心纠正国际收支失衡，而不致采取有损本国或国际繁荣的措施；根据以上目标，缩短会员国国际收支失衡的时间，并减轻其程度。从上述宗旨可以看出，国际货币基金组织的基本职能是向会员国提供短期信贷，调整国际收支的不平衡，维持汇率的稳定。同时也可以看出，《协定》强调，消除“竞争性的货币贬值”与“消除阻碍国际贸易发展的外汇管制”。

（二）资金来源

国际货币基金组织为贯彻实行其宗旨，必须有资金来源。它的资金来源有：

1. 份额

国际货币基金组织的资金，主要来自于会员国缴纳的份额。份额目前以基金组织创立的记账单位 SDRs 来表示，它相当于股东加入股份公司的股金。会员国应缴份额的大小，要综合考虑会员国的国民收入、黄金外汇储备、平均进口额、出口变化率和出口额占 GNP 的比例等因素，最后由基金组织同会员国磋商确定。

会员国缴纳的份额，除作为国际货币基金组织发放短期信贷的资金来源外，份额的大小对会员国有其他三个作用：(1)决定会员国从国际货币基金组织借款或提款的额度；(2)决定会员国投票权的多少；(3)决定会员国分得的 SDRs 的多少。

2. 借款

国际货币基金组织的另一个资金来源是借款。国际货币基金组织通过与会员国协议，向会员国借入资金，作为对会员国提供资金融通的一个来源。

3. 信托基金

国际货币基金组织在 1976 年决定，将它持有的 1/6 的黄金分 4 年按市价出售，所得之利润（即市价超过黄金官价 1 盎司＝35 美元的部分，共 46 亿美元）作为信托基金，向低收入会员国提供优惠贷款。

（三）业务活动

1. 汇率监督与政策协调

为使国际货币制度正常运转，各个会员国需保证同基金组织和其他会员国合作，以保证有秩序的汇率安排和促进汇率的稳定。各会员国应该：(1)努力以自己的经济和金融政策来达到促进有秩序的经济增长这个目标，既有合理的价格稳定，又适当照顾自身的境况；(2)努力通过创造有秩序的、基本的经济和金融条件和不会产生反常混乱的货币制度去促进稳定；(3)避免操纵汇率或国际货币制度来妨碍国际收支有秩序的调整或取得对其他会员国不公平的竞争优势。

国际货币基金组织协调政策的职能，一般通过下述途径实现：(1)特别协商，这一途径同基金组织定期审查世界经济的形势与前景有关；(2)基金组织理事会从 20 世纪 80 年代以来，都把协调会员国经济政策作为会议的重要议题。

2. 创造储备资产

国际货币基金组织理事会 1969 年会议正式决定，创设 SDRs，以补充国际储备的不足，并于 1970 年开始分配。会员国当发生国际收支逆差时，可运用 SDRs，划给另一会员国以偿付逆差，或偿还国际货币基金组织的贷款。

3. 贷款业务

发放贷款是国际货币基金组织最主要的业务活动。

(1)贷款特点主要有:

第一,贷款对象。限于会员国政府,它只与会员国的财政部、中央银行、外汇平准基金组织或其他类似的财政机构往来。

第二,贷款用途。贷款最初主要用于会员国进行国际收支的调整,但近年来也增设了支持会员国为解决国际收支困难而进行的经济结构调整与经济改革的贷款。

第三,贷款的规模。同会员国向国际货币基金组织缴纳的份额成正比。

第四,贷款方式。会员国向国际货币基金组织借款和还款分别采用"购买"(purchase)和"购回"(repurchase)的方式。"购买"即借款国用相当于借款面额的本国货币来购买弥补国际收支逆差的外汇。这在技术上虽不同于一般的国际借款,但效果是一样的。而从国际货币基金组织角度看,会员国借款则改变国际货币基金组织持有的货币结构。"购回"即借款国还款时,要用自己原来所借外汇购回本国货币。

(2)贷款种类。国际货币基金组织的贷款分三类:第一类为普通贷款(为会员国所缴份额的125%,期限为3~5年)、补偿与应急贷款、缓冲库存贷款和中期贷款,其贷款资金来自国际货币基金组织自身的资金,即会员国认缴的份额。除储备部分(为所缴份额的25%)贷款不收利息外,第一类其他各项贷款利率均为6%左右,另加0.5%的手续费。第二类为补充贷款和临时信用贷款,其贷款资金来源于国际货币基金组织的借款,贷款的利率为国际货币基金组织的借款成本,另加0.5%的手续费和0.2%~0.325%的加息率。第一、二类贷款合称普通资金(账户)贷款,国际货币基金组织对非工业会员国提供的大部分贷款都属于这种贷款。第三类贷款是信托基金贷款、结构调整贷款和扩大的结构调整贷款、国际货币基金组织的优惠贷款。

二、世界银行集团

世界银行集团(World Bank Group)包括国际复兴开发银行(International Bank for Reconstruction & Development,IBRD)、国际开发协会(International Development Association,IDA)、国际金融公司(International Finance Corporation,IFC)和多边投资担保机构(Multilateral Investment Guarantee Agency,MIGA),它们的总部均设在华盛顿。

(一)国际复兴开发银行

IBRD于1945年12月成立,1946年6月开始营业,1947年11月成为联合国的一个专门机构。凡IBRD的国家必须是国际货币基金组织的会员国,国际货币基金组织的会员国不一定是IBRD的会员国。

1. 宗旨

根据1944年7月布雷顿森林会议通过的《国际复兴开发银行协定》第一条规定,IBRD的宗旨是:对于生产目的的投资提供便利,以协助会员国的复兴与开发,并鼓励不发达国家的生产与资源开发;通过保证或参与私人贷款和私人投资的方式,促进私人对外投资;用鼓励国际投资以开发会员国资源的方法,促进国际贸易的长期平衡发展,以维持国际收支的平衡。总之,IBRD的主要任务是向会员国提供长期贷款,促进战后经济的复兴,协助发展中国家发展生产,开发资源,从而起到国际货币基金组织贷款的作用。

2. 资金来源

(1)会员国缴纳的股金。IBRD规定,每个会员国均须认购份额(share)认购股份的多少,必须参照其国际货币基金组织认缴的份额，同 IBRD 协商，并经理事会批准。

(2)通过发行债券取得借款。在国际债券市场发行债券来借款，是 IBRD 资金的一个很重要的来源。在借款管理上，IBRD 采取的方针是：借款市场分散化；尽力使借款成本最小。为此，IBRD 除借入美元外，还借入其他主要西方国家货币，以减少汇率与利率风险。

(3)业务净收益。IBRD 除将一部分净收益以赠款形式划给 IDA 外，其余均充作本身的储备金，成为发放贷款的一个资金来源。

(4)债权转让。从 20 世纪 80 年代以来，IBRD 常把一部分贷出款项的债权，有偿地转让给商业银行等私人投资者，以提前收回资金，并转为贷款的一个资金来源。

3. 贷款业务

(1)贷款条件。第一，IBRD 只向会员国政府、中央银行担保的公私机构提供贷款；第二，贷款一般与 IBRD 审定、批准的特定项目相结合；第三，申请贷款的国家确实不能以合理的条件从其他方面取得贷款时，IBRD 才考虑发放贷款，参加贷款，或提供保证；第四，贷款必须专款专用，并受 IBRD 的监督；第五，贷款的期限一般为数年，最长可达 30 年；第六，贷款使用不同的货币，对承担贷款项目的承包商或物资供应商，一般用该承包商、供应商所在国的货币支付；如由借款国承包商供应本地物资，则用借款国货币支付；如本地供应商购买进口物资，则用出口国的货币进行支付。

(2)贷款种类。主要有三大类：项目贷款与非项目贷款；“第三窗口”贷款；技术援助贷款。

(3)贷款方式。在进行贷款时，IBRD 除单独提供贷款外，还采取联合贷款的方式，同其他贷款者一起，共同为借款国的项目融资，以解决 IBRD 资金有限与发展中会员国不断增长的资金需求之间的矛盾。

(4)贷款程序。IBRD 发放贷款要与一定的项目相结合，专款专用，并在使用过程中进行监督，所以会员国从申请到按项目进度使用贷款，都有严密的程序，概括起来有以下几个方面：第一，提出计划，确定项目。为保证贷出的款项能得到偿还，IBRD 要对借款国的经济情况与技术管理水平进行全面调查。第二，专家审查。第三，审议通过，签订贷款契约。第四，工程项目招标，按工程进度发放贷款，并进行监督。

IBRD 贷款程序虽然复杂和繁琐，但却体现了其贷款的严密性和科学性，因而能保证贷款产生较好的经济效益。

(二)国际开发协会

IDA 成立于 1960 年，是专门向低收入发展中国家提供优惠长期贷款的一个国际金融组织。按照规定，凡 IBRD 会员国均可加入协会，但 IBRD 的会员国不一定必须加入 IDA。

1. 宗旨

IDA 的宗旨是，对欠发达国家提供比 IBRD 条件宽、期限较长、负担较轻、并可用部分当地货币偿还的贷款，以促进它们经济的发展和居民生活水平的提高，从而补充 IBRD 的活动，促进 IBRD 目标的实现。

2. 资金来源

(1)会员国认缴的股本。IDA 的会员国分为两组：第一组是工业发达国家和南非、科威特，这些国家认缴的股本需以可兑换货币缴付，所缴股本全部供 IDA 出借；第二组是亚、非、拉发展中国家，这些国家认缴股本的 10%需以可兑换货币进行缴付，其余 90%用本国货币缴付，而且这些货币在未征得货币所属国同意前，IDA 不得使用。

(2)会员国提供的补充资金。

(3)IBRD的拨款,即IBRD从其净收入中拨给IDA一部分款项,作为IDA贷款的资金来源。

3. 贷款方式

IDA只向低收入发展中国家(1994年标准是人均GNP不超过725美元)政府与隶属于政府的实体提供贷款。

IDA贷款的期限为35～40年,宽限期10年。偿还贷款时,可以全部或一部分用本国货币偿还。贷款只收取0.5%的手续费。

(三)国际金融公司

IFC成立于1956年。

1. 宗旨

通过向发展中国家的私人企业提供无需政府担保的贷款与股本投资,鼓励国际私人资本流向发展中国家,支持当地资本市场的发展,来促进发展中国家的经济发展,从而补充世界银行的活动。

2. 资金来源

除了成员国缴纳的股金外,还有向世界银行和国际资金市场借入的资金、IFC积累的利润、转售债权与股本的收入等。

3. 贷款方式

直接向私人生产性企业提供贷款;以入股方式向私人企业项目进行投资,但投资规模不超过项目成本的25%,也不承担管理责任,在适当时候还将其持有的股份出售给私人投资者。IFC在进行贷款与投资时,有时会联合私人资本共同进行、共担风险,按投资比例分享利润,这既弥补了它的资金不足,又促进了国际资本向发展中国家流动。IFC贷款规模较小,一般每笔不超过200万～400万美元;期限一般为7～15年;还款时须用原借款货币偿还;贷款的利率一般高于IBRD,并尽可能与市场利率水平相一致,同时也考虑借入资金的成本。

(四)多边投资担保机构

MIGA成立于1988年4月,是世界银行集团中最年轻的成员。IMGA是一个独立于世界银行的实体,它有自己的业务和法律人员。

IMGA的宗旨是通过自己的业务活动来推动成员国相互间进行以生产为目的的投资,特别是向发展中国家的投资。该机构的业务活动之一,是对“合格的投资”提供担保,而不遭受非商业性风险损失,从而促进国际直接投资。MIGA对以下四类非商业性风险提供担保:(1)由于投资所在国政府对货币兑换和转移的限制而造成的转移风险;(2)由于投资所在国政府的法律或行动而造成投资者丧失其投资的所有权、控制权的风险;(3)在投资者无法进入主管法庭,或这类法庭不合理地拖延或无法实施这一项已作出的对他有利的判决时,政府撤销与投资者签订的合同而造成的风险;(4)武装冲突和国内动乱而造成的风险。MIGA的另一项业务活动,是对成员国提供技术援助服务,帮助发展中国家更有效地促进私人投资的机会。它通过对投资促进活动的直接支持(如组织投资会议、初级培训课程、战略研讨会)、传播投资机会的信息(如开发一个投资机会全球电子信息交换与通信网络)和促进投资机构的能力建设,来帮助发展中国家最大限度地提高吸引外国直接投资计划的效果。

三、国际农业发展基金组织

国际农业发展基金组织(IFAD)是联合国在经济方面的专门机构之一,成立于1977年12

月，总部设在意大利首都罗马。

（一）宗旨

通过向发展中国家，特别是缺粮的发展中国家提供优惠贷款和赠款，为它们的以粮食生产为主的农业发展项目提供资金支持，从而达到增加粮食生产、消除贫困与营养不良的目标。

（二）资金来源

（1）会员国的捐款。按规定，发达国家与石油输出国会员国须认缴捐款，并用可兑换货币缴付，其他发展中国家会员国虽规定为受惠国，但它们也可以用本国货币或可兑换货币捐助一部分资金，捐款可一次缴清，也可以在 3 年内缴清。

（2）非会员国和其他来源的特别捐款。

（3）利息收入。

（三）贷款

1. 贷款资金使用的对象与政策。IFAD 的宗旨规定，向最贫穷的、缺粮的发展中国家发放赠款和优惠贷款。

2. 贷款资金使用的方式和条件

（1）赠款。按 IFAD 章程规定，在每个财政年度发放资金总额中，赠款所占比重不得超过 12.5%。赠款用于两个用途：一是贫穷缺粮国的援助项目；二是以技术援助形式用于项目的可行性研究、人员培训、咨询和项目投资前的其他准备工作。该组织还规定，会员国使用技术援助的项目，如后来获得该组织的贷款，则将赠款改为贷款，并计入贷款总额内。

（2）贷款。IFAD 发放的资金大部分属于贷款。贷款分为三种：一是特别贷款，条件最为宽松，免收利息，每年只收取 1%的手续费，期限 50 年，宽限期 10 年，主要给低收入的 40 多个"粮食优先国家"。该种贷款总额不得超过该组织贷出金额的 2/3。二是中等期限贷款，年利率 4%，期限 20 年，宽限期 5 年。三是普通贷款，年利率 8%，期限为 15～18 年，宽限期 3 年。在这三种贷款中，特别贷款占多数。

IFAD 采用的资金计算单位是 SDRs，即：在向会员国提供赠款或贷款时，按 SDRs 折算给美元或其他可兑换货币；会员国偿付贷款本息和手续费时，按 SDRs 折算，用美元或其他可兑换货币进行支付。

IFAD 批准贷款项目后，即委托联合国粮农组织，或开发计划署，或 IBRD，或亚洲开发银行、非洲开发银行、泛美开发银行等执行贷款业务和监督贷款项目的执行。

IFAD 的贷款用于采购设备与劳务，通常采取国际招标的办法。

IFAD 贷款程序基本同于 IBRD，主要步骤为：确定贷款项目，项目的准备，项目的评估，项目的谈判，审查、批准贷款协议，签署贷款协议，项目的执行等。

四、洲际国际金融组织

（一）亚洲开发银行

亚洲开发银行是一个类似世界银行、但只面向特定地区的区域性政府间金融开发机构。它于 1966 年 11 月正式建立，并于同年 12 月开始营业，总部设在菲律宾首都马尼拉。

1. 宗旨

向其成员提供贷款与技术援助，援助协调成员在经济、贸易和发展方面的政策，同联合国及其专门机构进行合作，以促进亚太地区的经济发展。

2. 资金来源

为普通资金和特别基金两个部分。普通资金用于亚洲开发银行的硬贷款业务,是亚洲开发银行进行业务活动的最主要资金来源。该资金来源于成员认缴的股金、国际金融市场的筹资,以及银行的净收益。特别基金是亚洲开发银行进行软贷款业务的基金。

3. 贷款方式

贷款分为硬贷款、软贷款和赠款三类。硬贷款的贷款利率为浮动利率,每半年调整一次,贷款期限为10~30年。软贷款,即优惠贷款,仅提供给人均收入低于670美元(1983年标准)且还债能力有限的亚洲开发银行成员,贷款期限为40年,不收利息,仅收取1%的手续费。赠款用于技术援助,资金由技术援助特别基金提供,但赠款金额有限制。

(二)非洲开发银行

非洲开发银行是非洲国家在联合国非洲经济委员会帮助下,于1964年11月成立的一个面向非洲的区域性政府间国际金融组织。该行总部设在科特迪瓦(原象牙海岸)首都阿比让。

1. 宗旨

向非洲成员国提供贷款和投资,或给予技术援助,充分利用非洲大陆的人力资源,以促进各国经济的协调发展和社会进步,尽快改变非洲大陆贫穷落后的面貌。

2. 资金来源

资金主要来自成员国认缴的股本和待缴股本。与IBRD一样,非洲开发银行成员国认缴的股本也分为实缴股本和待缴股本两部分。此外,非洲开发银行还通过发行国际债券和组织辛迪加借款的方式积极在国际金融市场筹措资金。

3. 贷款方式

分为普通贷款和特别贷款。普通贷款是该行用普通股本提供的贷款。特别贷款是用该行规定专门用途的特别基金向成员国提供的优惠贷款。

应知考核

◇ 主要概念

国际货币体系　布雷顿森林体系　牙买加货币体系　区域性货币体系　欧洲货币体系

◇ 基础训练

一、单项选择题

1. 布雷顿森林体系于(　　)崩溃。

A. 1969年　B. 1971年　C. 1973年　D. 1975年

2. 历史上第一个国际货币体系是(　　)。

A. 国际金本位制　B. 国际金汇兑本位制

C. 布雷顿森林体系　D. 后布雷顿森林体系

3. 国际金本位制经历了(　　)几个阶段。

A. 金币、金汇兑、金块本位制　B. 金块、金币、金汇兑本位制

C. 金币、金块、金汇兑本位制　D. 金汇兑、金块本位制、金币本位制

4. "怀特计划"中建议创造的国际货币称为(　　)。

A. SDR　B. 班柯　C. 尤尼他　D. 份额

5. 曾经存在过,但现在已经不存在的货币单位是(　　)。

A. 欧洲货币单位　B. 特别提款权　C. 欧元　D. 班柯

6. 根据《马斯特里赫特条约》中有关加入欧盟国家趋同标准(Convergent Criteria)的规定，政府年度预算赤字不能超过国内生产总值的(　　)。

A. 10%　　B. 5%　　C. 3%　　D. 1%

7. 根据马德里会议的决定，欧元正式实际开始流通的时间是(　　)。

A. 1998 年 1 月至 1999 年 1 月　　B. 1999 年 1 月至 2001 年 12 月 31 日

C. 2002 年 1 月 1 日　　D. 2002 年 7 月 1 日开始

8. 欧元开始启动的时间是(　　)。

A. 2002 年 1 月　　B. 1999 年 1 月　　C. 2000 年 10 月　　D. 2002 年 3 月

9. 布雷顿森林体系的基础是(　　)。

A. 怀特计划　　B. 凯恩斯计划　　C. 布雷迪计划　　D. 贝克计划

10. 布雷顿森林体系最核心的内容是(　　)。

A. 成立 IMF

B. 取消外汇管制

C. 美元与黄金挂钩、各国货币与美元挂钩

D. 设立稀缺货币条款

二、多项选择题

1. 国际货币体系的内涵包括(　　)。

A. 确定关键货币　　B. 确定各国货币的兑换关系

C. 确定国际收支的调节方式　　D. 确定国际储备资产

2. 国际货币体系的发展经历了下面几个阶段(　　)。

A. 银本位制　　B. 国际金本位制　　C. 布雷顿森林体系　　D. 牙买加体系

3. 下列是牙买加货币体系特点的有(　　)。

A. 国际储备构成多元化　　B. 汇率制度多样化

C. 国际收支调节方式灵活　　D. 实行相对固定的汇率制度

4. 下列是牙买加货币体系局限性的有(　　)。

A. 美元仍是国际货币体系的主导地位　　B. 汇率剧烈波动产生诸多弊端

C. 各国经济政策仍然不能相互独立　　D. 国际收支调节机制效果有限

5. 金币本位制的特点包括(　　)。

A. 法定货币含金量　　B. 金币可自由铸造、自由兑换

C. 黄金可自由输出入　　D. 黄金是储备货币

三、简答题

1. 简述国际货币体系的内容。

2. 简述国际货币体系的作用。

3. 简述国际货币体系的演变过程。

4. 简述欧洲货币同盟对世界经济的影响。

5. 简述国际货币基金组织的宗旨。

应会考核

■ 技能案例

【案例背景】

2004 年 12 月 26 日印度洋发生海啸灾难，地震海啸灾难造成 15.5 万多人死亡，使亚洲、东非地区数十

万人无家可归。在灾难过后的几日内，世界银行宣布用2.5亿美元作为对紧急重建的初步援助，同时确认将为长期的重建需求提供更多融资。2.5亿美元的援助资金可以快速从现有项目中调拨，也包括提供紧急信贷和赠款满足受灾国家眼前的需求。

作为世界银行对海啸地区援助的持续动员，世界银行行长沃尔芬森2005年1月7日动身去印度尼西亚，出席1月6日在雅加达召开的东盟领导人会议，会议目的是与各受灾国政府、国际组织及其他援助机构协调救援工作。

会后沃尔芬森访问亚齐省和苏门答腊地区，之后访问斯里兰卡和马尔代夫，实地了解了地震海啸灾难后救援所需资源的第一手情况，与当地政府官员和灾民讨论重建的优先重点和所需资金。在即刻、实际和实地援助方面，世界银行的救援活动包括：斯里兰卡：世行的救援活动包括从现有项目中腾出资金用于解决药品、水净化和贮存器、电泵和推土设备；审查世行项目组合，以确定可以腾出多少资金用于解决眼前需求，或为较长期的恢复努力做准备；在一周内组建起一个世行工作小组，着手开始评估重建需求，制订适当的援助计划；与亚洲开发银行达成协议，合作准备下一阶段的援助计划。印度尼西亚：世界银行与亚洲开发银行、印度尼西亚政府以及其他合作伙伴共同合作，评估重建需求，制订灾后重建计划。马尔代夫：马尔代夫政府在灾后次日就提出要求世界银行提供援助，并建立了一个“救灾和减灾委员会”与一个协调救灾的国家中心。世界银行也在此建立一个临时联络中心。一个世界银行先遣队于1月4日抵达马尔代夫，开始对约1 200万美元的资金进行调整，在联合国刚刚完成的初步评估的基础上启动中期需求评估。世界银行和亚洲开发银行与马尔代夫政府达成协议，由这两家多边开发银行组建一个联合工作小组。国际金融公司过去一直在支持马尔代夫的旅游业，它也提供了协助评估灾难造成的损害、资助旅游业的恢复方案。世界银行在动员组建对印度尼西亚、斯里兰卡和马尔代夫的评估小组的同时，还组建了一个预备小组以备其他国家提出援助要求。

资料来源：http://news.sina.com.cn/z/sumatraearthquake/。

【技能思考】

请结合本项目的内容对本案例进行分析：

(1)世界银行在国际社会中有何作用?

(2)为什么要加强与国际金融机构的联系?

■ 实践训练

【实训项目】

从亚洲金融危机看国际货币体系

【实训情境设计】

1997年7月爆发于泰国的金融危机，成为自第二次世界大战以来持续时间最长、波及范围最广、影响最大的金融危机。

1992年泰国对外资的流入放松限制，并采取泰铢和美元挂钩的固定汇率制。1997年2月，以索罗斯为首的国际对冲基金开始对泰铢发动进攻。同年7月2日，泰国宣布泰铢和美元脱钩，实行浮动汇率制，泰铢开始大幅贬值。金融危机拉开了序幕。

随泰国之后，菲律宾、马来西亚、印度尼西亚、新加坡等陷入危机之中。中国台湾地区放弃对台币的保卫，台币自动与美元脱钩，台币迅速贬值。

1997年11月中旬，韩国金融市场崩溃。11月21日韩国求助于国际货币基金组织，并被迫接受该组织向其提供贷款的条件。

1998年6月，日元大幅贬值。金融危机的波及面再次扩大，除东南亚国家外，日元贬值造成的冲击波扩及拉美、欧洲和美国。

1998年8月，俄罗斯再次爆发严重的金融危机，并引发了政治危机。

1999年1月，巴西金融大幅动荡。国际货币基金组织及时提供415亿美元的资金援助，美国对巴西的金融局势也给予高度关注，将巴西金融危机的影响面控制在最小范围内。

不可否认，造成这场大规模金融危机的根本原因在于这些国家的经济结构存在缺陷、宏观经济发展政策存在失误。但是，在这其中国际货币体系也难辞其咎，突出表现在以下几方面：第一，整体来看，国际货币体系未能跟上经济全球化发展的步伐，不能满足国际经济与金融形势的需要；第二，国际货币体系未能很好地组织国际金融合作；第三，国际货币体系对新形势下的金融危机缺乏足够认识，对国际金融市场疏于监管，也未建立起预警机制，不能做到"防危机于未然"；第四，国际货币基金组织面对危机反应迟缓，如在控制危机至关重要的最初一段时间里，只派了两个专家小组协助泰国央行处理泰铢浮动的技术性问题，丧失了控制危机的最好时机；第五，提供给遭遇危机国家的建议忽视了不同国家的结构问题和社会现实，从而缺乏针对性和有效性，设置起到了反作用等。

资料来源：http://www.chinadmd.com/file/ctxczuvwsrixuoiucrx3wzap_6.html。

【实训任务】

根据上述情境资料进行分析：国际货币体系改革的必要性；结合所学的理论知识，提出对国际货币制度进行改革的若干建议。

|项目九|

国际金融市场

【内容提要】

国际金融市场是当代国际经济体系的重要组成部分之一，伴随着国际贸易、资本流动和生产的国际化，国际金融市场迅速成长。国际金融市场是进行国际上资本流动、外汇交易、黄金交易、证券交易、资金借贷的场所，它是国际金融领域的一个重要组成部分。在整个国际经济联系日趋密切的今天，作为从事国际金融业务活动的领域，国际金融市场的活动遍布全球各地，对世界经济的发展起着越来越重要的促进作用，世界经济的发展离不开国际金融市场。

【学习目标】

■ 知识目标

理解：国际金融市场的概念、国际金融市场的划分、国际金融市场的作用；

熟知：欧洲货币市场的概念、欧洲货币市场的产生和发展、欧洲货币市场的类型；

掌握：国际金融市场的构成体系、欧洲货币市场的作用和影响、国际金融创新与衍生金融工具。

■ 技能目标

学生能够合理地运用国际金融创新和衍生金融工具分析在国际金融市场上获得收益，并加强风险防范。

■ 情意目标

学生能够运用国际金融市场的理论分析国际金融市场的运行状况。

【教学目标】

教师要培养学生在掌握国际金融市场理论的基础上，结合我国的实际对我国离岸金融市场的发展提出建议。

【项目引例】

国际金融市场——不得不看的隔夜资讯

一、经济事件及数据(2014 年)

1. 美国 8 月新屋销售创 6 年新高大超预期

9 月 24 日晚消息，美国政府发布的 8 月份新屋销售报告显示，8 月销量环比大涨 18%，经季调并年化的总量增至 50.4 万幢，创下过去 6 年以来的新高。50.4 万幢的数据同时大幅超越市场预期。

2. 德国IFO企业信心继续恶化

9月24日消息称，德国商业信心9月份跌至一年多以来的最低水平，这表明欧洲最大经济体还在极力从第二季度的经济收缩中恢复，不太可能恢复强劲增长。IFO调查的商业景气指数9月份跌至104.7，低于前值106.3和预测值105.8，并创下2013年4月以来的最低水平。该调查显示经济各部门信心全面下降，德国经济不再平顺运行。

3. 高盛全面调降中国经济第三季度和第四季度的增长预期

9月24日消息，高盛宣布，将中国今年第三季度经济增长率预期从7.3%降至7.1%，第四季度增长预期从7.2%降至7.1%。此外，高盛预计今年中国经济增长7.3%，将明显低于2013年的7.7%。

二、各主要金融市场收盘

1. 美股收高结束三连跌

9月25日凌晨消息，周三美国股市收高，医疗保健与消费品板块领涨。标普500指数结束了连跌三日的行情。美国新屋销售量创6年新高，提振了市场情绪。截至收盘，道琼斯工业平均指数上涨154.19点，收于17 210.06点，涨幅为0.90%；标准普尔500指数上涨15.53点，收于1 998.30点，涨幅为0.78%；纳斯达克综合指数上涨46.53点，收于4 555.22点，涨幅为1.03%。

2. 欧股指数涨0.72%

最新的德国IFO企业信心指数跌至一年多以来的最低水平，不过这让市场更加确信，欧洲央行正在承受更大压力，需要采取更激进的措施来重振萎靡的欧元区经济，主要区域指数全面上扬，欧股指数上涨了0.72%。

3. 周三港股恒指涨0.35%

港股再度展开反弹，昨日呈低开高走格局，但上升力度仍显不足。港股随美股低开48点递减23 788点，开盘后受A股续升提振，恒指快速翻升并反复扩大升幅，盘中一度涨逾百点。港股恒生指数午后震荡走高。截至收盘，恒指涨0.35%，报23 921点。

三、各主要汇率

1. 美元兑加元自一周高位回落

周三(9月24日)纽约盘中，美元兑加元自一周高位回落。虽然美国方面经济数据表现强劲，但则并未支撑美元兑加元，风险偏好回暖支撑加元走高，并打压美元兑加元自一周高位回落。对于加元后市走势，投行观点和技术上表现不一，美元兑加元等待更多方向指引。本周投资者主要关注美国方面的数据对美元兑加元的影响。

2. 美元兑日元连续两日上涨

周三(9月24日)纽约盘中，美元兑日元升至本周高位，汇价日内自108.48，最高升至109.14。美股走高，美国经济数据向好均对美元兑日元构成支撑。投资者后市重点关注周五日本方面公布的9月CPI的数据。

3. 欧元兑美元后市前景依然黯淡

周三(9月24日)纽约时段，欧元兑美元再度大幅下挫，跌破1.28关口，汇价日内自1.286 3最低跌至1.277 3。欧元区和美国的经济数据对比明显，再度激发投资者对两个经济体未来政策前景差异的预期，从而打压欧元兑美元走低。本周接下来，投资者主要关注美国耐用品订单、美国消费信心指数以及美国第二季度GDP等重要数据对欧元汇价的影响。

什么是国际金融市场？国际金融市场当前的形势如何？对中国经济的发展有何作用和影响？

资料来源：http://finance.cankaoxiaoxi.com/2014/0924/508633.html。

【知识支撑】

任务一 国际金融市场概述

一、国际金融市场的概念

国际金融市场(International Financial Market)是指从事各种国际金融业务活动的场所或以现代化通信设施相联结的网络体系，包括国际货币市场、国际资本市场、国际外汇市场、国际黄金市场以及金融衍生工具市场等。

国际金融市场可以是有形的市场，它作为国际性金融资产交易的场所，往往是国际性金融机构聚集的城市或地区，也称为国际金融中心，它们已经遍布于北美、欧洲、亚太、中东和拉美及加勒比海地区，其中既有传统意义上的国际金融中心，也有新型的离岸金融中心。在这些金融中心有相当数量的具体市场如各国的证券交易所，交易非常活跃。同时，国际金融市场也可以是无形的，这个无形的市场由各国经营国际金融业务的机构如银行、非银行金融机构或跨国公司构成，它们在国际范围内进行资金融通、有价证券买卖及其有关的国际金融业务活动，是通过电话、电传、计算机等现代化的通信设施相联系的网络体系来完成的。

二、国际金融市场的发展

国际金融市场是随着生产力的发展而发展起来的，因此它最早出现在发达国家。传统的国际金融市场首先从发展地区性金融市场开始。随着商品经济的发展和金融业务的扩大，资金流动性扩展到全国，形成全国性金融市场。交易基本上是本国居民，金融市场受本国政令、法令管制、交易使用的是本国货币。

第一次世界大战以后，伦敦成为世界上最主要的国际金融市场。当时的英国是世界上最强大的工业国家，同世界各国有着广泛的贸易联系。英国的银行制度发展得最早、最健全，英镑币值相对稳定。在伦敦最早形成国际金融市场。第二次世界大战以后，由于历史传统和银行业务关系，伦敦国际金融市场仍然发挥着重要作用，但其国际金融中心的地位有所削弱。

美国的经济实力在第二次世界大战中迅速膨胀，第二次世界大战后的初期，美国的经济实力占有压倒优势：工业生产总值约占资本主义世界的1/2，出口贸易约占1/3，黄金储备约占2/3，资本输出总额约占1/3，成为资本主义世界经济的霸主。布雷顿森林体系的建立，确立了美元作为世界货币的中心地位，使美元成为最重要的国际结算货币和国际储备货币。大量的国际借贷与资本筹措集中在纽约，纽约也因此成为世界上最大的国际金融市场。随着经济的发展，随着国际贸易的开展国家之间的货币交换、资金融通、支付结算日益频繁，逐步形成了外汇市场。此后，国际投资与借贷的发展，形成了国际资金借贷市场和直接投资市场。但资金的借贷与交易仍然限制在本国货币，即使有非居民的参与，也是居民与非居民之间对当地货币的交易活动，这些活动仍然受到所在国政府的法令法规的管辖。

20世纪60年代以后，欧洲货币市场迅速发展。随着发达资本主义国家经济的飞速发展，国际贸易、国际金融活动的急剧增加，越来越多的国际金融业务活动希望摆脱国家的法律法规限制。于是产生了境外金融交易，即外国的借款人和外国的贷款人之间的金融交易日益频繁。这种境外交易最初是美国境内的美元流向欧洲，形成不受美国金融法规管辖的境外美元，也称欧洲美元，从事欧洲美元交易的市场被称为欧洲美元市场，或称欧洲货币市场。欧洲货币市场与传统国际金融市场截然不同，在这个市场上交易的主体是非居民，包括外国公司、外国政府以及外国居民。其业务范围不断扩大，交易的货币主要为金融市场坐落国以外的货币。分布地区也逐渐扩大至亚洲、北美洲和拉丁美洲。除伦敦以外，还形成了许多著名的国际金融中心。这些著名的国际金融中心的大部分交易活动是在市场所在国的非居民之间进行的，交易涉及所有可自由兑换的货币，业务活动也不受任何国家金融体系规章制度的管辖。这种国际金融中心也称为离岸金融中心。第二次世界大战后新兴的离岸金融市场是具有现代意义的国际金融市场。第二次世界大战后新兴的离岸金融市场的出现，使国际金融市场的发展进入了一个崭新的发展阶段。离岸金融市场交易是目前国际金融市场的核心和最主要的组成部分。20 世纪 70～80 年代以来，随着信息技术在国际金融领域的广泛使用，国际金融市场逐渐联成一体，国内金融市场与国际金融市场逐步相融，传统国际金融市场与新型国际金融市场也难以完全区分。

三、国际金融市场的划分

国际金融市场可以按照不同的分类方法来划分。

（一）按性质不同，可以将国际金融市场划分成传统的国际金融市场和新型的国际金融市场

1. 传统的国际金融市场

传统的国际金融市场又称在岸金融市场（Onshore Market），是从事市场所在国货币的国际借贷，并受市场所在国政府政策与法令管辖的金融市场。传统的国际金融市场是国际金融市场的起点，一般都是以本国雄厚的综合经济实力为后盾，依靠国内优良的金融服务和较完善的银行制度发展起来的。传统的国际金融市场与国内金融市场存在密切的内在联系，是在国内金融市场的基础上自然形成的，世界上一些主要的国际金融市场如早期英国的伦敦，两次世界大战前后美国的纽约及第二次世界大战后日本的东京等都是如此。国内金融市场是本国居民之间发生金融资产交易的场所，交易的对象一般是本国货币，空间范围也仅限于本国境内。当金融资产交易的主体扩大到非居民，交易范围超越国境之外，国际金融市场就逐步形成了。传统的国际金融市场之所以被冠以“在岸”名称，这个“岸”不是地理意义的概念，其主要特点是：①该市场要受到市场所在国法律和金融条例的管理和制约，各种限制较多，借贷成本较高。②交易活动是在市场所在国居民和非居民之间进行。③通常只经营所在国货币的信贷业务，本质上是一种资本输出的形式。因此，传统的国际金融市场还称不上真正意义上的国际金融市场。

2. 新型的国际金融市场

新型的国际金融市场又称离岸金融市场（Offshore Market）或境外市场（External Market），是指非居民的境外货币存贷市场。“离岸”不是地理意义上的概念，而是指不受任何国家国内金融法规的制约和管制。离岸金融市场是指在发行国以外，从事该国货币借贷或买卖业务的市场。欧洲货币市场最初是进行美元借贷或买卖业务的市场，因此是典型的离岸金融市场。离岸金融市场有如下特征：①市场参与者是市场所在国的非居民，即交易关系是外国贷款人和外国借款人之间的关系。②交易的货币是市场所在国之外的货币，包括世界主要可自由

兑换货币。③资金融通业务基本不受市场所在国及其他国家的政策法规约束。离岸金融市场的产生主要是制度和政策推动的产物，它突破了国际金融市场首先必须是国内金融市场的限制，使国际金融市场不再限于少数发达国家的金融市场，而是向亚太地区、中东、拉美和全世界范围扩展。以上特征表明离岸金融市场是国际化的金融市场，是真正意义上的国际金融市场。欧洲货币市场作为离岸金融市场的总体，它的出现标志着新型的国际金融市场的诞生。

离岸金融市场按其业务特点可分为三种：

(1)一体型。一体型离岸金融市场是指境内金融市场业务与境外市场业务融为一体。市场的参与者既可以是居民也可以是非居民，经营的业务既可以是离岸业务也可以是传统国际金融市场业务。伦敦和香港金融中心即属于此种类型。

(2)分离型。分离型离岸金融市场是指境内金融市场业务和境外业务严格分离。对外资银行和金融机构与本国居民之间的金融业务活动加以限制，只准许非居民参与离岸金融业务，其目的在于防止离岸金融交易活动影响或冲击本国货币政策的实施。美国纽约离岸金融市场设立的“国际银行设施”(International Banking Facilities，IBF)、日本东京离岸市场和新加坡都属此类。

(3)簿记型。簿记型离岸金融市场几乎没有实际的离岸业务交易，只进行借贷投资等业务的记账、转账或注册等事务手续，其目的是逃避税收和金融管制。中美洲的一些离岸金融，如开曼、巴哈马、拿骚和百慕大等即属此类。

(二)按照功能不同划分

按照功能的不同，国际金融市场可以划分为外汇市场、货币市场、资本市场和黄金市场。

1. 外汇市场

外汇市场是由各类外汇供给者和需求者组成的，进行外汇买卖、外汇资金调拨、外汇资金清算等活动的场所。外汇交易的参加者有中央银行、进出口公司、经营外汇业务的各种机构和投机者等。

2. 货币市场

货币市场是指资金借贷期限在1年以内(含1年)的交易市场，或称短期资金市场。货币市场的参与者众多，商业银行是该市场的重要参加者，此外还有政府、证券交易商以及大的金融和非金融机构。

3. 资本市场

资本市场是指资金借贷期限在1年以上的中长期信贷或证券发行，或称长期资金市场。它是国际上资本流动的重要途径，也是在国际上融通长期资本的必要场所。

4. 黄金市场

黄金市场是指专门从事黄金买卖交易的市场。20世纪初期，金本位制度在各国广泛流行，黄金市场逐步发展，逐步在金融领域取得重要地位。两次世界大战期间，随着纸币作用的加强，黄金市场在金融市场中的地位有所削弱。布雷顿森林体系时期，黄金市场与金融市场的联系建立在黄金与美元的固定基础之上。20世纪70年代中期的黄金非货币化之后，黄金主要以商品形式出现，黄金市场的性质从以金融市场为主转变为以商品市场为主，黄金交易从现货交易转变为大力发展黄金期货交易，并且逐步融入全球一体化大市场中。

(三)按照融资渠道的不同，国际金融市场又可以划分成国际信贷市场和国际证券市场

1. 国际信贷市场

国际信贷市场主要从事资金借贷业务，按照借贷期限长短，又可以分为短期信贷市场和长

期信贷市场。在短期信贷市场是从事1年期以下借贷业务的市场。在短期信贷市场上汇集着大量的商业银行,汇集着大量的银行资金。存款增长大于贷款增长的银行可以提供资金,而存款增长小于贷款增长的银行可以借入资金。短期信贷市场业务以银行同业间拆放市场为主。长期信贷市场主要从事1年以上的中长期信贷业务,通常为1~10年,最长可达30年。中长期信贷的借款人主要有银行、公司企业、政府机构和国际机构等。由于中长期贷款期限长、风险大,往往不能由一家银行独立承担。现在中长期贷款往往由一组银行形成银团,集体提供银团贷款,或称辛迪加贷款。辛迪加贷款的形式既扩大了资金来源,又分散了贷款风险。这种贷款方法已经被广泛采用。

2. 国际证券市场

国际证券市场是股票、公司债券和政府债券等有价证券发行和交易的市场,长期资本投资人和需求者之间的有效中介,是金融市场的重要组成部分。证券市场包括国际股票市场和国际债券市场,这两个市场又可以分别分成新证券的发行市场和已发行证券的交易市场。新证券的发行市场又称为一级市场或初级市场,已发行证券的交易市场又称为二级市场。股票是股东在股份公司中拥有股权的凭证。股票的种类很多,在不同国家发行应符合不同发行所在地国家的法律规定。国际债券市场是指一国政府、金融机构、企业为筹借外币资金而在国外发行的非本币计值债券。国际债券有外国债券和欧洲债券之分。外国债券是本国发行人在国外债券市场发行的以外币计值的债券。如美国人在日本发行以日元计价的债券。欧洲债券是发行人在本国以外的市场上发行,以市场以外的第三国货币计值的债券。

四、国际金融市场的作用

(一)提供国际融资渠道

国际金融市场创造了金融资产的流动性。现代金融市场正发展为功能齐全、法规完善的资金融通场所,资金需求者可以很方便地通过直接或间接的融资方式获取资金,而资金供应者也可以通过金融市场为资金找到满意的投资渠道。另外,金融市场上多样化的金融工具为供应者的资金寻求合适的投资手段找到了出路。金融市场根据不同的期限、收益和风险要求,提供了多种多样的供投资者选择的金融工具,资金供应者可以依据自己的收益、风险偏好和流动性要求选择其满意的投资工具,实现资金效益的最大化。国际金融市场上的资金在多种多样的金融工具中不断选择、不断换手,加速了国际资金的流通。

(二)调剂各国资金余缺

国际金融市场在世界范围内调拨资金调剂余缺,引导分散在各国的小额资金汇集成为可以投入生产项目的大笔资金,把闲置的资本转化为盈利资本,把储蓄有余的国家的资金调拨到资金短缺的国家。这种资金的流动促进了资本的国际化,促进资本流向收益最高的国家。资本追逐利润的流动,恰恰是从资本相对丰裕的地区流向资本相对稀缺的地区,从而使资本资源在世界范围内进行更加有效的配置,对资本资源进行更加有效的利用。

(三)调节国际收支

国际金融市场在调节国际收支方面的作用十分明显。有国际收支顺差的国家将其外汇资金盈余投放到国际金融市场上,而有国际收支逆差的国家则利用国际金融市场贷款的资金来弥补国际收支逆差。例如,中东产油国曾经将很大一笔石油出口收入存到欧洲货币市场,形成石油美元。这笔石油美元又以国际信贷的方式,贷给了因石油涨价造成国际收支逆差的国家。国际金融市场在沟通石油美元的再循环、缓解各国国际收支严重失衡方面起了决定性的作用。

(四)促进了世界经济的发展

国际金融市场促进世界经济发展的作用主要表现在以下几个方面:第一,为国际贸易的发展融通资金。第二次世界大战后,世界贸易年平均增长率高于世界国民生产总值年平均增长率。国际贸易的迅速增长在促进世界经济增长的过程中起着十分重要的作用。各国经常利用国际金融市场为其外贸活动进行资金融通,因此国际金融市场在促进世界贸易和世界经济发展方面有着不可低估的贡献。第二,国际金融市场为资本短缺的国家利用外资扩大生产提供了便利。国际金融市场通过汇集资金、提供贷款和进行证券交易,把大量闲置的货币资本转化为现实的职能资本。各国利用国际金融市场筹集资金,扩大了本国的社会资本总额,从而可以增加投资和扩大生产规模。

(五)促进了经济全球化的发展

第二次世界大战后跨国公司和跨国银行迅速发展。国际金融市场为跨国公司和跨国银行的发展提供了服务。国际金融市场是跨国垄断组织获取外部资金的最重要来源地,为其进行资金调拨提供了便利;同时,国际金融市场也是跨国公司投放闲置资金、获取利润的场所。跨国公司为国际金融市场提供了大量的资金来源和大量的交易业务,又反过来推动了国际金融市场的进一步发展。跨国公司的分支机构遍布世界,通过与国际金融市场的互动,进一步促进了经济全球化的发展。

(六)金融风险增大

国际金融市场的发展,将世界经济联成一体,国际资本流动速度增快、流量增加。目前国际金融遍布各个时区,可以 24 小时接轨营业。外汇、信贷和利率管制逐渐放松的趋势,使国际金融市场上的越来越多的金融业务脱离了诸如国际贸易、国际结算等方面的实际业务,约 95%是独立资金运动。国际金融市场的发展加大了金融风险。大量游资在国家之间流动造成有关国家外汇市场的不稳定,为投机活动提供了便利。国际金融市场将世界各国联系得更加紧密,在出现通货膨胀和金融危机时,将使危机在世界传播得更快,危害更大。

任务二　国际金融市场的构成体系

一、外汇市场

外汇市场是由各类外汇供给者和需求者组成的,进行外汇买卖、外汇资金调拨、外汇资金清算等活动的场所。与其他市场相比,外汇市场的交易额是最大的。据粗略统计,全世界外汇日交易额在 1990 年达到 6 500 亿美元,在 1992 年达 1 万亿美元,到 20 世纪 90 年代末,全世界外汇日交易额已达 15 万亿美元。外汇交易的绝大部分已经脱离了为国际贸易进行结算的传统功能而单独行动。

外汇市场的不同参与者众多,有中央银行、进出口公司、经营外汇业务的各种机构和投机者等。中央银行很少直接参与外汇市场的操作,而是通过其指定的外汇经营机构在外汇市场上抛出或购买外汇,间接对外汇市场进行干预,目的是使汇率朝着有利于本国经济的方向浮动,以达到预期目标。商业银行的外汇业务,一方面为客户服务,另一方面是调节自身的资产与负债的头寸。银行同业间的外汇交易构成了外汇交易业务中的绝大部分,它们之间的外汇交易成为批发交易,对汇率产生重要影响。外汇经纪人自身不参加外汇交易,只是为客户交易作中介,收取佣金。

外汇市场的发展在实现购买力转移,避免或防止外汇风险,提供国际性资金融通方面发挥着重要作用。随着电子通信技术的发展,凭借电话、电传及电脑等通信设备进行外汇交易的,没有固定场所的无形外汇市场逐渐增多,而传统的有形市场的比例正在逐步缩小。世界不同地区的主要外汇市场已经由电子技术联为一体,实现了全天 24 小时不间断交易的可能,外汇市场的全球一体化已经形成。世界外汇市场的迅速发展是世界经济向区域化、一体化方向发展的结果。为了加强实现浮动汇率制度下对外汇风险的进一步管理,西方主要工业国家不断强调对外汇市场的协调干预。

二、货币市场

(一)货币市场的概念及条件

货币市场是指资金借贷期限在 1 年以内(含 1 年)的交易市场,或称短期资金市场。货币市场是国际金融市场的重要组成部分。货币市场的参与者众多,商业银行是该市场的重要参加者,此外还有政府、证券交易商以及大的金融和非金融机构。

一个理想的货币市场应该具备以下三个条件:第一,必须有一个完善的中央银行体系,中央银行有能力并且愿意充当最终贷款人。在发生金融危机时,商业银行可能无力或者不愿意提供贷款时,中央银行可以提供必要的贷款,以帮助市场保持稳定。第二,在货币市场上,是否有种类繁多的短期金融工具,交易是否活跃。所谓种类繁多,是指市场上提供有足够数量的不同期限、不同收益、不同风险、不同流动特征的短期金融工具,以满足不同投资人的多种多样的随时变化的需要。所谓交易活跃,是指有足够多的经纪人、中间商和其他功能相当的金融机构作为市场组织者来有效地调动起大规模的、换手率很高的货币市场交易。第三,有关货币市场的法律法规是否健全和完善。参加货币市场交易活动的机构与个人是否能够遵守相关法律法规,或按照市场惯例自我约束。是否有专门机构对各类机构,特别是对金融机构的交易活动进行严格的监督审查。只有门类齐全、交易活跃、交易者遵纪守法、监督者严格管理执法如山,总之是按照市场规律运转的市场才是理想的货币市场。

(二)货币市场的分类

货币市场可以进一步划分为短期信贷市场、短期证券市场和贴现市场。

1. 短期信贷市场

短期信贷市场以银行同业拆放市场占主导地位,除此之外银行还通过短期信贷市场向企业提供贷款。银行同业拆放市场是指金融同业之间(包括银行和经营信用业务的非银行金融机构之间)进行相互信贷的场所。银行同业拆放市场的交易物是一个金融机构的多余头寸由资金多余的金融机构拆放给资金不足的金融机构。银行也通过短期信贷市场向企业提供贷款。企业发生临时性资金周转困难时,银行通过短期信贷市场可以向工商企业提供 1 年以内的短期贷款。贷款利率以市场利率为基础,同时视企业信誉情况附加一定利息。

2. 短期证券市场

短期证券市场是进行短期票据交易的市场。交易票据种类繁多,大致可以分为两大类。一类是与银行有关的市场信用工具,如定期存单、银行承兑汇票等;另一类是非银行的市场信用工具,即由非银行金融机构发行的票据,如国库券、商业票据等。

短期证券市场交易的短期票据中,国库券、商业票据、银行承兑汇票和定期存单是最常见的。

(1)国库券是国家政府为了满足财政需要而发行的短期政府债券。在美国,国库券的发行是为满足季节性财政需要。国库券在美国证券市场上信誉最好,流动性最强,交易量最大。它对于美国人和美国以外的政府、金融机构和个人都有很大的吸引力。

(2)商业票据是一些大工商企业和银行控股公司为筹措短期资金,凭信用发行的、有固定到期日的短期信贷票据。

(3)银行承兑汇票主要是出口商签发的,它是经银行背书承兑,保证到期付款的汇票。这种汇票的期限一般为30～180天,以90天为最多,面值无限制。

(4)定期存单是商业银行和金融公司吸收大额定期存款而发给存款者的存款单。这种存款单不记名,可以在金融市场上自由出售。因此,投资于存款单既可以获得定期存款利息,又可以随时将其转让变现,很受投资者欢迎。发行定期存款单使银行可以获得稳定的短期资金来源。最初,存款单均系大额,面值最少为10万美元,最多达100万美元。为吸收更多资金,从60年代末开始,银行也发行面值为以十位数、百位数为计价单位的存款单,存款单的利率也由原来的固定利率发展为可调整的浮动利率。定期存款单的期限一般在1～12个月,其中以3～6个月为最多。

3. 贴现市场

贴现市场是经营贴现业务的短期资金市场。贴现是银行购买未到期票据并扣取自贴现日起至票据到期日止的利息的业务。客户可以将未到期票据到银行或金融机构按照一定折扣比例换取现金。银行或金融机构在到期日凭票向发票人或者承兑人兑取现款,也可以在票据未到期前将该票据向中央银行按照一定折扣比率进行再贴现。贴现业务是与短期票据交易业务联系在一起的。

三、资本市场

(一)资本市场概述

资本市场是长期资本融通的场所,通常将1年以上的中长期资本借贷或证券发行与交易的市场称为资本市场。国际资本市场是国际金融市场的重要组成部分,是国际资本流动的重要途径。

广义的资本市场由国际上银行中长期资本借贷市场和证券发行与交易市场组成。狭义的资本市场主要是指证券市场。国际证券市场根据证券的种类可以分为国际股票市场和国际债券市场。根据证券发行与交易的性质分为一级市场和二级市场。

一级市场是新证券,如新股票或新债券发行的市场。一般发行人要先对股票或债券的发行进行策划,由中介机构进行承销,由投资人进行认购。一级市场可以使资本迅速、有效地从资本剩余单位转移到资本不足单位。二级市场是对已经在国际金融市场上发行的股票或债券,在国际性交易所或有关交易系统进行上市交易的场所。二级市场的存在为已发行的证券提供充分流动的交易市场。证券交易原本主要在交易所内进行,但是现在场外交易也十分盛行。场外交易是指证券投资机构之间不通过股票交易所,而以电话、电传等方式相互进行的股票交易,它给交易者提供了更便利的交易方式,可以根据客户的需求,量体裁衣提供特殊服务。

资本市场有很多功能,其中最重要的功能是它提供了一种机制,使资本能够迅速有效地从资本盈余单位转移到资本不足单位。这也是一级市场所承担的功能。只有一级市场才能通过向新的投资人发行新的证券,或向原有的投资人增发新的证券,为公司提供新的资金来源。资本市场的另一个功能是为已发行的证券提供充分的流动性,即提供有效的二级市场,证券具有高度的流动性,才能使股票或债券持有者可以随时卖出手中的证券。高效的二级市场的存在,可以保证发行人迅速地连续地从社会上筹集资金，满足其不断扩张资本的需要。因此二级市场的存在是为了保证一级市场的更有效的运行，没有一个高效率的二级市场，一级市场便不能存在，便失去了活力。

(二)国际证券市场

国际证券市场由国际股权市场和国际债券市场所组成。

1. 国际股权市场

国际股权市场又称国际股票市场，是指在国际范围内发行并交易股权的市场。在国际上发行股票要比国内发行股票复杂得多。股票发行涉及的当事人有五个方面：发行人(包括政府、银行、公司企业等)，证券监管机构(政府或政府授权机构)，公证机构(包括会计师事务所、审计师事务所、律师事务所和信誉评级机构等)，承销机构(投资银行和相关证券商)，投资人。股票的发行要考虑发行所在国的法律法规、发行量、发行对象、范围和方式等等。股票交易市场是证券市场最活跃的部分，它由证券交易所、证券自动报价系统、证券经纪人、证券自营商、投资人和证券监管机构组，交易所是二级市场的中心。电子化和信息化的发展使二级市场交易更活跃更有效。

2. 国际债券市场

国际债券市场包括外国债券市场和欧洲债券市场。

(1)外国债券是指筹资者在国外发行的，以当地货币为面值的债券。外国债券是传统意义上的国际债券。伦敦曾经是最大的外国债券市场，目前美国、日本、德国、瑞士等国是外国债券的主要发行地。世界主要外国债券有：外国人在美国发行以美元为面值的外国债券，称为“扬基债券”；在日本发行的以日元为面值的外国债券，称为“武士债券”；在英国发行的以英镑为面值的外国债券，称为“猛犬债券”；等等。新债券的发行一般要先通过公认的评级机构给予评级。比较有影响的评级机构有标准普尔公司(Standard and Poor’s)和穆迪投资服务公司(Mood’s Investment Service Company)，这是两家国际声誉很高的资产评估公司，他们的评级结果将对公司能否发行股票和债券产生重大影响。

(2)欧洲债券市场是欧洲债券发行和交易的市场。欧洲债券是指发行人在本国之外的市场上发行的，以发行所在地国家之外的货币为面值的债券。如美国人在法国发行以英镑为面值的债券。欧洲债券是在国际资本市场上融资的一个重要途径。

(三)国际中长期信贷市场

国际银行中长期信贷是国际资本市场的另一个重要组成部分，它是银行为企业等长期资本需求者提供1年以上的中长期贷款。

国际银行中长期信贷有如下特点：第一，国际银行中长期信贷在贷款资金用途上不受贷款银行的限制，由借款人自由安排使用；第二，国际银行中长期贷款的资金供应充裕，借贷方便，贷款数额能够满足借款人的需要；第三，国际银行中长期贷款的条件严格，利率较高。

任务三　欧洲货币市场

一、欧洲货币市场的概念

欧洲货币市场(Eurocurrency Market)是离岸金融市场的核心组成部分。欧洲货币(Eurocurrency)又称境外货币(Off-shore Currency)，是在货币发行国境外被存储和借贷的各种货币的总称。它并非指欧洲国家的货币，“欧洲”一词也不是地理意义上的概念，而被赋予了经济上的概念，是“境外”“离岸”和“在货币所在国管辖之外”的意思。最早出现的欧洲货币是欧洲美元，即境外美元，后来扩展到欧洲英镑、欧洲马克、欧洲日元、欧洲瑞士法郎等。货币名称之前被冠以“欧洲”，是因为欧洲美元最初是在欧洲地区的银行被交易的。欧洲货币市场起源于20世纪50年代末的英国伦敦，其货币是欧洲美元(Euro-dollars)，因而也称欧洲美元市场。后来这个市场逐渐扩大，其主要借贷货币不仅有欧洲美元。还有其他国家的货币，如英镑、马克、法国法郎、瑞士法郎和日元等。这些货币和美元一起形成范围广泛的欧洲货币市场。由于欧洲美元在欧洲货币市场的交易量中所占比重最大。一直是欧洲货币市场交易的主体。

二、欧洲货币市场的产生和发展

欧洲货币市场是以欧洲美元的出现而产生的。欧洲美元是指存放在美国境外银行的美元存款。第二次世界大战后，美国对西欧所提供的大量经济援助和军事援助，使大量的美元流入西欧。当时英国政府出于振兴第二次世界大战后经济和恢复英镑地位的考虑，准许伦敦的商业银行接受美元存款和办理美元信贷业务。另外，早在20世纪50年代初期，由于冷战期间东西方关系恶化，苏联和一些东欧国家鉴于美国冻结了中国在美国的存款这一情况，便把它们持有的美元转存到美国境外的银行中去，多数存在伦敦，这是最早的欧洲美元。于是首先在伦敦开始了以欧洲美元为主的外币交易，但数量不大。

1957年发生英镑危机，英国政府为保卫英镑加强了外汇管制，禁止英国商业银行用英镑对英镑区以外的国家和地区进行贸易融资，致使英国商业银行纷纷转向经营美元，开始大量地吸收美元存款，利用美元存款贷给国际贸易商，这就使欧洲美元的数量大大增加起来。这样，一个在美国境外经营美元存放款业务的新兴欧洲美元市场即后来的欧洲货币市场便形成了。

1958年以后，美国国际收支逆差逐渐扩大，对外负债逐年增加，获得国际收支盈余的国家将大量美元存放在西欧各国的银行，为欧洲美元市场提供了大量资金。同时，20世纪50年代末，西欧一些国家取消了外汇管制，恢复了货币的自由兑换和资本的自由流动，于是不但美元在欧洲可以自由买卖，而且欧洲的境外货币种类也大为增加。这就为欧洲货币市场的顺利发展铺平了道路。

除了以上欧洲货币市场形成的原因之外，第二次世界大战后生产的国际化和资本的国际化发展，也是推动欧洲货币市场形成的重要原因。第二次世界大战后，国际贸易和国际直接投资迅猛发展，跨国公司和跨国银行的活动范围日益扩大，资本的国际化迅速发展。在跨国公司的经营活动中，一方面有大量的暂时闲置资金要获得收益，另一方面又要大量地筹集资金以满足国际经营和投资的需要。这就要求货币的国际化和金融市场的国际化，以便利资金可以在国际上灵活地运用和相互调拨，而不受一国政府的管制。这是欧洲货币市场产生和发展的最深厚的经济根源。

进入20世纪60年代，美国的国际收支逆差越来越大，美国为了平衡国际收支，采取了一系列限制资本外流的措施，如1963年7月实行的利息平衡税，规定美国购买国外有价证券所获得的高于本国证券利息的差额，必须作为税款上缴。1965年1月的“自动限制贷款计划”限制美国银行对外国人的贷款数额。1968年1月美国政府又对对外投资实行强制性控制。这些都使美元通过跨国公司和外国公司转向欧洲货币市场，以逃避管制。此外，美国联邦储备银行的“Q条例”对银行定期存款利率规定了上限，但此项措施不适用于境外银行，境外银行的利率水平完全随市场的供求而浮动，不受任何法规的管制。在20世纪60年代中期，市场利率上升后，大量存款便从美国银行提出，转存于欧洲货币市场。美国联邦储备银行的"M 条例"规定，美国商业银行对国外银行的负债必须缴纳存款准备金，而美国国外分行不受此项条例的约束，国外的欧洲美元不必缴纳任何存款准备金，这又使大量的国内存款变成欧洲美元存款，而美国的海外企业也不愿意将海外经营利润汇回国内，而投向欧洲货币市场。

20 世纪 60 年代末 70 年代初，由于投机性短期资本的冲击，联邦德国、瑞士等国曾采取对非居民存款不付利息，甚至倒收利息的限制性措施，导致大量资金涌向欧洲美元市场。有的国家为遏制通货膨胀，采取鼓励持有外币的措施，以减少本国货币的流通和供应，从而造成境外居民的本币户改成境外居民的外币户，助长了欧洲美元市场的扩大。

20 世纪 70 年代以后，一些新的因素推动欧洲货币市场继续扩张。第一，美国持续巨额的国际收支逆差，使国际市场美元供给增多。1971 年美国宣布停止黄金与美元兑换，使各国中央银行及商业银行的美元大部分流入欧洲货币市场。第二，1973 年后，国际市场石油大幅提价，石油输出国获得巨额盈余资金，即石油美元，石油美元大量地投入到欧洲货币市场生息获利，使欧洲货币市场存款总额急剧增加和市场规模迅速扩大。第三，跨国公司巨额资金的借贷活动继续成为欧洲货币市场发展的推动力。第四，发展中国家和社会主义国家为发展民族经济，也到欧洲货币市场筹措资金。

进入 80 年代，欧洲货币市场的资产总额继续成倍增长。但从 20 世纪 80 年代中期到 90 年代初，欧洲货币市场的增长速度因金融自由化的影响稍有回落，但 20 世纪 90 年代中期以后，其增长规模又有所扩大。欧洲货币市场经过几十年的发展，已从开始的欧洲地区扩展到世界各地。分布在西欧、加勒比和中美洲、中东、亚洲和美国等主要区域的离岸市场已有 40 多个，经营的币种已扩展到 20 多个。

三、欧洲货币市场的类型

(一)内外混合型

内外混合型是指离岸金融市场业务和所在国的在岸金融市场业务不分离。这一类型的市场允许非居民在经营离岸金融业务的同时也可以经营在岸业务和所在国的国内业务。内外混合型离岸金融市场是典型的国内市场和国际金融市场一体化的市场。这一点无论是在货币市场还是证券市场或是外汇市场，表现都非常明显。随着管制的放松，不同市场的界限被打破，各类市场日益互相依存，它们中间的界限日趋模糊。内外混合型离岸金融市场的目的在于发挥两个市场资金和业务的相互补充和相互促进的作用。这种类型市场典型的地区是伦敦和香港。

(二)内外分离型

内外分离型是指离岸市场业务与在岸市场业务严格分离，这种分离可以是地域上的分离，也可以是账户上的分离，目的在于防止离岸金融交易活动影响或冲击本国货币金融政策的实施。美国纽约的离岸金融市场是一个典型代表，其主要特征是存放在离岸银行账户上的美元视同境外美元，与国内美元账户严格分开。此外，东京、新加坡也接近美国离岸市场的类型。

(三)分离渗透型

分离渗透型与内外分离型有相似的特征，它是在严格内外分离的基础上，允许部分离岸资金渗透到国内金融市场上来，目的在于利用地理优势更好地利用外资。典型的市场是马来西亚的纳闽岛和泰国的曼谷。但渗透到国内市场的离岸资金应取消作为离岸资金的一切优惠，以防止扰乱国内金融市场。一般来说，该类型的市场有较大管理难度，若管理不善，将会带来负面影响。1997年泰国金融危机的发生,离岸资金的过于放松是原因之一。

(四)避税港型

避税港型离岸金融市场是指在不征税的地区,只是名义上设立机构,通过这种机构在账簿上中介境外与境外交易。实际上,资金的提供和筹集并不在那里进行,一些国际银行只是在那里开立账户,目的是为了逃避管理和征税,所以称为避税港型离岸市场,又称"账面上的离岸金融市场"。避税港型离岸金融市场大多位于北美、西欧、亚太等经济发达或投资旺盛、经济渐趋繁荣的地区附近,大多原系发达国家的殖民地或附属国。由于这些国家多为岛屿,与大陆分离,资源贫乏,制造业非常有限,对经济发展有许多制约和不利。为发展本国经济,改善国际收支状况,挖掘自身有利的条件,通过向非居民提供税收优惠,吸引非居民开展离岸金融业务。这些国家共同的特点,就是虽然政治经济不甚发达,但国家的政治经济稳定,一般有较充分的商务基础设施,特别是有较先进的交通设施和通信设施。同时,这些国家或地区汇集了一大批银行、保险公司、外汇及证券交易机构,形成了较完善的金融机构门类,同时还具有一大批有经验的专业金融服务人才,高效率地为非居民提供各种金融服务。另外,当地政府还对离岸金融市场业务提供一种较为宽松的管理氛围和优惠政策。对非居民外汇交易没有外汇管制,资金自由转移。这类离岸金融市场的典型地区是加勒比海的巴哈马、开曼以及百慕大、巴拿马和西欧的海峡群岛。

四、欧洲货币市场的组成

欧洲货币市场按其业务可分为欧洲短期信贷市场、欧洲中长期信贷市场和欧洲债券市场。

(一)欧洲短期信贷市场

欧洲短期信贷市场形成最早、规模最大,其余两个市场都是在短期信贷市场发展的基础上衍生形成的。这个市场最主要有以下几个特点:第一,借贷期限短。欧洲短期信贷市场的交易大部分是按日计算的短期放款。一般为7天、30天、90天、180天,最多不超过1年。3个月期以内的借贷业务较多,3个月至1年期的交易较少。其中隔夜交易比例相当大,虽然期限很短,但对维持银行资金周转与国际金融市场正常运行具有十分重要的意义。第二,借款数额较大。欧洲货币市场上每一笔交易额都很大,一般以25万英镑为起点,多者高达数百万英镑。所以欧洲短期信贷市场的参与者主要是金融机构、跨国公司、政府机构及国际金融机构。第三,欧洲货币市场的伦敦银行同业拆放利率(London Inter Bank Offered Rate, LIBOR)是国际信贷市场的基础,许多国际借贷业务都以LIBOR附加一定利息来确定。第四,欧洲货币市场上的存贷利差比较小,其存款利率一般略高于国内市场,贷款利率一般略低于国内市场,一般在0.25%~0.5%。存贷款利差小的主要原因之一是经营境外货币的银行免交存款准备金。第五,条件灵活,选择性强。短期资金借贷的期限、货币种类、金额、交割地点以及利率均由借贷双方协商确定。第六,发生在银行同业之间拆借一般建立在信誉的基础上,无须提供抵押品。

(二)欧洲中长期信贷市场

欧洲中长期信贷市场主要从事借贷期限1年以上的业务活动。国际银团贷款或称辛迪加贷款,是欧洲资本市场上中长期信贷的典型形式。辛迪加贷款是由一家银行牵头,由几家甚至几十家银行组成的银行集团,共同筹措并联合提供金额较大期限较长的贷款。

1. 辛迪加贷款的形式

辛迪加贷款有两种形式:一种是直接银团贷款,即参加银团的各成员行直接向借款人提供贷款，贷款的具体工作由各贷款银行在贷款协议中指定的代理银行统一管理。另一种是间接银团贷款，即辛迪加贷款。辛迪加贷款的银团由三部分构成，分别是牵头银行、代理银行和参加银行。牵头银行负责与借款人谈判，项目确立之后，由牵头银行将参加贷款份额分别转售给其他参与银行；这些参与银行负责提供一定比例的贷款；代理银行负责具体事务性工作，包括负责监督管理贷款项目的实施。

2. 辛迪加贷款的特点

辛迪加贷款具有很多优点：第一，由于参加辛迪加贷款的银行很多，每个参加行只需对某个项目提供贷款总额的一个百分比，如果该项目在运转过程中出现问题，每个银行个体只承担部分风险，有利于风险的分散，同时数家银行共同承担某一个项目，也减少了同业之间的竞争，达到参加银行共同分散风险，共同获取利润的目的。第二，对于借款者来说，借款项目通常需要资金量大、期限长，这是某一家银行难以承担或不愿意承担的项目。辛迪加贷款的形式使贷款金额分割给不同的银行来承担，或者说从期限上分割成不同的银行提供不同时期的贷款额度，大大便利了借款人的筹资。第三，借款者只需委托牵头银行即可得到大笔借款，在整个贷款期间也只需同代理银行打交道，十分便利。第四，辛迪加贷款可以承担贷款数额巨大、期限长的项目，一般贷款期为5～10年，或10年以上，但要求贷款资金专款专用。

3. 辛迪加贷款的利息和费用

辛迪加贷款的成本由利息和费用两个部分构成。辛迪加贷款的利息是以伦敦银行同业拆放利率LIBOR为基础，再加上一个附加利率构成。一般而言，附加利率比较稳定，而LIBOR经常波动。由于伦敦各主要银行都提供出自己的LIBOR，因此用哪种LIBOR作为辛迪加贷款利率要由借贷双方研究而定。通常确定方法有以下几种：第一，寻求各主要银行报价中的最优价格；第二，选择几家参考银行的报价，折算出平均利率；第三，将贷款银行与主要银行的平均利率作为贷款利率；第四，由贷款银行单独确定。国际银行中长期贷款利率一般采用可调整利率结构，即利率在一定时期保持不变，但每隔3～6个月就要按照市场利率进行调整，实际是按期调整的浮动利率。附加利率要根据借款人的信誉状况、贷款风险程度、贷款期限、市场资金供求、金额大小等具体情况来确定，一般为1%左右。

辛迪加贷款的费用大体分为三个部分，分别为管理费、代理费和承担费。管理费，是借款人支付给辛迪加贷款牵头银行的佣金，是对牵头银行成功组织辛迪加贷款所支付的报偿。管理费一般按贷款总额的一定百分比一次或分次支付，费率一般为总额的0.5%～2.5%。代理费是支付给代理行的费用通常情况下，辛迪加贷款有一家代理银行，负责贷款期间与借款人之间的各项具体事务，如邮政、通信等。具体业务费用实报实销，除此之外还要另外向代理行支付代理费，作为对代理银行提供服务的酬金。一般代理费按照事先商定的金额支付。承担费是借款人未能按期使用银团或贷款银行已经按贷款合约准备好的资金，给贷款银行造成影响而支付的赔偿性费用，一般费率为贷款总额的0.25%～0.75%。这是为了促使借款人积极有效地利用贷款，也不妨碍贷款银行有效地运筹资金。

（三）欧洲债券市场

欧洲债券市场是指从事由国际辛迪加承保的、在面额货币国家以外发行和交易国际债券的业务活动。欧洲债券是指发行人在本国之外的市场上发行的，以发行所在地国家之外的货币为面值的债券。如美国人在法国发行以英镑为面值的债券。

欧洲债券有以下特点：第一，欧洲债券是在国际资本市场上融资的一个重要途径。欧洲债券的发行人、发行地点和货币单位分别属于不同国家。第二，欧洲债券实际上是一种无国籍债券，它的发行人通常是政府机构、大公司和国际性金融机构。欧洲债券的发行不受任何政府的管辖，是一种完全自由的债券。欧洲债券可以同时在几个国家发行，多数国家对发行期限和数量没有限制，也不需要发行前的注册和信息披露手续。欧洲债券的出售通常是通过国际辛迪加承包后再进行分售。第三，欧洲债券市场有容量大、发行灵活、发行成本低、品种多、流动性高、利息不纳税等优点。

五、欧洲货币市场的作用和影响

欧洲货币市场形成以后，对世界经济发展的影响包括两方面。

(一)欧洲货币市场的积极作用

欧洲货币市场形成以后，对世界经济发展起到极大的推动作用。首先，欧洲货币市场作为战后最大的国际资金市场对发达国家和发展中国家的经济发展作出了巨大的贡献，很多国家正是依靠欧洲货币市场的资金，解决了国内生产建设资金短缺的难题，使经济得到迅速发展。其次，欧洲货币市场为国际收支逆差国提供了资金融通的便利，缓和了世界性的国际收支危机。由于世界性石油危机、国内的经济危机及产业结构等原因，有些国家常常出现国际收支逆差，而欧洲货币市场雄厚的资金，可以在一定程度上满足各国为弥补国际收支赤字所需要的资金，从而缓和了世界性的国际收支危机。最后，欧洲货币市场的产生和发展打破了各金融中心之间相互独立的状态，形成了国际金融市场全球一体化，这种一体化有利于降低国际上资金流动的成本，有利于国际贸易的发展。

(二)欧洲货币市场的消极影响

欧洲货币市场对世界经济发展除了有推动作用之外，还有一定的消极影响。第一，削弱了各国货币政策的效力。欧洲货币市场的活动往往会使一些国家的金融政策不能收到预期的效果。如一国国内出现通货膨胀时，该国采取紧缩的货币政策以抑制投资和消费，但国内的银行和企业却能从欧洲货币市场获得信贷，从而使国内紧缩政策的威力减弱。第二，影响国际金融市场的稳定。欧洲货币市场资金流动不受管制的特性，为外汇投机活动提供了方便，加大了汇率的波动幅度，从而加剧了国际金融市场的动荡。第三，加大了国际金融市场的信贷风险。欧洲货币市场的资金来源中，短期资金和同业拆借资金占有相当大的比重，而欧洲货币市场中的很多贷款是中长期的。这种短借长贷的运作方式加大了国际金融市场的信贷风险。

任务四 国际金融创新与衍生金融工具

一、金融衍生工具市场产生的背景

金融衍生工具是指以原生金融工具为基础而新创造出来的虚拟金融工具。20 世纪 80 年代以来，西方国家的政府纷纷放松金融管制，出现了金融体系自由化的趋势，再加上近些年来电脑和电信技术的发展，使金融衍生工具市场迅速发展起来。

(一)金融体系国际化

20 世纪 70 年代两次石油价格上涨，使石油输出国的国际收支出现了巨额顺差，其中上千亿美元流入到欧洲货币市场，这些石油美元由欧洲货币市场贷出，很多又回流到非石油输出国，这在某种程度上孕育了国际金融市场全球一体化的趋势。20 世纪 70 年代末～80 年代初西方国家放松外汇管制及取消资本流动的限制推动了金融市场的一体化和国际化的进程。

(二)国际融资证券化

所谓国际融资证券化，是指在国际金融市场上筹资手段的证券化和贷款债权的证券化。

筹资手段的证券化是指20世纪80年代以来，国际金融市场上的筹资格局发生了重大变化，人们改变了长期以来主要依靠金融中介间接筹措资金的方式，转而由利用债券市场和股票市场直接融资。在20世纪70年代，尽管国际债券市场有了较大的发展，但是国际资本市场仍以银行贷款为主。到20世纪80年代以后情况发生了变化，国际证券的筹资比重不断上升，到1986年，国际资本市场的债券发行额已远远超过银行贷款额。

贷款债权证券化是指金融机构以贷款债权作担保的发行证券，即以证券交易方法转让贷款债权，从而实现贷款债权的流动化，加速资金的周转。导致国际融资证券化的原因很大一部分来自国际债务危机的影响。1982年在拉美爆发的世界性债务危机，使一些发达国家银行出现了巨额呆账，这不仅削弱了这些银行进一步发放新的国际贷款的能力，而且严重影响了它们的信誉。一些信誉卓著的公司转向证券市场，通过发行证券筹资，而许多银行也在市场上出售债权。

(三)放松金融管制

金融业历来是受政府管制较严的一个部门，金融管制可分为对内管制和对外管制。对内管制主要是限制金融机构的业务经营范围及存贷款利率。对外管制主要是限制外国金融机构进入本国金融业及金融市场，限制外国银行在本国经营业务的范围及对外汇流出入的管制。随着经济的发展，有些金融管制在一定程度上影响了该国金融业的正常的运行机制，阻碍了金融业的发展，而有些金融管制由于受到金融创新的冲击约束力已大大降低。因此从20世纪70年代末起，西方国家开始放松金融管制，形成了一股声势浩大的金融管制自由化的浪潮，放松金融管制主要包括以下几方面内容：

(1)取消外汇管制。英国和瑞士在20世纪70年代末取消了限制资本流出的外汇管制。1980年日本修改了新的外汇管理法，1984年允许日元国际化。1986年法国和意大利也基本取消了外汇管制。

(2)取消利率限制。美国国会1980年通过了《对存款机构放松管制与货币控制法》，规定将逐步取消Q条例关于存款利率上限的规定。此外，加拿大、联邦德国、意大利、英国等国也相继取消了对银行存款利率的限制。

(3)放宽对各类金融机构在业务经营范围上的限制，允许不同金融业务可以适当交叉，如美国传统上商业银行和其他储蓄机构业务区分明确，1980年《对存款机构放松管制与货币控制法》出台后，美国的商业银行和非银行的金融机构业务交叉，界限已趋于模糊。

(4)放宽外国金融机构进入本国市场的限制，如英国于1986年金融服务法“大震”后，允许外国证券公司进入英国，日本也允许部分外国证券公司进入其股票交易所。此外，美国建立了国际银行便利，日本建立了离岸金融市场。

(5)实际利率的提高。由于恶性通货膨胀，20世纪70年代很多国家的实际利率为负值，即名义利率低于通货膨胀率，因而债券对投资人的吸引力不大。20世纪80年代后期，西方国家的通货膨胀率普遍下降，名义利率超过于通货膨胀率，实际利息收益得以恢复正值，从而也使投资者恢复了对长期债券的信心和兴趣。

二、国际金融创新

(一)国际金融创新的背景

在西方新自由主义思潮的影响下，20世纪70年代以来西方国家相继出现了滞胀，而在西方经济学占据正统地位的凯恩斯学派对此难以解释，这时包括货币学派在内的一些新自由主义思潮开始盛行。它们的理论核心就是反对国家干预，主张通过市场机制调节经济，从而为各国放松金融管制奠定了理论基础。金融管制放松了，金融市场汇率、利率变动频繁，防范投资风险或借贷风险的金融衍生工具应运而生。金融衍生工具由金融原生工具的基础上衍生出来，人们称之为金融创新。金融创新包括金融工具的创新、金融市场的创新、金融服务的创新等。这些新的金融工具在防范投资风险或借贷风险方面有明显的作用，不少新的工具已经突破了传统上对金融机构在业务范围、利率方面的管制。各种金融期货、期权、货币互换等新的金融工具相继出现。金融创新提供了更为广泛的资金筹措渠道，同时降低了融资成本。

金融衍生工具的创造与发展称为金融工具的创新。美国的金融业相当发达但受政府管制较严，因而美国的金融机构创造出很多金融衍生工具以规避管制。包括各种金融期货、期权、货币互换在内新型的金融衍生工具相继出现。后又在其他国家广为流传。世界各地还出现了若干新兴的金融市场，如芝加哥国际货币市场、新加坡国际货币交易中心，伦敦国际金融期货交易所、法国国际金融期货交易所等，从事金融衍生工具交易。电子计算机的发展使金融资料处理和传送出现了革命性的变化，从而产生了终端服务、销售点系统，家庭银行业务及自动清算所等，这一切都便利了客户并使金融创新活动更加深入到百姓之中。

(二)国际金融创新的主要原因

1. 规避管制

逃避金融管制是金融工具不断创新的一个推动力。西方很多创新工具都是由美国金融机构创造的，其原因是美国金融业受政府管制较严。因此可以说，金融管制越严，金融创新的推动力就越大，金融工具创新也越活跃。

2. 技术革新

随着信息技术革命的开展并在经济领域中运用，金融全球化得到进一步发展。科学技术，特别是电子计算机的不断进步与广泛运用，使得金融业有可能向客户提供各种质优价廉的金融工具与金融服务，1990 年芝加哥金属交易所和路透社控股公司联合开办了全球交易体系，全球交易体系是利用一个大电子计算机在全世界建立高能和相互作用的网络。它把全球电脑终端联结起来，使加入该系统的全员能在全球进行期货、期权交易。全球交易体系可以说是当今科学技术在金融界运用的结果。

计算机广泛运用于金融服务业大大提高了金融市场的效率，使电脑代替传统电话成为主要的交易手段。这一电子化过程在国际金融市场上首先伴随着银行的国际化发展起来。它表现在通过计算机终端把各个银行联结起来，形成银行的电子计算机网络，并成为银行同业交易的最重要工具。它主要有“奇普斯系统”(Chips)，连接这些银行的 358 台计算机终端，平均每天完成 46 000 笔交易，全世界用美元结算的交易额 90%以上是通过它来结算的。另外一个世界性银行通信网络是 SWIFT 系统，它在 50 多个国家和地区拥有 1 000 多家银行成员。与此同时，电脑在各国的证券业和证券交易所广泛应用，形成了以电脑屏幕为基础的交易过程而逐步代替了在交易大厅公开竞价的方法，如美国的 NASOAQ、英国的 SEAQ 系统。在此基础上，各个市场的交易所正在逐步向外建立正规的电脑网络系统，促进金融产品交易的国际化，从而使它们适用于不同时区的投资者的需求，这也使得全球性 24 小时证券交易市场正在形成。

最著名的金融交易方式的改变是欧洲债券灰色市场(Grey Market)的建立，这种形式的金融过程创新使得证券正式发行前有一个前市场，它可以使债券等金融工具的发行有一个适应的价格水平，使债券供给与现有的需求达到均衡。

3. 减少风险

20世纪70年代以来，由于西方国家通货膨胀的加剧及浮动汇率制的实施，使企业及个人面临着巨大的利率风险和汇率风险，金融期货、期权及互换业务等新型金融衍生工具的产生都是为了满足客户减少利率与汇率风险、达到保值或盈利的要求。在各种创新的金融工具中，为减少利率与汇率风险而创新的工具占有相当大的比重。

三、国际金融创新工具

金融衍生工具市场上的交易工具具有多种形式，主要有以下几种：

（一）金融远期合约

金融远期合约（Forward Contracts）是指双方约定在未来的某一确定时间，按确定的价格买卖一定数量的某种金融资产的合约。在合约中规定在将来买入标的物的一方称为多头方，在未来卖出标的物的一方称为空头方。合约中规定的未来买卖标的物的价格称为交割价格。

远期合约是一种特别简单的衍生工具。它是在一个确定的将来时间按确定的价格购买或出售某项资产的协议。远期合约不是标准化的，最终客户可“定制”远期合同以满足非常特殊的要求，这使远期合同能较好地适合于某些特殊目的。在所有的远期市场中，货币远期市场最为发达。这些市场由大银行，特别是全球性的大银行组成。这些市场的大多数远期交易是在银行同业间进行，但银行能够代表非银行客户开展有效的交易。

远期合约是适应规避现货交易风险的需要而产生的，是在金融机构之间或金融机构与客户之间通过谈判后签署的非标准化合约。远期合约在签署之前，双方可以就交割地点、交割时间、交割价格、合约规模、标的物的品质等细节进行谈判，以便尽量满足双方的需要。因此远期合约的灵活性相对较大。

但远期合约也有明显的缺点：首先，由于远期合约没有固定的、集中的交易场所，不利于信息交流和传递，不利于形成统一的市场价格，市场效率较低。其次，由于每份远期合约千差万别，这就给远期合约的流通造成较大不便，因此远期合约的流动性较差。最后，远期合约的履约没有保证，当价格变动对一方有利时，对方有可能无力或无诚意履行合约，因此远期合约的违约风险较高。

（二）期货市场和期货交易规则

期货交易实质上是一种标准化的远期交易。

1. 期货市场的历史

期货市场可以追溯到中世纪。最初的发展是为了便利农民和商人的需要。农民不知道未来粮食价格如何，面临的风险显然很大。商人要购买粮食，也要面临很大的风险。他们可以商定一份期货合约，将未来粮食价格确定下来。

世界上比较重要的交易所有芝加哥交易所、芝加哥商品交易所（CME）、国际货币市场（IMM）、伦敦国际金融期货交易所（LIFFE）、瑞士期权与金融期货交易所（SOFFEX）、东京国际金融气化交易所（TIFFE）、新加坡国际货币交易所（SIMEX）、悉尼期货交易所（SFE）等。

世界各地交易所交易的期货和也大多可以分成商品期货合约（其合约交易标的物为商品）或金融期货合约（其合约交易标的物为金融工具如长期政府债券或短期股票组合）两大类。期货市场是最成功的金融创新之一。通常有以下一些金融期货：在债券工具基础上的利率期货、外汇汇率基础上的外汇期货，以及股票市场平均指数基础上的股票指数期货。

期货交易的主要目的是为了避免外汇风险而进行套期保值。期货交易的套期保值是在现货市场某一笔交易的基础上，在期货市场上做一笔买卖方向相反、期限相同的交易，以期保值。它之所以能够起保值作用的原理是：在正常的国际金融运行情况下，由于期货价格与远期外汇价格都是以利率差价为基础的，两者价格的趋势是一致的，波动幅度也是大致接近的，所以必然形成，如果现货市场交易发生亏损，期货市场交易就会有盈利；反之，现货交易有盈，期货交易即亏，两者可以抵冲，这样可以固定成本或收益。

2. 交易规则

(1)标准化合约。期货市场上交易的是标准化合约。即每份合约中的标的物数量是相等的，这样使得交易十分便利。例如国际货币市场(IMM)上各种主要货币期货的合约标准为：6.25 万英镑、12.5 万欧元、12.5 万瑞士法郎、1 250 万日元、10 万加元、10 万澳元，交易数量是以多少份合约来计算的，美元则作为标价或者买卖期货的货币。

(2)保证金制度。保证金制度是指按期货交易所规定，期货交易的参与者在进行期货交易时必须存入一定数额的履约保证金，并在交易所内开立保证金账户。履约保证金的额度由提供合约进行交易的交易所制定，通常保证金要求随头寸情况不同而不同，一般为合约价值的5%～13%。保证金的比例随交易标的物价格波动幅度而调节，价格波动幅度大，则保证金要求的比例相对较高，价格波动幅度小，则保证金要求的比例相对较低。

(3)钉市和保证金操作。钉市是指清算所每日对客户的保证金账户进行清算。如果交易产生收益，客户的保证金额度将有所增加，盈余部分可以提出，如果发生亏损，且亏损额超过初始保证金的 1/3，则必须追加保证金，不能按期追加保证金者，会被强制平仓而退出。

(4)价格波幅限制。每日价格最大波动幅度限制，也称“每日停板额限制”，指的是某一交易商品每日的最大价格波动幅度是有限制的，交易者不得在确定的停板价格之外进行交易。

(5)交易数量限制。所谓交易数量限制，也称交易头寸限制，是指交易者在某一期货市场上最多可持有的期货合约或期权合约数量是有限制的。

(6)公开市场原则。公开市场原则就是为了保证期货交易的公平进行和确保期货市场是一个公平竞争的市场。凡在交易所内进行的期货交易都必须通过公正、平等、竞争的方式进行。大多数交易所都是以“公开喊价”制度来实现公开市场原则的。

3. 外汇期货与远期外汇交易的区别

(1)外汇期货交易具有标准化的合约规模；而远期外汇交易的金额没有严格的规定，由交易者之间根据需要而定。

(2)定价机制不同。外汇期货交易是由场内经纪人或场内交易商在公开叫价、竞争方式下进行的；而远期外汇交易则是交易者通过电报、电传、电话等电信网络进行，以场外交易为主。

(3)保证金和手续费缴纳与否。外汇期货合约的买卖双方需缴纳一定金额的保证金，而且需向中介机构缴纳一定手续费；远期外汇交易一般是交易双方凭信用交易，不需存入保证金和缴纳手续费。

(4)清算方式不同。外汇期货与一般商品期货一样，实行每日清算，获利的部分(即超过预交保证金部分)可提取，亏损时从保证金中扣除，并要及时追加保证金，在当日营业终结时以现金结算；远期外汇交易的盈亏由双方在约定的结算日结算。

(5)交割方式不同。外汇期货合约实际交割率很低(一般只有 2%～3%)，绝大多数合约通过对冲方式来了结；而远期外汇合约一般要按双方约定的汇率实行实际交割。

（三）期权市场和期权交易

期权又称选择权，是指赋予其购买者在规定的期限内按双方约定的价格（简称协议价格或执行价格）购买或出售一定数量的某种金融资产（称为潜含金融资产或标的资产）的权力的合约。

1. 期权市场与期权交易所

在欧洲和美国的首次看涨与看跌期权交易始于18世纪。1973年4月芝加哥交易所建立一个新交易所——芝加哥期权交易所，特别用于交易股票期权。从那以后，期权市场受到越来越多的投资者青睐。美国股票交易所和费城股票交易所于1975年开始从事期权交易，太平洋股票交易所于1976年开始从事期权交易。20世纪80年代初期权交易量迅速增长，每日期权合约售出的股票份额超过纽约交易所每日股票交易量。

20世纪80年代，美国外汇期权、期货合约期权发展。费城股票交易所交易外汇期权，芝加哥期权交易所交易标准普尔100（S&P100）和标准普尔500（S&P500）股票期权、美国股票交易所交易主要市场股票指数（MMSI）期权、纽约股票交易所交易纽约股票交易所指数（NYSE Index）期权。大多数提供期货合约的交易所这时都提供这些期货的期权交易，这样芝加哥交易所提供玉米期货期权，芝加哥商品交易所提供牲畜期货期权等，现在世界各地都有期权市场。

2. 期权的基本形式

期权是双方签订的合约，合约中的买方有权利买进或卖出某种标的资产，而卖方必须根据买方的要求来履行义务。

（1）买权与卖权。期权的概念相当广泛。买权赋予购买者购买某种标的资产的权利（但不承担义务），而卖权赋予购买者出售某种标的资产的权利（但不承担义务）。期权合约的出售者则需承担绝对的义务。期权购买者为获得选择权利，必须支付给期权出售者一定的费用。就买权和卖权而言，预先支付的一笔期权价格称之为期权费。买权又称看涨期权，卖权又称看跌期权。

（2）期权的买方与卖方。在期权市场上有四种类型参与者：看涨期权买方、看涨期权卖方、看跌期权买方、看跌期权卖方。期权的购买者也称期权持有者（holder），期权的出售者也称为期权发行者，有时也称为写契人（writer）。买方愿意拥有多头时，卖方愿意拥有空头，即看涨期权的持有人具有在未来某时以执行价格购买该资产或放弃购买该资产的选择权力，而写契人却必须在持有人的意愿执行合约时以执行价格出售该合约的资产。看跌期权具有同样的定义，所不同者是期权购买者具有出售或放弃标的资产权利，如果期权持有者打算履行这个权利，出售的价格就是期权的敲定价格或执行价格，而写契人必须此时以执行价格购买该合约的资产。签署期货合约并不需要支付全部成本，但是两位期权合约的投资者必须为购买期权合约而事先支付一定费用，即期权购买者为持有期权所赋予的权利一次性地付给期权出售者一笔款项期权费，而卖方需缴纳一定额度的准备金给交易所。

（3）欧式期权与美式期权。期权购买的权利只适用于某段特定的时间，称为有效期。期权权利失效的准确日期称为到期日。买权和卖权可以是欧式期权或美式期权。欧式期权只能在接近期权到期日的有限执行期内执行；美式期权能够在从期权起始日至到期日之间的任何时间执行。在以上两种情况下，如果没有执行的话，期权失效，也就没有价值了。为了完全确定一个期权，期权合约在签订时必须指定几个要素，无论是买权还是卖权，都包括标的资产、期权的协议价格、期权的有效期。如果期权在多个交易所内交易的话，还需指定期权交易的交易所。

(4)场外交易市场。即期货币期权于1982年2月开始在美国费城股票交易所进行交易，在那之前已发生场外交易，直至今日场外交易仍是货币期权的主要场所。自1982年之后，许多其他市场开展货币期权交易。用交易货币期权或场外交易期权来进行货币风险管理的方法激增。

场外交易市场的期权交易发展十分迅速，因为市场交易期权为标准合约，灵活性很差，而大多数写契人更愿意根据银行或其他金融机构的不同要求，设计具有不同交易额、到期日或其他具有不同特征的期权合约。场外交易期权合约的可调整特征有助于克服信用风险集中于写契人的缺点。20世纪80年代和90年代期权场外交易市场交易有很大发展，场外交易期权的特点是通过电话达成协议而不是在交易所场内进行交易。交易的一方通常是一个投资银行，它持有各种期权组合，运用我们稍后将介绍的操作过程进行套期保值，另一方是投资银行的客户，如基金管理人或大公司的财务主管。

3. 期权状态

期权可以处于下述三种状态：实值状态、两平状态、虚值状态。处于哪一种状态，取决于标的资产的执行期市场价格和协议价格之间的关系。

通常期权买方预期某种标的资产的价格将上涨，则会买入该种标的资产的买权，以期未来当该种标的资产的价格果真上涨，且超过协议价格时，以较低协议价格买入该标的资产；期权买方预期某种标的资产的价格将下跌，则会买入该种标的资产的卖权，以期未来当该种标的资产的价格果真下跌，且低于协议价格时，以较高协议价格卖出该标的资产而获利。

对于买权，即看涨期权，如果标的资产的执行期市场价格超过期权的协议价格，或者说市场价格确实上涨并超过协议价格，该期权就处于实值状态，买方执行合同，以获得的收益与期权费成本计算盈亏。如果标的资产的执行期市场价格等于期权的协议价格，该期权就处于两平状态，买方将执行合同与否，都将损失期权费。最后，如果标的资产的执行期市场价格低于期权的协议价格，该期权就处于虚值状态，买方将放弃合同，只损失期权费。对于卖权，实值、两平和虚值状态和价格之间的关系正好相反（见表9－1）。

表9－1　　期权的价值状态

关 系	买 权	卖 权
A＞S	实值	虚值
A＝S	两平	两平
A＜S	虚值	实值

注：A＝标的资产的执行期市场价格；S＝期权的协议价格。

利用期权交易来对期货交易保值，风险损失可限制在期权费的范围内。同时，交易商还可得到价格变动的额外好处，这是期货市场所不具备的。

4. 期权盈亏示例

期权的买方在执行日根据市场价格与协议价格的差别来决定是否执行期权。例如某投资者（买方）购买一份欧元看涨期权，合约标的资产为125 000欧元，每欧元的协议价格为1.00美元，每欧元的期权费为1美分，即0.01美元。到执行日，每欧元的市场价格可能出现不同的价格，在不同价格下，该投资者将采取不同的方法。如表9－1所示，如果市场价格为1.00美元，即两平状态，则买方执行期权或者放弃期权所产生的盈亏是相等的，均损失期权费1 250

美元(0.01×125 000);从该点向左,欧元的市场价格均低于协议价格,处于虚值状态,买方显然会选择放弃期权,均损失期权费 1 250 美元;从两平状态点向右,在 1.01 美元点,买方会选择执行期权,每欧元盈利 1 美分,正好与期权费相抵消,净收益为 0;市场价格越高,投资者盈利也越高,因此在两平状态点右边,买方一定会选择执行期权合约,用其盈利减去期权费来计算净收益。

5. 四种基本期权交易的收益和风险

一般来说,进出口商、金融机构从事期权交易有四种基本方法:买入买方期权、卖出买方期权、买入卖方期权和卖出卖方期权,下面具体分析各种不同期权交易方法随汇率变化的收益和风险状况。

方法一:买入买方期权

买入买方期权(Buying a Call Option)使买入者或期权持有者获得了到期日以前按协定价格(Exercise or Strike Price)购买合同规定的某种外汇的权力(不是责任)。为了获得这种权力,购买者必须付给出售者一定的期权费。购买买方期权合同者通常预测外汇汇率将要上升,当市场汇率朝着预测方向变动时,购买者的收益不封顶;但当市场汇率朝着预测相反方向变动即市场汇率趋跌时,购买者的损失是有限的,最大的损失就是支付的期权费,如图 9—1 所示。

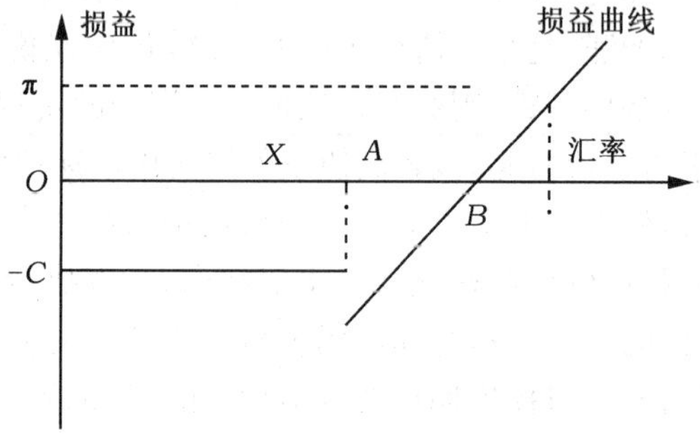

图 9—1　买入买方期权损益

从图 9—1 中看出,期权买入方的最大损失不会超过期权费的 OC 水平,随着汇率上升,其收益也递增。如果市场汇率升至 OB,买方期权的购买者就可获得 $O\pi$ 的收益,这里的 $O\pi$ 是市场汇率 OB 高出协定汇率 OX 的部分给期权的购买者带来的收益减去已付出的期权费 OC 后的净收益。如果汇率升至 OA,期权的购买者履行权利的收益正好等于支出的期权费(C),此时称为盈亏平衡点(Break-Even Point)。

方法二:卖出买方期权

卖出买方期权(Writing or Selling Call Option)指如果买入方执行合同,出售者就有责任在到期日之前按协定汇价出售合同规定的某种外汇,作为回报,期权的出售者可收取一定的期权费。期权卖方的损益与汇率之间的关系如图 9—2 所示。

当市场汇率朝着出售者预测方向变动即下跌时,出售者获得的收益就越大;不过其最大收益就是收取的期权费(C);但当市场汇率看涨时,出售期权者的收益将递减,在汇率超过 OA 水平时,出售期权者就从收益转为亏损,而且随着汇率的继续上升,亏损将越来越大,而且不封顶。

方法三:买入卖方期权

买入卖方期权(Buying Put Option)使得买入者获得了在到期日以前按协定汇价出售合

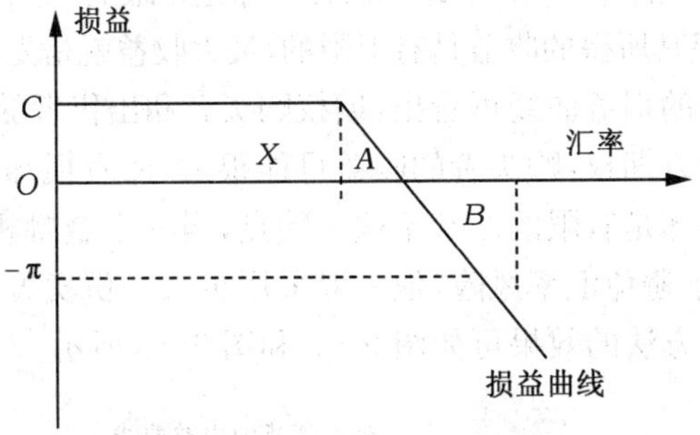

图 9—2　卖出买方期权损益

同规定的某种外汇的权利(而不是责任)。为了获得这种权力,买入者必须支付给出售者一定的期权费。卖方期权的买入者的损益随汇率而变化的情况如图 9—3 所示。

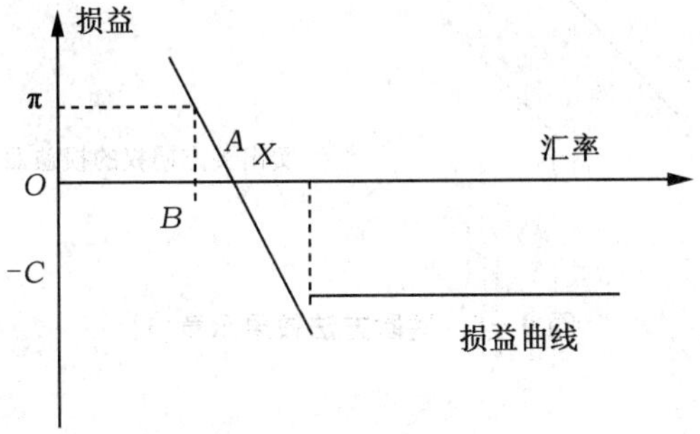

图 9—3　买入卖方期权损益

从图 9—3 中看出,当汇率朝着购买者预测方向变化即下跌时,他的收益越来越大且不封顶;当市场汇率没有按购买期权者预测方向变化而是上升时,他的损失是有限的,最大的损失就是先前曾支付的期权费(C)。

方法四:卖出卖方期权

卖出卖方期权(Writing or Selling Put Option)是指售出者售出一份期权合同后可以获得一笔期权费,同时承担了一种责任,即当买入卖方期权者选择履行权利,他就有责任在到期日之前按协定汇价买入合同规定的某种外汇。卖方期权的售出者的损益状况如图 9—4 所示。

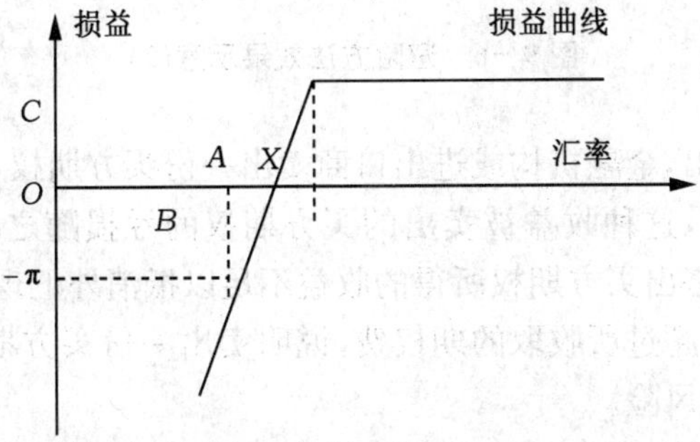

图 9—4　卖出卖方期权损益

从图 9—4 中可看出：当汇价下跌时，期权的出售者有无限的风险；当市场汇价上升时，期权的出售者则可获得收益，但其所得的收益是有上限的，最大收益就是先前收取的期权费(C)。

从上述四种期权交易的损益曲线可看出：期权购买者和出售者的收益和亏损是不对称的，即不管是买方期权还是卖方期权，购买者的收益可能很大，而亏损却是有限的；出售者正好相反，亏损可能很大，而收益却是有限的。基于这一特点，当一个金融机构或进出口商在外汇现货中处于多头地位时，为了避免汇率风险，他一般采用买入一份卖方期权，而不会选择卖出一份买方期权。这两种避险方法的效果可如图 9—5 和图 9—6 所示。

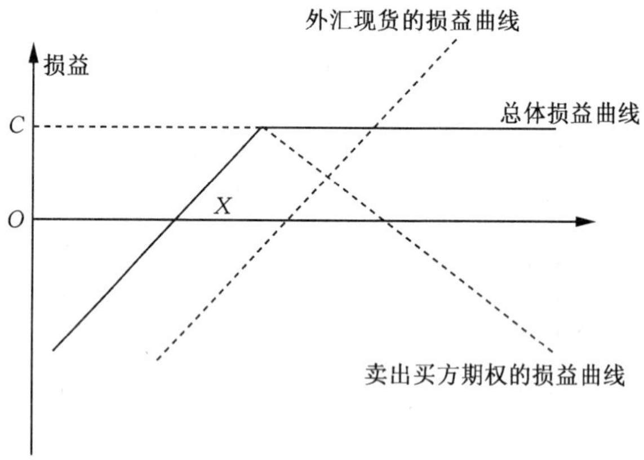

图 9—5　避险方法效果示意(1)

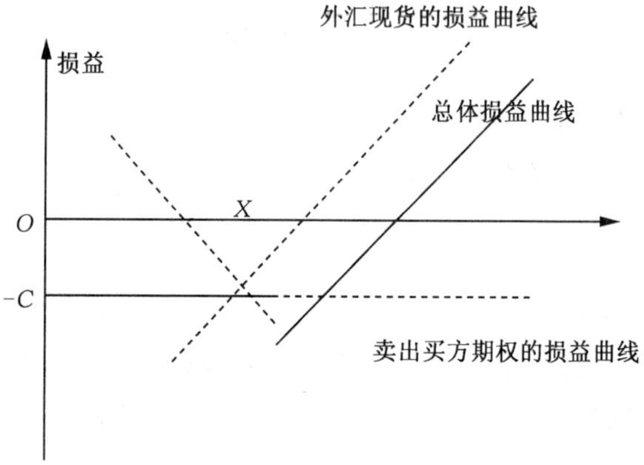

图 9—6　避险方法效果示意(2)

从图 9—5 中可以看出，金融机构或进出口商卖出一份买方期权，在市场汇率上涨时，外汇现货可获得高汇价的收益，这种收益被卖出的买方期权的亏损随之抵消；但当市场汇率下跌时，金融机构或进出口商售出买方期权所得的收益不足以抵消外汇现货的汇价损失，因为出售买方期权的最高收益不会超过所收取的期权费，说明卖出一份买方期权并不能完全避免该金融机构或进出口商的汇率风险。

相比较而言，买入一份卖方期权能让金融机构或进出口商处于一种较有利的地位，如图9—6所示，当汇价下跌时，外汇现货的汇价损失为买入一份卖方期权的收益所抵消；当汇价上升时，外汇现货可获较高汇价的收益，而买入卖方期权的亏损却有限，因此，该金融机构或进出口商仍处于有利地位。

同理，当金融机构或进出口商在外汇现货中处于空头地位时，为了避免汇率风险，一般会采用买入一份买方期权，而不会选择卖出一份卖方期权。

6. 期权在管理外汇风险中的应用

期权作为一种金融衍生工具，在企业外汇风险管理中得到了广泛应用，它的最大特点是其功能随市场行情的变化而变化，使得期权的购买者总能固定最高的成本和获得可能的最大收益，即当市场行情变化对于执行期权有利时，买方可执行期权；当市场行情变化对于执行期权不利时，则放弃期权。但是，期权工具有时也让许多企业望而却步，因为它要求企业期初就支付一笔较高的期权费。为此，近几年来国际市场出现了一种把各种期权进行适当的组合来管理外汇风险的趋势。期权组合避险一方面期权费支付较少，甚至为零，另外也能达到理想的保值效果。目前国际市场上使用最为广泛的有四种期权组合。

(1)封顶保底、颈圈和塞林达

封顶保底（Range-Forwards）、颈圈（Collars）、塞林达（Cylinders）是三个代表同一种期权组合的不同名称，它由两份期权业务组成，其一，买入一份虚值买方期权（即该买方期权的执行价高于市场远期汇率）；其二，卖出一份虚值卖方期权（即该卖方期权的执行价低于市场远期汇率）。如买入一份执行价为￡1＝US＄1.800 0 的买方期权（假设市场远期汇率为 1.700 0 美元），期权费为每英镑 0.036 7 美元，同时卖出一份执行价为 1.600 0 美元的卖方期权，期权费收入每英镑 0.033 2 美元，若标的物规模为 100 万英镑，则净期权费支出为 3 500 美元，远远低于仅仅买入一份买方期权时的期权费支出（36 700 美元），保值效果如图 9—7 所示。

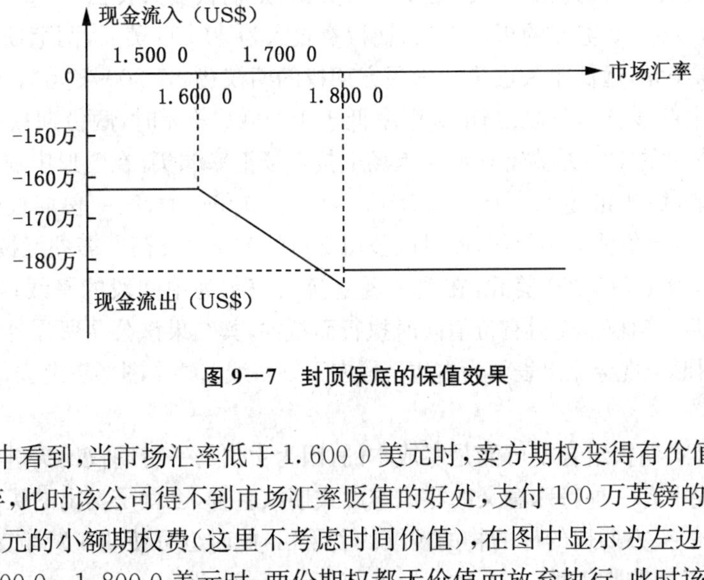

图 9—7 封顶保底的保值效果

从图 9—7 中看到，当市场汇率低于 1.600 0 美元时，卖方期权变得有价值而履行，买方期权无价值而放弃，此时该公司得不到市场汇率贬值的好处，支付 100 万英镑的成本为 160 万美元加上 3 500 美元的小额期权费（这里不考虑时间价值），在图中显示为左边一条平线。当市场汇率介于 1.600 0～1.800 0 美元时，两份期权都无价值而放弃执行，此时该公司支付 100 万英镑所需的美元按市场汇率在市场购入，图 9—7 中显示为中间一条向下斜的线段。当市场汇率高于 1.800 0 美元时，卖方期权无价值而放弃履行，买方期权有价值而履行，此时该公司支付成本固定为 1 803 500 美元，图中显示为右边一条平线。这样一种期权组合保值方案，让该公司的支付成本控制在 1 603 500～1 803 500 美元。

上例中，两份期权的执行价可随意调整，相应的期权费净额也随之调整。在实践中往往会发现这样一种情况：一家公司选择一份买方期权和愿支付期权费，要求银行报出卖方期权的执行价。更特殊的客户希望银行能够提供零成本即净期权费为零的保值方案。表 9－2 列出了一系列零成本的封顶保底期权组合，当买方期权执行价为 1.800 0 美元时，卖方期权的执行价将定在 1.613 3 美元，使得期权费净支付为零。这样一种期权组合可以被认为：客户为了得到市场汇率高于 1.800 0 美元时固定成本的目标，其代价是放弃市场汇率低于 1.613 3 美元时的潜在利益。

表 9－2　　零期权费的封顶保底期权组合

买方期权执行价	卖方期权执行价
1.800 0	1.900 0
2.000 0	2.100 0
1.613 3	1.538 2
1.473 8	1.419 3

零成本的期权组合在实践中的应用越来越广泛，越来越受到客户的欢迎，其优点可概括为三点：其一，当市场汇率高于某一价位时，让客户固定成本；其二，在一定范围内，让客户得到市场汇率贬值的潜在利益；其三，它不用支付保值费，即保值成本为零。

(2)廊式期权组合

廊式期权组合(Corridors)也是由两份期权业务组成：买进一份低执行价买方期权，再卖出一份高执行价买方期权。比如买进一份执行价为 1.700 0 美元的买方期权，期权费支出为每英镑 0.067 2 美元，若标的物规模仍是 100 万英镑，则期权费共支出 67 200 美元；再同时卖出一份执行价为 1.900 0 美元的买方期权，期权费收入为 20 200 美元，两笔期权合在一起期权费净支出 47 000 美元，远低于买进第一份买方期权的期权费(67 200 美元)。保值效果可用图 9－8 来表示，图中曲线分为三段：当市场汇率低于 1.700 0 美元时，两份期权都无价值而不履行，此时公司所支付的 100 万英镑外汇在市场上按市场汇率购买，在图形中现金流出表示为左边第一段向下倾斜线；当市场汇率介于 1.700 0～1.900 0 美元时，第一份期权业务有价值而履行，第二份期权业务无价值而不履行，此时该公司支付的 100 万英镑所需外汇按 1.700 0 美元的价位购买，总成本为 1 747 000 美元，在图中现金流出表示为中间段的平线；当市场汇率高于 1.900 0 美元时，两份期权都变得有价值同时执行而抵冲，其结果该公司所需外汇在市场上按市场汇率购买，在图形中现金流出表示为右边一段向下倾斜线。整个图形看上去像个走廊，故称其为廊式期权组合。

一般而言，廊式期权组合不可能是零成本的，因为卖出的一份期权比买进的一份期权价值要小。不过，实践中有一种特殊意义的零成本廊式期权组合，也就是卖出的买方期权的标的物规模扩大为买进的买方期权的标的物的规模的若干倍，此时也可使期权费净支付为零，不过这种方案在实施时必须非常谨慎。

比较封顶保底期权组合，廊式期权组合具有不同的特点。首先，封顶保底期权组合在一个预定的范围内承担汇率波动风险，而后者在一定范围之外承担汇率风险。其次，封顶保底期权组合通过出售不必要的汇率贬值所可能带来的潜在利益的机会来抵补部分为了规避汇率升值导致成本提高风险而支付的期权费；廊式期权组合则通过出售不必要的保值以抵补部分为必要的保值而支付的期权费。最后，从现金流出图看，两种方案也很不相同，封顶保底期权组合是两边平线、中间一向下倾斜线，廊式期权组合是中间平线、两边向下倾斜线。

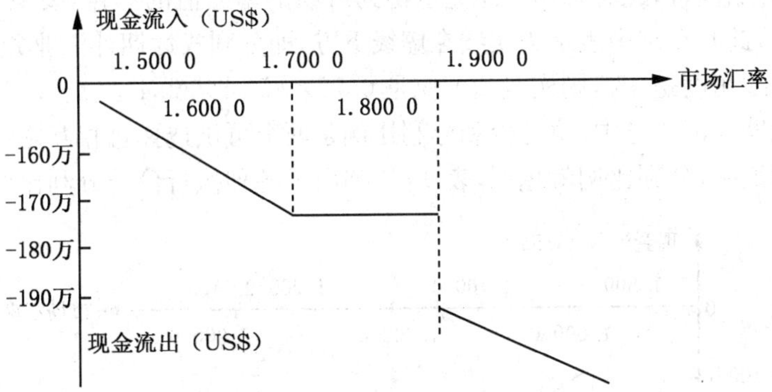

图 9—8 廊式期权的保值效果

(3)分利式远期外汇业务

期权组合采用的都是通过卖出一份期权来抵补部分买入另一份期权所必须支付的期权费，两份期权标的物规模一样，变化的是各自的执行价以及因此而决定的净期权费支出。分利式远期外汇业务(particpating forwards)及后面即将介绍的另一种期权组合，将重点考虑两份期权业务标的物的规模变化。

分利式远期外汇业务包括两份期权业务：买入一份买方期权和卖出一份卖方期权。两份期权具有如下特点：执行价相同；买方期权是虚值期权，卖方期权是实值期权；净期权费支出为零；卖方期权的标的物的规模比买方期权的标的物的规模小。

分利式远期外汇业务可以理解为零成本封顶保底期权组合的一种调整：在表 9—2 中看出，当买方期权执行价定在 1.800 0 美元时，卖方期权的执行价就应定在 1.613 3 美元，使得净期权费支出为零，即零成本。现在假设买方期权的执行价不变，若卖方期权的执行价不断提高，此时，卖方期权的期权费不断提高，其标的物规模就可以缩小，使得净期权费支出为零，具体见表 9—3。从表 9—3 中可以看出，标的物的规模之比正好是期权费比值的倒数。

表 9—3 分利式远期外汇业务的形成

买方期权的执行价(US$/£)	买方期权期权费(US$/£)	买方期权标的物规模(百万£)	卖方期权的执行价(US$/£)	卖方期权期权费(US$每£)	两份期权的期权费之比	卖方期权标的物规模(百万£)
1.800 0	0.036 7	1	1.613 3	0.036 7	1∶1	1
1.800 0	0.036 7	1	1.613 3	0.036 7	0.76∶1	0.763 9
1.800 0	0.036 7	1	1.613 3	0.036 7	0.54∶1	0.542 6
1.800 0	0.036 7	1	1.613 3	0.036 7	0.37∶1	0.374 5
1.800 0	0.036 7	1	1.613 3	0.036 7	0.28∶1	0.276 3

分利式远期外汇业务对公司的保值效果可用图 9—9 来表示。图 9—9 中的虚线代表买入一份执行价为 1.800 0 美元的买方期权的现金流动，实线代表分利式远期外汇业务的现金流动。可以看出，当市场汇率高于 1.800 0 美元时，两线平行，实线在上，表明此时卖出的卖方期权变得无价值而放弃执行。分利式远期外汇期权业务优于单一的买入一份买方期权，因为无期权费支出，固定了买外汇的最高成本。当市场汇率低于 1.800 0 美元时，买方期权放弃执

行，而卖方期权开始执行，此时公司不能完全得到市场汇率贬值的利益，要减去因卖方期权执行而支付的现金，此时在图中表示为实线在虚线下方，即分利式远期外汇业务劣于买入一份买方期权。假设虚线角度是45°，则实线角度应是0.72×45°，即32.4°。

在分利式远期外汇业务中，执行价和分利比例是两个可供选择且相互影响的变量，执行价越接近市场远期汇率，分利比例就越低，表9—4列出了各种执行价与分利比例的组合。

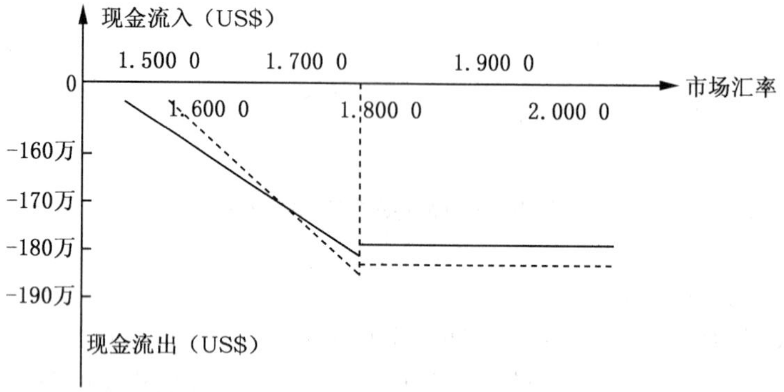

图9—9　分利式远期外汇业务的保值效果

表9—4　**执行价与分利比例组合**

执行价格	分利比例
1.700 0	0%
1.707 1	10%
1.720 3	25%
1.751 2	50%
1.808 7	75%
1.895 0	90%
2.183 9	99%

从表9—4中看出，最极端的情况是，执行价定在市场远期汇率水平1.700 0美元，分利比例变成零。因为，市场远期汇率是市场潜在收益和亏损的平衡点，银行在这一汇价水平上出售分利式远期外汇业务工具不会给客户任何汇率贬值的潜在利益。其实，此时的分利式远期外汇即传统的远期外汇。当执行价定在1.751 2美元时，此时的价位对于银行而言相对较为有利，因而也就出让汇率贬值潜在收益的50%给客户。

可见，分利式远期外汇业务又提供了一种非常有吸引力的货币风险防范策略，它具有以下三个优点：①当市场汇率升值时，它固定了最高的支付成本；②它可以让客户部分地获得市场汇率贬值的收益；③它是一种无成本的保值措施。

(4)比率式远期外汇业务

比率式远期外汇业务(ratio forwards)与分利式远期外汇业务基本相似，区别仅仅在于前述的分利式远期外汇业务中买进的买方期权是虚值期权，卖出的卖方期权是实值期权，因此，卖方期权的标的物规模小；比率式远期外汇业务则正好相反，买进的买方期权是实值期权，卖出的卖方期权为虚值期权，换句话说，执行价低于市场远期汇率，为了使得期权费净支付为零，卖方期权的标的物的规模是买方期权的标的物的规模的若干倍。

表 9—5 杠杆率与执行价的组合

杠杆率	执行价
1：1	1.700 0
1.5：1	1.670 6
2：1	1.649 6
3：1	1.619 4
4：1	1.597 6
5：1	1.580 5

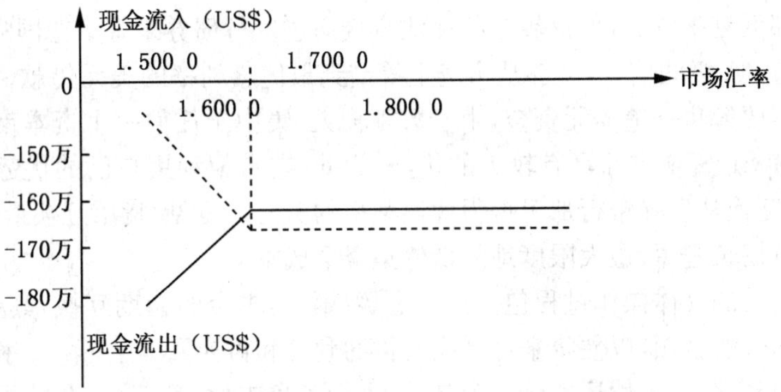

图 9—10 比率式远期外汇业务的保值效果

表 9—5 列出了执行价与杠杆率(Gearing Ratio)的组合，这里杠杆率是卖方期权标的物规模与买方期权标的物规模之比。以表中为例，当执行价定在 1.649 6 美元时，杠杆比为 2：1，其对公司的保值效果可用图 9—10 来表示。图中实线代表执行价为 1.649 6 美元的比率式远期外汇业务的现金流动情况，虚线代表执行价为 1.649 6 美元的买方期权的现金流动情况。当市场汇率高于 1.649 6 美元时，两线平行，实线在上，说明比率式远期外汇业务优于简单的买入一份同样执行价的买方期权，因为期权费支付为零。若市场汇率低于 1.649 6 美元时，比率式远期外汇业务的现金流动情况正好与买方期权的现金流出情况相反，实线往下翘，说明当市场汇率贬值时，比率式远期外汇业务不仅得不到其利益，反而会提高购买外汇成本。可见，比率式远期外汇业务为了获得在汇率升值时固定较低的购买外汇成本，其代价是当汇率贬值时购买成本提高，因此，它在规避汇率升值的风险时带来了汇率贬值时的亏损，公司在选择该工具进行套期保值时往往非常谨慎，一般只有非常肯定地预测汇率不会贬值时才选择它。

(四)互换交易

互换交易是指交易双方签订一份互换协议，同意在约定时间内相互进行一系列的定期支付。第一次货币互换于 1979 年出现在伦敦。在随后的两年中，互换市场的规模小，发展情况不明朗。直到 1981 年所罗门兄弟公司促成了世界银行和 IBM 公司的一项货币互换，被看作互换市场发展的里程碑。

所有的互换建立在同样的基本结构上。两个互换对手同意进行一种或多种指定数量的标的资产的交换。互换中标的资产为名义本金，以区别于现货市场中的实际本金交换。一个互换可以是一次本金的交换、两次本金的交换、一系列次本金的交换，也可以没有本金的交换。最常见的情况是，在互换开始时交换一次名义本金，而在结束时再反向交换名义本金。

最常见的金融互换包括利率互换和货币互换。

1. 货币互换

货币互换(Currency Swap)是指交易双方互相交换不同币种、相同期限、等值资金债务或资产的货币及利率的一种预约业务。具体而言，就是双方按固定汇率在期初交换两种不同货币的本金，然后按预先规定的日期进行利息和本金的分期互换，在某些情况下，期初可以不交换本金，也可以到期日不交换本金。

最为著名的一笔货币互换交易是1981年8月在世界银行与国际商业机器公司之间进行的。在这次交易中，世界银行将2.9亿美元金额的固定利率负债与国际商业机器公司已有的瑞士法郎和德国马克的债务互换，互换双方的主要目的是：世界银行希望筹集固定利率的德国马克和瑞士法郎低利率资金，但世界银行无法直接通过发行债券来筹集德国马克和瑞士法郎，而世界银行具有3A级的信誉，能够从市场上筹措到最优惠利率的美元借款。正好相反，国际商业机器公司需要筹集一笔美元资金，由于数额较大，集中于任何一个资本市场都不妥，而它们在筹集DM和SP资金方面具有较大的优势，为此，它希望利用自己的优势筹集DM和SP资金以后，通过互换从世界银行那里换得优惠利率的美元。可见，货币互换最主要的作用就是能够让交易双方扬长避短，最大限度地降低筹集资金成本。

货币互换交易的具体操作过程包括三个步骤：第一，本金的初期互换，其主要目的是确定交易双方各自本金的金额，以便将来计算应支付的利息和再换回本金；第二，利息的互换，即交易双方按议定的利率，以未偿还本金额为基础，进行利息支付；第三，本金的再次互换，即在合约到期日，双方换汇交易开始时互换的本金。现举例说明这一过程。

【实例 9-1】 有一家美国公司(A)需要筹集一笔日元资金，但该公司筹集美元的能力比筹集日元的能力强，因此采用先发行欧洲美元债券，然后向A银行调换获得日元资金。假设甲公司发行欧洲美元债券的条件如下表：

甲公司发行欧洲美元债券的条件

期　限	5年
金额	1亿 US$
票息率	9.5%(每年)

A银行则为了抵补外汇风险，同时安排一笔与A公司所处情况正好相反的B公司的"资产互换"交易，即以那笔从A公司互换而来的美元资产交换B公司的日元资产，假定此时货币互换的汇价为1美元=100日元，日元利率为7.5%，互换开始日为2004年1月，每年支付一次利息，为期5年，具体流程如下：

第一步，期初相互交换本金，如下图：

第二步，期间每年年初各方进行利息互换，如下图：

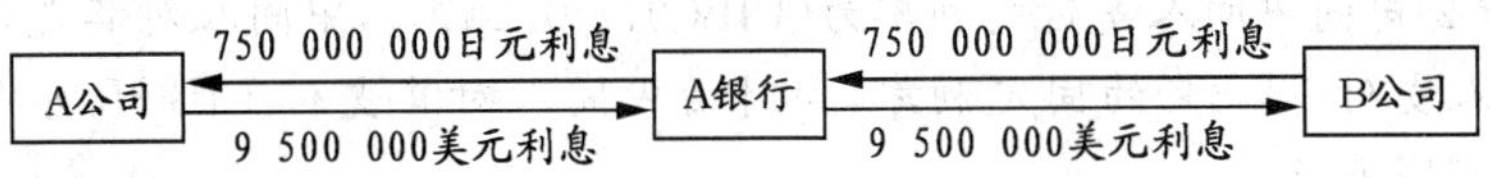

第三步，期末各方进行利息和本金互换，如下图：

这样，A公司通过货币互换以较低的筹资成本(7.5%)筹集到100亿日元资金，相反B公司把日元债务调换成了美元债务，避免了日元升值而导致的债务负担加重的风险。

2. 利率互换

利率互换(Interest Rate Swaps)是指两笔债务以利率方式互相调换，一般期初和到期日都没有实际本金的交换。在利率互换中，本金被作为计算利息的基础而真正交换的只是双方不同特征的利息。利率互换主要有三种形式：

(1)同种货币的固定利率与浮动利率互换。

(2)以某种利率为参考的浮动利率与以另一种利率为参考的浮动利率互换。

(3)某种货币固定利率与另一种货币浮动利率的互换。

相比较而言，利率互换的出现比货币互换晚，资本市场债券发行中最著名的首次利率互换发生在1980年8月。当时德意志银行(Deutsche Bank)发行了3亿美元的7年期固定利率的欧洲债券，并安排与三家银行进行互换，换成以伦敦银行同业拆放利率(LIBOR)为基准的浮动利率。在该项互换中，德意志银行按低于伦敦同业拆放利率支付浮动利息，得到了优惠，而其他三家银行则通过德意志银行很高的资信级别换得了优惠的固定利率美元债券。由于利率互换双方能够互相地利用各自在金融市场上的优势获得利益，因而这次利率互换交易的成功，推动了利率互换市场很大的发展，这也标志着互换交易工具的应用已从货币市场转到信贷市场。

【实例9—2】 甲乙两公司在欧洲美元市场上固定利率和浮动利率的借款成本如下表(暂且考虑利率互换的第一种形式)：

	甲公司	乙公司	相对优势
资信等级	AAA	BBB	
直接筹集固定利率奖金成本	12%	13%	1%
直接筹集浮动利率奖金成本	LIBOR利率	LIBOR+0.25%	0.25%

从上表中可以看出，甲公司无论在固定利率资金市场上还是在浮动利率资金市场上的资信均高于乙公司，从而具有绝对优势，但是相比之下，甲公司在固定利率资金市场占有较大的相对成本优势，而乙公司在浮动利率资金市场相对劣势较小，双方就可按照著名的“比较利益”原则，分别在各自具有比较优势的市场上筹集资金，而后进行利率互换交易，就可以使双方都能以更低廉的成本获得各自所需的资金。

具体操作过程如下：甲公司在欧洲美元市场上借固定利率为12%的借款，乙公司在浮动利率市场筹措成本为LIBOR+0.25%的资金，然后通过一个中间人进行互换交易，显而易见，甲公司为了获得那笔浮动利率资金，愿意支付成本在LIBOR以下的任何代价，乙公司为了获取那笔固定利率资金愿意支付13%以下的任何代价。根据比较利益原则，双方都可以在一定的幅度内商谈互换成交的价格。这里假定中间人要收取0.25%的中介费用，这里最后商定的结果假设为:甲公司向中间人支付的利率为(LIBOR－0.25%),中间人对其支付12%的利率;乙公司向中间人支付12.5%的固定利率,同时由中间人对其支付LIBOR水平的浮动利息。这个过程可用下图表示。

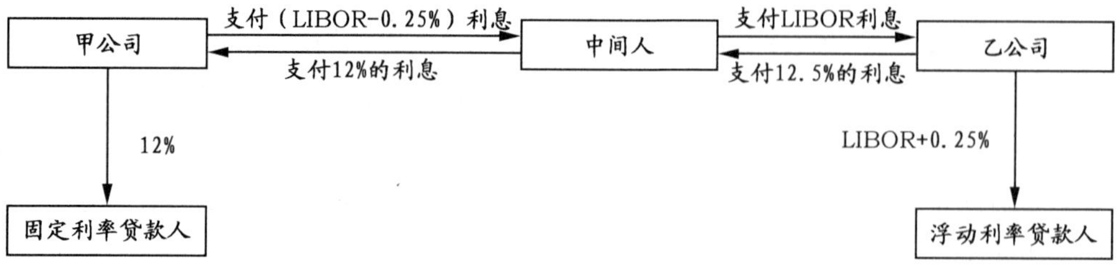

由上图可以看出:经过互换交易后,甲方得到那笔浮动利率资金的实际成本为(LIBOR－0.25%),节约了0.25%的浮动利率借款成本;乙公司得到那笔固定利率资金的实际成本为12.75%＝12.5%＋(LIBOR＋0.25%－LIBOR),也节约了0.25%,另外0.25%为中间人所得,中间人同时承担了对甲、乙公司的风险。

应知考核

◇ 主要概念

国际金融市场　传统的国际金融市场　新兴离岸金融市场　外汇市场　货币市场　资本市场　黄金市场　短期信贷市场　短期证券市场　贴现市场　货币市场　国际股权市场　国际债券市场　国际银行中长期信贷　欧洲货币市场　离岸金融市场　辛迪加贷款　金融衍生工具　国际融资证券化　金融远期合约　期权　货币互换　利率互换

◇ 基础训练

一、单项选择题

1. Q字条款曾是美国规定的(　　)。

A. 存款最高利率　　B. 贷款最高利率
C. 汇率波动的最高界限　　D. 对输出资本课征平衡税

2. 吸收国际资金,贷放给本地区工商界是离岸金融中心的(　　)中心。

A. 集中性　　B. 分离性　　C. 基金　　D. 收放

3. 欧洲债券的利率一般(　　)。

A. 高于银行存款利率　　B. 低于银行存款利率
C. 低于银行贷款利率　　D. 高于银行贷款利率

4. 场外期货交易包括(　　)。

A. 掉期交易　　B. 现货交易　　C. 利率期货交易　　D. 股票价格指数期货

5. 狭义金融创新主要是指(　　)。

A. 金融工具与业务创新　　B. 金融市场创新
C. 金融机构创新　　D. 金融政策创新

6. 远期外汇合同到期日前的任何一天,只可要求交割的外汇交易是(　　)。

A. 美式期权　　B. 远期外汇　　C. 择期　　D. 欧式期权

7. 欧洲货币市场形成最早、规模最大的是(　　)。

A. 欧洲证券市场　　B. 欧洲短期信贷市场

C. 欧洲中长期信贷市场　　D. 欧洲英镑市场

8. 国际金融市场包括货币市场、资本市场、外汇市场和(　　)。

A. 贴现市场　　B. 期货市场　　C. 黄金市场　　D. 证券市场

9. 能够让交易双方扬长避短,最大限度地降低筹集资金成本的是(　　)。

A. 货币互换　　B. 利率互换　　C. 期权交易　　D. 期货交易

10. 不属于辛迪加贷款的费用的是(　　)。

A. 管理费　　B. 代理费　　C. 承担费　　D. 成交费

二、多项选择题

1. 离岸金融市场按其业务特点可分为(　　)。

A. 一体型　　B. 分离型　　C. 簿记型　　D. 混合型

2. 外汇市场的参与者有(　　)。

A. 中央银行　　B. 进出口公司

C. 经营外汇业务的各种机构　　D. 投机者

3. 货币市场分为(　　)。

A. 短期信贷市场　　B. 短期证券市场　　C. 借贷市场　　D. 贴现市场

4. 欧洲货币市场的类型有(　　)。

A. 内外混合型　　B. 内外分离型　　C. 分离渗透型　　D. 避税港型

5. 辛迪加贷款的银团由(　　)部分构成。

A. 牵头银行　　B. 代理银行　　C. 参加银行　　D. 贴现银行

三、简答题

1. 简述国际金融市场的是如何划分的。
2. 简述国际金融市场的作用。
3. 简述国际金融市场的构成体系。
4. 简述欧洲货币市场的组成、欧洲货币市场的作用和影响。
5. 简述国际金融创新工具。

应会考核

■ 技能案例

【案例背景】

目前,世界外汇市场已经发展成了一个名副其实的全球市场。据 1993 年调查,每天交易量已达 10 000 亿美元之巨。这个数目大致相当于英国 1991 年全年的国民生产总值(9 630 亿美元),是英国政府 1993 年国际外汇储备(含黄金和硬通货)430 亿美元的 20 多倍。市场一体化的后果之一是,一国政府干预经济的能力受到了极大的限制。如果政府干预与市场供求关系发展的方向有冲突的话,打败仗的通常是政府,而不是市场。1992 年 9 月 16 日发生的英镑危机就是一个很好的例子。

欧洲共同体(欧洲联盟的前身)实行的是"对内相互锁定,对外整体浮动"的管理汇率体制。凡属欧洲货币体系的 11 种货币,它们之间的汇率是两两锁定的。例如,英镑和德国马克之间,当时欧共体官方协定的比价是每英镑 2.778 马克,允许浮动区域为正负 2.25%。如果市场上英镑和马克之间的比价与官定的 2.778 之间的偏差大于 2.25%,英国、德国和欧共体其他政府就必须联手干预,使之回到限定区域之内。

1992 年,英国经济仍处在衰退之中,而德国经济前景看好。同时,由于德国政府的反通货膨胀政策,实际利率很高。世界投资者普遍认为,英镑定价太高,每英镑换 2.778 马克的比价不可能维持下去,因此,纷纷抛售英镑,买进马克,这对英镑币值造成了巨大的下滑压力。到 9 月 16 日,英镑在外汇市场上已经突破允许浮动范围的下限。英国政府被迫在9月16日一天之中两次提高银行利率。9月16日上午11点，宣告把英镑利率从10%提高到12%。但是，外汇市场的大多数投资者认为，德国政府在维持国内物价还是保持欧洲货币体系稳定这一困难的选择中，归根到底将把国内物价稳定放在第一位，它并不会真正站在英国政府一边；在12%利率的条件下，英镑的当时比价仍然过高，这种情况不可能维持下去，因此继续纷纷抛售英镑。同日上午11:13，伦敦市场价格下跌79点；到12:00时又下跌52点；到下午2:20，英镑比价仍然低于欧共体允许浮动范围的下限。英国政府不得不宣布再次提高利率，而且一下子提升了3个百分点，从12%提到15%，试图以高利率来吸引国际资金回流英国，以维持英镑比价。但是，15%的高利率，对英国已经存在很高的失业率以及仍在衰退中的国内经济来说，又将产生不利的影响，加剧衰退，迟早会导致英镑的贬值。对外国投资者来说，名义利率上升的好处会在外汇市场上被英镑预期中的贬值所抵消。国际投资者很可能会继续抛售英镑。9月16日晚上7:30，英国政府不得不放弃这一徒劳的尝试，宣布暂时脱离欧洲货币体系，任凭英镑比值自由浮动，并宣布当天的第二次利率调整作废，只承认第一次调整的12%的利率。据英国《经济学家》杂志报道，英国政府为支持英镑比价，在9月16日的一天之内，购进了相当于150亿～200亿美元的英镑，用去了英国外汇总库存的近一半。

9月16日英镑危机的当晚，欧共体经济委员会在布鲁塞尔召开紧急会议，讨论如何重新稳定欧洲货币体系。鉴于英镑危机的教训，欧共体的政府已经认识到，在今天金融市场高度一体化、国际游资数目极其巨大的情况下，"内部相互锁定，允许小幅(2.25%)浮动"的原欧洲货币体制已经很难实行，因此把浮动的范围扩大到了15%。9月18日，英国政府宣布，国内利率重新降到10%，以避免高利率对英国经济发展带来不利的影响。

资料来源：http://www.chinadmd.com/file/3xcrptwxoxtxcwssixz63acw_20.html。

【技能思考】

请结合本项目的内容对本案例进行分析：如何从1992年英镑危机教训中看国际金融市场一体化？

■ 实践训练

【实训项目】

资本市场

【实训情境设计】

中国证监会主席周小川指出，21世纪初期，中国证券市场的发展战略应该是以规范化为目标，以优化结构和增强功能为手段，通过完善市场体系，大力发展机构投资者，把规范与发展更好地结合起来，把防范金融风险与激发市场活力更好地结合起来，不断开拓创新，努力提高证券市场配置资源的效率和国际化水平。

我国证券市场未来发展有着巨大的空间和良好的条件。周小川是在"WTO与中国资本市场国际研讨会"上作此表述的。他指出，为推进中国证券市场的进一步发展，当前和今后一段时间应在以下方面作出积极努力。

(1)建立完善的多层次的市场体系。通过设立创业板市场，扶持高科技企业成长，推进技术创新和产业结构化，更好地发挥证券市场优化资源配置的功能。

(2)采取超常规、创造性的办法，大力培育机构投资者。通过进一步加快发展证券投资基金，设立开放式基金，积极稳妥地推动保险资金、社保基金人市，使其尽早成为证券市场上主要的机构投资者。

(3)积极推进网上交易的发展。通过发展网络化市场，为投资者提供更加快捷方便的信息和交易服务，进一步降低交易成本，提高资源的配置效率。

周小川认为，社保制度的完善和社保基金的建立，将给中国资本市场带来历史性机遇。养老基金应该是资本市场中最重要的投资者，对我国资本市场的规范化、健康化及解决历史遗留问题都有很大好处。同时，资本市场又为养老基金提供了保值增值的运作机制，使其实力和规模不断增大。从市场监管的角度，需要积极做好各项配合准备工作，要研究落实基本养老保险制度的具体实施办法。

资料来源：http://xuewen.cnki.net/CJFD—ZJJR200011000.html。

【实训任务】

根据上述情境资料，结合当今实际谈谈如何发展全球资本市场。

参考文献

1.杨军，闫冰.国际金融[M].北京：清华大学出版社，2014.
2.杨峰，贾宪军.国际金融实务[M].北京：清华大学出版社，2014.
3.方壮志.国际金融[M].北京：清华大学出版社，2014.
4.安辉，谷宇.国际金融[M].北京：清华大学出版社，2014.
5.侯高岚.国际金融[M].北京：清华大学出版社，2013.
6.阙澄宇.国际金融[M].大连：东北财经大学出版社，2014.
7.刘玉操，曹华.国际金融实务[M].大连：东北财经大学出版社，2013.
8.陈雨露.国际金融[M].北京：中国人民大学出版社，2011.
9.王倩.国际金融[M].北京：清华大学出版社，2012.
10.刘舒年，温晓芳.国际金融[M].北京：对外经济贸易大学出版社，2010.
11.姜波克.国际金融新编(第 5 版)[M].上海：复旦大学出版社，2012.
12.马君潞，陈平.国际金融[M].北京：高等教育出版社，2011.
13.杨胜刚，姚小义.国际金融(第 3 版)[M].北京：高等教育出版社，2013.
14.奚君羊．国际金融学(第 2 版)[M].上海：上海财经大学出版社，2013.
15.吕随启，王曙光，宋芳秀.国际金融教程(第 3 版)[M].北京：北京大学出版社，2013.
16.于研.国际金融(第 4 版)[M].上海：上海财经大学出版社，2011.
17.裴平.国际金融学(第 4 版)[M].南京：南京大学出版社，2013.
18.刘园.国际金融(第 2 版)[M].北京：北京大学出版社，2012.
19.徐立新，马润平.国际金融[M].北京：北京大学出版社，2012.
20.付强，龙玉国.国际金融[M].北京：经济科学出版社，2011.
21.邵学言，肖鹞飞.国际金融(第 3 版)[M].广东：中山大学出版社，2010.
22.贺瑛.国际金融[M].北京：高等教育出版社，2014.
23.都红雯.国际金融[M].北京：高等教育出版社，2013.
24.闫然，姬会英.国际金融[M].北京：中国工商出版社，2013.
25.李贺，赵昂.国际汇兑与结算[M].成都：西南财经大学出版社，2015.